Tillmann Bendikowski

Sommer 1914

Tillmann Bendikowski

Sommer 1914

Zwischen Begeisterung und Angst –
wie Deutsche den Kriegsbeginn erlebten

C. Bertelsmann

Verlagsgruppe Random House FSC® N001967
Das für dieses Buch verwendete FSC®-zertifizierte
Papier *Munken Premium Cream* liefert
Arctic Paper Munkedals AB, Schweden.

1. Auflage
© 2014 by C. Bertelsmann Verlag, München,
ein Unternehmen der Verlagsgruppe Random House GmbH
Umschlaggestaltung: buxdesign, München
Bildredaktion: Dietlinde Orendi
Satz: Uhl + Massopust, Aalen
Druck und Bindung: GGP Media GmbH, Pößneck
Printed in Germany
ISBN 978-3-570-10122-3

www.cbertelsmann.de

Inhalt

Vorwort – Ein Blick zurück nach vorn

» Wenn unsere Kinder und Enkel dermaleinst auf die jetzige gewaltige Zeit von 1914 zurückblicken, werden sie als Wissende mehr als wir selbst, die wir jetzt vor der geschlossenen Pforte der Zukunft stehen, die ungeheure Größe dieser Zeitwende voll begreifen. «
(*Schöneberger Tageblatt* vom 7. August 1914)[1]

Hinterher ist man bekanntlich immer klüger. Was einst geschah, scheint immer plausibler zu werden, je weiter wir uns von einem historischen Ereignis entfernen. So macht die Zeit aus uns Nachgeborenen zwangsläufig retrospektive Besserwisser – wir haben den Menschen von damals schließlich voraus, dass wir wissen, wo alles geendet hat und was aus ihren Zukunftserwartungen tatsächlich wurde. Für den Ausbruch des Ersten Weltkrieges gilt dies in besonderem Maße. Wir wissen heute, wie sehr er das Gesicht der Welt verändern sollte, welcher Schrecken und wie viel Leid während seiner vierjährigen Dauer angerichtet wurden – und welche neuen Katastrophen ihm wohl auch deshalb folgten, weil er diesen mit seinen Gewalterfahrungen und seinen direkten und indirekten Auswirkungen den Weg ebnete. Aber bedeutete das zugleich, dass die Menschen hierzulande es im Jahr 1914 auch schon wussten? Sicher nicht. Sie hatten ihre eigenen Erwartungen an die Zukunft, die sich mit unseren heutigen Erfahrungen allerdings nicht immer decken.

Diese Erwartungen sollen im Folgenden näher betrachtet werden – das Buch ist der Versuch zu verstehen, was im Sommer 1914 geschah und wie die Menschen diese Zeit erlebten. Denn ihre Wahrnehmung und ihr Verhalten, ihre Erwartungen gegenüber dem Kommenden führen uns zu einem historischen Thema, das die Deutschen seit Jahrzehnten bewegt. Traditionell herrscht in unseren Geschichtsbüchern und großen historischen Darstellungen die Vorstellung vor, es habe so etwas wie eine allumfassende Kriegsbegeisterung im Deutschen Reich gegeben. Die Deutschen seien demnach im August 1914 in übergroßer Mehrheit begeistert in den Krieg gezogen, viele von ihnen hätten ihn gewollt. Der Krieg, der Kampf, die Gefahren – all das sei regelrecht herbeigesehnt worden.

Mit guten Gründen haben Historiker in den vergangenen Jahren immer stärker moniert, dass diese Vorstellung im Laufe der Zeit zu einem Klischee, ja zu einem Mythos erstarrt ist; längst schon hat die historische Forschung die vermeintliche Kriegsbegeisterung infrage gestellt. So zeigt sich inzwischen, dass es das alle Bevölkerungsschichten umfassende sogenannte »August-Erlebnis« tatsächlich so nicht gegeben hat – in der historischen Wirklichkeit waren die Reaktionen auf die Kriegsgefahr und den Beginn des Krieges sehr viel komplexer und widersprüchlicher.[2] Sicher, eine allgemeine emotionale Erregung trieb große Teile der städtischen Bevölkerung im Deutschen Reich im August 1914 auf die Straße, aber die Gefühlslage dieser Menschen war vielfältig: Nicht nur Begeisterung oder Ausgelassenheit ist im Nachhinein zu erkennen, sondern auch Neugier oder zuweilen sogar Angst. Zu patriotischen Aufmärschen kam es ebenso wie zu stillen Versammlungen an öffentlichen Plätzen oder eben auch zu Protestmärschen.[3]

Um diesen vielfältigen Reaktionen im Sommer 1914 auf die Spur zu kommen, wollen wir unseren Blick zurückwenden, zurück auf die Menschen, die in jenen Monaten zunächst eine Krise und dann den Ausbruch eines Krieges erlebten. In diesem Buch werden deshalb fünf ausgewählte Personen vorgestellt und zu Wort kommen.[4] Wir wollen mit ihrer Hilfe verstehen, wie sie – und mit ihnen andere – den Sommer 1914 wahrnahmen.

Diese fünf Menschen sind bis zu einem gewissen Grad stellvertretend für die unterschiedlichen Gruppen der deutschen Bevölkerung, für die Land- ebenso wie für die Stadtbevölkerung, für die Intellektuellen ebenso wie für die Arbeiter, für Frauen wie für Männer, für Zivilisten wie für Soldaten. Auf sie fällt unser Blick zurück, mit dem wir zugleich unser Interesse an ihrem Blick nach vorn bekunden: Was erwarteten sie in diesen Wochen und Monaten, wie blickten sie in die Zukunft? Wie nahmen sie die zunehmenden internationalen Spannungen wahr? Fühlten sie sich bedroht? Hatten sie Angst vor einem Krieg, oder sehnten sie ihn herbei? Und dann, als Millionen Männer zu den Waffen greifen mussten – wie schnell verflog der vorhandene Optimismus? Wann und wie setzte die Trauer um Angehörige und Freunde, die Wut über einen verlorenen Frieden ein? Wenn wir ihre Perspektive auf das Geschehen besser verstehen, dann wird unsere Retrospektive ein adäquates Verständnis ihrer Geschichte hervorbringen.[5]

Die Auswahl der fünf Protagonisten geschah in gewisser Hinsicht zufällig. Schließlich sollten sie die deutsche Bevölkerung möglichst breit vertreten, ohne dass zugleich ein Anspruch auf repräsentative Aussagen im Sinn empirischer Forschung erhoben werden muss. Diese Biografien stellen vielmehr fünf Möglichkeiten dar, wie die Menschen einst reagierten. Es gab sicherlich auch andere Möglichkeiten, aber wir wollen uns im Wesentlichen auf diese fünf beschränken und sie näher betrachten. Wir begleiten unsere Protagonisten durch den Sommer 1914 – wenngleich nicht kalendarisch ganz streng –, durch die Monate Juni, Juli, August, September und Oktober. In dieser Zeit verwandelte sich das Leben in Europa: Einem nicht ganz gewöhnlichen Juni, in dem der Mord am österreichischen Thronfolger in Sarajevo den Kontinent zu erschüttern scheint, folgten im Juli erst die Krisen, dann im August der Krieg. Und schon im Oktober 1914 fürchteten die meisten Deutschen, dass dieser Krieg wohl entgegen ihrer ursprünglichen Hoffnungen lang und verlustreich sein wird.

Anhand dieser fünf Biografien soll erzählt werden, was in diesen dramatischen Monaten passierte. Die Protagonisten sind:

Wilhelm II., geboren 1859. Er ist seit 1888 deutscher Kaiser und König von Preußen. Nicht zuletzt aufgrund seiner langen Regentschaft verleiht er den Jahrzehnten um die Jahrhundertwende ihren Namen »Wilhelminische Epoche«. In dieser Zeit versucht Kaiser Wilhelm Deutschland zu einer gleichberechtigten Größe unter den Weltmächten zu machen; wirtschaftlich wie militärisch strebt das Deutsche Reich nach dem sprichwörtlichen »Platz an der Sonne«. Wilhelms Vorliebe fürs Militärische ist bekannt, für die Marine schwärmt er geradezu. Anderseits erfüllt es den Kaiser mit einem gewissen Stolz, dass das Reich unter ihm schon ein Vierteljahrhundert Frieden erlebt hat. Am 27. Januar 1914 feiert Wilhelm seinen 55. Geburtstag.

Alexander Cartellieri, geboren 1867. Er ist Professor an der Universität in Jena und als Historiker einer der zu diesem Zeitpunkt wenigen, aber ausgewiesenen Kenner der französischen Geschichte. Unter Fachkollegen wird Cartellieri bis heute eher nicht beachtet und zählt deshalb auch nicht zu den herausragenden Figuren des deutschen Kultur- und Gelehrtenlebens dieser Epoche. Gleichwohl legt er ein durchaus beachtliches Werk vor: Neben der Geschichte der deutsch-französischen Beziehungen widmet er sich unter anderem der westeuropäischen Geschichte des Mittelalters und schreibt schließlich sogar eine fünfbändige Weltgeschichte. Alexander Cartellieri wird am 19. Juni 1914 47 Jahre alt, ist also nur wenige Jahre jünger als der Kaiser.[6]

Wilhelm Eildermann, geboren 1897, ist der jüngste im Kreis unserer Protagonisten: Er feiert am 24. Juli 1914 seinen 17. Geburtstag. Eildermann ist Volontär bei der *Bremer Bürger-Zeitung*, die als Parteiblatt der SPD den linken Flügel der deutschen Sozialdemokratie vertritt. Eildermann stammt aus einem Bremer Arbeiterhaushalt mit traditioneller Hinwendung zur Sozialdemokratie – sein älterer Bruder Heinrich hat sich dort schon lange engagiert. Zwei seiner Brüder werden im August 1914 in den

Krieg ziehen, Wilhelm jedoch bleibt daheim in Bremen und erlebt intensiv mit, wie die deutsche Sozialdemokratie sich um die »richtige« Haltung zum Krieg bemüht.

Gertrud Schädla, geboren 1887. Sie ist Lehrerin an der Nicolai-Schule in Verden an der Aller, nicht weit entfernt von Bremen.[7] Schädla ist ledig und lebt bei ihrer Mutter, einer verwitweten Pfarrersfrau. In ihrer Freizeit nutzt die junge Lehrerin die kulturellen Angebote der Stadt und der Region, besucht das Theater und beschäftigt sich mit zeitgenössischer Literatur. Als fromme Protestantin besucht sie regelmäßig den Gottesdienst und religiöse Vorträge. Gertrud Schädla feiert am 25. Januar 1914 ihren 27. Geburtstag.

Ernst Stadler, geboren 1883. Er arbeitet als Dozent für Philologie an der Universität in Brüssel – aber eigentlich ist er Lyriker. Stadler stammt aus dem Elsass, hat in Straßburg studiert und sich zunächst als Herausgeber von Literaturzeitschriften einen Namen gemacht. 1914 legt er einen durchaus beachteten Gedichtband mit dem Titel *Der Aufbruch* vor, der ihn – so urteilt später die Nachwelt – zu einer der bedeutendsten Persönlichkeiten des deutschen Expressionismus macht. Ernst Stadler wird am 31. Juli 1914 als Reserveoffizier eingezogen. Er ist 30 Jahre alt.

Diese fünf Menschen stehen – um das Eingangszitat aus dem *Schöneberger Tageblatt* aufzugreifen – im Juni 1914 »vor der noch verschlossenen Pforte der Zukunft«. Wir wollen uns zu ihnen gesellen und sie durch den Sommer 1914 begleiten.

Juni 1914 – Ein Thronfolger wird erschossen

Kaiser Wilhelm II. Ein Monarch feiert sich als »Friedenskaiser«

Dieser Mann hat mehr als einen Titel. Da sind zunächst einmal die offiziellen, denen zufolge Wilhelm II. deutscher Kaiser und König von Preußen ist. Seit 1888 hat der nun 55-Jährige beide Regentschaften inne. In seinem Land (Preußen) wie in seinem Reich (in dem man sich erst allmählich an die preußische Führung gewöhnt hat) wird er allerdings mit durchaus gemischten Gefühlen betrachtet. Es gibt viele Menschen, die sich in dieser wilhelminischen Gesellschaft wohlfühlen, weil sie beispielsweise als Mitglieder des Bürgertums bevorzugt Anteil an Bildung und Einkommen haben oder persönlich von den wirtschaftlichen Erfolgen des Landes profitieren. Andere hingegen beäugen den Kaiser skeptisch – etwa viele Katholiken und vor allem die Anhänger der Sozialdemokratie: Beide hat das offizielle Preußen zu lange als angebliche »Reichsfeinde« denunziert, die innenpolitischen Wunden aus der Zeit des Kulturkampfs und der Sozialistengesetze sind noch nicht verheilt. Und so gibt es gerade bei Katholiken und Sozialdemokraten – aber nicht nur dort – immer auch Kritik an der Person des Kaisers. Sein öffentliches Auftreten, oft genug von markigen Worten und donnernden Reden begleitet, sorgt immer wieder für Ablehnung und Kritik, zuweilen sogar für Spott, der auch vor der körperlichen Beeinträchtigung des Monarchen aufgrund seines verkürzten Arms nicht haltmacht.[1]

Nein, dieser Kaiser ist nicht unumstritten. Vor diesem Hintergrund ist es deshalb für Wilhelm II. durchaus ein Erfolg, dass das Deutsche Reich Bestand hat. Denn das Reich und sein Kaiser haben bis dato gemeinsam so manche innen- und außenpolitische Krise überstanden. Schon nach der Thronbesteigung als junger Regent im Jahr 1888 hatte Wilhelm seinerzeit den Machtkampf gegen den damals als so übermächtig erscheinenden, aber in die Jahre gekommenen Reichskanzler Otto von Bismarck gewonnen. Bei seinem Amtsantritt, so ist es einmal treffend beschrieben worden, glich das noch vergleichsweise neue Amt des Kaisers einem Haus, in dem die meisten Zimmer noch nie bewohnt waren.[2] Wilhelm II. hat sich darangemacht, diese Zimmer zu beziehen, und mit ihm zieht – noch anders als bei seinem Großvater und Reichsgründer Wilhelm I. – so etwas wie politischer Gestaltungswille ein. Wilhelm II. will nicht nur repräsentieren, er will auch regieren. Bereits während der zwei gemeinsamen Jahre mit Otto von Bismarck ist dies deutlich geworden, und im Lauf der folgenden Jahrzehnte versucht der Kaiser, in diesem Sinne zu einer eigenständigen politischen Macht aufzusteigen.

Innen- wie außenpolitisch agiert der Kaiser allerdings bislang nicht immer so, dass man ihn unbedingt als geschickten, vielleicht diplomatischen oder gar weitblickenden Monarchen bezeichnen würde. Im Nachhinein hat man vielmehr oft genug den Eindruck, dass seine persönlichen politischen Impulse für die Reichsleitung im Grunde wenig hilfreich gewesen sind. Seine Abneigung – vielleicht auch Unfähigkeit –, sich über die Entwicklung der Politik erst zu informieren, bevor man sich zu Wort meldet, führt zu bisweilen bizarren und unberechenbaren Interventionen, die so manchen Minister und Reichskanzler nervös aufschrecken lassen. Von den »Launen« des Monarchen ist zuweilen die Rede, wenn er in Sachen »Regierungsverantwortung« wieder einmal vorprescht.[3]

Doch bei aller Kritik an seinem »Regierungsstil« – eines kann sich Wilhelm nach über einem Vierteljahrhundert Regentschaft zugute halten: Er hat sein Land nie in einen Krieg geführt. Das gefällt ihm – und selbstverständlich auch vielen Menschen im Land. Und so trägt Wilhelm II. einen inoffiziellen Titel, auf den er sichtlich stolz ist, und mit ihm die öffentliche Meinung: »Friedenskaiser«. Tatsächlich erleben die Preußen und Deutschen in dieser Zeit eine ungewohnt lange Phase der Abwesenheit von Krieg. Der Waffengang von 1870/71 liegt über 40 Jahre zurück, und trotz der ungemein starken Präsenz der Armee sowie der demonstrativ zur Schau gestellten Vorliebe des Kaisers für alles Militärische ist das Land schon lange von Kriegen verschont geblieben. Im Jahr 1912 hat ein Nachfahre des berühmten Alfred Nobel sogar vorgeschlagen, den deutschen Kaiser für den Friedensnobelpreis vorzuschlagen – also ausgerechnet jenen Monarchen, der nicht zuletzt mit seiner bewusst provozierenden Flottenpolitik den offenen Konflikt mit Großbritannien verursacht hat und immer wieder einmal auch über einen »nächsten Krieg« nachdenkt. Der Vorschlag aus Schweden verhallt denn auch ungehört; er hätte übrigens, wie es einmal treffend beschrieben wurde, vermutlich eher »ein schallendes Hohngelächter in aller Welt und zumal bei den Sozialdemokraten im eigenen Land ausgelöst«.[4]

Aber nicht nur bei den Sozialdemokraten, die Wilhelm ebenso offen verachten wie er sie, erntet der Kaiser Kritik. Tatsächlich hat man sich weder über Wilhelm I. noch über Bismarck so respektlos lustig gemacht wie über Wilhelm II.[5] Majestätsbeleidigungen sind bald fast gängige Vorkommnisse, und einige Fälle unbotmäßiger Äußerungen landen vor Gericht, was wiederum günstige Gelegenheiten sind, den Monarchen in der Berichterstattung erneut mit Hohn und Spott zu bedenken. Zu den weniger ehrverletzenden, aber immer spöttisch gemeinten Bezeichnungen gehört die Titulierung Wilhelms als »Reisekaiser«. Dieser Spotttitel hat einen wahren Kern: Der Kaiser ist halt gern und viel unterwegs. Statt »Heil Dir im Siegerkranz« singt man hinter vorgehaltener Hand gerne auch einmal »Heil Dir im Sonderzug« – und eine Berliner Tageszeitung errechnet für 1893, dass der Kaiser allein in diesem Jahr mehr als 200 Tage auf Reisen war.

Tatsächlich kommt Wilhelm im In- und Ausland gleichermaßen herum. Regelmäßig ist er zwischen Wilhelmshaven und Schlesien, zwischen der Mark Brandenburg und Elsass-Lothringen, zwischen den Wiesbadener Maifestspielen und der Kieler Woche unterwegs – das kaiserliche Reisekarussell dreht sich unaufhaltsam und für Hof und Öffentlichkeit weitgehend erwartbar. Hinzu kommen die Fernreisen, die Wilhelm unter anderem nach Palästina, nach Italien und immer wieder nach Korfu führen, wo er 1907 übrigens auch das Schloss Achilleion erwarb, das sich die neun Jahre zuvor gestorbene österreichische Kaiserin Elisabeth (»Sissi«) dort hatte erbauen lassen.[6]

»An Kaisers Geburtstag mußten achtjährige Abc-Schützen in einer Standesschule Sachsens auf Geheiß der Lehrerin folgenden Satz auf die Tafel niederschreiben: ›Der Deutsche Kaiser heißt Wilhelm und wohnt in Berlin.‹ Zu Hause sollten die Kleinen selbst einen Satz dazuschreiben, der quasi die Fortsetzung des ersten Satzes bildete. Ein Abc-Schütze, der nicht weiß, was er schreiben soll, wendet sich an seinen Vater um Rat und Auskunft. Dieser diktiert ihm folgenden Satz als Fortsetzung in den Griffel: ›An seiner Türe hängt ein Briefkasten mit der Inschrift: Verreist! Nicht zu Hause!‹«

(*Simplicissimus*, 1911, Heft 47)[7]

Einen besonderen Platz in Wilhelms Reisekalender nehmen die sogenannten Reisen nach »Nordland« ein. Unter dieser Bezeichnung versteht der Kaiser in einem engeren Sinne Norwegen. Insgesamt 26-mal sticht Wilhelm in See – anfangs noch mit dem veralteten, räumlich ziemlich beengten Raddampfer »Hohenzollern (I)«, dann mit der neuen »Hohenzollern (II)«, einer in jeder Hinsicht zeitgemäßen Dampfjacht, die sich im Mobilisierungsfall übrigens rasch umrüsten und militärisch nutzen lässt.[8] Auf seiner Jacht fühlt sich der Regent sicher und frei. Er bestimmt, wer ihn auf diesen Fahrten begleiten darf, hier kann er sich ohne Rücksicht auf die in dieser Hinsicht ebenfalls herzhaft spottende Öffentlichkeit seiner Vorliebe für Uniformen hingeben und mehrmals am Tag neue Garderobe anlegen. Sicherlich tritt man Wilhelm nicht zu nahe, wenn man ihn auch als »Verkleidungskünstler von Gnaden« betitelt[9]: Leidenschaftlich gern wechselt er die Uniformen. Als ginge es um einen »martialischen Karneval«, tritt er mal in preußischen Regimentsuniformen auf, mal in ausländischen Uniformen (schließlich bekleidet er bei österreichischen, russischen oder englischen Regimentern offiziell die Stellung eines Ehrenkommandeurs), mal auch in historischen Kostümen, wobei er hier besonders jene aus friderizianischer Zeit bevorzugt: Schließlich ist Friedrich der Große eines der großen Idole des Kaisers.[10]

Sowohl Wilhelms Leidenschaft für die Seefahrt als auch seine regelmäßigen Jachttouren sind immer ein öffentliches Thema, denn aus der privaten Vorliebe ist längst eine politische Passion geworden. Der Flottengedanke hat derart von Wilhelm Besitz ergriffen, dass er zu einer Frage von Krieg und Frieden geworden ist. Seit seiner Thronbesteigung hat der Kaiser keinen Hehl aus seiner Vorliebe für die Marine gemacht, oft genug gibt er fortan Anlass zur Vermutung, er würde bei öffentlichen Anlässen hohen Marineoffizieren den Vorzug vor den Generälen des Heeres gewähren. Seit Mitte der 1890er-Jahre ist der Bau von Schiffen ein zentraler Bestandteil der sicherheits- und außenpolitischen Überlegungen Wilhelms, und auch in der Öffentlichkeit wird dieser Kurs von einer immer weiter um sich greifenden Zustimmung für den Flottenbau eskortiert. So lässt sich das Deutsche Reich wissentlich und – betrachtet man die enorme Propaganda für diesen politischen Kurs – geradezu mit Pauken und Trompeten auf ein maritimes Wettrüsten mit der traditionellen Seemacht Großbritannien ein. Wilhelm, direkter Oberbefehlshaber der Marine, ist bald vom Bedarf an Schiffen derart überzeugt, dass er schließlich in fast jeder internationalen Krise – und von diesen gibt es zu dieser Zeit einige – eine Lektion für den Vorrang der Seemacht auszumachen glaubt.[11] Man werde England notfalls

»totrüsten«, heißt es manchmal. Der Aufbau der deutschen Flotte ist zum schier überragenden Symbol deutscher Großmachtpolitik geworden[12] – und Wilhelm gibt diesem Symbol ein Gesicht.

> *»Man muß in die Zukunft blicken und danach trachten, sein Land kräftig und wehrhaft zu machen, um auf alle Fälle gerüstet zu sein, falls man selbst dereinst vom Herrn zum Rüstzeug ausgewählt werden könnte!? Darum ist es im Interesse des Weltfriedens sowohl als auch der niederländisch-friesischen Rasse auf dem Kontinent, daß eine mächtige Flotte auf dem Meere sei! Schwimmt sie erst, dann wird, wie in alter Zeit, Oraniens und Brandenburgs Banner auf allen Wassern nebeneinander wehen.«*
>
> (Wilhelm II. im Jahr 1900)[13]

In seiner Vorliebe für die Flotte vermischen sich viele Vorstellungen Wilhelms: seine fraglos immer wieder aufkommenden Weltmachtfantasien, seine Begeisterung für Erhalt und Ausweitung des Kolonialbesitzes sowie schließlich seine kruden Rassengedanken – immer wieder spricht er etwa vom »Kampf zwischen Germanen und Slawen«. Die Umgestaltung der Weltkarte – wie es zu dieser Zeit immer wieder heißt – ist gleichermaßen Hoffnung wie Bedrohung für ein Land wie das Deutsche Reich. Es geht um Weltgeltung (und dies nicht nur bei Wilhelm II. – hier weiß er das stolze Bürgertum und selbstverständlich die Militärs hinter sich) und um den angemessenen Platz der Deutschen in einer Welt, die in den Jahrzehnten zuvor zunächst territorial neu aufgeteilt wurde und in der nun die politischen, militärischen und wirtschaftlichen Interessen geltend gemacht werden. Ein möglicher Krieg hat in diesen Vorstellungen durchaus seinen Platz. Mehr als einmal hat der Kaiser in seiner Regentschaft bereits vor der Frage gestanden, ob nicht ein Waffengang der angemessene Schritt sei. Doch immer wieder schreckt Wilhelm davor zurück, worüber sich die militärische Führung verärgert zeigt.

Im Nachhinein könnte man spöttisch behaupten, dass die Zurückhaltung hinsichtlich eines Krieges mit dem großen Jubiläum zu begründen sei, das Wilhelm im Jahr 1913 feiert: sein 25-jähriges Thronjubiläum. Das will er gern friedlich begehen, denn schon 1911 erlässt er erste Anweisungen, wie und wo er das große Ereignis zu feiern gedenke. Es findet schließlich im Juni 1913 in Berlin statt – mit großen Umzügen und Versammlungen. Es gibt dabei ebenso eine Parade der Schornsteinfeger wie ein demonstratives Treffen aller Universitätsrektoren, ein großes Galadiner und eine – für die kleinen Gauner im Lande nicht ganz unwichtige – kaiserliche Amnestie, nach der den Internierten in allen Bundesstaaten Haftstrafen von unter drei Monaten erlassen werden.[14] Für Wilhelm ist es wichtig, dass bei diesem Jubiläum wiederholt jenes Bild von ihm gezeichnet wird, das ihm fraglos besonders gut gefällt und das jetzt und in den kommenden Monaten immer wieder (auch von ihm selbst) besonders bemüht wird: das des »Friedenskaisers«. »Er, der das mächtigste Kriegsinstrument in seiner Hand hält«, so heißt es in einer Laudatio im Juni 1913, »hat es benutzt, nicht um kriegerische Lorbeeren zu pflücken, sondern um uns und der Welt den Frieden zu bewahren.«[15] Genau das ist es, was der Kaiser hören will.

Nun ist das mit dem Bewahren des Friedens im Sommer 1914, ein Jahr nach diesem friedlichen Jubiläum, allerdings eine besondere Herausforderung. Von anderen internationalen Krisen einmal abgesehen, bereitet Politik und Öffentlichkeit vor allem die Lage auf dem Balkan Sorgen, wo sich die Spannungen in der konfliktreichen Beziehung zwischen Österreich-Ungarn und Serbien zuspitzen. Das Verhältnis zwischen den beiden Ländern hat sich seit einigen Jahren drastisch verschlechtert, da sich die serbische Außenpolitik vom Habsburgerreich abgewendet und entschieden an die Seite Russlands gestellt hat. Belgrads Verhältnis zu Wien hat sich permanent verschlechtert – anfangs scheiterte ein eigentlich vereinbartes Waffengeschäft, dann brach 1906 ein regelrechter Zollkrieg aus. Beide Länder belegten die Waren des jeweils anderen mit hohen Zöllen, sodass sie kaum noch ökonomisch sinnvoll eingeführt werden konnten. Das betraf auf serbischer Seite vor allem den wichtigsten Exportartikel Belgrads: Schweine – weshalb der Konflikt auch die Bezeichnung »Schweinekrieg« erhielt. Dieser vergiftete das Verhältnis zwischen Belgrad und Wien nachhaltig, und durch die Annexion Bosnien-Herzegowinas durch Österreich wurde es 1908 noch zusätzlich gestört (die Gründung der berüchtigten serbischen Geheimgesellschaft »Schwarze Hand« fiel in diese Zeit und ist nur vor dem Hintergrund dieser Spannungen verständlich). Auch als der »Schweinekrieg« 1911 schließlich beendet war, kehrte keine Normalität ein – es blieb ein Misstrauen zurück, das zutreffend als »serbische Todfeindschaft gegenüber der Habsburgermonarchie« bezeichnet wurde.[16] Da sich das Deutsche Reich in diesen Jahren – demonstrativ und zum Missfallen der Großmächte Russland und Großbritannien – auf die Seite Österreich-Ungarns gestellt hat, sind Deutschland und sein Kaiser indirekt schon lange von diesen Konflikten berührt. Die vielzitierte »Nibelungentreue« Berlins zu Wiens ist längst offenkundig.

Die Spannungen auf dem Balkan eskalieren im sogenannten Ersten Balkankrieg von 1912, in dem Serbien, Bulgarien, Montenegro und Griechenland dem Osmanischen Reich den Krieg erklären. Dem Friedensschluss von London 1913 folgt allerdings bald darauf der Zweite Balkankrieg, in dem bulgarische Truppen die griechische und die serbische Armee angreifen. Diese Kriege haben nicht nur zwischenzeitliche Grenzveränderungen und Gebietsabtretungen zur Folge, sondern sind begleitet von ethnischen Verschiebungen und mörderischer Gewalt gegen Zivilisten. Die Spannungen zwischen den Ländern und Volksgruppen auf dem Balkan bleiben bestehen, das Bild vom »Pulverfass« ist nicht falsch – jederzeit können auf dem Balkan neue Konflikte aufflammen und eskalieren.

Noch sind die Großmächte indes nicht unmittelbar in das Kriegsgeschehen involviert. Auch Deutschland nicht. Doch wenn man so will, lässt sich sagen, dass ein großer Krieg längst mental vorbereitet wird: Es scheint, als warteten die Menschen im Deutschen Reich auf einen Krieg, als sähen sie ihn kommen, ohne ihn wirklich noch verhindern zu können. Dabei ist nicht nur von Bedeutung, dass die Krieger-, Wehr- und Flottenvereine im Lande längst der Regierung das Heft des Handelns aus der Hand genommen zu haben scheinen. Die Militarisierung der wilhelminischen Gesellschaft kann als prägendes Moment gar nicht hoch genug veranschlagt werden. Es herrscht seit Langem schon ein Gesinnungsmilitarismus, der nicht mehr künstlich beschworen werden muss, weil er schon längst ein allgemein akzeptierter Bestandteil des Alltagslebens geworden ist und alle Poren der Gesellschaft durchdrungen hat.[17] Musste allein das nicht irgendwann zu einem Krieg führen? In diesem Sinne notiert der angesehene Anglist Levin Ludwig Schücking in einem privaten Brief im Juni 1913: Der Militarismus werde letztlich eine »Riesen-Kriegs-Orgie« feiern. »Praktisch muß jedes Kind erkennen: Es kann nichts anderes dabei herauskommen.«[18]

Kann es wirklich nicht anders kommen? Für den Juni 1914 lässt sich beobachten, wie sehr in der deutschen Öffentlichkeit die Meinung an Boden gewonnen hat, dass früher oder später mit einem großen europäischen Krieg gerechnet werden müsse, ob man wolle oder nicht.[19] Längst hat sich die Vorstellung durchgesetzt, der gordische Knoten einer deutschen »Weltpolitik« könne nur in einem europäischen Krieg durchschlagen werden – wodurch sich zugleich nicht nur in der deutschen Politik, sondern auch in der deutschen Bevölkerung eine eigentümlich fatalistische Stimmung der Kriegserwartung herausgebildet hat.[20]

Die deutschen Militärs glauben sich für einen solchen Fall gut vorbereitet. Sie wünschen sich schon lange einen Präventivkrieg, der seit Jahren zu einer festen Denkfigur der deutschen Generalität geworden ist. Für sie steht nicht infrage, ob es zu einem großen Krieg kommen werde, sondern nur noch, wann man sich zu diesem entschließen müsse, um ihn auch erfolgreich bestehen zu können. In diesem Juni 1914 empfiehlt Helmuth von Moltke –

als Chef des Großen Generalstabs zugleich der oberste Heerführer im Land – erneut einen solchen Präventivkrieg. »Wir sind bereit«, erklärt er am 1. Juni, »und je eher, desto besser für uns.«[21] Vor allem Russland gilt als aktuelle, aber zu bewältigende Bedrohung. Moltke hat im Februar 1914 eindringlich vor der »Kriegsbereitschaft Rußlands« gewarnt; und als diese Einschätzung in die Öffentlichkeit gelangt, entspinnt sich eine Pressefehde, an der sich sogar der russische Kriegsminister Suchomlinow beteiligt. Und der Kaiser? Der tut selbst das Seine dazu, den Eindruck von der russischen Strategie eines gewollten Waffenganges zu verfestigen, um Deutschland als potenziell gefährdet dastehen zu lassen: Es drohe ein Krieg, und einen solchen würden er und sein Land fraglos auch führen.

> *»Ich als Militair hege nach allen Meinen Nachrichten nicht den allergeringsten Zweifel, daß Russland den Krieg systematisch gegen uns vorbereitet; und danach führe ich meine Politik.«*
>
> (Wilhelm II. im März 1914)[22]

Doch trotz starker Worte schreckt Wilhelm II. vor einem tatsächlichen Waffengang noch zurück. Sicher: Angesichts der großspurigen, aggressiven und sorglosen Wortwahl bei seinen ohnehin oft unbedachten Äußerungen und Reaktionen fällt es nicht schwer, ihn als »eingefleischten Kriegshetzer« zu bezeichnen.[23] Doch tatsächlich zögert er, wenn es um einen Präventivkrieg geht. Damit gerät er in Gegensatz zu seinen Militärs, vor allem Generalstabschef Moltke. Wilhelm II. sieht sich an diesem Punkt fraglos unter Druck gesetzt, und dies nicht nur, weil es um Krieg und Frieden geht. Zunächst geht es einmal um seine eigene Position. Er weiß leider selbst allzu gut, dass er keineswegs der starke Mann der deutschen Politik ist, bei dem alle Fäden zusammenlaufen. Vielmehr ist sein tatsächlicher Einfluss auf die aktuellen Entscheidungsprozesse in den zurückliegenden Jahren immer geringer geworden. Es existiert eine vom Kaiser selbst so genannte »nichtparlamentarische« Beamtenregierung, die zwar peinlich genau darauf achtet, in der Öffentlichkeit nicht in einen Gegensatz zum Kaiser zu geraten. Doch aus der Tagespolitik wird Wilhelm II. inzwischen weitgehend herausgehalten oder entsprechend gelenkt.[24] Die Reichsleitung hat ihn schrittweise in den Hintergrund gedrängt, sodass die öffentlichen Äußerungen des Kaisers vielfach gesteuert oder sogar nachträglich zensiert werden.[25] Aber unabhängig von der Frage, wie stark Wilhelms Position innerhalb des Machtgefüges nun wirklich ist – ohne ihn geht zumindest hinsichtlich eines Krieges nichts. Er ist schließlich der Kaiser. Ohne ihn kann das Land nicht in den Krieg ziehen, gegen seinen Willen erst recht nicht. Der Kaiser muss vorangehen, ohne ihn ist schließlich formal keine Mobilisierung der deutschen Truppen und keine Kriegserklärung möglich.

Dieser Schritt rückt im Juni 1914 möglicherweise näher, weil es auf dem Balkan erneut zu diplomatischen Verwicklungen kommt. Zwischen Griechenland und der Türkei gibt es Streit wegen der Zugehörigkeit einiger Inseln. Wilhelm hat jetzt große Sorge, dass das Deutsche Reich und Österreich-Ungarn im Kriegsfall einer Übermacht von Feinden gegenüberstehen könnten – nicht nur Russland und Frankreich, sondern möglicherweise auch noch Großbritannien. Gegen eine solche Koalition will der Kaiser keinen Krieg führen, und so baut er im Juni 1914 fest darauf, dass Großbritannien in einem europäischen Konflikt neutral bleiben würde. Das ist allerdings ziemlich naiv. Doch der Vorwurf der Naivität richtet sich nicht nur gegen den Kaiser, sondern auch gegen die politische Führung: Reichskanzler Theobald von Bethmann Hollweg hat ebenso wie Gottlieb von Jagow, Staatssekretär im Auswärtigen Amt, immer versichert, Großbritannien werde einen europäischen Konflikt verhindern. Als Berlin hingegen durch einen Agenten von den britisch-russischen Flottenverhandlungen erfährt, die Großbritannien sehr wohl als potenzielle Partei in einem Krieg erscheinen lassen, ist diese Annahme nunmehr unrealistisch. Der Kaiser jedenfalls reagiert geradezu hysterisch, weil er jetzt tatsächlich den großen Krieg nahen sieht, von dem immer die Rede war: Es komme bald »das III. Kapitel des Balkankriegs«, erklärt er, »an dem wir alle betheiligt sein werden«[26].

In dieser politisch brisanten Situation des Juni 1914, in der Wilhelm immer noch eine Politik der Friedenswahrung vorzieht, bricht er zu einem Freundschaftsbesuch auf: Er trifft sich mit dem österreichischen Thronfolger Erzherzog Franz Ferdinand. Zwischen den beiden besteht eine demonstrative Freundschaft, die auch diplomatische Beachtung findet. Seinen österreichischen Freunden hatte Wilhelm schon vor Jahren erklärt: »Ich halte zu Euch durch dick und dünn« – und als er sich 1908 mit dem Thronfolger zu einem gemeinsamen Jagdausflug getroffen hatte, hatte dies angesichts der schwelenden Balkankrise und der erwähnten Annexion Bosniens und der Herzegowina durch Österreich-Ungarn international für große Beunruhigung gesorgt.[27] Jetzt, im Juni 1914, nimmt Wilhelm also wieder eine Einladung des österreichischen Thronfolgers an; vom 12. bis 13. Juni ist er zu Gast bei Franz Ferdinand auf dessen südlich von Prag gelegenem Jagdschloss Konopischt. Offiziell lässt man verlauten, Wilhelm sei gekommen, um eine Jagdeinladung des Erzherzogs anzunehmen – der deutsche Kaiser ist bekanntermaßen ein begeisterter Jäger, was diese Einladung zumindest offiziell nachvollziehbar macht. Aber jeder Beobachter weiß, dass ein solches Treffen immer auch eine willkommene Gelegenheit bietet, die aktuelle politische Lage zu besprechen – in diesem Fall die Lage auf dem Balkan.

In der deutschen Öffentlichkeit wird das Bekanntwerden dieser Zusammenkunft deshalb aufmerksam verfolgt, weil der Kaiser auf seinen Wunsch unter anderem von Alfred von Tirpitz, dem Chef des Reichsmarineamtes, begleitet wird. »An unterrichteten Stellen wird mit Entschiedenheit erklärt, daß jeder politische oder marinepolitische Zweck beim Jagdbesuch des Großadmirals ausgeschlossen ist«, heißt es schon Tage zuvor beschwichtigend in den Zeitungen.[28] Das Treffen wird also fraglos als politische Zusammenkunft wahrgenommen und interpretiert: »Daß der Zar genau in diesen gleichen Tagen seinen Besuch des rumänischen Bodens veranstaltet, erscheint förmlich wie eine Gegenkundgebung gegen die Konopischte Begegnung.«[29] Russland reagiert also empfindlich auf die »private« Jagdeinladung und stärkt einem potenziellen Gegner Österreichs – und entsprechend der Logik einer »Nibelungentreue« auch Deutschlands – den Rücken.

Wenn anschließend erklärt wird, dass an diesen beiden Tagen im Jagdschloss von Konopischt kein Kriegsrat gehalten worden ist, darf man aber wohl davon ausgehen, dass das Treffen der Versicherung gegenseitiger Positionen gedient hat. Franz Ferdinand zeigt sich überzeugt, dass ein Krieg Österreich-Ungarns auf dem Balkan notwendigerweise den Kriegseintritt Russlands provozieren werde. Aber Kaiser Wilhelm will sich trotz des Drängens des Erzherzogs »noch« nicht auf eine bedingungslose Unterstützung Österreichs einlassen.[30] Angeblich hat sich der greise Kaiser Franz Joseph I. in Wien eine solche Zusicherung gewünscht, doch einer anschließend kolportierten Äußerung des Erzherzogs zufolge sei Wilhelm »der Frage ausgewichen und die Antwort schuldig geblieben«[31]. Wieder einmal, so kann man es deuten, schreckt der deutsche Regent vor dem entscheidenden Schritt in Richtung Krieg zurück.

Nach seinem Jagdausflug ins böhmische Konopischt warten in diesem Juni daheim indes erst einmal zahlreiche repräsentative Pflichten auf den deutschen Kaiser. Dazu zählt in den folgenden Tagen ein Treffen mit Vertretern der katholischen Kirche, aber auch die Teilnahme an den Trauerfeierlichkeiten für den verstorbenen Großherzog in Neustrelitz oder die offizielle Eröffnung des »Hohenzollernkanals«, des nun fertiggestellten Großschifffahrtswegs von Berlin nach Stettin.[32] Dieser Termin ist fraglos auch nach dem persönlichen Geschmack des Kaisers, schließlich geht es dabei um Schiffe und Schifffahrt.

Ohnehin freut sich Wilhelm sicherlich bereits auf das maritime Großereignis des Jahres, die Kieler Woche. Wie jedes Jahr wird er als Initiator dieses Festes selbstverständlich persönlich daran teilnehmen. Seine Jacht ist bereits präpariert und nimmt zunächst ohne ihn Kurs Richtung Kieler Förde. Der Kaiser selbst erledigt auf dem Weg dorthin noch die ein oder andere Aufgabe eines Staatsoberhaupts: Über Hannover – wo er eine Landwirtschaftsausstellung besucht[33] – führt ihn die Reise gen Norden, zunächst nach Hamburg. Dort erwartet ihn noch eine besondere Freude. Der dritte für die Schifffahrtslinie Hapag gebaute Schrauben-Schnelldampfer soll bei dieser Gelegenheit seinen offiziellen Namen erhalten: Nach der »Imperator« und der »Vaterland« wird dieser Gigant nun auf den Namen »Bismarck« getauft (ausgerechnet Bismarck, mag man mit Blick auf die Beziehung zwischen dem alten Reichskanzler und dem damals jungen Kaiser denken). Diese riesigen Schiffe – die damals größten der Welt – sind genau nach dem Geschmack Wilhelms, denn sie sind – und da weiß er die öffentliche Meinung in Deutschland hinter sich – bestens dazu geeignet, das »Ansehen des deutschen Namens in alle Welt« zu tragen.[34]

> »Am Sonnabend fand auf der Werft von Blohm & Voß in Gegenwart des Kaisers der Stapellauf des neuen, 291 Meter langen Hapag-Dampfers statt. Das gewaltigste Schiff, das jemals von dieser Erde zum Meere ging, trägt den Namen des gewaltigsten Deutschen: ›Bismarck‹. [...] Gräfin Hannah Bismarck, des Fürsten Herbert älteste Tochter, vollzog den Taufakt. [...] Aber die Flasche Schaumwein hatte ein zähes Leben und wollte sich nicht von zarter Frauenhand so leicht den Garaus machen lassen. Da nahm sie kurz entschlossen der Kaiser selbst beim Wickel, schleuderte sie mit scharfem Wurf gegen den Schiffsleib, daß sie in Scherben klirrte und sprudelnd ihr schäumendes Naß über den Bug goß.«[35]

Schon in Hamburg residiert der Monarch auf der mittlerweile eingetroffenen »Hohenzollern«, sodass er – wie bei solchen Reisen üblich – den sonntäglichen Gottesdienst an Bord feiern kann. Seine Repräsentationspflichten führen ihn zunächst noch nach Altona (die zu diesem Zeitpunkt noch eigenständige Stadt feiert ihr 250-jähriges Jubiläum), in den Hagenbeck'schen Tierpark (eine bereits reichsweit bekannte Attraktion) sowie zu einem Treffen mit Albert Ballin, dem bekannten Reeder und Generaldirektor der Hapag, mit dem der Kaiser regelmäßigen, auch privaten Kontakt pflegt.[36] Das jetzige Treffen hat allerdings auch Bedeutung für die Frage von Krieg und Frieden: Ballin ist von der Reichsleitung zu Sondierungsgesprächen nach London geschickt worden, um zu erfahren, wie es tatsächlich um britisch-russische Flottenverhandlungen steht. Jetzt will der Kaiser von ihm wissen, ob es auch angesichts der vermeintlichen russischen Kriegsvorbereitungen »nicht besser wäre loszuschlagen, anstatt zu warten«. Allerdings hat der Reeder selbst den Eindruck, dass Wilhelm, ungeachtet des Ernstes der Lage, noch immer den Frieden bewahren will.[37]

Anschließend verlässt Wilhelm II. Hamburg an Bord seiner Jacht elbabwärts Richtung Brunsbüttel. Dort trifft er am 23. Juni ein und besichtigt aus gegebenem Anlass auch die Kanal- und Hafenanlagen[38] – schließlich ist in diesem Jahr die Vertiefung und Erweiterung des Kaiser-Wilhelm-Kanals (heutiger Name: Nord-Ostsee-Kanal) zwischen Nord- und Ostsee erfolgreich abgeschlossen worden. Die kaiserliche Jacht durchquert demonstrativ den Kanal und erreicht auf diesem Weg Kiel. Auch hier nimmt Wilhelm an den Einweihungsfeierlichkeiten der neuen Schleusen teil[39], ehe er endlich in das große Spektakel der Kieler Woche eintaucht. Der Kaiser selbst hat dieses politisch-gesellschaftliche Großereignis ins Leben gerufen, um öffentlichkeitswirksam – und für die übrigen Nationen erkennbar – für seine Lieblingsidee von Deutschlands Zukunft auf dem Wasser zu werben. Wilhelm II. hält hier Hof im Kreise der Mächtigen und Reichen: Europäische Fürsten und amerikanische Millionäre, rheinische Großindustrielle und hanseatische Patrizier kommen nach Kiel und nehmen mit ihren schicken Segeljachten auch an der kaiserlichen Regatta teil.

Manchem in der kaiserlichen Umgebung mag das nicht gefallen, weil das Treiben auf den Schiffen und das Auftreten des Monarchen in dieser Umgebung nicht höfisch genug anmutet. Für standesbewusste Adlige ist allein schon die Zusammensetzung der Gäste auf der kaiserlichen Jacht schwer zu ertragen – sie sehen einen »von Hofadligen, Professoren und angeblich sogar von jüdischen Finanzmagnaten umringten König, der seine altadligen Generale an Deck zu unwürdigen Leibesübungen zwang«, und dies noch an Bord eines modernen Stahlschiffs wie der »Hohenzollern«.[40] Das ist nicht mehr die alte Welt des traditionsbewussten Adels. Doch Wilhelm genießt diese Tage und ihr ganz eigenes Flair: Es geht elegant zu, sportlich und modern – und fast ist alles so schick wie bei den britischen Segeltagen in Cowes, die Wilhelm als Kronprinzen einst imponiert hatten.[41] Der Kaiser hat sich bis zu einem gewissen Grad am englischen Vorbild orientiert, und an den geselligen Runden des Kaisers nehmen jetzt oft auch Offiziere der britischen Royal Navy teil.[42]

Die Kieler Woche des Jahres 1914 ist geprägt von einer beachtlichen Ansammlung imposanter Schiffe sowie von hohem Besuch aus dem Ausland. Zugleich findet wieder einmal ein »heimlicher Stärkevergleich« zwischen britischer und deutscher Marine statt. Diesmal (und das empfindet Wilhelm II. fraglos als Ehre) besteht das britische Geschwader aus vier Schlachtschiffen und drei Kreuzern, die an der Förde gemeinsam mit den modernsten deutschen Schlachtschiffen im Wasser liegen. Nur eine Einladung des britischen Marineministers Winston Churchill, wie dies Wilhelms Vertrauter Albert Ballin angeregt hat, ist nicht zustande gekommen.[43] Aber auch so sind die deutsch-britischen Begegnungen standesgemäß: Zunächst nimmt Wilhelm am 24. Juni auf seiner Jacht die Meldungen der englischen Schiffskommandanten entgegen, am 25. Juni besucht er selbst das englische Flaggschiff »King George V.«, abends sind dann die britischen Gäste erneut auf der »Hohenzollern«.[44]

Die Tage verlaufen ganz im Sinne des Kaisers. So kann er am

Freitag, dem 26. Juni, bei herrlichem Wetter an Bord seiner eigenen Segeljacht »Meteor« am Wettsegeln teilnehmen. Am Abend ist er wieder umworbener Gastgeber auf seiner »Hohenzollern«, wobei unter anderem der US-amerikanische Botschafter zu Gast ist.[45] Zuvor allerdings nimmt der Kaiser beim Verlassen des kaiserlichen Jachtklubs noch eine ganz besondere Parade ab: Am Strandweg haben rund 1000 Veteranen Aufstellung genommen, die 50 Jahre zuvor im Deutsch-Dänischen Krieg von 1864 am inzwischen mythisch verklärten Sturm auf die Düppeler Schanzen teilgenommen haben. Wilhelm II. nimmt sich die Zeit, das – wegen des hohen Alters der Veteranen langsam vonstatten gehende – Defilee grüßend anzuschauen und anschließend sogar noch mit einigen ehemaligen Soldaten und Generälen persönlich zu sprechen.

»*Der Kaiser schritt die Fronten ab, indem er von Gruppe zu Gruppe einen ›Guten Abend, Veteranen!‹ entbot, welches kräftig erwidert wurde, und zeichnete viele der alten Leute durch freundliche Ansprachen aus, besonders solche, welche das Eiserne Kreuz trugen. Dann wurde zum Parademarsch angetreten. Die Kapelle des Seebataillons setzte mit dem Düppelmarsch ein, in einem nicht allzu schnellen Tempo, und nun zogen die alten Düppelstürmer vorüber, keiner unter 70 Jahren, entblößten Hauptes, voran die Generäle und Exzellenzen, dann die Oesterreicher. Der Kaiser grüßte andauernd.*«[46]

Es liegt nicht nur an dieser Mischung an politischen Begegnungen, gesellschaftlichem Vergnügen und sportlichem Treiben, dass späteren Betrachtern die Kieler Woche von 1914 »als die letzte große Friedensveranstaltung« gilt.[47] Tatsächlich erlebt das Fest am Sonntag, dem 28. Juni, eine dramatische Wende. Wilhelm II. hat diesen Tag mit dem obligatorischen sonntäglichen Gottesdienst an Bord seiner »Hohenzollern« begonnen, ehe er um zehn Uhr zur »Meteor« übersetzt, mit der er an der angesetzten prestigeträchtigen Regatta teilnehmen will. Die Botschaft, die die Welt verändern sollte, trifft gegen 16 Uhr am Nachmittag ein: Ein kleines motorgetriebenes Hafenschiff hält auf die kaiserliche Segeljacht zu, darf aber (so viel Fairplay muss sein) entsprechend den strengen Regeln des Segelsports nicht an der »Meteor« anlegen. Doch augenscheinlich bringt das kleine Schiff wichtige Nachrichten, denn an Deck steht aufgeregt winkend Admiral Georg von Müller höchstselbst, immerhin Chef des Marinekabinetts. Offensichtlich hält er ein Telegramm in den Händen, das er seinem obersten Befehlshaber überreichen will. Da er nicht anlegen darf, zückt er kurzerhand sein Zigarettenetui, steckt das Telegramm hinein und wirft alles zusammen in hohem Bogen an Bord der kaiserlichen Segeljacht. Ein Matrose hebt das Etui auf und bringt die offensichtlich so wichtige Nachricht direkt zum Kaiser, der das Telegramm sofort liest:[48]

> »Sarajewo, den 28. Juni, um 12 Uhr.
> Seiner Majestät, Kiel.
> Seine Kaiserliche und Königliche Hoheit Erzherzog Thronfolger und Höchstdessen Gemahlin sind soeben Opfer eines Revolverattentats geworden.
> Generalkonsul Eiswaldt«[49]

Der Kaiser bricht die Regatta sofort ab und kehrt zur »Hohenzollern« zurück; die Kieler Woche wird angesichts der dramatischen Ereignisse vorzeitig beendet. Wilhelm ist bestürzt und empört über das Geschehen in Sarajevo. Erst zwei Wochen zuvor hat er noch in Konopischt den österreichischen Thronfolger Franz Ferdinand und dessen Gemahlin Sophie getroffen. Ihr Verhältnis war gut, der deutsche Kaiser fühlte sich dort wohl, weil er bei dem Paar stets ein gern gesehener Gast war. Und das aus gutem Grund: Wilhelm behandelte Sophie mit einer Herzlichkeit, die sich vom ansonsten gepflegten Ton am österreichischen Hofe deutlich abhob. Denn in Wien wurde Sophie wegen ihrer Herkunft aus einem verarmten tschechischen Adelsgeschlecht schlecht behandelt – als Franz Ferdinand sie heiratete, hatte man ihn deshalb sogar gezwungen, für sie und ihre Kinder auf das Recht der Thronfolge zu verzichten.[50]

Ausgerechnet der als launisch geltende deutsche Kaiser hat durch sein freundliches Auftreten gegenüber der Gemahlin eine besondere Beziehung zum Paar – und ist über dessen Ermordung auch persönlich betroffen. Einerseits sicherlich deshalb, weil mit dem Tod Franz Ferdinands auch Wilhelms stabiles Verhältnis zum Zukunftsträger des wichtigsten deutschen Bündnispartners Österreich-Ungarn zerstört ist, andererseits aber auch wegen der Todesumstände selbst. Es liegt schließlich erst gut zehn Jahre zurück, dass geradezu eine Welle von Attentaten auf gekrönte Häupter durch Europa ging: 1898 war die österreichische Kaiserin Elisabeth erstochen worden, 1900 hatte es einen Mordanschlag auf den Prinzen von Wales gegeben, im selben Jahr fiel König Umberto von Italien einem Attentat zum Opfer. Auch Wilhelm II. war ins Visier geraten: 1900 schleuderte bei einem Besuch in Breslau eine angeblich geistesgestörte Frau ein Beil in den Wagen des Kaisers, ohne dass jemand verletzt wurde, 1901 warf in Bremen ein junger Arbeiter eine Eisenschnalle nach Wilhelm II., die ihm knapp unterhalb des rechten Auges eine vier Zentimeter lange Wunde zufügte. Diese Attacken hatten Auswirkungen auf die nervliche Verfassung des Monarchen – aus den Attacken schloss er deprimiert, dass monarchische Gesinnung und Achtung vor der Autorität auf dem Rückzug seien.[51]

Im Juni 1914 hatte eine weitere Meldung die Öffentlichkeit aufgeschreckt: Angeblich war versucht worden, das russische Zarenpaar mit einer Bombe zu töten – es blieb indes unverletzt.[52] Dass also im Juli 1914 ein Thronfolger ermordet wird, ist somit in gewisser Hinsicht ein schreckliches Ereignis in einer Kette von vielen anderen Attentaten. Aber diesmal – und das ließ Europa fraglos aufhorchen – geschieht es zu einer politisch brisanten Zeit und an einem symbolträchtigen Ort mitten in einem höchst unruhigen Land. Auch der Tag des Attentats ist ein besonderer: Nicht nur, weil das österreichische Thronfolgerpaar dem Anschlag ausgerechnet an seinem Hochzeitstag zum Opfer fällt[53] – zugleich ist dieser 28. Juni auch der Jahrestag der sogenannten Schlacht auf dem Amselfeld, bei der die Serben im Jahr 1389 eine furchtbare Niederlage gegen die Türken erlitten hatten. Grund genug für den serbischen Geheimbund »Vereinigung oder Tod« – besser bekannt als »Schwarze Hand« –, gerade diesen Tag für ein politisches Fanal zu nutzen. Fast wäre der Anschlag übrigens gescheitert: Dem Bombenattentat auf ihren Wagen entgehen Franz Ferdinand und Sophie noch, erst als sie kurze Zeit später die dabei Verletzten besuchen wollen, nutzt einer der noch unentdeckten Verschwörer, Gavrilo Princip, die unerwartete zweite Chance und feuert mit einem Revolver auf sie.

»Das schreckliche Ereignis hat alle Herzen im Innersten aufgewühlt. […] Tief gebeugt, ins Innerste getroffen, empfangen die Völker der Monarchie diese grausame Fügung. Ihren Schmerz teilt die ganze gesittete Welt, die einig ist in dem Abscheu vor dem unmenschlichen Verbrechen, und schon heute liegen unzählige Kundgebungen trauervoller Teilnahme vor, welche die hohe Verehrung bezeugen, die dem verewigten Prinzen und seiner Gemahlin dargebracht wurde.«[54]

In den europäischen Hauptstädten löst die Nachricht vom Mord in Sarajevo tatsächlich einen Schock aus, aber deshalb denkt in diesem Moment – jedenfalls außerhalb von Österreich – kaum jemand ernsthaft an einen Krieg.[55] Später wird man urteilen, dass die Ereignisse rund um dieses Attentat eigentlich einen zweitrangigen Konflikt darstellen, der allerdings angesichts der angespannten internationalen Lage den seit Jahren angehäuften Zündstoff zur explosiven Entladung bringt. Tatsächlich sind die führenden Kreise Österreich-Ungarns bereits jetzt entschlossen, diesen Zwischenfall als Anlass für eine militärische Aktion gegen Serbien zu nehmen, um das Ansehen der alten Donaumonarchie als Großmacht wiederherzustellen und allen großserbischen Vorstellungen ein für alle Mal Einhalt zu gebieten.[56]

Der tote Franz Ferdinand als Mittel zum Zweck? Bei aller öffentlich gezeigten Trauer bleibt festzuhalten, dass der österreichische Thronfolger ja nicht überall ungeteilte Sympathie genoss. Der Ermordete war keineswegs besonders beliebt gewesen. So notiert rückblickend der österreichische Schriftsteller Stefan Zweig:»[…] es gab viele an diesem Tag in Österreich, die im stillen heimlich aufatmeten, daß dieser Erbe des alten Kaisers zugunsten des ungleich beliebteren jungen Erzherzogs Karl erledigt war.«[57] In führenden Kreisen der Doppelmonarchie ist sogar unverhohlene Erleichterung zu erkennen[58], selbst Kaiser Franz Joseph, der Franz Ferdinand nie als Thronfolger gewünscht hatte, soll über das Ereignis zwar bestürzt, in seiner Konsequenz nicht aber unglücklich gewesen sein. Jedenfalls nimmt jetzt der 26-jährige Karl in Wien die Rolle des Thronfolgers ein.

Der deutsche Kaiser Wilhelm II. ist zu diesem Zeitpunkt hingegen noch immer tief bestürzt von dem Geschehen und teilt Kaiser Franz Joseph am 28. Juni 1914 umgehend mit, dass er selbstverständlich zur Beisetzung des Thronfolgers anreisen werde. Das hält der Monarch für angemessen und unterbreitet dieses Angebot fraglos mit bester Absicht. Denn dass er diese Reise tatsächlich nie antreten wird, weiß Wilhelm II. zu diesem Zeitpunkt noch nicht…

Alexander Cartellieri. Ein Historiker in seiner Welt

Es gibt ein Foto, das Alexander Cartellieri im Frühjahr 1914 zeigt. Er steht auf der heimischen Veranda und trägt stolz die offiziellen Insignien seines neuen Amtes: Talar, Kette und Hut. Schließlich ist der Historiker soeben Prorektor der thüringischen Landesuniversität in Jena geworden. Damit steht er dieser Hochschule vor, denn lediglich nominell fungiert zu diesem Zeitpunkt der Großherzog von Sachsen-Weimar-Eisenach als Rektor. Das neue Amt scheint Cartellieri Freude zu bereiten, denn er ist erkennbar vergnügt; fröhlich, vielleicht auch ein wenig spöttisch, blickt er durch seine runden Brillengläser auf den Betrachter. Schaut man das Bild lange genug an, mag der Herr Professor mit seinem schmalen Gesicht und seinem fröhlichen Wesen fast wie ein Schelm wirken.[59] Und doch: Albernheit können wir ihm nun wahrlich nicht unterstellen, schließlich übernimmt Cartellieri gerade die Führung seiner Universität. Erst wenige Tage zuvor hat er erfahren, dass die Wahl auf ihn gefallen ist. Die Entscheidung ist für den 46-jährigen Historiker fraglos eine Ehre: Er gilt als anerkannter Vertreter seines Fachs – und die neue Verantwortung passt durchaus zur bisherigen Karriere dieses Mannes.

Wenn man so will, ist Alexander Cartellieri ein Mann von Welt: Geboren wird er weit weg von Jena – am 19. Juni 1867 in Odessa. Fünf Jahre nach der Geburt zieht der kleine Alexander mit seiner Familie nach Paris, wo der Vater als Kaufmann eine neue Stelle antritt. Dieser Schritt prägt die bürgerliche Jugend des Jungen. 1872 ist die Niederlage gegen Deutschland in Paris noch in frischer Erinnerung, und so verkehrt die Familie Cartellieri in dieser politisch angespannten Situation tendenziell zunächst eher mit den wenigen deutschen Familien in der Stadt, als dass sich entspannte Kontakte zu Franzosen ergeben hätten. Doch die Umgebung prägt: Alexander lernt früh Französisch, das ihm zur zweiten Muttersprache wird. Bald greift der Junge auch schon mal zu Rousseaus *Confessions*, die im väterlichen Bücherregal stehen. In der Schulzeit lernt Alexander die alten Sprachen sowie Englisch und erwirbt früh wichtige philologische Grundlagen; zudem liest er Homer und übersetzt Tacitus und Schiller ins Französische.[60]

Es muss für den Jungen nahezu ein Kulturschock sein, als seine Eltern entscheiden, ihn 1883 nach Deutschland zu schicken, wo er ein deutsches Gymnasium besuchen soll. Damit wollen sie ihm zunächst ein Studium an einer deutschen Universität und anschließend den Eintritt in den Staatsdienst ermöglichen. Der noch 15-Jährige verlässt also die Millionenstadt Paris und landet ausgerechnet im provinziellen Gütersloh, das zu diesem Zeitpunkt gerade einmal rund 10 000 Einwohner zählt. Der schmächtige, kurzsichtige Bursche aus der Fremde – denn das war Paris damals für den durchschnittlichen Ostwestfalen – integriert sich erfolgreich durch Leistung: Er steigt zum jahrgangsbesten Schüler auf und besteht 1887 das Examen ebenfalls als Bester. Nicht zuletzt angeregt durch die Lektüre der *Weltgeschichte* von Leopold von Ranke, hegt Cartellieri schon als Schüler den Wunsch, selbst Historiker und Professor zu werden (wenngleich er bescheiden davon ausgeht, zunächst wohl nicht Rankes Ruhm erlangen zu können). Dass er im Jahr seines Schulabschlusses aufgrund seiner Kurzsichtigkeit vom üblichen einjährigen freiwilligen Militärdienst ausgemustert wird, dürfte er deshalb nicht als persönlichen Rückschlag empfunden haben – Alexander Cartellieri will schließlich seine so gewonnene Zeit nutzen, um rasch Gelehrter zu werden.[61]

»Mein Ziel ist, ein christlicher Gelehrter zu werden und von Ferne Ranke zu folgen, der einer der wenigen Historiker gewesen zu sein scheint, die positiv an Gott glauben. Es wird besonders notwendig sein, [...] dass ich mehr Zeit auf das Studium als auf das Bier verwende und dass ich weniger eine Säule der Kaffeehäuser und der Brauereien als der Bibliotheken sei.«
(Tagebucheintrag des 19-jährigen Cartellieri)[62]

Zunächst studiert Cartellieri in Tübingen, dann zieht es ihn nach Berlin, wo er sein Studium mit der Dissertation abschließt und das Staatsexamen für höhere Schulen ablegt. Er heiratet mit Margarete Ornhold eine Anwaltstochter aus guten Berliner Verhältnissen (und erfährt deshalb übrigens von seinem Schwiegervater fortan immer wieder materielle Unterstützung). Nach einer beruflichen Zwischenstation in Karlsruhe, wo er im Archiv arbeitet, gelingt es ihm schließlich endgültig, die akademische Laufbahn einzuschlagen (was zu dieser Zeit immer auch eine finanzielle

Anstrengung bedeutet). Nach Habilitation und einer Zwischenstation in Heidelberg gelangt er 1902 als 35-Jähriger nach Jena – zunächst als Extraordinarius (damit zählt er zu den rechtlich wie finanziell schlechter gestellten Hochschullehrern), dann als ordentlicher Professor.

»Er gilt allgemein als sehr tüchtig und als einer der besten jüngeren Vertreter des Mittelalters. […] Seine Vorlesungen werden gern gehört, und auch persönlich nimmt er sich seiner Schüler innerhalb und ausserhalb der Übungen lebhaft an. Guter Vortrag und allgemeines Nachdenken über Fragen der Historiographie werden ihm nachgerühmt. Auch persönlich macht er einen angenehmen Eindruck und ist sehr beliebt.«

(die philosophische Fakultät der Jenaer Universität zur Berufung Cartellieris 1902)[63]

Alexander Cartellieri steigt damit in einen erlesenen Kreis auf: Bis zum Ersten Weltkrieg gibt es im Deutschen Reich nur rund 1300 ordentliche Professoren.[64] Doch finanziell ist der Ruf nach Jena nicht gerade das große Los: Die dortige Universität gilt am Ende des 19. Jahrhunderts als diejenige, die ihre Professoren besonders schlecht bezahlt. 1881 hatte sie den Landesherrn sogar bitten müssen, wenigstens Mindestgehälter und Alterszulagen für die Hochschullehrer zu bezahlen. Abhilfe schafft zunächst eine Besoldungsreform im Jahr 1902 (als Cartellieri an die Hochschule kam) sowie schließlich eine generelle Gehaltserhöhung im Jahr 1911.[65]

Wenn auch Cartellieri in Jena bei Weitem nicht das Leben seines frühen Vorbilds Leopold von Ranke erwartet, so kann er doch ein standesgemäßes Haus für sich und seine vielköpfige Familie beziehen (aus der Ehe gehen fünf Kinder hervor). Doch zunächst muss sich der junge Gelehrte auch privat in einer eher ungewohnten Umgebung zurechtfinden: Zum Haus führt ein steiler Weg, auf dem ein Gespann mit acht Pferden mühsam den

Hausrat der Familie hinaufziehen muss. Im Regen und vor allem bei Schneefall verwandelt sich der Weg, der nur notdürftig mit Kies befestigt ist, regelmäßig in eine gefährliche Rutschbahn – es gibt Berichte, wonach sich hier verschiedene Professoren auf dem Weg in die Stadt dann und wann auf dem Hosenboden wiederfanden.[66]

Mit seiner Frau Margarete teilt und pflegt Cartellieri die Vorliebe für Bücher; eine Fotografie aus den Jenaer Anfangsjahren zeigt beide an einem Tisch im Garten – in Lektüre vertieft. Im Hause Cartellieri wird ein bildungsbürgerliches Leseideal gelebt, die Jenaer Villa bietet ausreichend Platz für die private Bibliothek. Auf seine Bücher ist der Professor fraglos besonders stolz. Sie finden zunächst im Bibliotheks- und Arbeitszimmer, später im Herrenzimmer, auf dem Boden und schließlich in der Garage Platz. Zur häuslichen Routine gehört übrigens auch, dass der Historiker sich den Sonntag grundsätzlich von beruflichen Verpflichtungen frei hält: Jegliche Forschungstätigkeiten und Lehrvorbereitungen sind tabu, der Tag bleibt dem Schöngeistigen vorbehalten, der Literatur, der Sprache, der Kunst. Der Sonntag ist, soweit möglich, auch der Tag, an dem Cartellieri sich zurückzieht, um sein Tagebuch zu führen. Schon als Elfjähriger hat er damit begonnen, und für seine späteren Biografen werden diese Aufzeichnungen zur wichtigsten Quelle ihrer Arbeiten werden.[67]

Die Welt seiner Bücher ist ihm wichtig, die öffentliche Debatte schon weniger: Er gehört in publizistisch-politischer Hinsicht zur weitgehend schweigenden Mehrheit der deutschen Professoren, im bestehenden politischen System des Kaiserreichs sieht er – trotz möglicher Kritik an Einzelerscheinungen – den besten Sachwalter von nationalen und sozialen Interessen. Die Monarchie, ihre Bürokratie und ihr Militär sind für den Professor feste Säulen eines sicheren Lebens.[68] Alexander Cartellieri ist im Sommer 1914 somit in der Tat das, was man einen gestandenen – und wohl auch zufriedenen – Gelehrten nennen könnte.

Und doch ist etwas Besonderes an diesem Historiker: Er ist

nämlich einer der wenigen deutschen Vertreter seiner Zunft, dessen Hauptforschungsgegenstand die Geschichte Frankreichs ist.[69] 1899 erschien der erste Band seiner schließlich vierbändigen Darstellung *Philipp II. August König von Frankreich«* (1165–1223), die ihn als quellenkundigen Mediävisten ausweist. Zugleich – und dies sollte sein ganzes Gelehrtenleben prägen – richtet der Kenner des Mittelalters seinen Blick immer auch über diese Epoche hinaus. 1913 tritt er erstmals mit Betrachtungen zu einem Thema der Neuzeit an die Öffentlichkeit, einige Jahre später macht er sich Gedanken über Grundzüge einer Weltgeschichte, schließlich sollten vier Bände über *Weltgeschichte als Machtgeschichte* folgen.[70]

Aber mehr als die große Bandbreite seines wissenschaftlichen Interesses macht seine inhaltliche wie persönliche Beziehung zu Frankreich und Belgien Cartellieri zu einer besonderen Figur unter den deutschen Historikern: Er gilt aufgrund seiner Beschäftigung sozusagen als der »Franzose« unter den Historikern des späten Kaiserreichs. Er ist schließlich in Paris aufgewachsen und steht seit Langem in engem Austausch mit französischen, belgischen und britischen Historikern. Cartellieri unterscheidet sich schon durch seinen Werdegang von anderen professoralen Zeitgenossen; aufgrund seiner Herkunft und seiner (frühen) Vielsprachigkeit ist ihm später sogar eine »faktische und geistige Heimatlosigkeit« bescheinigt worden. Das kann man auch als intellektuellen Vorteil verstehen, denn dadurch ist der Weltbürger Cartellieri davor gefeit, in die Provinzialität thüringischer oder auch nur deutscher Geschichte abzustürzen.[71] Cartellieris Welt ist eben größer als Thüringen und Sachsen – gerade seine Kontakte ins Ausland kennzeichnen seine Arbeit als Wissenschaftler: 1913 ist er einer der Redner auf dem Londoner Historikerkongress und gehört ursprünglich zum Mitarbeiterkreis der (dann nach dem Krieg und ohne deutsche Beteiligung vorgelegten) *Cambridge Medieval History*, einer wegweisenden und renommierten Weltgeschichte des Mittelalters.[72]

Alexander Cartellieri ist noch vergleichsweise jung, als er an die Saale zieht, aber fraglos bereits ein international renommierter Gelehrter. Sein Werdegang und seine Herkunft – eben nicht aus der Enge eines protestantischen Pfarr- oder preußischen Beamtenhauses – machen ihn übrigens nicht nur finanziell schon früher unabhängig als seine Kommilitonen oder Professorenkollegen. Auch in politischer Hinsicht dürfte ihm eine gewisse Weite der Perspektive eher zu eigen gewesen sein – »nationalistische Wadenbeißer und fanatische Herolde von Rasse, Blut und Boden«, so urteilte ein Beobachter rückblickend, »stammen in der Regel aus anderen Milieus«. Cartellieri lässt sich zwar mit Fug und Recht als national und konservativ bezeichnen, doch fühlt er sich aus Überzeugung der internationalen Gelehrtengemeinschaft zugehörig.[73]

Die Universität Jena genießt bei der Berufung Cartellieris in dieser Zeit überregional Anerkennung. Das liegt einerseits an ihrer Geschichte, schließlich haben hier einst Geistesgrößen wie Schiller, Fichte und Hegel gewirkt. Andererseits stellt die Hochschule auch jetzt noch immer »eine wissenschaftliche Adresse erster Güte mit großer internationaler Ausstrahlung« dar.[74] Zwar liegt die »Salana« hinter den großen Universitäten des Landes zurück, rund 2000 Studenten und Studentinnen (erst später als an anderen Orten werden hier im Jahr 1907 Frauen zum Studium zugelassen) sind 1914 hier eingeschrieben.[75] Damit hat auch diese Hochschule ihren Anteil an der regelrechten Bildungsexplosion an den Universitäten im Deutschen Reich: Zwischen 1871 und 1914 steigt die Zahl der Studierenden von rund 13 000 auf über 60 000 an. Besonderen Anteil an dieser Entwicklung haben die philosophischen Fakultäten, jenes große Sammelbecken aller Geistes- und Naturwissenschaften, dem zu Beginn des Ersten Weltkrieges etwa die Hälfte der Studentenschaft zugerechnet wird.[76] Sie und ihre Professoren sind stolz auf den Ruf der deutschen Universitäten. Nicht zuletzt sind es eben die Hochschulen, deretwegen das kaiserliche Deutschland höchste Geltung in der Welt genießt.[77]

Die deutschen Professoren stellen im Kaiserreich etwas Besonderes dar: Sie genießen hohes Sozialprestige in der Bevölkerung und zugleich das Vertrauen des Obrigkeitsstaates. Sie sind – nicht zuletzt über Titel und Ehren – feste Bestandteile des monarchisch-bürgerlichen Establishments, genießen aber zugleich große wissenschaftliche und organisatorische Freiheiten. Unterschiede gibt es bei ihren Einkommen. Nicht nur – wie bereits im Falle Cartellieri und Jena gezeigt –, weil die jeweiligen Länder ihre Ordinarien unterschiedlich besolden. Der Verdienst ist auch von den Fächern abhängig. Professoren in Massenfächern profitieren – über das sogenannte Kolleggeld, das jeder Student pro unterrichtete Stunde zu zahlen hat – von steigenden Studentenzahlen, während vor allem die Juristen und Mediziner traditionell über zum Teil erhebliche Nebeneinnahmen verfügen.[78]

Es gibt unter den deutschen Professoren wahre Berühmtheiten. Und für eine Universität – gerade wenn es nicht die alles beherrschende Berliner Universität oder die großen Hochschulen in München, Leipzig oder auch Bonn sind – stellen Ordinarien von Rang und Namen ein wichtiges Kapital dar. Auch die vergleichsweise kleine Universität in Jena hat ihre prominenten Professoren, denen sie ihren guten Ruf verdankt: allen voran der Philosoph Rudolf Eucken, Nobelpreisträger für Literatur von 1908, Ernst Haeckel, der bekannte naturwissenschaftliche Materialist und Monist (der allerdings 1909 seine Lehrtätigkeit aufgegeben hat), der Sprachwissenschaftler Berthold Delbrück[79] sowie Gottlob Frege, der als Begründer der modernen mathematischen Logik auch im Ausland wahrgenommen wird.[80] Doch das Historische Seminar, das Cartellieri beim Antritt seiner Professur in Jena antrifft, ist nicht nur für seine Ansprüche von recht provinziellem Zuschnitt:

»Gearbeitet wurde dort nicht, auch nicht Seminar gehalten, sondern der Senior verlieh zweimal in der Woche Bücher. Man kann sich denken, wie dieser äusserst bescheidene Betrieb auf mich wirkte, der ich in Leipzig und Berlin Seminarmitglied gewesen war.«[81]

Zunächst muss sich Cartellieri um die notwendigen Bücher kümmern. Seminar- und Universitätsbibliothek sind äußerst lückenhaft ausgestattet. Der Historiker versucht deshalb einerseits Geldgeber für die notwendigen Anschaffungen zu finden (es braucht indes Jahre, um die aus seiner Sicht schmerzhaftesten Lücken zu füllen), andererseits hilft er selber aus: Seine Privatbibliothek wird über viele Jahre zu einer zweiten Seminarbibliothek für ihn und seine Studenten. Aber der neue Professor kümmert sich nicht nur um die notwendigen Bücher, er mutiert regelrecht auch zu einem »Mädchen für alles«, wie es sein Biograf einmal nennt: Cartellieri ist nicht nur Lehrender und Prüfender, er wird gleichermaßen Seminardirektor und Chef der Bibliothek und fungiert als Hausmeister und Innenausstatter – er fühlt sich sogar für die Auswahl von Tapeten, Kleiderhaken und Fußmatten zuständig, wobei seine Freude zum Detail dabei fraglos an Pedanterie grenzt.[82]

Ordnung findet sich auch in Cartellieris Alltag, er pflegt sein Tagewerk streng nach der Uhr auszurichten. Nach einem morgendlichen Spaziergang folgt stets die Vorlesung (die ihm nach seinen Worten »eine ähnliche Bewegung wie das Spazierengehen« verschafft), seine Übungen hält er nachmittags, die notwendigen Senatssitzungen und eventuelle Promotionsprüfungen fallen auf den Samstag. Gegenüber seinen Studenten zeigt sich der Historiker anspruchsvoll: Entgegen der üblichen Praxis reichen bei ihm für die Aufnahme in seine Fortgeschrittenenseminare nicht Empfehlungen durch andere Lehrkräfte aus, vielmehr müssen die Kandidaten zunächst einige Fragen zum behandelten Stoff schriftlich beantworten. Später sollte sich Cartellieri rückblickend darüber belustigen, dass er von einer Mitarbeiterin erfuhr, auswärtige Studenten hätten, »als sie von den Prüfungen hörten, empört erklärt, dass sie deshalb Jena wieder verlassen würden«[83].

»Die strengsten Zügel gab uns der Historiker Alexander Cartellieri.
Er konnte viel, er verlangte viel und hatte wenig Geduld mit Schü-
lern, auf die sein immer gestrafftes Wesen nicht sogleich überging.
In seiner Vorlesung war jeder Satz ein bedachter Schritt voran; für
die Stunden des Seminars brauchte es eine gründliche Vorbereitung,
wollte man dem scharfen Exerzitium nicht erliegen und als Bloß-
gestellter, vom raschen Tadel betroffen, das Spiel der Konkurrenz ver-
lieren. Dieses Verfahren erwies sich als Überforderung der Thüringer
und Sachsen, die als schlechte Lateiner im Kampf mit den Texten,
die wir lasen, am ehesten auf der Strecke blieben.«
(der Theologe und Schriftsteller Joseph Bernhart über Cartellieri)[84]

Zur Jenaer Gelehrtenexistenz gehören für Cartellieri allerdings
nicht nur die Räume der Universität und seine häusliche Bibliothek, sondern auch die sogenannten Forstspaziergänge. Diese
werden seit den 80er-Jahren des 19. Jahrhunderts zu einem festen Bestandteil des Gelehrtenmilieus dieser Stadt. Vielleicht – so
wird heute wohl nicht zu Unrecht vermutet – war die Forst-
runde »zeitweise vielleicht der wichtigste Verkehrskreis Jenaer
Gelehrtenkultur«; die Teilnahme daran gehört für die Professoren ebenso zum festen Programm wie Vorlesungen oder Senatssitzungen.[85] Hier treffen sich Historiker, Philosophen, Philologen,
Theologen und Mediziner – und nach einigen Jahren sind die
Spaziergänge längst keine reinen Männerrunden mehr. Cartellieri
hat als Neuling im Kreis der Professoren rasch das Gefühl, dass die
Fakultätsmitglieder ihm wohlgesonnen begegnen, die Aufnahme
in den Kreis der Spaziergänger bildet einen wichtigen Schritt der
kollegialen Integration.

»Pünktlich markttags wohl um drei
Sammelt sich die Kumpanei
Der Professoren klein und lang
An dem einen Bahndurchgang.
Mag es regnen, mag es schnein,

Mögens viel, ob wenig sein,
Ob es eist, ob Sonne brennt,
Eifrig man zum Forste rennt,
Auf dem Schweizerhöhenweg,
Oder in der Hohle Steg
Stapft man sinnig durch den Dreck,
Schwatzt sich von der Leber weg,
Alles, was sonst eklig drückt,
Doch beim Schildern fast beglückt.«

(Else Leitzmann, Ehefrau des Jenaer Germanisten Albert Leitzmann,
über die Jenaer Forstgänger)[86]

Die Professoren als Vertreter der örtlichen Universität gehören – nicht nur als Spaziergänger – fest zum Stadtbild Jenas. Es ist maßgeblich die Hochschule mit ihrer großen Tradition, die das Selbstbewusstsein dieser Stadt ausmacht. Gerade nach der Jahrhundertwende profitiert sie von den Impulsen, die von der Universität und ihren Angehörigen ausgehen. Vor allem die Förderer der modernen Kunst tragen zum Aufschwung der Stadt bei; Maler wie Ernst Ludwig Kirchner, Edvard Munch oder Emil Nolde sind zu Gast, zudem entsteht eine beachtliche Sammlung expressionistischer Kunst. Das neue Hauptgebäude der Universität wird in dieser Zeit mit bedeutenden Kunstwerken ausgestattet. Dazu zählen etwa eine Minerva-Büste des Bildhauers Auguste Rodin sowie ein Gemälde des Schweizer Malers Ferdinand Hodler aus dem Jahr 1909.[87] Es trägt den Titel »Der Auszug deutscher Studenten in den Freiheitskrieg von 1813«[88] und ist für Jena von besonderer Bedeutung, weil die Befreiungskriege und die Teilnahme der Jenaer Studenten daran noch immer eine feste Größe der örtlichen Erinnerungskultur sind.

Dieses Bild sollte Alexander Cartellieri in naher Zukunft noch beschäftigen, weshalb ein kurzer Blick auf das Kunstwerk notwendig ist. Es besteht aus zwei Teilen, die horizontal getrennt sind: Der untere Teil zeigt junge Männer, die in unterschiedlichen

Posen Uniformen anlegen und augenscheinlich anschließend ihre Pferde besteigen, um in den Krieg zu ziehen. Der obere Teil zeigt die nun in Reih und Glied marschierenden Soldaten (von Pferden ist nun übrigens nichts mehr zu sehen), die mit geschulterten Gewehren offensichtlich einer Schlacht entgegengehen. Für den künstlerischen Gesamteindruck ist entscheidend, dass aus einer Gruppe von Individuen (die sich auch erkennbar unterschiedlich bewegen) nun eine anonyme Kolonne von Soldaten wird – hier lassen Studenten ihr ziviles Leben und ihre Individualität zurück, um im Volk aufzugehen und das Vaterland zu befreien. Kurzum: Dem Maler Ferdinand Hodler ist nicht weniger als ein machtvolles Dokument der Verherrlichung von Kriegsbereitschaft gelungen.[89]

Die Studenten, die im Mittelpunkt dieses Bildes stehen, haben sich allerdings seit den Tagen der Befreiungskriege und während der erwähnten Expansion des Hochschulwesens im Kaiserreich nachhaltig verändert. Wenn auch die unteren Klassen (nicht zuletzt aufgrund der Studienkosten) weiterhin fast vollständig vom Studium ausgeschlossen sind, so ist doch die Herkunft der Studenten seit der Reichsgründung städtischer, bürgerlicher und »industriell-kommerzieller« geworden: Der neue Mittelstand, vor allem die Angestellten und Beamten, überholte in gewisser Hinsicht das bisherige akademische Bürgertum. 1911/13 sind es bereits 72 Prozent aller Väter von Studenten, die über keine akademische Ausbildung verfügen. Aus der relativ elitären traditionellen Hochschule ist also innerhalb weniger Jahrzehnte eine Art moderne Mittelklassenhochschule geworden.[90]

Das Bild der Studenten ist geprägt vom alles beherrschenden Verbindungswesen, von der studentischen Subkultur. Hier hat sich bei den Corpsstudenten ein eigenständiges Milieu entwickelt, in dem vor allem zwei Themen im Vordergrund zu stehen scheinen: die sogenannte Mensur (deren Spuren als »Schmisse« im Gesicht als ehrenvolle Narben und Zeichen der Zugehörigkeit stolz getragen werden) sowie das gemeinschaftliche und ausufernde Trinken. Solche Rituale werden gepflegt, intern wie öffentlich, dafür gibt es Verständnis, zuweilen aber auch Kritik: Kastengeist, Waffenmanie, übersteigerter Ehrbegriff, Autoritarismus und sogar Verdummung sind die gängigen Vorwürfe gegenüber den Verbindungsstudenten.[91] Und manch ein Zeitgenosse fühlt sich schlicht unwohl, wenn er – und das nicht nur in Jena – auf Horden solchermaßen »gut gelaunter« Studenten trifft:

> *»Unerfreulicher Eindruck in Jena. Lärmende Studenten auf dem Bahnhof mit großen Hunden. Biergesichter. Bierulk. Sie begleiten einige Kommilitonen zur Bahn. Heil! Die ziehn im geheizten Coupé dritter Klasse die Röcke aus und schaun in Hemdsärmeln aus dem Fenster. Sie brüllen: Herr Zugführer, fahrn wir noch nicht. Bei der Abfahrt schwingen die andern Stöcke und schrein: Heil Spieß, Rund und andre Kneipnamen.«*

(Robert Musil in seinem Tagebuch, 3. Januar 1914)[92]

Bei aller Unterschiedlichkeit der Studentenschaft – damals wie heute gibt es lärmende und bierselige ebenso wie ruhige, eher strebsame und unauffällige Vertreter dieser »Zunft« – ist das Verbindungswesen als soziale Formation nicht nur von zahlenmäßigem Gewicht, sondern zugleich von einer gewissen politischen Homogenität. Wollte man die politische Orientierung der deutschen Studenten zu diesem Zeitpunkt beschreiben, müsste man sie im Wesentlichen als kaisertreu und antidemokratisch, als antisemitisch, antisozialistisch und antifranzösisch bezeichnen.[93] Damit stehen sie in gewisser Weise in Übereinstimmung mit dem weit überwiegenden Teil ihrer Professoren, die sich als patriotische Stütze für Kaiser, Volk und Vaterland verstehen. Und deshalb sind die Befreiungskriege, vor allem das Jahr 1813 und die Völkerschlacht, ideale Anlässe dafür, sich auch hundert Jahre später patriotisch und zusätzlich noch kaisertreu zu geben. Das wird 1913 deutlich, als das Völkerschlachtdenkmal in Leipzig feierlich eröffnet wird. Eine wahre Hurra-Stimmung geht durchs Volk (wenngleich immerhin einige Sozialdemokraten und Fortschrittsliberale den Zusammenhang mit aktuellen Militärausgaben kritisch anmerken), und die Lieder aus der Zeit der Befreiungskriege – vor allem von Ernst Moritz Arndt und Theodor Körner – haben Konjunktur:

>»Sollte Gott wollen, daß Eure Majestät an der Spitze des deutschen Heeres ins Feld ziehen müßten, Deutschlands Rechte und Deutschlands Ehre zu wahren, so würde auch die akademische Jugend von heute mit Körner beten: ›Zum Leben, zum Sterben segne mich! Vater, ich preise Dich!‹«*
>
> (der Historiker Dietrich Schäfer am 9. Februar 1913 in seiner Festrede zur »Erinnerung an die Erhebung der deutschen Nation im Jahre 1813«)[94]

Auch Alexander Cartellieri äußert sich 1913 in Jena bei der Erinnerung an die Befreiungskriege zu Wort – als Festredner bei der offiziellen Feierstunde seiner Universität. Dabei unterscheidet sich der Historiker indes von seinem Berliner Kollegen Schäfer (der in Heidelberger Studentenzeiten noch sein Lehrer war) und dessen scharfem nationalistischen Ton, der geradezu eine mentale Kriegsbereitschaft signalisiert. Cartellieri formuliert weniger martialisch. Wenn man so will: Er hetzt nicht. Vor allem nicht gegen Frankreich, was angesichts der napoleonischen Besetzung und der weitverbreiteten Vorstellung von einer Erbfeindschaft zwischen Franzosen und Deutschen eine Ausnahme in der kaiserlichen Gesellschaft darstellt. Der frankophile Mediävist tut sich schwer damit, eine Tradition der Feindschaft von Napoleon bis in die Gegenwart zu ziehen. Gleichwohl fällt auch bei seinen Worten der Stolz auf die erreichten Leistungen des Deutschen Reiches auf. Es ist der geradezu typische patriotische Stolz des Bürgertums, das sich mit diesem Reich nach Jahrhunderten der vermeintlichen Zwietracht wieder auf der Erfolgsspur der Geschichte wähnt:

»Wenn es uns allen stets von neuem hoher Genuß ist, uns in die Geschichte des Vaterlandes zu versenken, so müssen wir uns doch immer wieder der besonders großen Schwierigkeiten bewußt werden, die gerade wir im Unterschied gegen andere Nationen zu überwinden haben. Wunderbar vielseitig und gestaltenreich, aber auch äußerst verwickelt ist doch unsere Vergangenheit! Jahrhundertelang fehlt es uns an festem Zusammenhalt und staatlicher Einheit: wir suchen mit heißem Bemühen das Ganze, das zum Reich geeinte deutsche Volk und finden doch nur Teile.«[95]

Erst der gemeinsame Kampf gegen Napoleon – der für Deutschlands »tiefste Erniedrigung« stehe – habe die Deutschen geeint und in die Lage versetzt, all ihre Tugenden und Stärken zu bündeln. Der Jenaer Professor vergisst aus gegebenem Anlass nicht, die Verdienste des Herzogtums Sachsen-Weimar unter dem Großherzog Karl August zu loben – und selbstverständlich den Beitrag der eigenen Hochschule zum erfolgreichen Kampf gegen die französische Unterjochung. Viele akademische Lehrer hätten sich seinerzeit gleichermaßen für Vaterland und Wissenschaft eingesetzt und sich damit in die »erhabene Sache« der Wiedergeburt nationalen Daseins« gestellt.[96] Die Menschen in Jena und Weimar – und hier wieder »mutige Professoren und Studenten« – hätten auch in schlimmen Jahren der Unterdrückung »den Glauben an die deutsche Sache sorgsam gehütet«, und der sich daraus entwickelnde »stürmische Drang der studierenden Jugend nach sittlicher Erneuerung zum Besten des Vaterlandes« habe schließlich auch zur Gründung der Burschenschaft am 12. Juni 1815 geführt.[97]

»Weil Deutschland sich damals [...] aus seiner tiefsten Erniedrigung so kräftig erhob, daß es zwei Menschenalter später das neue Reich gründen konnte, darum verweilen wir immer mit aufrichtiger, tiefer Teilnahme bei dieser Zeit persönlicher und staatlicher Wiedergeburt, bei dem Beginn eines, wie wir hoffen und vertrauen, dauerverheißenden Aufstiegs unsres endlich, schwer genug! geeinten Volkes.«[98]

Dass Cartellieri als Redner für die Jahrhundertfeier der »deutschen Erhebung«, wie es offiziell heißt, vor den Angehörigen der Universität Jena den historischen Festvortrag halten darf, ist fraglos ein Zeichen der Anerkennung. Sein Ansehen innerhalb der Hochschule, in der Stadt und beim Landesherrn ist groß, seine Erhebung zum Prorektor 1914 geradezu die logische Folge. Seinem Tagebuch vertraut er allerdings im März dieses Jahres an, dass ihm die Herausforderung »recht schlecht passte«, weil er schon zahlreiche Bücher zusammengetragen hat, um den vierten Band über Philipp II. August zu schreiben. »Damit war es nun nichts«, notiert er.[99] Damals wie heute ist eine Leitungsposition in der Universität immer auch mit zeitaufwendigen Tätigkeiten zur Bewältigung von Problemen innerhalb einer Fakultät oder zwischen den Fakultäten garniert. Wenn Cartellieri in seinem Tagebuch schreibt: »Gestern Nachmittag gab's mal wieder richtigen Krach in der Fakultät«[100], so ist das eben auch ein Abbild professoralen Alltags an einer deutschen Hochschule. So wird ihn das neue Amt ohne Frage von seinen wissenschaftlichen Aufgaben – genauer: von seiner eigentlichen Leidenschaft – abgehalten haben, nämlich den eigenen Studien und Texten. Er habe das Amt im Grunde nur angenommen, so notiert er ein wenig verbittert, »um der Universität am Anfang der Ferien keine Schwierigkeiten zu bereiten. Ich führe es, weil ich es für meine Pflicht halte, aber ohne Freude; denn es versperrt mir die Welt der Gedanken, in der ich mich je länger je lieber bewege.«[101]

Am 20. Juni 1914 tritt der neue Prorektor mit einer Rede an die Öffentlichkeit, die verbunden ist mit einer Preisverleihung zur Übernahme des Amtes. Am Tag zuvor, einem Freitag, feiert er allerdings noch seinen Geburtstag: Cartellieri wird 47 Jahre alt. Die Universitätsveranstaltung, die er nun das erste Mal leitet, ist für den Professor sicherlich auch ein Geschenk. Die Preisverleihung bildet den feierlichen Höhepunkt des Universitätsjahres; hierbei spricht der Prorektor in einer Festrede zu einem Thema aus seinem Fach, erstattet Bericht über das vergangene Universitätsjahr und gibt die Ergebnisse des diesjährigen Preisausschreibens bekannt (jede Fakultät stellt den Studierenden eine Fachfrage, deren beste Beantwortung prämiert wird). Die Universität feiert sich und ihre Leistungen:

>*Unter dem Geläut der Glocke hält mittags das Corpus academicum unter Vortritt der Pedelle mit den Silber-Zeptern der Universität, geführt von Seiner Magnifizenz dem Prorektor und den Dekanen der vier Fakultäten, sämtliche in ihrer altertümlichen Tracht, und gefolgt von Abordnungen der studentischen Korporationen und Vereinigungen mit ihren Fahnen, die Chargierten in vollem Wichs, unter den Klängen eines feierlichen Marsches seinen Einzug in die alte Kollegienkirche, wo schon die Damen der Akademiker, Ehrengäste und Studierende Platz genommen hatten.«*[102]

Prorektor Cartellieri stellt seine Ausführungen unter den Titel »Frankreich und Deutschland im Wandel der Jahrhunderte«. Dies ist einerseits ein historischer Beitrag – und damit fraglos einer aus der eigenen Fachdisziplin –, andererseits aber zugleich ein (tages)politischer. Kann das historische Verhältnis von Frankreich und Deutschland jemals aktueller sein als jetzt? Für Cartellieri ist die Antwort eindeutig: Es gebe kaum eine andere Frage, so erläutert er gleich zu Beginn seiner Rede, »die uns heute, unter dem frischen Eindruck der Jubelfeier der Befreiungskriege, so stark zu fesseln vermöchte wie die nach den politischen Beziehungen zwischen Deutschland und Frankreich«[103]. Dabei argumentiert er als Historiker und fordert seine Zuhörer auf, abseits des »Stimmengewirrs der Tagespresse« dieses Phänomen über die Jahrhunderte hinweg zu betrachten. Er zeichnet – ausgehend von der frühesten Geschichte seit Julius Cäsar – das permanente Gegen- und Miteinander beider Nationen nach.

»Der Redner ging davon aus, daß die beiden Länder keine natür-
lichen Grenzen haben, einander eng benachbart und nahe verwandt
sind, daß man sie deshalb am besten als Geschwister bezeichnen darf,
die durch Erbstreitigkeit verfeindet sind.«[104]

Der eigentliche Gegenstand ist ihm, wie er in seinem Tagebuch einige Wochen später notiert, der »Kampf um die Weltstellung«[105]. Schließlich führt er aus, wie sehr beide Nationen
gleichermaßen nach »möglichst dauernder Geltung in der Welt
strebten« und darüber notgedrungen immer in Konflikt gerieten.
»Sie können nur leben und sterben im Wettbewerb«, das sei gleichermaßen ihr Schicksal und Ruhm. Trotz dieser Gegnerschaft
sei es lange nicht zum Krieg gekommen, was Cartellieri allerdings
einzig darauf zurückführt, dass Deutschland gut gerüstet gewesen sei: Offene politische Feindschaft Frankreichs habe sich erst
gezeigt, »als Deutschland schwach und uneins wurde« und damit
die Begehrlichkeiten seines »unruhigen« Nachbarn reizte. Daraus
folgt, so der Prorektor am Ende seiner Festrede, dass ein starkes –
also auch abschreckend gerüstetes – Deutschland die beste Gewähr für einen Frieden zwischen beiden Völkern und damit letztlich auch für den Frieden in Europa darstelle.[106]
    Aber, so fügt der Frankreich-Kenner hinzu, gerade nach dem
Krieg von 1870/71 habe sich die feindliche Stimmung im Nachbarland verschärft: Nach seiner Beurteilung haben die Franzosen,
die »in der selbstgewissen Freude an ihrem eigenen festgefügten
Volkstum« lebten, den Aufstieg Deutschlands völlig verschlafen.
Dieses Land, das die Nachbarn »nur als die ernste, weltfremde
Heimat von Dichtern und Denkern kannten, hatte sich plötzlich
als waffenstarrende Macht geoffenbart« und sich »auf blutgedüng-
ten Schlachtfeldern seinen Platz an der Sonne mit wuchtigem
Stoß erobert«[107]. Das Deutsche Reich hat in dieser Interpretation
also seinen militärischen, wissenschaftlichen und wirtschaftlichen
Aufstieg mit der politischen Feindschaft Frankreichs bezahlt. Und
nur eine starke Armee könne künftig den Frieden garantieren.

Der Prorektor von Jena folgt mit seiner Argumentation weithin dem offiziellen politischen Kurs des Kaiserreichs: Deutschland brauche eine starke Armee, müsse als Großmacht agieren und ungestört seine wirtschaftlichen Kräfte »daheim und über See« entfalten. Als Kolonialmacht mit Weltgeltung könne es nicht dulden, dass irgendeine andere Macht – und hier hat Cartellieri wieder das Frankreich der Gegenwart vor Augen – »ihm die Türen verschließt, die zum Weltmarkt führen«. Denn diesen Markt brauche das Land, um die Lebensbedingungen seiner wachsenden Bevölkerung zu sichern.[108] Was für den Redner als Aufgabe und Chance bleibt, ist der geistige, der kulturelle Austausch zwischen diesen beiden verfeindeten Geschwistern. Er ruft die Kommilitonen in Jena zu kulturellen Eroberungen im »Reiche des Wissens« auf, zum »geistigen Kampf«, in dem ihnen »die Feuersäule des deutschen Idealismus« voranleuchten möge.[109] Aber zugleich schätzt er den Frieden und den Austausch der Völker als Grundbedingung wissenschaftlicher und kultureller Leistungen:

»Wir haben den Frieden, und unsere Fürsten und Staatsmänner sind darauf bedacht, ihn ehrenvoll zu bewahren. Der Friede aber bietet allen Angehörigen der Universität, Lehrenden wie Lernenden, willkommene Muße zu fruchtbringender Arbeit in der Kulturpolitik. Es ist nie deutsche Art gewesen, harte politische Gegensätze, die kein Kenner der Geschichte unterschätzen darf, auf das geistige und das persönliche Gebiet zu übertragen. So freuen wir uns regen wissenschaftlichen Austausches mit unserem feinen und klaren Nachbarvolke, erweitern dabei unseren Gesichtskreis, ergänzen unsere eigene Art und dienen, bald mehr gebend, bald mehr nehmend, den großen germanisch-romanischen Bildungsidealen.«[110]

Zumindest Professor Cartellieri arbeitet an dem erwähnten »regen wissenschaftlichen Austausch« mit anderen Nationen. Als am 28. Juni 1914 Erzherzog Franz Ferdinand und seine Frau Sophie in Sarajevo ermordet werden, ist der Jenaer Gelehrte gerade mit der Eisenbahn unterwegs. Er bricht an diesem Tag zur Reise ins holländische Groningen auf.[111] Die dortige Universität feiert ihr 300-jähriges Bestehen und richtet zugleich die internationale Rektorenkonferenz aus. Die Nachricht von der Ermordung des österreichischen Thronfolgers scheint der kollegialen Stimmung in Groningen zumindest aus Cartellieris Sicht nicht zu schaden: Er genießt den Kontakt zu den ausländischen Kollegen, darunter auch französische (so trifft er hier auch seinen belgischen Kollegen Henri Pirenne wieder, der die Universität Gent vertritt), und keinesfalls vermag er »irgendwelche unfreundliche Zurückhaltung« gegenüber den Deutschen festzustellen.[112]

Ist es wirklich so? Oder nimmt Cartellieri einfach nicht wahr, dass da eine internationale Krise heraufzieht, die letztlich auch seine heile akademische Welt gefährden kann? Ein anderer Beteiligter des Treffens in Groningen nimmt die Stimmung jedenfalls deutlich anders wahr: Der bereits zitierte Berliner Professor Dietrich Schäfer glaubt zumindest nach seinen späteren Erinnerungen, schon deutliche Differenzen zwischen den Deutschen sowie den Engländern und Franzosen erkannt zu haben – das ganze schöne Fest habe bereits unter einem bösen Omen gestanden.[113] Vermutlich wird man rückblickend Alexander Cartellieri zugutehalten, dass er zu diesem Zeitpunkt tatsächlich einen Krieg nicht unmittelbar kommen sehen kann. Als der Juni 1914 zu Ende geht, weiß der Historiker aus Jena um die kritische Lage auf dem Balkan und das Geflecht der internationalen Spannungen. Mehr nicht.

Wilhelm Eildermann. Ein junger Kämpfer der Arbeiterklasse

Im Juni 1914 ist Wilhelm Eildermann gerade einmal 16 Jahre alt. Man möchte meinen, er sei noch zu jung, um an den großen politischen Debatten seiner Zeit teilzuhaben. Er selbst sieht das allerdings anders: Längst hat der erklärte Sozialist seinen Platz eingenommen in der Reihe der Klassenkämpfer, die in diesen Jahren mehr oder weniger zuversichtlich die proletarische Revolution erwarten. Eildermann hat zwei Jahre zuvor die Schule verlassen und einen Ausbildungsplatz als Volontär bei der *Bremer Bürger-Zeitung* gefunden, dem publizistischen Flaggschiff der Linken in der Hansestadt. Der junge Mann fühlt sich nicht nur in beruflicher, sondern auch in politischer Hinsicht angekommen und somit alt genug, um auch die großen Dinge seiner Zeit zu verstehen. Das jedenfalls schreibt er später rückblickend über seine Jugend:

> »*In der sozialistischen Jugendorganisation, der ich seit meiner Schulentlassung im Jahre 1912 angehörte, hatte ich schon ein gewisses Maß politischer Ausbildung und Erziehung erhalten. Ich wußte schon, worum es ging.*«[114]

Tatsächlich weiß Wilhelm augenscheinlich schon früh, was politisch richtig oder was falsch ist. Seine politische Heimat ist die sozialistische Jugendorganisation der SPD in der Hansestadt, die offiziell »Bildungsverein junger Arbeiter und Arbeiterinnen Bremens« heißt, aber von den eigenen Mitgliedern lieber schlicht »Junge Garde« genannt wird. Und als Junggardist registriert Wilhelm selbstverständlich, »worum es ging«. Für die richtige Bildung und Ausbildung nutzt er vor allem die Arbeiter-Zentralbibliothek oder besucht eine öffentliche Lesehalle. Er ist ein fleißiger, bildungshungriger Genosse: So arbeitet er beispielsweise die zweibändige *Geschichte der deutschen Sozialdemokratie* des Publizisten, Politikers und einflussreichen sozialdemokratischen Autors Franz Mehring durch – keine einfache Lektüre für einen 16-Jährigen, der nach jedem Kapitel sogar noch eine kurze Zusammenfassung in sein Tagebuch schreibt.[115]

Wilhelm Eildermann ist ebenso fleißig wie ehrgeizig. Darin spiegelt sich in seinen Bemühungen jener für alle Gliederungen der Arbeiterjugendbewegung im Deutschen Reich typische Um-

stand, dass die internen Bildungsmöglichkeiten für die sozialdemokratisch gesinnten Jugendlichen ausgesprochen weit gefächert
sind: An der allgemeinen »geistigen Vertiefung« wird vor allem
anhand von Vorträgen gefeilt, es gibt Lese- und Musikabende,
unverzichtbar sind auch gemeinsame Spiele sowie Ausflüge in die
Natur – die Mehrzahl der sozialistischen Jugendorganisationen
in Deutschland sind ja städtische Gruppierungen. Auch mehr
oder weniger berufsnahe Bildungsangebote wie das Erlernen von
Stenografie oder sogar Esperanto stehen zur Verfügung; in einigen Regionen kommen später noch mehrmonatige Lehrgänge in
Partei- oder Gewerkschaftshäusern hinzu.[116]

Wilhelm Eildermann stammt aus einer kinderreichen Familie eines Bremer Tabak- und Transportarbeiters[117]; fünf Schwestern und fünf Brüder wurden in der Familie groß, Wilhelm selbst
ist der jüngste der Brüder. In seinem Bildungseifer hat der Junge
sicherlich schon früh seinen älteren Bruder Heinrich Eildermann zum Vorbild, der als junger Lehrer zu Beginn des Jahrhunderts zur Sozialdemokratie kommt und unter anderem in der
fortschrittlichen Bremer Lehrerbewegung tätig ist. Als linker Sozialdemokrat belässt er es nicht bei publizistischen Vorstößen zu
Fragen von Pädagogik und Schulreform, sondern versucht sich
auch an zahlreichen gesellschaftlichen Problemen, die er nach
Einschätzung seines kleinen Bruders »im Sinne des historischen
Materialismus zu lösen« versucht.[118] Wilhelm will seinem älteren Bruder nacheifern und greift nicht nur zu schwergewichti-
gen Büchern, sondern besucht zugleich die zahlreichen Veranstaltungen der SPD, etwa im Jugendheim der Jungen Garde. Hier
werden Fragen aufgegriffen, die weit über das enge tagespoliti-
sche Feld hinausgehen. Mal hält ein Genosse einen Vortrag über
»Goethe und die Arbeiter«, ein anderes Mal besuchen die jungen
Gardisten gemeinsam die Bremer Kunsthalle oder das Museum
für Natur-, Völker- und Handelskunde. Eildermann selbst muss
innerhalb der Bildungsarbeit bei der Jungen Garde ebenfalls das
eine oder andere Referat über aufgegebene Fragen halten:

»Mein Referat: Mosaische Schöpfungsgeschichte. Entwicklung der
Erde. Vermutliche Entstehung und Entwicklung der ersten Lebe-
wesen (nach Wilser, Menschwerdung). Kampf ums Dasein, natürliche
Zuchtwahl, Entstehung der Arten. Ferner: Die Eiszeit.«[119]

So klar für den jungen Eildermann zuweilen die politischen und
ideologischen Antworten auf die großen und kleinen Fragen seiner Gegenwart sind, so unübersichtlich wirkt doch das parteipo-
litische Feld, in dem er politisch sozialisiert wird. Die sozialdemokratische Bewegung in Bremen zeichnet sich in diesen Jahren
durch massive innere Auseinandersetzungen aus. Zunächst einmal stehen sich die Linken in der SPD und die sogenannten »Reformisten« in ihrer ideologischen Auseinandersetzung gegenüber.
Letztere gründeten 1906 einen eigenen sozialdemokratischen Be-
zirksverband mit der Bezeichnung »Nordwest«, in dem auch die
Mitglieder der Bürgerschaftsfraktion den Ton angeben.[120] Man
kann sagen, dass die Genossen in Bremen in ihrem Klassenkampf
immer auch mit sich selbst beschäftigt sind.

Doch diese missliche Lage spiegelt, von einigen regionalen Be-
sonderheiten in Bremen abgesehen, in gewisser Hinsicht nur die
generelle Lagerteilung der gesamten deutschen Sozialdemokratie wider. Die SPD insgesamt wird seit der Jahrhundertwende
von Richtungskämpfen hin und her gerissen. Vor allem geht es
um die Frage, wie und wann die neue, die bessere sozialistische
Gesellschaft kommen wird. Der einst von August Bebel prog-
nostizierte große »Kladderadatsch«, die alles Alte und Schlechte
mit einem Schlag beseitigende Revolution, ist ja nun erkennbar
ausgeblieben. Stattdessen hat sich der Kapitalismus in der wilhelminischen Gesellschaft fest etabliert und sogar konsolidiert.
Wie soll es also jetzt mit dem Sozialismus weitergehen? Darüber
kommt es im sogenannten Revisionismusstreit innerhalb der SPD
zu heftigen ideologischen Auseinandersetzungen zwischen einer
revisionistisch-reformistischen Gruppe (die immer weniger auf
eine Revolution als auf eine Evolution der bestehenden Verhält-

nisse setzt) mit dem Protagonisten Eduard Bernstein und einem neuen radikalen, revolutionären Flügel unter der intellektuellen Führung von Rosa Luxemburg. Die bisherige Mehrheit der Partei findet sich angesichts dieser Doppelopposition schließlich in der Mitte wieder, als »Zentrum«. Die Partei steht vor einem Dilemma: Einerseits kann sie weiterhin beeindruckende Organisations- und Wahlerfolge verzeichnen, andererseits muss sie mit der Ohnmacht leben, dass sich ein Weg an die Macht nicht erkennbar abzeichnet.[121]

In der Bremer Sozialdemokratie ist die ohnehin schwierige Lage der Partei noch etwas komplexer und turbulenter. Auch wegen ihrer ideologischen Ausrichtung nimmt die Bremer Sozialdemokratie schließlich eine Außenseiterposition in der deutschen Sozialdemokratie ein, nicht zuletzt weil seit etwa 1905 die Mehrheit der Bremer Parteiorganisation dem linken Flügel zuzuordnen ist.[122] Mit dieser Haltung findet die Partei in der Hansestadt ihre Anhängerschaft: Bremen, trotz der zunehmenden Industrialisierung noch immer eine typische Seehandelsstadt, hat von der wirtschaftlichen Entwicklung der letzten Jahre und Jahrzehnte deutlich profitiert. Der bremische Handel mit großen Stapelartikeln wie Baumwolle, Getreide oder Kaffee verzeichnet einen steten Aufschwung, die Zahl der ankommenden Schiffe steigt ebenso, wie sich die Handelsflotte der Bremer Reeder kontinuierlich vergrößert.[123] Mit der Industrialisierung und dem wirtschaftlichen Aufschwung eng verknüpft ist die immer akuter werdende soziale Frage und damit der stete Aufstieg der Sozialdemokratie auch an der Weser. Die Zahl ihrer Mitglieder steigt von rund 10 000 im Sommer 1910 auf deutlich über 15 000 im März 1914[124] (im Deutschen Reich verdoppelt sich die Zahl der Mitglieder zwischen 1907 bis 1914 auf knapp 1,1 Millionen[125]).

In der Bremer Sozialdemokratie wird in diesen Jahren sehr grundsätzlich debattiert. Es geht bei der Frage nach dem richtigen Weg in eine bessere Gesellschaft überwiegend nicht um lokale Probleme und deren Lösung, sondern immer mehr um allgemeine sozialistische Konzeptionen. Die Radikalisierung der Bremer Sozialdemokraten vollzieht sich in den Jahren nach der Jahrhundertwende vergleichsweise rasch, entschiedene Vertreter des marxistischen Sozialismus wie Alfred Henke (Redakteur der *Bremer Bürger-Zeitung* und seit 1912 Mitglied des Reichstages) oder Wilhelm Pieck (bis 1910 Mitglied der Bremischen Bürgerschaft) treiben die Radikalisierung voran, angesichts derer sich Hauptvertreter des reformistischen Parteiflügels wie Hermann Müller oder Friedrich Ebert sogar entschließen, Bremen zu verlassen.[126]

Entscheidenden Anteil an der Radikalisierung der Bremer Sozialdemokratie hat in diesen Jahren die *Bremer Bürger-Zeitung*, die seit 1906 im Besitz der Partei ist.[127] Alfred Henke fungiert 1914 als ihr Chefredakteur, Johann Knief (einer der entscheidenden Wortführer der Bremer Linken) als sein Stellvertreter. Zu den regelmäßigen Autoren zählen unter anderen der in Bremen wegen seiner Agitations- und Bildungsarbeit einflussreiche Anton Pannekoek, der erwähnte Franz Mehring, die charismatische Rosa Luxemburg oder der ebenfalls reichsweit bekannte, 1912 aus der Partei ausgeschlossene Karl Radek. Wegen ihrer Debattenbeiträge zu grundsätzlichen Fragen – und angesichts der hochkarätigen Autoren – wird die Zeitung von der sozialdemokratischen Bewegung auch überregional wahrgenommen.

Die *Bremer Bürger-Zeitung*, bei der Wilhelm Eildermann als Volontär lernt, ist für das politische Bewusstsein der Arbeiterschaft der Stadt von großer Bedeutung. Der ganz überwiegende Teil von ihr soll das Blatt abonniert haben[128], die Zahl der Abonnenten erreicht bis 1914 eine Zahl von knapp über 20000.[129] Was immer die Leser im Einzelfall von den ideologischen Debatten der Zeitung halten, sie alle eint die Überzeugung, dass sie als Arbeiter in der wilhelminischen Gesellschaft nicht als gleichberechtigte Bürger akzeptiert werden. Als Sozialdemokraten bleiben sie von der bürgerlichen Klassengesellschaft und dem wilhelminischen Obrigkeitsstaat ausgeschlossen. Und sie grenzen sich auch selbst ab, indem sie der bestehenden Gesellschaft den Untergang prognostizieren und sich geradezu als Todfeinde der bestehenden Ordnung stilisieren. Zugleich gibt es zu dieser Zeit allerdings so etwas wie eine »negative Integration« der deutschen Sozialdemokratie, da ihre Mitglieder und Anhänger von der Mehrheitsgesellschaft ja nicht nur ausgegrenzt, sondern sehr wohl auch einbezogen werden: etwa durch Schulbesuch und Militärdienst, durch Wahlrechte oder die wenngleich auch bescheidenen Erfolge der Sozialpolitik.[130]

Die Erfahrung, Deutsche zweiter Klasse zu sein, machen zu diesem Zeitpunkt auch die Jugendlichen, die sich wie Wilhelm Eildermann im Deutschen Reich in den sozialistischen Jugendorganisationen engagieren – und dies nicht nur, weil sie quasi im Kleinen das spezifisch sozialdemokratische Trauma durchleben, Staatsbürger minderen Rechts und geringerer Anerkennung zu sein, sondern weil sie auch ganz praktisch benachteiligt werden. So bleiben etwa die Arbeiterjugendgruppen von der öffentlichen Förderung aus kommunalen Mitteln, beispielsweise aus dem preußischen Jugendpflegefond, der 1911 aufgelegt wird, ausgeschlossen.[131]

Zugleich zeichnet sich die Sozialdemokratie dadurch aus, dass sie eine ganz eigene, allumfassende Deutungskultur fast aller Lebensbereiche bereithält. Der Sozialismus erklärt seinen Anhängern die Welt und das Leben, die Geschichte, die Gegenwart und die Zukunft, er wird regelrecht zu einer modernen Religion. Man denkt sozialdemokratisch, und man handelt sozialdemokratisch. So hat es der Historiker Thomas Nipperdey einmal als charakteristisch für dieses spezifische Milieu bezeichnet: »Sozialdemokratisch feierte man Feste, demonstrativ den 1. Mai, den 18. März (zum Gedenken an die Revolution von 1848), das Gründungsfest des eigenen Vereins, trauerte um die großen Toten der eigenen Bewegung, sozialdemokratisch sang man, lieh Bücher aus oder las sie, spielte Theater oder besuchte es, befaßte sich mit popularisierter Wissenschaft, turnte und fuhr Rad, wanderte, gärtnerte, spielte Skat, sorgte – im Arbeiter-Samariter-Bund – für Unfallopfer und Kranke, war Frau und Jugendlicher, ließ sich feuerbestatten, schloß Freundschaften und befestigte Solidaritäten in Nachbarschaft und Betrieb, erfuhr, wie es mit der Welt und dem Leben stehe.«[132] Was man in der sozialdemokratischen Gemeinschaft tut, das tut man eben als Sozialdemokrat. Die Erfahrung macht auch Wilhelm Eildermann, sei es beim Wandern, sei es bei der Frage, welche Literatur für die heranwachsende sozialistische Jugend »gesund« ist:

> »Vertrauensmännerversammlung der Jungen Garde. Vortrag Schulze: ›Wandern‹. Daß man aus Vergnügen aufs Land wandert – aus dem modernen Großstadtleben! Alle anderen Wanderungen hatten als Ursache die Not, den Zwang, die Wanderungen auf niedriger Kulturstufe sowohl wie die der mittelalterlichen Zunftgesellen.«[133]

Die sozialdemokratische Bewegung, die Genossen der Jungen Garde und die Führer der Bremer Arbeiterbewegung erklären dem 16-Jährigen nicht nur sehr genau, was für die Weltrevolution und die Politik im Großen wie im Kleinen gut und richtig ist, sie geben auch praktische Hinweise für die jungen Revolutionäre. Wilhelm Eildermann ist ein gelehriger Schüler und bildet sich in seiner Freizeit weiter fort. So nimmt er die ideologischen Anstöße zum Thema »Schund« zum Anlass, das Buch *Helmut Harringa. Eine Geschichte aus unserer Zeit* von Hermann Popert zu lesen, einen Seelen- und Lebensratgeber der Jugendbewegung, der der Kampagne gegen Alkohol- und Nikotinmissbrauch enormen Aufschwung verliehen hat.[134] Wilhelm Eildermann lobt dieses seit 1910 immer wieder neu aufgelegte Buch als Dokument, das »die Schäden und Folgen der Geschlechtskrankheiten, der Trunksucht und dergleichen Beulen am Gesellschaftskörper aufdeckt«[135]. In einer Versammlung der Jungen Garde wird ihm vermittelt, wie schädlich die Wirkung des Kinos auf die jungen Menschen sei, weil es als Medium im Dienst des herrschenden

Kapitalismus stehe: Die Programme seien schließlich voll mit »abgeschmacktem Patriotismus«, oft genug gehe es in den Filmen um die »Verherrlichung der Streikbrecher« oder um Streiks, »die immer zugunsten des Kapitals auslaufen«[136].

Was die ideologische Bildung angeht, so erhält sie Wilhelm Eildermann – außer durch die regelmäßige Lektüre der *Bremer Bürger-Zeitung* – vor allem in den Seminaren der Partei. In seinem Tagebuch sind zahlreiche Einträge zu finden, in denen er die wichtigsten Aussagen dieser Kurse festhält. Zumeist werden sie von den beiden führenden Vertretern des linken Parteiflügels in Bremen gehalten, von Anton Pannekoek und Johann Knief. Eildermann saugt die Unterweisungen gierig auf, die Themen decken dabei die gesamte Palette politischer und gesellschaftlicher Fragen ab: Mal geht es um die Arbeitssituation der Frauen (»Die Frau wird nicht nur durch die Fabrik, sondern auch durch die Hausarbeit ausgebeutet. Sie arbeitet im Haushalt meistens mit den primitivsten Mitteln. Sie sieht keine Möglichkeit des Sozialismus wie die Fabrikarbeiterin«[137]), dann um die weltweiten Folgen der Landflucht (»Was geschieht, wenn die chinesischen Kulis in die moderne Fabrik kommen und vermöge ihrer Bedürfnislosigkeit den Lohn derart drücken, daß sie eine ›gelbe Gefahr‹ werden?«[138]), ein andermal – und wiederholt – um geschichtliche Themen wie die Befreiungskriege, Klassenkämpfe und Napoleon (den »Testamentsvollstrecker der Französischen Revolution«[139]).

Wilhelm Eildermann ist nach Ansicht der anderen Genossen bereits so gut geschult, dass er schon einmal einspringt, wenn der Leiter eines Diskussionszirkels ausfällt. Dann spricht der 16-Jährige vor den Junggardisten über Bedarfswirtschaft und Urkommunismus oder liest aus dem *Kommunistischen Manifest* vor. Rezitiert vor den Junggardisten Heinrich Heines »Deutschland, ein Wintermärchen«[140] oder hält einen Vortrag über die »Entstehung der Städte und des Handwerks, über Lehrling, Geselle und Meister im Mittelalter«.[141] Gemeinsam mit seinem Bruder Heinrich hat Wilhelm auch einen Kurs für Partei- und Gewerkschaftsfunktionäre besucht, der sich mit dem Erfurter Programm beschäftigt. Denn vorher schon hat Eildermann Karl Kautskys Buch *Das Erfurter Programm in seinem grundsätzlichen Teil* systematisch studiert – »ich las jeweils ein Kapitel vor, mein Bruder erläuterte den Stoff und stellte Fragen«[142].

Doch nicht immer findet Eildermann die rechte Ruhe zur Lektüre der »richtigen« Bücher: Die internen Konflikte der Bremer Sozialdemokratie spitzen sich vor allem 1913 zu, als im Reichstag in Berlin über die Erhöhung der Friedenspräsenzstärke des Heeres und damit verbunden über einen außerordentlichen Wehrbeitrag abgestimmt wird. Die Mehrheit der SPD-Reichstagfraktion stimmt zwar dagegen, zugleich aber für eine entsprechende Vorlage für seine Finanzierung. Auf dem linken Flügel der bremischen Sozialdemokratie entbrennt darüber ein heftiger Streit. Der Bremer Abgeordnete Alfred Henke beugt sich dem Votum der Reichstagsfraktion und verteidigt deren Entscheidung öffentlich. Er nähert sich damit fraglos der politischen Mitte seiner Partei an. Gestandene linke Bremer Mitstreiter wie Anton Pannekoek und Johann Knief stellen sich indes gegen ihn und halten beide Vorlagen für nicht zustimmungsfähig.[143] Der junge Wilhelm Eildermann teilt die Position der Kritiker; in seinem Tagebuch notiert er, wie sehr Pannekoek bei einer Versammlung die Haltung der Fraktion tadelt:»Die Milliardenvorlage ist ein bedeutender Vorstoß des deutschen Imperialismus, der sich gegen irgendeinen anderen Staat richtet.«[144]

Auch in der Frage, ob für die SPD Massenstreiks ein probates Mittel des politischen Kampfes seien, entzweit sich die Bremer Parteilinke, nicht zuletzt nachdem im Juli 1913 in der Hansestadt Werftarbeiter gegen den Beschluss ihrer Gewerkschaftsführung in den Streik getreten sind. Der Reichstagsabgeordnete Alfred Henke ist von der auf seinem Parteiflügel vorherrschenden Ansicht abgerückt, wonach die Massen in jeder Lage stets richtig handelten und ihnen also naturgemäß die Führung bei Streiks zustünde – und nicht etwa den Partei- oder Gewerkschaftsfunktionären. Der einflussreiche Henke steht damit nicht mehr in einer ideologischen Front mit Pannekoek, Radek oder Knief, sondern hat sich damit den Reformisten angenähert. Der linke Parteiflügel zersplittert, die Gegnerschaft zwischen den Fraktionen der Bremer Linken bleibt prägend für den Sommer 1914.[145] Ohne Frage zählt zur Agitation unverzichtbar der öffentliche Protest. Auch Wilhelm Eildermann und die übrigen Mitglieder der Jungen Garde sitzen nicht nur über Büchern oder hören Vorträge, sondern demonstrieren auch immer wieder auf den Straßen Bremens. In seinem Tagebuch beschreibt Eildermann eine spontane Kundgebung, zu der sich die jungen Klassenkämpfer nach einer Protestversammlung wegen der Entlassung eines Genossen (Emil Sonnemann) aus dem staatlichen Schuldienst aufmachen. Nach kurzer Zeit – das gehört nach Eildermanns Notizen in dieser Zeit quasi dazu – greift die Polizei ein und versucht die Demonstranten auseinanderzutreiben. Die haben im Zweifel immer noch ihre Kampflieder und singen die »Internationale«, »Auf Sozialisten, schließt die Reihen!« und »Dem Morgenrot entgegen« (den Text für dieses später so berühmt gewordene Kampflied der Arbeiterbewegung hatte übrigens einige Jahre zuvor Wilhelms älterer Bruder Heinrich Eildermann verfasst). Wenn Eildermann Jahrzehnte später diese Vorkommnisse kommentiert, dass in solchen Momenten der »Kampf« spürbar, dass für die jungen Gardisten »das Proletariat der Todfeind der bürgerlichen Gesellschaft« gewesen sei[146], dann trifft das trotz möglicher retrospektiver Verklärung doch ihr Lebensgefühl: Wilhelm Eildermann und die Junggardisten nehmen sich wahr als Teil eines Kampfes, einer großen gesellschaftlichen Auseinandersetzung, die mit der diffusen Hoffnung auf die sozialistische Revolution verbunden ist.

Aber Klassenkampf ist für den jungen Eildermann nicht alles. In seinem Tagebuch finden sich zuweilen Spuren eines sehr viel privateren Lebens. Gerade bei den Ausflügen mit der Jungen Garde in die Umgebung von Bremen scheint sich immer wieder die Gelegenheit zu ergeben, mit jungen Mädchen in Kontakt zu kommen. Mit einer gewissen Anna Wroblewski zum Beispiel plaudert er bei einem Spaziergang durch Wald und Heide über »Liebesverhältnisse«. Und die einige Jahre ältere Anna erklärt ihm, dass es nicht schön sei, wenn man alleine bliebe, so ganz ohne einen Gefährten. Was sie dem jungen Eildermann allerdings nur erzählt, damit er endlich begreift, dass sich eine andere junge Gardistin – Regine – in ihn verliebt hat.

»Regine war 15 oder 16 Jahre alt. Sie hatte blaue Augen und ein rundes Apfelgesichtchen. Sie war klein von Gestalt, lebenslustig und gewandt wie ein Wiesel. Damit ich es nicht vergesse, sie war Verkäuferin in einer Konsumvereinsfiliale. Da sie also viele Menschen kennenlernte – wenn auch oberflächlich –, hatte sie schon etwas Erfahrung im Verkehr mit der Welt gesammelt. Sie war nicht leicht zum Erröten zu bringen, selbst in den delikatesten Situationen nicht, und das ist bei einem Backfisch immerhin bezeichnend.«[147]

Doch solch private Dinge haben zwar in Eildermanns Leben einen Platz, in seinem Tagebuch indes dominieren die politischen Themen. Und zunehmend ist es die Kriegsgefahr, die in der sozialistischen Argumentation eine immer größere Rolle spielt. Wilhelm Eildermann schließt sich der Auffassung der *Bremer Bürger-Zeitung* an, wonach Reichskanzler Bethmann Hollweg im Mai 1913 unverhohlen Aufrüstung mit dem Ziel eines Krieges propagiere. Die offiziellen Argumente dafür könne man doch rasch entlarven: Eine panslawistische Gefahr, ein Kampf zwischen Germanen- und Slawentum, sei doch längst nicht mehr zu erwarten, weil der Panslawismus selbst inzwischen zusammengebrochen sei. Und eine Bedrohung aus Frankreich sei auch nur konstruiert, da das Nachbarland längst von einer »Welle der Soldatendemonstrationen« vor allem gegen eine Verlängerung der Dienstzeit auf drei Jahre überrollt werde. Tatsächlich sei die Aufrüstung also nichts anderes als ein Mittel der kolonialen Raubpolitik: »Bei der neuen Aufteilung der Beute in Asien und Afrika will Deutschland seine Kanonen in die Waagschale werfen können«, schreibt Eildermann aus der *Bremer Bürger-Zeitung* ab. »Wir wollen keine Raubgemeinschaft mit England.«[148]

Wie wenig das sozialdemokratische Milieu – in diesem Fall Wilhelm Eildermann und die Bremer Linken – die Positionen von Kaiser, Regierung und bürgerlicher Presse teilen, zeigt sich nach dem Attentat von Sarajevo Ende Juni 1914. Nach einem kurzen Bedauern des Todes Franz Ferdinands richtet etwa das Parteiblatt *Vorwärts* den Blick auf das österreichische Herrschaftssystem und das Nationalitätenproblem in der Krisenregion. Das von Wien regierte Vielvölkerreich erscheint aus sozialdemokratischer Sicht als zerfallender Staat, und der österreichische Imperialismus trägt aus dieser Perspektive eine Mitschuld an der sich verschärfenden Lage auf dem Balkan:

> *»Die reaktionäre österreichische Regierungspolitik kann mit dem Lebensproblem Oesterreichs, der Nationalitätenfrage, nicht fertig werden. Die Unterdrückung der Nationalitäten ist die eigentliche Ursache der immerwährenden österreichischen Krise. Nur ein völliger Bruch mit dem bisherigen Regierungssystem, die Gewährung völliger demokratischer nationaler Selbstverwaltung könnte den österreichischen Staat retten, wenn es für diesen überlebten Nationalitäten-Zwangsstaat überhaupt noch eine Rettung gibt.«*[149]

Wurde Franz Ferdinand also das Opfer eines Systems, dessen herausragender Vertreter er war? Für diese Position gibt es heftige Kritik von bürgerlicher Seite: Der *Vorwärts* und die deutsche Sozialdemokratie machten sich mit Meuchelmördern gemein, heißt es jetzt zuweilen. Doch die Partei will nicht in den Ruch kommen, politische Attentate insgeheim als probates Mittel des Kampfes gegen Monarchie und Kapitalismus zu befürworten. Denn rasch werden in diesen Tagen Gerüchte verbreitet, die Attentäter von Sarajevo hätten sich ebenfalls zum Sozialismus bekannt. So sieht sich auch die *Bremer Bürger-Zeitung* genötigt, unmittelbar nach dem Anschlag von Sarajevo für die deutschen Sozialisten zu erklären, dass man selbst den Weg der Gewalt selbstverständlich niemals einschlagen werde – weil er politisch nicht zum Ziel führe:

>*In Deutschland wissen die Volksmassen, daß die Regierung eine Puppe in den Händen des großen Kapitals ist. Und daß es Wahnsinn ist zu glauben, man könnte durch Attentate auf Regierungsvertreter die Krupps oder das Rheinisch-Westfälische Syndikat nötigen, zugunsten der Arbeiter abzudanken, sieht auch der erbittertste Arbeiter ein.*«[150]

Deshalb setze sich die Sozialdemokratie in allen Ländern gegen Gewalt und jegliche »terroristische Propaganda« ein. Dies allerdings nicht etwa aus moralischen Gründen, wie die *Bremer Bürger-Zeitung* einräumt, sondern allein aus »Zweckmäßigkeitsgründen«: Wo die Arbeiterschaft an den Erfolg einer terroristischen Einzeltat glaube, verliere sie zugleich das Interesse an der Organisation (also an der Partei), die »allein im Stande ist, sie zum Siege zu führen«[151]. Und so wie der Sieg der Revolution für die unterdrückten Arbeiter die einzige Chance sei, so sei auch für Österreich-Ungarn der Sturz des politischen Systems – wie es im *Vorwärts* gefordert wurde – die einzig denkbare Rettung.

In den konservativen Eliten des Deutschen Reiches und bei den Militärs sieht man das erwartungsgemäß völlig anders. Dort besteht vielmehr die Hoffnung, dass der seit Langem schon erwartete europäische Krieg nicht nur zu einer Abrechnung mit den Feinden auf dem Schlachtfeld führen werde, sondern dass dies zugleich die Gelegenheit sei, endlich die lästige sozialdemokratische Arbeiterbewegung zu unterdrücken, wenn nicht sogar zu sprengen.[152] Die Abrechnung mit dem äußeren Feind und zugleich mit dem lang verhassten inneren Feind – das ist aus dieser Perspektive als politischer Doppelschlag geradezu eine Verheißung.

Doch zugleich stellt sich allen Parteien die Frage, wie eigentlich die deutschen Arbeiter auf einen solchen Krieg reagieren werden. Sind Proletarier und Sozialdemokraten im Ernstfall überzeugte Patrioten und tatsächlich auch Soldaten, die sich gegebenenfalls überzeugt für ihr Vaterland aufopfern? Wilhelm Eildermann – und mit ihm viele andere – glaubt das jedenfalls nicht. Er hat sich dazu bereits Monate zuvor seine Gedanken gemacht, nachdem er ein Seminar beim Genossen Knief über das Wesen von Armeen und Söldnerheeren besucht hat. Er nimmt daraus die historische Erkenntnis mit, dass Söldnerheere in der Geschichte nie für die eigene Sache kämpften und deshalb stets schwer zusammenzuhalten waren. Erst Napoleon habe aus purer Notwendigkeit ein Volksheer geschaffen, indem er nach Eildermanns Einschätzung den Soldaten glaubhaft versichern konnte, dass sie schließlich für ihre eigenen Interessen und für das Vaterland kämpften. Vor diesem Hintergrund erörtert Eildermann die Situation in der aktuellen deutschen Armee: Die sei durch die allgemeine Wehrpflicht doch längst eine zweischneidige geworden, weil die Armee inzwischen »immer mehr ausnahmslos aus Arbeitern« bestehe. Was, so fragt sich der Junggardist, sind denn die Interessen der Arbeiter in einer solchen Armee und in einem Krieg?

»Könnten die sich nicht fragen: Was, wir müssen gegebenenfalls auf unsere Arbeiterbrüder in fremden Ländern schießen? Und wofür? Für den Unternehmer, den Kapitalisten, den Staat, der uns tausend Fesseln anlegt, sollen wir bluten? Und auf unsere Arbeitsbrüder, die um bessere Arbeitsverhältnisse kämpfen und mit denen wir in unserem Herzen ganz eins sind, sollen wir schießen, sie hinmorden? Und noch einmal: Wofür?«

(Tagebucheintrag vom 4. April 1913)[153]

Für das viel beschworene Vaterland jedenfalls sollten die Arbeiter nach Eildermanns Meinung niemals in den Krieg ziehen – auch weil jeder Patriotismus doch nur ein Mechanismus zur Ausbeutung der arbeitenden Klasse sei. Eine Vaterlandsliebe könne in ihr doch gar nicht entstehen, weil dies nur ein Schlagwort neben vielen anderen in der Rhetorik der herrschenden Klasse sei. Das Vaterland der Bourgeoisie sei lediglich ein Staatsgebiet, das ihr Profite bringe – der Konkurrent (also ein anderes kapitalistisches Land) sei ihr Feind. Daraus folge: »Patriotismus ist überall nur materielles Interesse, aber die Bourgeoisie gibt ihre Geschäfts- und Ausbeuterinteressen für die Interessen des ganzen Volkes aus!« In diesem Sinne heiße es doch auch im *Kommunistischen Manifest*: »Die Arbeiter haben kein Vaterland!« Und: »Unsere Liebe zum Vaterland besteht darin, daß wir alle Volksgenossen zu glücklichen, freien Menschen machen wollen.«[154]

Für Wilhelm Eildermann ist die Sache klar: Das Schwadronieren vom Vaterland und das (bei der Debatte um die Rüstungsvorlage 1913 besonders deutlich gewordene) Argument vom angeblich bedrohten Vaterland, welches nur durch neue Rüstung und gegebenenfalls durch einen Krieg zu retten sei – das alles ist nicht Sache des deutschen Arbeiters. Mit dem Patriotismus und der Vaterlandsliebe dieser wilhelminischen Gesellschaft wollen er und seine Genossen nichts zu tun haben. Wenn sie von einem Krieg sprechen, dann meinen sie in diesen Wochen und Monaten zuvorderst immer ihren politischen Kampf gegen Militarismus, Imperialismus und Kapitalismus.

Und sollte es doch Krieg geben, so die durchaus verbreitete Hoffnung der politischen Linken und zugleich das Schreckgespenst des bürgerlichen Lagers, so wäre er doch nur der Auftakt für die großen gesellschaftlichen Umwälzungen. Dass Wilhelm II. als »Friedenskaiser« bezeichnet wird, so hat Alfred Henke in Bremen einst gespottet, liege doch wohl kaum daran, »weil der deutsche Kaiser für den Frieden ist«. Vielmehr erkläre sich die noch immer andauernde Abwesenheit des Krieges lediglich daraus, dass die kapitalistischen Nationen »nicht die Courage haben, einen Krieg zu beginnen, weil hinter dem Kriege die Revolution lauert«[155]. Ein

Teil der Sozialdemokratie mochte sich mit dieser Position trösten: Wenn schon Krieg, dann wenigstens hinterher die Revolution. Das sieht auch Wilhelm Eildermann so. Aber der 16-Jährige will zunächst einmal eines: keinen Krieg. Und damit ist er in seinem sozialdemokratischen Bremen in allerbester Gesellschaft.

Gertrud Schädla. Eine Volksschullehrerin in der Provinz

Im Juni 1914 ist es fünf Monate her, dass Gertrud Schädla ihren 27. Geburtstag gefeiert hat. Es war der 25. Januar 1914 – ein Sonntag, »was für eine Lehrerin ja besonders gut paßt«, wie sie damals in ihrem Tagebuch notiert. Sie verbringt diesen Tag an ihrem Wohnort in Verden an der Aller, einem Städtchen in der Nähe Bremens. Sie weiß sich an ihrem Geburtstag reich beschenkt von ihren Lieben: Von ihrer Mutter erhält sie eine Bluse und Geld für eine neue Büchertasche, Tante Änne bedenkt sie mit einem kleinen Fußteppich, Tante Minna mit Taschentüchern, eine Freundin schickt ein Paket mit Äpfeln und einem schönen Buch. Am Nachmittag ihres Geburtstags kommen ihre Freundinnen – ihr »Kränzchen« –, um sie gebührend zu feiern.[156] So willkommen die Glückwünsche von Geschwistern, Mutter und Freundinnen sicherlich sind, auch an diesem Tag wird das Geburtstagskind ein wenig mit ihrem Schicksal gehadert haben, dass sie unverheiratet ist: Gertrud Schädla hat keine eigene Familie.

Doch die Volksschullehrerin ist nicht allein. Da ist zunächst ihre 52-jährige Mutter Luise, die Witwe eines evangelischen Pastors, mit der sie im Schatten des Verdener Doms in einer geräumigen Wohnung lebt (»acht Räume nebst Erlaubnis, den Garten mit zu benutzen«).[157] Und da sind ihre Geschwister und ihre Schüler, ihre Schützlinge, von denen sie in ihrem Tagebuch immer wieder schreibt. Dieses Tagebuch führt Gertrud Schädla seit November 1913; gewissenhaft notiert sie darin ihre Erlebnisse, vor allem diejenigen in Schule und Familie. Der Alltag als Volksschullehrerin an der örtlichen Nicolaischule ist anspruchsvoll und lastet die junge Frau voll aus. Gerade in diesem Schuljahr ist sie mit dem gesamten Kollegium besonders stark beansprucht, weil einer der Lehrer langfristig ausfällt. Die Vertretungsstunden in der Klasse des erkrankten Kollegen seien bei 70 Schülern »kein Kinderspiel«. In ihrer eigenen Klasse ist Gertrud »nur« für 53 Mädchen und Jungen verantwortlich, die ihr oft genug leidtun angesichts des ihrer Ansicht nach zu ambitionierten Lehrplans: Es sei zu viel verlangt, dass die Kinder beim Lesenlernen schon im ersten Schuljahr die ganze Fibel durchgearbeitet haben sollen; und auch beim Rechnen plagen sich ihre Schützlinge sehr herum, weil »das Überschreiten des Zehners den kleinen sechsjährigen Gehirnen eine unendliche Mühe macht«. »Es werden wohl leider 13 Kinder bei mir sitzenbleiben«, schreibt sie wenige Tage vor ihrem Geburtstag in ihr Tagebuch.[158]

Es sind arme Kinder, für die sich Gertrud Schädla verantwortlich fühlt. »Es ist ja wahr, daß unsere Kinder gerade den ärmsten Bevölkerungsschichten entstammen«, notiert sie kurz vor dem letzten Weihnachtsfest, zu dem ihre Schule wieder eine öffentliche Weihnachtsfeier veranstaltet. Für die Lehrer bedeutet dies in erster Linie viel zusätzliche Arbeit, aber Schädla sieht den großen Nutzen für die Kinder. Zunächst kommt zusätzliches Geld in die Schulkasse (aus deren Mitteln jüngst etwa neuer Wandschmuck für die Klassenzimmer erworben werden konnte), darüber hinaus »wollen wir unseren Kindern zeigen, daß sie sich anderswo als im Kino Freude schaffen und holen können«. Aber dass Gertrud Schädla bei solchen Veranstaltungen »mit Lust und Liebe« dabei ist, wie sie selbst bekennt, liegt auch an dem kurzen Glück der Schüler: In ihren hübschen Kostümen kämen sich einige für die Zeit dieser Weihnachtsfeier wohl tatsächlich vor »wie in einem Feenland«. Manche sagen deshalb, die ganze Veranstaltung sei »eine zu große Verwöhnung für unsere armen Kinder«, notiert die Lehrerin – für die solch einzigartige Freude der Jungen und Mädchen aber fraglos im Vordergrund steht.[159]

Verden an der Aller ist eine kleine Stadt, aber eine Stadt mit regionaler Bedeutung und großer Tradition. Das versinnbildlicht vor allem der imposante Dom: Im 12. Jahrhundert als romanisches Bauwerk errichtet, später zerstört und wiederaufgebaut, wurde er einst zum Mittelpunkt des Bistums Verden. Mit der feierlichen Einführung der Reformation 1568 wurde Verden protestantisch – und blieb es fortan. Eine katholische Gemeinde wurde erst 1857 wieder gegründet, und noch zu Zeiten von Gertrud Schädla dürften die wenigen Katholiken in der Stadt keine nennenswerte Rolle gespielt haben. Sehr viel selbstverständlicher ist indessen die Anwesenheit von Soldaten in der Stadt: Verden ist seit dem 17. Jahrhundert Garnisonsstadt. Ende des 19. Jahrhunderts hat dieser Umstand für Verden auch eine bedeutende finanzielle Dimension. Als kleine Provinzialstadt mit wenig Industrie und begrenztem Handelsverkehr sei Verden »wesentlich auf den Verdienst angewiesen, den Lehranstalten, Behörden, Militär in die Stadt bringen«, hieß es 1885 in einer lokalen Eingabe an das preußische Kriegsministerium, mit dem die Stationierung von preußischen Truppen in Verden unterstützt werden sollte.[160] Tatsächlich wurde unter anderem ein Feldartillerie-Regiment in die Stadt verlegt, das dort bis zum Ersten Weltkrieg seinen Standort hat.[161]

Für die Chronisten des beschaulichen Verden sind zwei Ereignisse aus der Zeit unmittelbar vor dem Ersten Weltkrieg erwähnenswert: Da ist zunächst der Flug eines Luftschiffs im Herbst 1912. Die Verdener Bürger wollten unbedingt auch einmal dieses Symbol der neuen Luftfahrt bewundern – und sammelten die notwendigen 500 Mark, um damit den Betreiber des Luftschiffes »Hansa« dazu zu bewegen, auf der Fahrt von Hannover nach Hamburg einen Abstecher über Verden zu machen und einige Schleifen über dem Dom zu drehen. Bei dem Ereignis jubelten die Bürger, während die angetretene Militärkapelle das Deutschlandlied intonierte. Einen nachhaltigen technischen Fortschritt brachte für die Stadt dann der 20. Dezember 1913, als erstmals elektrisches Licht in Verden aufflammte. Durch den Bau eines nahe gelegenen Kraftwerks werden Stadt und Landkreis nun mit Strom versorgt, wodurch man übrigens in Kriegszeiten ein wenig unabhängiger von dem knapper werdenden Petroleum sein sollte. Doch von spektakulären Luftschiffbesuchen und der Einführung des elektrischen Lichts abgesehen, geht es im Städtchen vergleichsweise ruhig zu – im Jahr 1910 sind insgesamt drei Autos und 13 Motorräder in Verden registriert.[162]

Ähnlich ruhig verläuft auch das Leben von Gertrud Schädla – ihre Aufgaben sind klar geordnet, ihr Tagesablauf ist weitgehend festgelegt und erwartbar. Die bedeutendste Rolle im Leben der jungen Lehrerin nimmt – von den Aufgaben in der Schule einmal abgesehen – ihre Mutter ein. Gertrud beäugt sie immer schon ein wenig daraufhin, ob es ihr gesundheitlich auch wirklich gut geht. Die Mutter ist im vergangenen Dezember 53 Jahre alt geworden und wird zuweilen von Erkrankungen heimgesucht. In diesem Alter haben Menschen durchaus schon mit altersbedingten Rückschlägen zu kämpfen, deshalb ist Gertrud froh, dass dies bei ihrer Mutter noch nicht der Fall ist: »Wie froh bin ich, daß Mutter für ihre Jahre so frisch ist«, notiert sie einmal.[163] »Sie läuft mit Leichtigkeit treppauf, treppab«, schreibt Gertrud an anderer Stelle erleichtert, und solange sie »diese fabelhafte Beweglichkeit hat, können wir unbesorgt sein«[164]. Die Mutter ihrerseits nimmt Anteil an den beruflichen Anstrengungen ihrer Tochter, selbstverständlich besucht sie etwa die weihnachtliche Theateraufführung, die Gertrud mit ihrer Klasse eingeübt hat. Die Vertrautheit geht so weit, dass die Mutter der Tochter an gemeinsamen Abenden aus ihrem eigenen Tagebuch vorliest und ihr somit Einblicke in das Leben des bereits verstorbenen Vaters gibt.

Außer von der Mutter ist das familiäre Leben von Gertrud von den fünf Geschwistern geprägt. Sie sind alle schon aus dem Haus: die drei Brüder Adolf (inzwischen verheiratet und als evangelischer Pfarrer tätig), Ludwig und Gottfried (die noch studieren) sowie die Schwester Hilde, die als Diakonisse arbeitet. Nur die Schwester Elisabeth lebt zuweilen bei Mutter und Schwester daheim, weil sie von einer psychischen Krankheit geplagt wird. Gertruds Eintragungen in ihrem Tagebuch weisen unspezifisch auf ein »seelisches Leiden« hin, jedenfalls kann Elisabeth weder arbeiten noch einen eigenen Hausstand führen und ist deshalb wiederholt auf die Hilfe von Mutter und Schwester angewiesen.

»Ich mußte Gott wieder innerlich danken, daß er uns auch dieses Jahr vor Krieg bewahrt hat und unsern drei lieben starken Jungs das Leben bis heute geschenkt hat.«[165]

Die aktuellen Sorgen Gertruds gelten ihren Brüdern. Angesichts der politischen Spannungen und der immer wieder aufkommenden Befürchtung, dass ein Krieg ausbrechen könnte, ist sie für jedes Friedensjahr dankbar. Alle drei Brüder sind im wehrpflichtigen Alter, Ludwig und Gottfried leisten im Frühjahr und Sommer 1914 gerade ihren Militärdienst ab. Im Hinblick auf letztere beide sorgt sich die Schwester, ob sie den Anforderungen dieses Dienstes wirklich gewachsen sind. Gottfried, ein durchaus begabter Flötenspieler, tritt am 1. April 1914 als sogenannter »Einjähriger« seinen Armeedienst an, seine Schwester hofft gerade in der ersten Zeit, dass er bald »die ersten Schwierigkeiten des Militärwesens überwunden« haben wird.[166] In ihrem Tagebuch finden sich die Beschwerden des 23-jährigen Soldaten wieder: wund gelaufene Füße oder auch schon mal geschwollene Finger, oft berichtet er seiner Familie »von großem Hunger«.[167] Als er zu Pfingsten 1914 zu Besuch kommt, stellt Gertrud zumindest erleichtert fest, »dass er die schwerste Zeit nun überwunden hat«, womit sie die Monate seiner Grundausbildung mit dem berühmt-berüchtigten Drill meint. Aber es mischt sich auch schwesterlicher Stolz in ihre Betrachtung: »Man muß sagen, er macht sich stattlich in der Uniform.«[168] Und doch fühlt sich Gertrud besonders zum 25-jährigen Bruder Ludwig hingezogen – »er ist mein liebster Bruder«[169].

»Er ist innerlich der reifste, weiteste der Brüder. Ich habe selten einen jungen Mann von seinen Jahren gesehen, von solcher Charakterfestigkeit und heiligem ernstem Streben nach Vollkommenheit. Gott erhalte ihn uns so!«[170]

Wenn man so will, muss sich Gertrud mit der Liebe auf ihre Brüder beschränken, eine eigene Familie ist ihr versagt – für eine Volksschullehrerin gilt seit 1880 reichsweit ein regelrechtes »Lehrerinnen-Zölibat«: Ein »Fräulein« Lehrerin darf nicht heiraten, tut sie es doch, muss sie aus dem Beruf ausscheiden (abgesehen davon, dass eine Volksschullehrerin wie selbstverständlich für die gleiche Arbeit nur 75 Prozent des Männergehalts verdient).[171] Schädla beobachtet genau, wie Verwandte und Freundinnen in ihrem Umfeld Familien gründen. Sie sieht durchaus sehnsüchtig, was ihr verwehrt bleibt. Wird sie ein solches Leben wirklich schadlos bewältigen können? Als sie sich eines Tages angesichts einer seelischen Erkrankung einer Verwandten Gedanken über die moderne Frau in ihrer Zeit macht, scheint ihr die Ehelosigkeit als etwas Unnatürliches, das eben auch krank machen kann. Eine Freundin gibt mit ihren Äußerungen den Ausschlag zu diesen Überlegungen:

»Ob Emmi Wiese nicht recht hat, daß diese vielen nervösen Leiden der jungen Mädchen mit hervorgerufen werden durch den harten, inneren Kampf gegen das nicht heiraten können? Sie sagte neulich wieder, die Not unserer Zeit schreit gen Himmel. Krampfhaft sucht jedes junge Mädchen nach einem Beruf, ach, viel weniger um versorgt zu sein, als um den nagenden Gedanken zu entgehen. Ja. Und was nützen schließlich alle Berufe, wenn man den natürlichen Beruf, den einmal angeborenen nicht erfüllen kann und darf!«[172]

Es kann nicht sein – und deshalb darf es nicht sein. Es gibt Momente, in denen Schädla sich das sagen muss. Als die Mutter ihr eines Abends aus dem Briefwechsel zwischen ihr und ihrem Vater vorliest, aus der Zeit, als sie noch ein junges Paar waren, gerät Gertrud ins Schwärmen über die »tiefe Herzensneigung meiner lieben Eltern« zueinander. Zugleich wundert sie sich nicht, dass »mich mit Macht die lang ersehnte, tiefe Sehnsucht nach gleichem Erlebnis wieder packte«. »Aber es muß und soll heißen«, so notiert sie in ihrem Tagebuch: »Schweig stille, mein Herze.«[173] Und an anderer Stelle formuliert sie ein regelrechtes Gebet ehe- und kinderloser Frauen:

> »Herr, gib uns Kraft, daß wir tapfer bleiben. Laß uns trotzdem nicht mürrisch und mißtrauisch und bitter werden. Herr, ich weiß, Du legst uns eine Last auf, aber Du hilfst uns auch!«[174]

Gertrud Schädla hat keinen Mann und ist deshalb umso mehr auf ihre Mutter angewiesen: »Die schwerste Stunde für eine unverheiratete Tochter ist die, wenn die Mutter von ihr geht«, notiert sie und wünscht sich deshalb: »Gott erhalte uns unsere liebe Mutter ferner!«[175] Die Anrufung Gottes hat bei Schädla System. Sie ist ein tiefgläubiger Mensch. Ohne ihren Glauben an Gott wäre alles schwerer für sie, zu Hause wie in ihrem Alltag als Lehrerin. Als sie eines Tages gewahr wird, dass in ihrer Klasse erstmals etwas von Schülern gestohlen wird, vertraut sie ihrem Tagebuch an: »Da sieht man so recht, wie weit man kommen würde ohne Gottes Hilfe und Segen. Nichts, gar nichts würde man erreichen.« Aber die gute Protestantin verlässt sich auf ihren Gott, denn dieser werde »auch unseren ausgestreuten Samen segnen, des bin ich gewiß«. Was ihre Schützlinge angeht, hilft ihr bei diesem Punkt augenscheinlich oft auch nur der Glaube an eine bessere Zukunft weiter, schließlich lassen die häuslichen Verhältnisse ihrer Ansicht nach oft genug zu wünschen übrig: »Hoffentlich wird zu Haus wenigstens die Hälfte meiner 53 heute noch einer gründlichen Abendwaschung unterzogen. Und wenn man doch gleich die Seelen auch so mit reinwaschen könnte wie den Körper.«[176]
Der liebe Gott ist für die junge Lehrerin ein verlässlicher Halt,

die protestantische Kirche eine feste Größe in ihrem Alltag. Das resultiert zunächst einmal aus ihrem familiären Hintergrund: Als Tochter eines evangelischen Geistlichen ist sie in einem Pfarrhaus groß geworden, eine ihrer Schwestern hat sich für den Dienst als Diakonisse entschieden, Bruder Adolf ist selbst Pastor geworden, und auch Ludwig hat sich für ein Theologiestudium entschieden.

Vor Ort ist sie eine regelmäßige Kirchgängerin, freut sich Pfingsten 1914 bereits auf die bevorstehende Domweihe, ist manchmal mit der Mutter bei einem Pfarrer zum Tee eingeladen und gibt sich daheim der Lektüre religiös erbaulicher Bücher hin, während die Mutter an Näharbeiten für die Mission teilnimmt. Gerne besucht Gertrud auch anspruchsvolle religiöse Veranstaltungen, so im November 1913 eine Luther-Feier.[177]

Gertrud Schädla ist im preußischen Protestantismus zu Hause. Für ihre protestantische Identität dürften zwei Wesenszüge des konfessionellen Lebens dieser Jahre prägend gewesen sein: Da ist zunächst die generelle Stellung des deutschen Protestantismus zu Nation und Nationalismus. Bei allen unterschiedlichen Strömungen und Gruppierungen im protestantischen Deutschland lässt sich doch sagen, dass sich so etwas wie ein »Pastorennationalismus« im Reich etabliert hat. Hierin hat seit dem Sieg und der Reichsgründung 1870/71 die Gleichsetzung von evangelischer und nationaler Gesinnung ihre Basis. Der Kaiser, das Reich und der Protestantismus gehören in dieser Sicht untrennbar zusammen.[178] Diese enge Bindung an das politisch-militärische Schicksal des Reiches und der Hohenzollern bewog übrigens schon 1912 den Theologen Martin Rade zu der Bemerkung, der deutsche Protestantismus sei religiös prinzipiell gerüstet für einen Krieg: »Im Deutschen Reich sind die Predigten schon so gut wie fertig, die im Fall der Mobilmachung von allen Kanzeln gehalten werden.«[179] Der Patriotismus der Deutschen verschmolz auf eine eigentümliche Weise mit »Jesu Patriotismus«, den der liberale Theologe Otto Baumgarten bereits 1902 am Vorabend des Geburtstags von Kaiser Wilhelm II. skizziert hat:

»Jesu Patriotismus war also verwandt mit dem tiefgehenden Deutsch-gefühl derer, die nicht bloß das ihnen Nächste und Vertrauteste bevor-zugen, sondern gerade deutsche Art und deutsches Innenleben, die davon träumen, daß die Welt noch einmal genesen soll am deutschen Wesen.«[180]

Vor diesem Hintergrund des reichs- und kaiserloyalen Protestantismus ist auch der konfessionelle Gegensatz zwischen Protestanten und Katholiken bedeutsam, der den Alltag im Kaiserreich immer noch maßgeblich prägt. Die aus den Kulturkampfzeiten noch vergiftete innenpolitische Stimmung hat sich in den zurückliegenden Jahren zwar allmählich gebessert, doch immer wieder aufflammende Konflikte um kirchliche oder praktische Fragen (vor allem um die konfessionellen »Mischehen«) zementieren den fundamentalen Gegensatz zwischen den beiden Konfessionen in Politik und Alltagsleben des deutschen Kaiserreichs.[181] Auch die zahlreichen Vereine und Verbände aus beiden Konfessionen sorgen in der Publizistik mit Polemik stets dafür, dass die andere Konfession kritisch beäugt und misstrauisch begleitet wird.

Zu diesen Vereinen zählt auch der »Evangelische Bund«, dessen Versammlungen Schädla vereinzelt besucht. Der Verein warnt hier und in seinen Publikationen stets vor den Gefahren einer neuen Unkirchlichkeit, ruft zur Unterstützung der Protestanten in der Diaspora auf, engagiert sich in der »Mischehen«-Frage und kämpft – und in diesem Kampf sind beide konfessionell-kirchlichen Lager übrigens geradezu brüderlich vereint – gegen den »gottlosen« Sozialismus. In ihrem Alltag trifft Gertrud Schädla aufgrund der traditionellen konfessionellen Verteilung der Bevölkerung in ihrer Heimat kaum auf einen Katholiken: Für das Jahr 1910 weist die staatliche Statistik für den Kreis Verden einen Anteil der Protestanten an der Wohnbevölkerung von 97 Prozent aus. Ähnliche Werte finden sich in den gesamten angrenzenden Regionen: Hier ist man schlicht protestantisch.[182]

In dieser evangelischen Welt ist Gertrud allerdings mehr als nur eine »einfache« evangelische Christin ihrer Zeit – sie beteiligt sich, informiert sich und hat Anteil am kirchlichen Leben. So ist es naheliegend, dass sie sich eingehender mit den großen gesellschaftlichen Fragen beschäftigt, die auch den kirchlichen und sonstwie organisierten Protestantismus umtreiben. So verwundert es nicht, dass sie eine Darstellung über Florence Nightingale gelesen hat. Die vier Jahre zuvor verstorbene Vorkämpferin einer modernen, religiös motivierten Krankenpflege ist im sozialen Protestantismus des Kaiserreichs geradezu eine Ikone – so finden sich Impulse ihrer Arbeit in der Bewegung der christlichen Krankenpflege, wie sie in den evangelischen Diakonissenanstalten mit zunehmendem Erfolg praktiziert wird.

Aber auch die sogenannte soziale Frage und die – aus kirchlicher Perspektive – Bedrohung durch die Sozialdemokratie bewegen Schädla. So greift sie im Herbst 1913 zu einer Romanbiografie über Ferdinand Lassalle aus der Feder des Schriftstellers und Regisseurs Alfred Schirokauer, die im Jahr zuvor erschienen ist. Zum ersten Mal seien ihr endlich die Anfänge der Sozialdemokratie verständlich geworden, zeigt sich Gertrud Schädla angetan. Sie kann sogar in Ansätzen akzeptieren, dass der Arbeiterführer mit Leidenschaft und Tatkraft an sein Werk ging – doch der christlich gefärbte Antisemitismus, der die Volksschullehrerin aus Verden ebenfalls tief prägt, ist in dieser Wahrnehmung unüberwindbar. Entscheidend für Lassalles Leben und Werk ist für Gertrud Schädla nämlich nicht, ob es gut oder schlecht war, entscheidend ist vielmehr, dass Lassalle ein Jude war – und damit zwangsläufig für sie nicht Deutscher und in seinem Tun defizitär:

»Aber so hoch man auch L[asalle]'s Kampfesmut und Begeisterung einschätzen muß, so fühlt man doch das durch, was ihn als Juden immer von uns trennt. Es fehlt ihm m. E. das Opfer der Persönlichkeit, was ein großer Christ u. Deutscher einfach um der guten Sache willen bringt.«[183]

Zu dieser Haltung passt durchaus, dass Gertrud – »zur Erholung«, wie sie einmal vermerkt – zu dem Buch *Der deutsche Gedanke in der Welt* greift, dem Hauptwerk des Theologen, Publizisten und Kolonialbeamten Paul Rohrbach.[184] Dieser gilt als einer der zentralen Vertreter eines deutschen Kulturimperialismus, auch weil er mit dem Titel seines Werks dieser Denkhaltung gleichsam eine einprägsame Formel gab. *Der deutsche Gedanke in der Welt* erhebt die Forderung nach einem »größeren Deutschland«, weshalb das Reich notwendigerweise eine imperialistische Politik betreiben müsse. Zunächst gelte es, »die uns zugänglichen Gebiete der Welt mit dem kulturellen Gehalt unseres Volksgedankens zu durchtränken«, später sollte Deutschland zu einer »wahrhaft weltgestaltenden Macht« aufsteigen und in moralischer wie materieller Beziehung »ein Mutterland der zukünftigen Weltkultur« werden.[185] Interessanterweise zieht Schädla aus diesem Buch den Schluss, dass der Frieden durch konkurrierende Weltmachtambitionen auf dem Spiel steht – nach der Lektüre dieses Buches glaubt sie zu wissen, »wie groß die Gefahr eines Krieges jederzeit für uns ist«[186].

Anschlussfähig an solche Traktate sind auch die Bücher von Gustav Frenssen, von dem Gertrud Schädla *Die drei Getreuen* liest und als »großartiges Werk« preist.[187] Der Holsteiner Frenssen zählt zu diesem Zeitpunkt zu den erfolgreichsten Schriftstellern im Deutschen Reich. Der ehemalige evangelische Pfarrer gilt als nationalkonservativer Zeitgenosse, der sich mit rassebiologischen Gedanken auseinandersetzt und streng antidemokratisch ausgerichtet ist. Viele seiner Werke dieser Jahre lassen schon eine Glorifizierung eines spezifischen (nord-)deutschen Menschenschlags erkennen; oft geht es um »edle« und »starke« Gestalten und um den »hohen, sittlichen Geist« der nordischen Menschen.[188] Dass Frenssens Werke zumeist in Norddeutschland spielen, kommt der Lehrerin bei ihrer Liebe zur Küste und zur See sehr entgegen. Wenn sie in ihrem Tagebuch von der Nordsee schwärmt, klingt das in der Tat zuweilen wie in einem Frenssen-Roman, in dem mit viel Pathos und oft klischeehafter Sprache das einfache, harte Leben des nordischen Menschen beschworen wird. So erinnert sie sich an ein Fischerhäuschen in Norddeich, in das sie ein Jahr zuvor eingekehrt war:

»*Eine alte Frau lud mich ein, als ich am Deich lag, ihr zu folgen. Wie praktisch und heimelig ist solch ein Häuschen gebaut. [...] Ein uralter Kessel hing rauchgeschwärzt herunter, und ich mußte Tee mit ›Kluntjes‹ trinken. Sieben nette gesunde Kinder hatte die Frau, deren Mann vor einiger Zeit ertrunken war. Selten hat mich etwas so erfreut wie der Besuch dort. Und nachher der schöne Aufenthalt auf Juist. Oh du gewaltiges Meer, wer dich nicht kennt, kennt sein Vaterland nur halb!*«[189]

Doch Gertrud Schädla gibt sich nicht ausschließlich mit Heimatgeschichten und Trivialliteratur vom Schlage Frenssens ab. So besucht sie literarische Lesungen aus den Werken von Oscar Wilde, Leo Tolstoi und Gottfried Keller. Zudem hat sie gerade Selma Lagerlöfs *Gösta Berlings Saga* gelesen (ein Buch voller Pathos, was ja Schädla keineswegs schreckt) und nimmt sich nun ein weiteres Buch der schwedischen Literaturnobelpreisträgerin vor, nämlich *Die wunderbare Reise des kleinen Nils Holgersson mit den Wildgänsen*, die die Lehrerin zwar in Teilen schon kennt, die jetzt aber in einer billigeren Volksausgabe vorliegt.[190]

Wollte man Gertrud Schädlas Leben im Frühjahr und in diesen ersten Sommertagen des Juni 1914 beschreiben, so ließe sich sagen, dass sie das Beste aus ihrem Leben zu machen versucht. Das gelingt ihr indes nur bedingt. Sie hat sich eher unfreiwillig bei der Mutter in Verden eingerichtet, die erzwungene Ehelosigkeit setzt ihr zu. Ihre familiäre Zuwendung richtet sich deshalb notgedrungen auf die Mutter und die beiden jüngeren Brüder. Sie will sich mit den mehr oder weniger kleinen Freuden des Alltags zufriedengeben. Nach der Schule (und zuweilen nach einem Mittagsschläfchen) nutzt sie die warmen Tage für Wanderungen und

Ausflüge in die nahe Umgebung – etwa ins nahe Dörfchen Halsmühlen. Wenn dann endlich der Sommer kommt, wie in diesem Monat, ist Gertrud schon zufrieden:

> *»Jetzt ist es seit 8 Tagen herrliches Wetter, so daß ich heute im dünnen Leinenkleide draußen in unserer Laube schreiben kann. Man kann auch in der Aller baden […] Herrlich paßte die schöne Wärme auch zum gestrigen Freilichttheater auf dem Grünen Jäger. […] Die Schauspieler spielten vorzüglich, es war nur schade, daß die Stücke gegeneinander abfielen, das erste war entschieden das Beste. Hoffentlich geben sie nächstes Mal wieder ein wertvolleres Stück wie im vorigen Jahr die Ephigenie.«*[191]

Mit dem Monatsende nahen die wohlverdienten Schulferien: »Nun sind es nur noch 8 Tage bis zu den Ferien«, notiert Gertrud Schädla am 28. Juni 1914 in ihr Tagebuch. Ihren Urlaub hat sie bereits genau geplant, sie wird gleich in den ersten Ferientagen zunächst nach Dresden reisen, dann nach Plauen, wo sie fast den gesamten Juli verbringen will. Bis dahin genießt sie die warmen Tage immer wieder im Garten. Er ist »unsere tägliche Freude«. Wenn sie einmal keine Zeit zum Ausgehen findet, könne sie »wenigstens zehn Minuten durch den Garten spazieren u. sich an der Natur freuen«[192]. Der Juni 1914 geht für die junge Lehrerin in Frieden zu Ende.

> *»Wie herrlich ist doch die Sommerzeit, wir sitzen viel im Garten, Rosen und Nelken in voller Blüte!«*[193]

Ernst Stadler. Ein Literat auf dem Weg nach Kanada

Der Juni 1914 beginnt für Ernst Stadler mit einem Auszug: Der 30-Jährige gibt sein möbliertes Appartement an der Chaussée de Waterloo in dem Örtchen Uccle nahe Brüssel auf. Würde man ihn fragen, welchen Beruf er ausübt, so könnte der junge Intellektuelle auf zweierlei Weise antworten: Einerseits lehrt er seit fast genau vier Jahren an der Universität von Brüssel deutsche Sprache und Literatur und verdient sein Geld als Hochschullehrer, andererseits ist er zu diesem Zeitpunkt bereits ein durchaus beachteter Schriftsteller, dessen erster größerer Gedichtband mit dem Titel *Der Aufbruch* gerade erschienen ist. Nun packt er seine Sachen, weil er Brüssel, aber auch seine elsässische Heimat, Deutschland und Europa verlassen will. Die Universität von Toronto hat Gefallen an dem jungen Gelehrten und Lyriker gefunden und ihn wenige Wochen zuvor offiziell als Gastprofessor angestellt. Seine Lehrtätigkeit in Toronto soll Stadler Ende September 1914 beginnen.[194] Ohne Zweifel befindet er sich in diesen Wochen auf dem Höhepunkt seiner Laufbahn – und die nächsten Stufen auf der Karriereleiter scheint er bald nehmen zu können.

Geboren wird Ernst Stadler 1883 in Colmar. Sein Vater ist als Verwaltungsbeamter am Oberlandesgericht beschäftigt und ebenso wie die Mutter ein sogenannter »Altdeutscher«, der nach dem Deutsch-Französischen Krieg von 1870/71 in das dem Deutschen Reich angegliederte Elsass eingewandert ist. Als er nach Straßburg versetzt wird, zieht die Familie mit. Zu ihr zählt neben der Ehefrau noch der fünfjährige Sohn Herbert sowie der zweijährige Ernst. Straßburg wird dem Jungen zur eigentlichen und geliebten Heimatstadt. Hier besucht er die Schule, studiert anschließend an der örtlichen Universität, nimmt am regen gesellschaftlichen und typisch studentischen Leben teil und schließt in diesen Jahren lebenslange Freundschaften.[195]

Ernst Stadler gilt früh als literarisch und künstlerisch begabter Schüler. Er begeistert sich für das Theater, besucht verschiedene Aufführungen und spielt selbst in einer Laienspielgruppe mit. Als 17-Jähriger erhält er sogar die Möglichkeit, bei einer Inszenierung der »Meistersinger von Nürnberg« mitzuwirken. Da er in diesen Jahren für Richard Wagner schwärmt, ist dies fraglos ein ganz besonderes Erlebnis.[196] Neben dem Theater findet der Schüler ausreichend Zeit, sich selbst literarisch zu versuchen. In dieser Zeit entsteht ein Einakter mit dem Titel »Die glückliche Kur. Lustspiel in einem Aufzuge von Ernst Stadler« oder auch die Novellette »Herbst«, in der mit viel Sentimentalität das Schicksal eines Mannes beschrieben wird, der seine junge Frau durch ein Bergunglück verliert. Bald will Stadler seine Werke auch veröffentlichen, und so versucht er ab 1901, zumindest seine Gedichte drucken zu lassen.[197] Schließlich werden tatsächlich vier seiner Gedichte im Laufe des Jahres publiziert, und dies in literarisch anspruchsvollen Zeitschriften. Keine Frage – da macht ein literarisches Talent vorsichtig auf sich aufmerksam:

Mainachtzauber

Schlaf nicht im Wald in der Maiennacht,
Vorwitziger Träumer du!
Da ruft es und tanzt und lockt und lacht,
In der Maiennacht, in der Maiennacht,
Und raubt dir auf ewig die Ruh'.
Wen sie einmal gesehn,
Die Elfen und Feen,
Wenn sie steigen aus Klüften und Grotten und Seen,
Den halten sie fest und lassen ihn nicht,
Und folgen ihm bis an des Tages Licht,
Und sein Lebtag der nicht aus dem Sehen erwacht,
Das ihm schufen zu nächtlicher, seliger Stund
Mit ihrem lachenden, küssenden Mund
Die Geister der Maiennacht.

(eine der ersten Gedichtveröffentlichungen Stadlers im Juni 1901 in der der Heimatkunstbewegung nahestehenden Zeitschrift *Der Spielmann*)[198]

Das literarische Frühwerk des Gymnasiasten und jungen Studenten unterscheidet sich verständlicherweise deutlich von seinen späteren Werken. Anfangs offenbaren seine Versuche vor allem eine tiefe Verehrung für Richard Wagner (der Schüler lässt keine Gelegenheit zum Besuch von Wagner-Inszenierungen aus) sowie die bei Stadler und seinem gesamten elsässischen Freundeskreis vorhandene Bewunderung für Friedrich Nietzsche. Auch Autoren wie Richard Dehmel und Detlev von Liliencron prägen den jungen Stadler; zudem lässt sich eine vorübergehende Vorliebe für die nordische Mythologie beobachten. Auch steht Stadler wohl im Schatten des elsässischen Schriftstellers Friedrich Lienhard, des Wortführers der sogenannten »Heimatkunstbewegung«, die durch einen starken antiurbanistischen Grundzug bestimmt ist.[199]

Bei dieser Vielfalt an Vorbildern sind eindeutige Einflüsse auf den jungen Literaten nicht immer klar nachzuzeichnen, sie sind zuweilen höchst unterschiedlicher Herkunft und durchkreuzen sich auf eine geradezu unentwirrbare Weise. Die deutlichste Differenz zu seinem späteren Werk bildet wohl Stadlers angängliche Verfemung des Alltags und vor allem der Stadt als Ort ungesunden Lebens: Er spricht in frühen Gedichten von »Lust und Leid und Lüge der Großstadt« oder von »dumpfer Städte eklem Hüttenqualm«, aus dem es ihn fortreißt. Antiurbanismus und die Romantik eines ländlichen Lebens charakterisieren also die ersten Versuche Stadlers.[200] Aber er findet stetig neue Vorbilder, um sie jedoch ebenso rasch wieder fallen zu lassen. Er ist halt keiner »Richtung« verpflichtet, erklärt Stadler. Er selbst fühlt sich literarisch frei:

»Ich habe an mir gemerkt, daß ich, wie ich das Wesen einer mir interessanten künstlerischen Persönlichkeit mit Leidenschaft ergreife, ebenso rasch wieder mich davon abwende. Es ist gleichsam, als verlasse ich die Blüte, nachdem ich alle Süße aus ihr gesogen. [...] Dieser stete Wechsel hält rege, gibt tiefe Einblicke in die Unendlichkeit der Schönheit, wie sie einem auf eine ›Richtung‹ Versessenen niemals werden.«

(autobiografische Notiz, 25. Februar 1903)[201]

Fraglos großen Einfluss auf Stadlers Entwicklung hat der gleich-altrige René Schickele, der es bereits durch erste Veröffentlichun-gen zu überregionaler Beachtung gebracht hat. Unter Schickeles Leitung findet sich ein Kunstkreis unter der Bezeichnung »Jüngs-tes Elsaß« zusammen, dessen Mitglieder nichts weniger als die geistige und künstlerische Erneuerung des Elsass zum Ziel haben. Eine neues »geistiges Elsäßertum« soll in ihren Augen grenzüber-windend wirken, im Sinne einer Synthese von Deutschem und Französischem. Eine neue, moderne Zeit rufen die jungen Künst-ler gleichermaßen optimistisch wie provozierend aus, sie wollen keine provinzielle Strömung beleben, keine Wiederbelebung be-kannter Heimatkunst, sondern eine neue seelische und künstle-rische Haltung ausbilden, die auf noch nicht genauer definierte Weise – wie es heißt – romanische und germanische Traditionen zusammenbringen soll.

Den Hintergrund dieser kulturellen Strömung bildet die be-sondere Stellung des sogenannten »Reichslandes« Elsass-Lothrin-gen innerhalb des Deutschen Reiches und die Suche nach mög-licherweise eigenständiger Identität ihrer Bewohner: Nach dem Deutsch-Französischen Krieg von 1870/71 gegen den Willen der Bewohner – jedenfalls der führenden Schichten – in das Reich eingegliedert, wird die Region gleichwohl nie ein gleichberech-tigter und in Landessachen autonomer Gliedstaat; vor allem der scharfe Gegensatz zwischen dem preußischen Militär und der Zivilbevölkerung bleibt über die Jahrzehnte bestehen und ver-schärft sich zwischenzeitlich. Die Menschen in Elsass-Lothringen verspüren immer wieder eine besondere Distanz zu der fernen Regierung und dem Kaiser in Berlin, aber besonders zu den so-genannten »Altdeutschen«, den Beamten und Militärs, die nun bewusst in das Land geschickt werden, um es stärker an Deutsch-land zu binden. Ernst Stadlers Vater Adolf entspricht als Ver-waltungsbeamter genau diesem Typus des neu in das Land ge-kommenen Mitglieds der preußischen Funktionselite. Er soll an Aufbau und Stabilisierung des Deutschtums mitwirken. Schließlich fungiert er nach einigen anderen Stationen als Kurator der Kaiser-Wilhelms-Universität Straßburg, die als »Reichsuniversität« eine der Großunternehmungen ist, mit denen deutsche Kultur im Reichsland repräsentiert werden soll. Doch trotz all dieser Versuche haben viele Menschen in Elsass-Lothringen das Gefühl, lediglich Deutsche zweiter Klasse zu sein, weshalb die Mehrzahl von ihnen ein regionales Sonderbewusstsein entwickelt, das weit stärker ist als in jeder anderen »deutschen« Region.[202]

Ernst Stadler dürfte die spezifische Rolle dieser Region indes mehr als Möglichkeit denn als Einschränkung verstanden haben, seine Freunde und er sehen vor allem die Chancen, eine neue, moderne Identität auszubilden. Zu ihren Foren gehört die von Schickele herausgegebene Zeitschrift *Der Stürmer*, die den anspruchsvollen Untertitel trägt:»Halbmonatsschrift für künstlerische Renaissance im Elsass«; Ernst Stadler zählt bald zu den wichtigsten Mitarbeitern. Er räumt zwar später rückblickend ein, dass *Der Stürmer* und die beteiligten jungen Künstler keine künstlerische Renaissance im Elsass geschaffen hätten, aber immerhin habe man »im gemächlichen Kleinbetrieb der deutsch-sprachigen elsässischen Literatur mit kräftigem Besen gekehrt«[203]. Die neue Zeitschrift erreicht indes nur zwei Ausgaben, und auch der anschließend erscheinenden Halbmonatsschrift *Der Merker* ist nicht mehr Erfolg beschieden: Sie bringt es nur bis zu einer dritten Nummer, scheitert dann in einem Skandal, weil Wilhelm II. in einer Glosse als Scharlatan bezeichnet wird. Das erfüllt fraglos den Tatbestand der Majestätsbeleidigung, das Heft wird beschlagnahmt, die Zeitschrift aufgegeben.[204]

Ein Teil von Stadlers Freunden verlässt jetzt Straßburg, er selbst widmet sich seinem zunächst wenig intensiv betriebenen Studium der Germanistik, Romanistik und der vergleichenden Sprachwissenschaften. Dieses hat er übrigens im Herbst 1902 unterbrechen müssen, um als Einjährig-Freiwilliger seine Militärdienstpflicht abzuleisten – beim 2. Ober-Elsässischen Feldartillerie-Regiment Nr. 51 in Straßburg. Als der 20-Jährige nach vollendetem Dienst die Kaserne wieder verlässt, tut er es als Reserveunteroffizier. Zum Ende seiner Ausbildung stellt er sich einem Fotografen; auf dem dabei entstehenden Bild trägt er einen blauen Uniformrock sowie die Schulterklappen, auf denen die Nummer des Regiments sowie das Zeichen für die Feldartillerie zu erkennen sind: eine explodierende Granate.[205] Die Grundausbildung dürfte auch für Stadler eine freudlose Erfahrung gewesen sein. Der Drill und der übliche Kadavergehorsam der Kasernen jener Zeit bilden einen denkbar großen Gegensatz zu dem stürmischen Aufbruch in die Moderne, wie es die Freunde vom »Jüngsten Elsaß« vor Augen haben.

Ernst Stadler verlässt bald das Elsass: Im Sommer 1904 wechselt er an die Universität nach München, wo er zahlreiche literarische Freunde aus Straßburger Zeiten wiedertrifft, vor allem aber seine akademischen Studien intensiviert. Und dies mit Erfolg: Er widmet sich seiner Dissertation über Wolframs von Eschenbach *Parzival*, die er 1906 erfolgreich abschließt. Sein akademischer und intellektueller Blick weitet sich zusätzlich, als er anschließend als »Rhodes Scholar« – ausgestattet mit einem Stipendium, dem die Idee der Völkerfreundschaft zugrunde liegt – an die Universität Oxford wechseln kann. Stadler nutzt seine Chance. Er eignet sich umfangreiches Wissen über die englische Literatur an und vergrößert seinen Freundeskreis erheblich. Zudem beschäftigt sich Stadler während seiner Zeit in Oxford intensiv mit den Shakespeare-Übersetzungen Wielands. Daraus entsteht eine Arbeit, die im Herbst 1908 an der Universität Straßburg als Habilitation angenommen wird.

In vergleichsweise kurzer Zeit hat Ernst Stadler akademische Karriere gemacht. Mit dem Wintersemester 1908/09 beginnt er seine Lehrtätigkeit als Privatdozent an der Universität Straßburg, ab 1910 fungiert er dann als Dozent (seit 1912 als Professeur extraordinaire) für deutsche Sprache und Literatur an der Faculté de Philosophie et Lettres de l'Université libre in Brüssel. Zwischenzeitlich legt er in Oxford noch seine englische Dissertation über *The History of Literary Criticism of Shakespeare in Germany* ab. Sein Verhältnis zu den Studenten wird als freundlich, ja freundschaftlich beschrieben; zu Straßburger Zeiten hält er seine Seminare zuweilen in seiner Wohnung ab und versucht den Studenten auch die Ideen des »jungen Deutschland« nahezubringen. Er wirbt für die Freiheit des Denkens, für Antimilitarismus und die Annäherung an und die Verbrüderung mit Frankreich.[206]

In Brüssel scheint sich sein gutes Verhältnis zu den Studenten fortzusetzen – aus heutiger Sicht herrschen geradezu paradiesische Studienverhältnisse: Fünf Studentinnen und fünf Studenten haben sich für deutsche Philologie eingeschrieben, die sich einmal die Woche in Stadlers Wohnung treffen, um miteinander zu diskutieren. Ihr Dozent erwartet sie als »lächelnder Hausherr« mit Tee und Gebäck, führt mit ihnen – zweisprachige – Gespräche über deutsche und französische Schriftsteller. Ein ehemaliger Student will den nicht sehr viel älteren Dozenten als freundschaftlich, fast kameradschaftlich erlebt haben, der jedoch seinen Studenten einen entscheidenden Umstand geradezu hartnäckig zu verschweigen sucht: seine eigenen literarischen Ambitionen. Nie weist Stadler demnach auf ein eigenes Werk hin (außer auf Übersetzungen, die ihm für die Diskussion hilfreich erscheinen); dass er selbst dichtet und dass schließlich 1914 sein Sammelband *Der Aufbruch* erscheint – davon, so heißt es, erfahren die Studenten nichts.[207]

Sehr wohl nehmen seine Studenten bei diesen Seminargesprächen allerdings wahr, dass Ernst Stadler ein geselliger Mensch ist, der sich gerne mit Freunden umgibt. Er liebt das gute Gespräch sowie gesellschaftliche und kulturelle Veranstaltungen und nutzt gerne Gelegenheiten zu einer Feier im Kreis alter Freunde. So organisiert er etwa im Herbst 1909 ein ausgelassenes Abschiedsfest für einen Kommilitonen aus Oxforder Zeiten, das bei alkoholischen Getränken bis weit in die Nacht reicht. Aufnahmen dieses Festes zeigen einen selbstbewussten und fröhlichen Stadler, der in diesem Kreis offensichtlich eine dominierende Rolle einnimmt.

So ist auf einem Foto zu sehen, wie er von seinen Freunden umringt in der Mitte des Kreises sitzt und vertrauensvoll die Hände zweier junger Damen hält – kein Wunder, denn schon als Student hatte Ernst Stadler seine Verehrerinnen. Gleichwohl lebt er allein, er bezeichnet sich selbst einmal als eingeschworenen Hagestolz, als Junggesellen aus Überzeugung.[208]

»Besonderen Erfolg hatte der äußerlich anziehende, lustige und einfühlende Student bei den jungen Elsässerinnen [...] Um falschen Schlüssen vorzubeugen, möchte ich hinzufügen, daß es Stadler bei seiner feurigen Hinneigung zum weiblichen Geschlecht weniger auf die Herkunft als auf die persönlichen Eigenschaften ankam.«
(Erinnerungen seines Freundes Dirk Forster)[209]

Ernst Stadler ist also ein geselliger, wohl auch liebenswürdiger und lebenslustiger Zeitgenosse, zugleich ein weitgereister, mehrsprachiger Akademiker. Er lehrt in Straßburg, dann in Brüssel, oft weilt er in Paris, er besucht zwischendurch Oxford, ist in London – so macht er sich frei von jeglicher provinzieller Enge. Er sieht die Welt (und zwar keineswegs nur die akademische), und er schreibt über sie. In den zurückliegenden Jahren haben sich nicht nur seine beruflichen Perspektiven verändert, sondern sehr deutlich auch seine literarischen. Jetzt trägt er mit seinen Arbeiten zur Entstehung des literarischen Expressionismus bei; später wird es heißen, er habe sich auf den Weg zum »echten« Expressionismus gemacht.[210] Erkennbar rücken jetzt andere Sujets ins Zentrum seiner Betrachtungen, vor allem die Marginalisierten der Gesellschaft – Stadler schreibt über Prostituierte, über die Insassen eines Irrenhauses (das nahe seiner Wohnung liegt) und über hungernde Kinder in London:

[...] Sie werfen sich in Krämpfen, schreien gellend in den Bädern
Und hocken wimmernd und geschlagen in den Ecken.
Vielen aber ist Himmel aufgetan.

Sie hören die toten Stimmen aller Dinge sie umkreisen
Und die schwebende Musik des Alls.
Sie reden manchmal fremde Worte, die man nicht versteht.
Sie lächeln still und freundlich so wie Kinder tun.
In den entrückten Augen, die nichts Körperliches halten, weilt das
Glück.

(Auszug aus dem Gedicht »Irrenhaus« von 1913)[211]

Ich sah Kinder in langem Zug, paarweis geordnet, vor einem
Armenspeisehaus stehen.
Sie warteten, wortkarg und müde, bis die Reihe an sie käme, zur
Abendmahlzeit zu gehen.
Sie waren verdreckt und zerlumpt und drückten sich an die Häuser-
wände.
Kleine Mädchen preßten um blasse Säuglinge die versagenden
Hände.

(Auszug aus dem Gedicht »Kinder vor einem Londoner Armenspeisehaus« von 1913)[212]

Diese Gedichte finden 1914 auch Eingang in den Band *Der Aufbruch*, in dem 57 Gedichte Stadlers versammelt sind. Die Litera-
turkritik interpretiert dieses Buch später als entscheidende Zäsur
in Stadlers Schaffen: Er habe seine frühen Einflüsse von Natu-
ralismus oder elsässischer Heimatkunst hinter sich gelassen, den
literarischen Strömungen des Fin de siècle eine programmati-
sche Absage erteilt und mit dieser Sammlung eine der wichtigsten Buchveröffentlichungen frühexpressionistischer Lyrik vorge-
legt.[213] Zugleich macht sich Stadler einen Namen als Übersetzer,
er hat bereits zahlreiche Aufsätze und Rezensionen verfasst und
darüber hinaus auch wissenschaftliche Arbeiten. Überdies ist er
ständiger Mitarbeiter der demokratisch gesinnten *Straßburger
Neuen Zeitung*. Er ist ein gefragter Vortragsredner und gilt als aus-
gewiesener Kenner vor allem der deutschen und französischen
Literatur und ihrer Geschichte.

Ernst Stadler nimmt somit teil an jenem kulturellen Aufbruch in die Moderne, der sich in diesen Jahren in Deutschland beobachten lässt – und mit dem sich das Publikum schwertut. Gerade mit dem Expressionismus verbindet sich der Versuch junger Maler und Literaten, mit bisherigen Anschauungen radikal zu brechen. In diesen Jahren verbinden sich erkennbar künstlerisches Sendungsbewusstsein mit einer Revolte gegen die saturierte bürgerliche Welt. Und in der Literatur sind es vor allem die Lyriker, die das expressionistische Lebensgefühl in kühnen Sprachbildern zum Ausdruck bringen: Georg Heym, der Österreicher Georg Trakl oder eben Ernst Stadler. Wer will, kann ihre Werke rückblickend geradezu als Vorahnung kommender großer Erschütterungen und Zäsuren verstehen.[214] Doch ihre Wirkung ist vergleichsweise überschaubar: All diese künstlerischen Versuche sind Sache einer avantgardistischen Minderheit, die sich im Lande einer reaktionär-restriktiven Kulturpolitik gegenübersieht, wie sie von den herrschenden Eliten des Kaiserreichs gleichermaßen wie von der überwältigenden Mehrheit des Bürgertums vertreten wird.[215]

Zu den zahlreichen intellektuellen Begegnungen Ernst Stadlers zählt während seiner Brüsseler Zeit auch die Bekanntschaft mit dem Schriftsteller Carl Sternheim und seiner Frau Thea, die seit Sommer 1914 ebenfalls in der belgischen Hauptstadt leben. In ihrer Villa ist Stadler jetzt häufiger zu Gast. Man debattiert über die Gegenwartsliteratur, über Deutschland und Frankreich, über französische Kunst, über Nietzsche und Wagner – das intellektuelle Feld ist weit und Stadler ein attraktiver Gesprächspartner. Thea Sternheim, die aus einer sehr wohlhabenden Familie stammt, nimmt vermutlich nicht wahr, dass die Einkünfte eines jungen Dozenten nicht gerade üppig sind. Nach einem Besuch zum Tee beschreibt sie in ihrem Tagebuch dessen Zuhause als kaltes und ungemütlich eingerichtetes Appartement, das sich von ihrer Villa selbstredend deutlich unterscheidet. »Entweder ist dieser junge Mann übertrieben geizig«, notiert sie anschließend,

»oder seine Einkünfte [sind] so gering, daß er sich nicht einmal die primitivste Behaglichkeit gönnen kann.«[216] Tatsächlich muss sich Ernst Stadler finanziell strecken. Von wirtschaftlichem Erfolg durch sein literarisches Schaffen kann nicht die Rede sein, und auch die Brüsseler Dozentur reicht nicht immer aus, um seine Bedürfnisse zu decken. In seiner Korrespondenz finden sich immer wieder Hinweise auf noch ausstehende Honorare für Zeitschriftenartikel, dann erbittet er einen Vorschuss für einen Band mit Übersetzungen aus dem Französischen, ein andermal wendet er sich (im Februar 1914) direkt an seinen Freund Hans Koch, der als Arzt eine Praxis in Düsseldorf betreibt:»Ich bin in einer tollen Finanzklemme«, schreibt Stadler ihm,»alle hiesigen Quellen versagen, Fasching steht vor der Tür, und ich muß mich entweder vergraben oder Geld haben.« Er möge ihm doch für zwei Wochen umgehend 100 Mark leihen.[217]

Eine ordentliche Professur – verbunden mit einem ebensolchen ordentlichen Gehalt – könnte die Situation deutlich verbessern. Deshalb betrachtet Stadler die seit einigen Monaten laufenden Bemühungen, ihm einen Lehrstuhl an der Universität in Toronto anzuvertrauen, mit großem Wohlwollen. Als er Ende April 1914 aus seinen Osterferien in Rom nach Brüssel zurückkehrt, ist in seiner Wohnung ein Schreiben von Sir Robert Falconer eingetroffen, dem Präsidenten der University of Toronto. Nachdem dort eine Professur für Germanistik frei geworden ist, ergeht nun nach reiflicher Überlegung das Angebot an den jungen Stadler. Er ist der kanadischen Universität empfohlen worden – vor allem von seinem Lehrer und Prüfer aus Oxforder Zeiten, Professor Hermann Georg Fiedler. Der hat ihn schon 1912 für eine Berufung nach Übersee vorgeschlagen, ebenso Professor John G. Robertson, der Ernst Stadler an der Universität Straßburg kennengelernt und vor allem seine wissenschaftlichen Veröffentlichungen gelobt hat.[218] Aber auch mit seiner Persönlichkeit beeindruckt der Elsässer: Sir Byron Edmund Walker, ein wichtiger Förderer des kanadischen Universitätswesens, hat in London bereits 1913 ein Gespräch mit Stadler geführt und anschließend dem Universitätspräsidenten in Toronto viel Positives von dem möglichen Kandidaten berichtet. Und in seinem Tagebuch notiert er über seinen Gesprächspartner: »A charming, cultivated German: Rhodes Scholar and not German in appearance – much finer than usual types.«[219]

Ernst Stadler weiß selbstverständlich von den Bemühungen der Kanadier, und bald schon tritt er in Gespräche über die mögliche Dauer einer Professur und selbstverständlich über die Bezahlung ein – man einigt sich schließlich auf das Angebot einer »Associate Professorship« mit einem Anfangsgehalt von 3000 Dollar (das ist die obere Grenze des Angebotenen). Nach zwei Jahren soll die Gastprofessur in eine volle Professur umgewandelt werden.[220] Das offizielle Angebot aus Toronto hält Stadler nach seinem Rom-Urlaub im Mai 1914 in Händen. Jetzt ist er entschlossen, sich auf den Weg in die Neue Welt zu machen:

»I intend to leave Europe the 3rd or 4th of September. This will be, I hope, early enough to give me the chance of arranging all what is necessary for the beginning of my work in Toronto.«
(Stadler am 12. Mai 1914 an Robert Falconer)[221]

Von seinen Studenten in Brüssel verabschiedet sich Stadler freundschaftlich: Am Himmelfahrtstag, dem 21. Mai 1914, findet man sich zu einem gemeinsamen Ausflug zusammen.[222] Vielleicht tut es ihm auch wegen seiner Studenten leid, dass er Brüssel verlassen wird, schreibt Stadler seinem Freund Schickele Ende April 1914 – zugleich räumt er ein, dass ihm »aktuelle Misslichkeiten« den Abschied aber auch leicht machen. Damit zielt Stadler auf die Vertreter der deutschen Bevölkerungsgruppe in Brüssel – von ihnen scheidet er mit Groll. Sie teilen nicht seine aus der elsässischen Tradition herrührende supranationale Gesinnung. Stadler spricht von der »Indolenz der hiesigen Deutschen«[223] und muss sogar regelrechte Anfeindungen ertragen, nachdem er in einem

Vortrag über das »junge Deutschland« für seine Ideale geworben hat.[224] Anfang April spricht Stadler im Brüsseler Justizpalast in einer Vortragsreihe für junge Rechtsanwälte, wo er – das belegen die Berichte darüber in den belgischen Zeitungen – dem Nachbarland Hoffnungen auf ein neues Deutschland macht, das sich vom bekannten, vorherrschenden Deutschlandbild unterscheide.

Zunächst rechnet Stadler mit den aktuellen Zuständen im Deutschen Reich ab: Die Masse huldige noch immer der Macht beziehungsweise einem Fetischismus der Uniform und finde Gefallen am Prinzip des Gehorsams; auch mangle es den meisten Deutschen noch völlig an politischer Bildung. Überdies habe gerade die Armee einen ausgeprägten Kastengeist entstehen lassen, der in Deutschland unheilvolle Folgen habe. Aber es gebe Hoffnung auf das »junge Deutschland«, auf die jungen Intellektuellen, die sich ein freies und modernes Land erträumten, die verstärkt das politische Handeln im Land bestimmen würden und mit denen geradezu eine neue deutsche Seele entstehe.[225]

Was belgische Zeitungen wohlwollend kommentieren, erregt die deutschen Gemüter in Brüssel (Stadler spricht von größter Empörung »in dem verstockten und muffigen Cirkel, der sich Brüsseler Deutsche Colonie nennt«) ebenso wie im Deutschen Reich: Ein Korrespondent der *Cölnischen Zeitung* sei aufgefordert worden, Stadler für seinen Auftritt öffentlich zur Rede zu stellen, worauf dieser ihm wiederum lapidar erklärt, er möge doch tun, was er für richtig halte. Kritik kommt auch aus militärischen Kreisen, schließlich hat Stadler die unheilvollen Folgen des deutschen Militärwesens angeprangert und mit Blick auf seine elsässische Heimat den Zuhörern in Brüssel sogar in Aussicht gestellt, dass der Pazifismus künftig in Straßburg eine quasi natürliche Heimat finden werde. Von Reserveoffizieren kommt jetzt nicht nur »sittliche Entrüstung«, wie es Stadler in einem Brief an einen Freund nennt, sondern die ernsthafte Überlegung, ob man nicht beim Bezirkskommando in Straßburg wegen dieser Äußerungen Anzeige erstatten solle, denn Stadler ist seit 1907 Leutnant der

Reserve. »Was denn freilich den Erfolg hätte«, so spottet Stadler, »daß ich auf schmerzlose Weise der Fortführung meiner militärischen Laufbahn überhoben wäre.«[226] Doch Stadler ist müde ob solcher Anfeindungen, der Optimismus der frühen Straßburger Jahre hat erkennbar Kratzer bekommen:

> *»Moral des Ganzen: unsere optimistischen Wünsche u. Hoffnungen sind noch reichlich verfrüht, wenn wir überhaupt jemals ihre Erfüllung erleben sollten. Ich bin reichlich deutschlandmüde, und so geht mir Canada als der Stern eines tröstlicheren Morgens auf.«*
>
> (Stadler an René Schickele im April 1914)[227]

In diesem Brief wird zugleich Stadlers Distanz zum preußischen Militär deutlich, und dies nicht nur, weil ihm ein Ende seiner Karriere als Reserveoffizier erkennbar gefallen würde. Er schreibt seinem Freund Schickele, dass »die Herren« vom Militär in ihren Mitteln »ja nicht eben wählerisch« sind. Damit zielt er fraglos auf die Erfahrungen mit der sogenannten Zabern-Affäre Ende 1913, die nicht nur Stadlers elsässische Heimat bewegt, sondern auch in der gesamten deutschen Öffentlichkeit Widerhall findet, weil in ihr die besondere Rolle des deutschen Militarismus und die Haltung der führenden Militärs drastisch zum Ausdruck kommen: Ein junger preußischer Leutnant beschimpft in der kleinen elsässischen Garnisonsstadt Zabern (heute: Saverne) die einheimische Bevölkerung, fordert seine Rekruten während des Ausgangs zum Waffengebrauch auf und setzt für jeden mit dem Bajonett niedergestochenen Zivilisten obendrein noch eine Prämie aus. Der Vorfall wird bald durch die Presse in der Öffentlichkeit bekannt und führt schließlich zu Protesten der Bevölkerung. Zur Eskalation der Situation kommt es, weil das Militär in Zabern bald darauf – und nach einem weiteren Zwischenfall, bei dem der junge Leutnant erneut eine unrühmliche Rolle spielt, weil er einen gehbehinderten Schustergesellen mit dem Säbel verletzt – das Recht selbst in die Hand nimmt. Menschen werden wahllos verhaftet,

Redaktionsräume kurzerhand durchsucht – die Armee sieht sich im »Reichsland« offenkundig jenseits von Recht und Gesetz und betrachtet Elsass-Lothringen gleichsam als Feindesland.[228] Überregional erregt der Konflikt durch die Debatten im Reichstag und die Diskussion um die Rolle des Kaisers Aufsehen. Der Monarch verkennt – das ist für seinen mangelnden diplomatischen Instinkt durchaus typisch – komplett die politische Dimension der Zwischenfälle und bewertet entgegen anderslautender Informationen schließlich die ganzen Vorgänge als Versagen der lokalen Polizeibehörden, während er sich ansonsten voll auf die Seite der Militärs stellt. Der Monarch indes erleidet damit angesichts der Empörung in der Öffentlichkeit einen erheblichen Ansehensverlust. Als schließlich der Reichstag dem Reichskanzler Bethmann Hollweg das Misstrauen ausspricht – was zum ersten Mal im Parlament geschieht –, richtet sich dieses Votum im Grunde genommen gegen Wilhelm II. persönlich, gegen seinen selbstherrlichen und eigensinnigen Regierungsstil.[229]

Wie aufgeregt die Debatte um diesen Konflikt geführt wird, zeigen die zahlreichen rhetorischen Entgleisungen erzkonservativer Kräfte in Berlin. Der Kronprinz – ohnehin nicht gerade für seine politische Reife und sein diplomatisches Geschick bekannt – telegrafiert dem in Zabern wütenden Leutnant ein »Bravo« zu und formuliert ein ermunterndes »Immer feste druff!«. Zusätzlich erregt er sich über die »Unverschämtheit des Zaberner Plebs«, an dem »ein Exempel statuiert« werden müsse, »um den Herren Eingeborenen die Lust an derartigen Vorfällen zu versalzen«. Kurzum: Die Stimmung ist vergiftet, und weit über das Elsass hinaus wird deutlich, dass sich das deutsche Militär nicht nur in einer Sonderrolle wähnt, sondern dass es sich im Zweifelsfall auch gegen die Ohnmacht der Bürger und gegen eine durchaus funktionierende zivile Verwaltung durchsetzen will und kann.[230]

Die »Herren« vom Militär sind in der Wahl ihrer Mittel eben nicht wählerisch, hat Ernst Stadler treffend formuliert. Tatsächlich fühlen sie sich mächtig genug, um sich über Recht und Gesetz hinwegzusetzen. Wenn man so will, sind sie die Träger des »alten« Deutschland, von dem sich die jungen Mitstreiter eines »jüngsten Elsass« oder eines »jungen Deutschland« erklärtermaßen absetzen wollen. Vorfälle wie der von Zabern verdeutlichen Stadler, wie mühsam der Weg zu einer wirklichen Erneuerung und zu einem in seinen Augen modernen Deutschland ist. Auch deshalb ist er im Frühjahr 1914 »reichlich deutschlandmüde« und will Deutschland und Europa den Rücken kehren.

Als der Juni zu Ende geht, hat Ernst Stadler Brüssel bereits verlassen und seine dortige Wohnung aufgelöst. Noch einmal hält er in diesem und im folgenden Monat zwei Vorlesungen an der Universität in Straßburg, von denen jene über die »Geschichte der deutschen Lyrik der neuesten Zeit« wohl auf großes Interesse stößt.[231] Zugleich versucht er die Arbeiten an einem Band mit Übersetzungen von Gedichten des französischen Dichters Francis Jammis abzuschließen, den der Verleger Kurt Wolff veröffentlichen will.[232] Doch Stadler regelt vor allem seine persönlichen Dinge für die Überfahrt. Deshalb interessiert er sich nicht für das in diesen Tagen abgehaltene Treffen eines Großteils der internationalen akademischen Elite in Groningen, deren ehrenwerte Universität ihren 300. Geburtstag feiert. Aus Deutschland machen sich zahlreiche Gelehrte auf den Weg – wie erwähnt auch der Historiker Alexander Cartellieri aus Jena.

Ob Ernst Stadler auch zu diesem Universitätsgeburtstag kommen werde, fragt ihn der Präsident der Universität von Toronto in einem Schreiben. »There is no special reason why you should come«, fügt er noch hinzu, doch vielleicht könne man sich einfach treffen und über seinen bevorstehenden Wechsel sprechen.[233] Ob Ernst Stadler sich Ende Juni 1914 tatsächlich auf den Weg macht, um seinen künftigen Vorgesetzten in den Niederlanden zu treffen, lässt sich heute nicht mehr feststellen.[234] Es lässt sich vermuten, dass er mit der Auflösung seiner Wohnung in Brüssel, mit seinen laufenden literarischen Arbeiten und mit den Vorbereitungen seiner Umsiedlung zu sehr ausgelastet war. Dass er in diesen Tagen von dem Attentat auf den österreichischen Thronfolger in Sarajevo Notiz nimmt, ist hingegen wohl naheliegend – dass jedoch dieses Ereignis seine persönlichen Zukunftspläne beeinträchtigen könnte, daran würde Ernst Stadler wohl nicht einmal im Traum gedacht haben.

Juli 1914 – Fast alle sind im Urlaub

Kaiser Wilhelm II.: »Man drückt uns das Schwert in die Hand«

»Sarajevo, den 1. Juli 1914
Hier in Sarajevo waren mindestens drei Mordgesellen postiert.
Mein Vertrauensmann, eine unbedingt zuverlässige Persönlichkeit
in verantwortlicher, in allseitig orientierender Stellung, erklärte mir
auf meine bestimmte Frage als mein F r e u n d , daß er die Reise
Sr. M. des Kaisers nach Wien auf Grund seiner Kenntnis der Wiener
Verhältnisse und des Systems der russisch-serbischen Gewalttäter auf
das allerentschiedenste widerraten müsse.«

(Telegramm des deutschen Generalkonsuls in Sarajevo an das
Auswärtige Amt in Berlin)[1]

Was der Generalkonsul aus Sarajevo da verlauten lässt, ist wohl
mehr ein Gerücht als eine sichere Information. Aber solch ein
Telegramm hat zugleich fraglos Gewicht – immerhin enthält es
eine klare Warnung an den deutschen Kaiser. Die Aussicht, dass
weitere Mordgesellen in der Krisenregion nur darauf warteten,
dass Wilhelm II. zur Trauerfeier des ermordeten Thronfolgers reisen würde, führt schließlich tatsächlich dazu, dass der Monarch
seinen Plan verwirft.[2] Gegenüber der Öffentlichkeit wird nun
von einer »leichten Indisposition« gesprochen[3], und die noch bis
zum 2. Juli 1914 verbreiteten Pläne für die Reise des Kaisers zur
Trauerfeier nach Österreich werden schließlich dementiert. Dabei ist man im Hause Hohenzollern doch stolz auf die besondere

Wertschätzung, die Wilhelm in Wien erfahren hätte: An dem Begräbnis, das der Einsegnung in der Hofburgkapelle folgt, würden nur die engsten Familienmitglieder teilnehmen – und der deutsche Kaiser, »während den übrigen bereits angemeldeten Souveränen und Fürstlichkeiten nahegelegt wird, nicht nach Wien zu kommen, da die Trauerfeier einen rein intimen Charakter tragen soll«[4]. Hier verkennt Wilhelm II. allerdings, dass der ermordete Thronfolger aufgrund seiner geringen innenpolitischen Wertschätzung eigentlich ein Begräbnis zweiter Klasse erhält – eine Teilnahme daran wäre deshalb für den deutschen Kaiser keineswegs eine Auszeichnung gewesen.

Tatsächlich nutzt Wilhelm II. die ersten Julitage nun in Berlin und Potsdam für weitreichende Gespräche und folgenreiche Entscheidungen. Jetzt wird nämlich zunehmend ernsthaft über Krieg und Frieden verhandelt. Später sollte eine Bemerkung geradezu berüchtigt werden, die der Kaiser an den Rand einer Nachricht des deutschen Botschafters in Wien, Heinrich von Tschirschky und Bögendorff, schreibt. Der Botschafter rät in seinem Telegramm noch unter dem Eindruck des Attentats zur Mäßigung gegenüber Belgrad: Sicherlich müsse man den Serben als den mutmaßlichen Urhebern des Attentats eine Reihe von Forderungen stellen und auch energische Schritte unternehmen, wenn sie jene nicht erfüllten. Aber er warnt in seinem an den Reichskanzler gerichteten Schreiben zugleich energisch vor übereilten Schritten und bringt sogar die »gesamteuropäische Gesamtlage« ins Spiel, die möglicherweise in Mitleidenschaft gezogen werden könne.[5]

Wilhelm II. ist für diese Zurückhaltung und ruhige Vorgehensweise nicht zu haben. Wo der Botschafter vor übereilten Schritten warnt, kommentiert er dies am Rand mit den Hinweisen: »das ist sehr dumm«, und: »geht ihn gar nichts an«. Der Kaiser, berüchtigt für seine Impulsivität, scheint jetzt ganz in seinem ungestümen Element zu sein: »Tschirschky soll den Unsinn gefälligst lassen! Mit den Serben muß aufgeräumt werden, und zwar bald.«[6]

Dieser Kommentar ist zwar noch kein Befehl, er ist auch kein Zeichen für ein konkretes Reagieren auf die komplizierten aktuellen Herausforderungen auf dem Balkan, aber er ist fraglos ein Fanal: Denn die Nachricht von dieser augenscheinlich kriegerischen Stimmung des obersten Kriegsherrn verbreitet sich rasch über die Hofmilitärs und die zivile Umgebung Wilhelms in die Armee, die Marine und die Reichsregierung. Was der Monarch an den Rand des Telegramms geschrieben hat, ist im Grunde auch keine impulsive und unüberlegte Reaktion. Der Kaiser weiß in diesem Moment, was er tut; er muss sich bewusst gewesen sein, welch schwerwiegende Folgen seine Entscheidungen haben. Die Gespräche, die er in den nächsten Tagen mit Diplomaten, der Reichsregierung und Militärs führt, zeigen dies sehr deutlich.[7] Er stellt Wien den später so bezeichneten »Blankoscheck« aus, wonach das Deutsche Reich auch dann fest an der Seite Österreich-Ungarns stehen würde, wenn es nach einem militärischen Schlag gegen Serbien zu weiteren Kriegshandlungen käme.

In diesem Sinn agiert Wilhelm II. weiter: Am 5. Juli 1914 spricht der Kaiser im Neuen Palais in Potsdam zunächst mit führenden Köpfen des Heeres und dann der Kriegsmarine. Er eröffnet den Militärs, dass ein Vorgehen Österreichs gegen Serbien möglich sei und dass die zentrale Frage sei, ob Deutschland einen solchen Konflikt militärisch wagen könne. Ob »das Heer für alle Fälle bereit sei«, fragt der Kaiser seinen Kriegsminister Erich von Falkenhayn, der dies ohne Einschränkung bejaht. Es herrscht in Berlin die Vorstellung, dass die Österreicher bald gegen Serbien vorgehen wollen. Denn genau dies soll aus Sicht von Kaiser, Reichsregierung und Armee möglichst umgehend geschehen – je früher, desto besser. Dass das mit Serbien verbündete Russland in diesem Fall militärisch antworten könne und es deshalb zwangsläufig auch zu einem Krieg mit dem Zarenreich kommen werde, glaubt man indes nicht. Wilhelm II. erwartet einen begrenzten Krieg, einen möglichen Flächenbrand will er nicht für möglich halten. In diesem Sinne äußert er sich am frühen Montag, dem 6. Juli, gegenüber dem Vertreter des Reichsmarineamtes. Der Kaiser ist – wenn man das angesichts der Krisenlage sagen darf – guter Dinge:

> *»Er glaubte nicht an größere kriegerische Verwicklungen. Der Zar werde sich in diesem Falle nach seiner Ansicht nicht auf Seite der Prinzenmörder stellen. Außerdem seien Rußland und Frankreich nicht kriegsbereit. – England erwähnte der Kaiser nicht.«*
> (Erinnerungen des Admirals Eduard von Capelle über sein Treffen mit Wilhelm II. am 6. Juli 1914)[8]

Wilhelm II. und die Reichsregierung geben der Regierung in Wien freie Hand für eine militärische Aktion gegen Serbien. Will Wilhelm in diesem Moment den Krieg? Fraglos will der Monarch keineswegs einen großen Krieg unter allen Umständen herbeiführen – aber ebenso fraglos setzt er mit den ihn umgebenden Politikern und Militärs alles daran, einen Krieg unvermeidlich zu machen. So unglaublich dies im Nachhinein auch klingen mag: Dem Handeln dieser Tage, in denen sich die internationale Krise verschärft und ein Krieg tatsächlich näher rückt, liegt keine wirkliche Krisenstrategie oder kein wie auch immer fest umrissenes Eroberungsprogramm zugrunde, sondern – so hat es der Historiker Volker Ullrich später genannt – »ein merkwürdiges Gemisch aus übertriebenen Befürchtungen, irrationalen Erwartungen und dilettantischen Fehlrechnungen«.[9]

Zur Irrationalität dieser Tage gehört besonders der Umstand, dass Wilhelm II. noch voller Zuversicht ist, den Konflikt lokal begrenzen zu können. Auch die führenden Militärs, allen voran Generalstabschef Moltke und Kriegsminister Falkenhayn, gehen nicht von einer unmittelbaren Kriegsgefahr aus. Diese Vorstellung baut auf die erwähnte Annahme des Kaisers, dass weder Russland noch Frankreich zu einem Krieg bereit seien. Gerade die russische Armee, so der Glaube, brauche sicherlich noch Jahre, bis sie zu einem Feldzug in der Lage sei – und dessen sei man sich in St. Petersburg sicherlich bewusst. Dass der Kaiser in dem zitierten Gespräch mit Admiral von Capelle England nicht erwähnt, lässt sich zugleich als Zeichen politischer Blauäugigkeit werten. Großbritannien werde sich aus einem kontinentalen Krieg heraushalten – das ist die Hoffnung des deutschen Kaisers. Belege für solcher Art Optimismus gibt es indes nicht. Eigentlich ist diese Annahme sogar abwegig.

Also ist kein Krieg in Sicht? Die deutsche Regierung hat unverkennbar mit Billigung des Kaisers einen »großen Krieg« in ihr Kalkül einbezogen.[10] Und doch geht man eigentümlich entspannt durch diese Tage. Vielleicht kommt es zu einem Krieg, jedoch sicher zu keinem, der einem ernstlich Sorgen bereiten sollte – so ist jedenfalls der Eindruck, den die offizielle Haltung Berlins in diesen ersten Julitagen vermittelt. Nach außen will man keine Besorgnis zeigen: Die Reichsleitung will die Welt unbedingt davon überzeugen, dass man nichts von einem möglichen Krieg wisse und auch nicht mit ihm rechne. So wird die deutsche Presse vorsichtig in dem Sinn instruiert, dass das Reich in Wirklichkeit kein Interesse an der serbischen Sache habe und deshalb nach Möglichkeit kriegerische Töne unterbleiben sollten. Und so macht man in Berlin zunächst einmal demonstrativ das, was im Sommer eben ansteht – nämlich Urlaub. Wenn alle führenden Akteure in die Ferien fahren, dann kann doch kein Krieg bevorstehen, oder?

Tatsächlich ist in Preußen Sommerferienzeit: Für die Schüler geht es in den meisten Provinzen erst zwischen dem 3. und 12. August wieder auf die Schulbank.[11] Und was für die Untertanen gilt, soll auch für die Regierenden gelten, sodass auch das offizielle Berlin seinen verdienten Sommerurlaub antritt. »Business as usual«, bloß keine Beunruhigung zeigen. So sieht man zunächst einmal davon ab, Generalstabschef Helmuth von Moltke aus seinem Urlaub zurückzuholen, der übrigens genau am Tag des Attentats von Sarajevo zur Kur nach Karlsbad abgereist war.[12] Zusätzlich wird nun sein Stellvertreter, Georg Graf von Waldersee, in die Ferien geschickt, in denen sich auch Staatssekretär Gottlieb von Jagow vom Auswärtigen Amt befindet.[13] Des Weiteren verweilen Kriegsminister Falkenhayn und der Staatssekretär der Marine, Alfred von Tirpitz, ebenso wie der Chef des Admiralstabs im Erholungsurlaub[14] – besonders demonstrativ ist der Urlaubsbeginn Falkenhayns, der am 8. Juli 1914 Berlin verlässt. Sogar Reichskanzler Bethmann Hollweg ist bis zum 25. Juli in den Ferien, er reist allerdings mehrmals heimlich in die Hauptstadt.[15] Diese demonstrative Gelassenheit der Reichsleitung lässt sich nur noch steigern, indem sogar das Staatsoberhaupt selbst zur Erholung aufbricht. Auch ein Kaiser – selbst der »Reise-Kaiser« – braucht eben Urlaub. Und tatsächlich entscheidet sich Wilhelm II., trotz der Krise seine geplante Nordlandreise anzutreten. Das ist dem Monarchen ohnehin immer ein Vergnügen ersten Ranges, und in diesen Julitagen hilft dabei auch das gute Zureden Bethmann Hollwegs, der die Schiffsreise für ein günstiges politisches Zeichen hält. Jedenfalls wird es sich der Reichskanzler später in seinen Erinnerungen zugutehalten, dass er dem Kaiser den Antritt der Reise angeraten hat, »um das große Aufsehen zu vermeiden, das ein Unterbleiben der seit langer Zeit alljährlich in diesem Monat gewohnten Reise hervorgerufen hätte«.[16] Einige Beobachter erkennen jedoch die nur schlecht verhüllte Absicht: Der bayerische Geschäftsträger in Berlin berichtet einige Tage später nach München, die Reichsleitung werde wohl »mit dem Hinweis darauf, daß der Kaiser auf der Nordlandreise und der Chef des Großen Generalstabs sowie der preußische Kriegsminister in Urlaub seien, behaupten, durch die Aktion Österreichs genauso überrascht worden zu sein wie die anderen Mächte«.[17]

Vermutlich kann der Reichskanzler dem Kaiser nicht nur verständlich machen, wie wichtig ein solcher Schritt für das taktische Vorgehen sei. Sondern er dürfte zugleich wohl auch die Möglichkeit eines wirklichen Kriegsausbruchs kleingeredet haben. Der Plan scheint zu gelingen, denn der Kaiser erscheint tatsächlich als einigermaßen unbesorgt.[18] Nur drei Jahre zuvor hatte der Monarch noch einen Abbruch seiner damaligen sommerlichen Nordlandreise in Betracht gezogen: Die sich zuspitzende Agadir-Krise und die Mansion-House-Rede des britischen Schatzkanzlers David Lloyd George veranlassten ihn zu der Äußerung, dass er als Kaiser seine Regierung nicht handeln lassen könne, »ohne an Ort und Stelle zu sein, um die Consequenzen genau zu übersehen und in der Hand zu haben! Das wäre sonst unverzeihlich und zu parlamentarisch! *Le Roi s'amuse!* Und derweil steuern wir auf die Mobilmachung los! *Ohne mich* darf das nicht geschehen!«[19] Dass jedoch genau dies Ende Juli 1914 geschehen könnte, lässt den Kaiser trotzdem nicht daran denken, seine Schiffstour zu verschieben.

So ist Wilhelm froh, dass er seinen geplanten Törn vor Skandinavien antreten kann. Am 6. Juli verlässt er Deutschland[20], die nächsten Tage gehören der See. Das hat gute Tradition bei Wilhelm II.: Seit 1889 begibt er sich für vier Wochen auf diese Nordlandreise, die ihn auf seiner Jacht in die Einsamkeit der norwegischen Fjorde führt. Wie immer man diese sommerliche Fahrt interpretiert – ein Beobachter spricht später von Kreuzfahrt, Pilgerreise, maritimer Exkursion und auch Männerbundritual in einem –, sie ist längst ein unverzichtbarer Bestandteil des kaiserlichen Jahresablaufs.[21] Gleichwohl geht es bei der diesjährigen Nordlandreise nur mit gebremster Kraft voraus: Als die »Hohenzollern« von Kiel aus in See sticht, steuert sie die norwegische Küste an und ankert dann am 11. Juli vor Balholm, etwa hundert Kilometer nördlich von Bergen. Die Wahl dieses Ankerplatzes lässt sich bereits als Tribut an die internationale Krise verstehen, schließlich ist der Kaiser in den Jahren zuvor viele hundert Kilometer weiter in den Norden gefahren. Mit dem neuen Ziel glaubt man immerhin eine eventuell nötig werdende rasche Rückreise des Monarchen sicherzustellen: Wenn man sich beeilt, können im Falle des Falles binnen 22 Stunden die Häfen von Wilhelmshaven oder Cuxhaven erreicht werden, zwei Tage sind es bis Kiel.[22]

»Urlaub« hat der Kaiser auf seiner »Hohenzollern« vor der norwegischen Küste allerdings nur begrenzt. Die Staatsgeschäfte gehen selbstverständlich weiter, und der Oberbefehlshaber versucht während seiner Schiffstour, mit der Reichsleitung in ständigem Kontakt zu bleiben. Doch das gelingt angesichts der Entfernung und der begrenzten technischen Möglichkeiten nicht in dem Umfang, wie Wilhelm dies sich wünscht. Zuweilen ist behauptet worden, dass der Kaiser in dieser politisch so wichtigen Zeit gut drei Wochen nicht an den Entscheidungsprozessen der Reichsleitung beteiligt gewesen sei.[23] Tatsächlich darf man aber wohl davon ausgehen, dass Wilhelm II. zwar auf räumliche Distanz zur Reichsleitung gegangen, er aber von der Kommunikation keineswegs abgeschnitten ist. Die sommerliche Idylle am norwegischen Fjord wird fortlaufend durch Telegramme unterbrochen, die vor allem das Auswärtige Amt schickt. Zudem treffen Berichte aus den verschiedenen europäischen Hauptstädten ein, vor allem aus Wien und St. Petersburg, aus London und Paris.[24]

Allerdings gibt es durchaus Kommunikations- und Informationslücken zwischen dem Kaiser und beispielsweise dem Auswärtigen Amt. Einmal zeigt der Monarch sich verärgert, dass ihm »ein Situationsbericht des Auswärtigen Amtes nicht vorlag«, ein anderes Mal ist er verschnupft, weil er von einer wichtigen Neuigkeit »durch Zeitungsdienst von Norddeich und nicht auf dem Dienstwege erfahren« habe.[25] Sein Vorwurf: Die Nachrichtenversorgung des Auswärtigen Amtes habe auf ganzer Linie versagt.[26]

Wilhelm fühlt sich also mehr oder weniger gut informiert, doch eine direkte Teilnahme an den Entscheidungen bleibt vermutlich aus. Damit allerdings unterscheidet sich die Situation in diesen Tagen keineswegs grundlegend von dem bereits üblichen Procedere des Regierens, bei dem der Monarch gerade in militärischen und außenpolitischen Fragen von seiner unmittelbaren Umgebung massiv gelenkt wird. Und doch erfährt Wilhelm auf der »Hohenzollern«, dass sich in seiner Abwesenheit die internationale Lage nicht so entwickelt, wie er und seine Umgebung erhofft und erwartet hatten. In Berlin war man davon ausgegangen, dass Österreich nach dem Attentat auf den Thronfolger die Entrüstung über die Morde von Sarajevo nutzen und rasch gegen Serbien vorgehen werde. Doch das Gegenteil ist der Fall: Wien lässt Zeit verstreichen. Zwei Wochen benötigt die österreichische Regierung, bis endlich der Text eines Ultimatums an Serbien fertig ist, mit dem die Regierung in Belgrad in die Schranken gewiesen werden soll. Mit der Übergabe wiederum wartet man indes noch bis zum 23. Juli und damit bis zum Ende des Staatsbesuchs des französischen Präsidenten Poincaré in St. Petersburg. Warum dauert das alles so lange? Wilhelm II. wartet ungeduldig auf seiner »Hohenzollern«, die deutsche Diplomatie zeigt sich ebenfalls zunehmend enttäuscht von Wien. Beide werden gewahr, dass sie sich schlicht verkalkuliert haben: Der Überraschungsmoment als Kern ihres Krisenkalküls entfällt endgültig.[27]

Wilhelm II. ist verärgert: Eine Depesche, in der der Botschafter aus Wien über das langsame Vorgehen Österreichs berichtet, versieht er mit wüsten Kommentaren. Den Hinweis, Wien arbeite noch immer an der Formulierung geeigneter Forderungen an Serbien, quittiert er mit dem Hinweis, »dazu haben sie Zeit genug gehabt«. Und als er dann noch liest, dass sowohl der österreichische Kriegsminister als auch der Chef des Generalstabs in den Urlaub zu gehen gedenken, notiert er als Randbemerkung: »Kindisch!«[28] Dabei befindet er sich gerade selbst im Urlaub…

An Bord der »Hohenzollern« schwankt die Stimmung zwischen Entspannung und Kriegserwartung. Moriz Freiherr von Lyncker, Chef des Militärkabinetts, unterrichtet seine Frau kontinuierlich in Briefen über das Geschehen an der norwegischen Küste: Mal schreibt er ihr von einem »greulichen Bord-Tanz-Fest« (»Bei der Hitze! Auf dem sonnigen Oberdeck von 5–8 Uhr herumstehen. Na! Ich danke«), ein andermal von einer Damenregatta, die bei strömendem Regen stattfindet – verordnete Urlaubsvergnügungen eben. Der »Gewitterhimmel am politischen Horizont« ist zwar auch von Bord der kaiserlichen Jacht aus zu sehen, weshalb die Gäste an Bord zuweilen beruhigt scheinen, dass sie innerhalb eines knappen Tages in die Heimat zurückkehren können. »Es wird aber wohl nicht nöthig sein«, notiert Lyncker noch am 21. Juli.[29] Doch hier irrt der Chef des Militärkabinetts. Denn am 23. Juli 1914 stellt Österreich-Ungarn schließlich – »endlich«, würde die deutsche Seite sagen – Serbien das erwartete Ultimatum: Das Land müsse alles tun, damit Terrororganisationen nicht mehr von seinem Territorium aus agierten, alle gegen Österreich gerichtete Propaganda einstellen und Vertreter Wiens an der Untersuchung des Mordanschlags von Sarajevo zulassen. Dafür habe Serbien 48 Stunden Zeit. Dass Belgrad diese Forderung annehmen wird, scheint ausgeschlossen; der Wiener Botschafter jedenfalls packt vorsichtshalber schon seine Koffer und bereitet seine Abreise vor.[30] Es sieht fraglos nach Krieg aus – das scheinen erste Reaktionen aus Belgrad zu bestätigen.

»Die Militärs fordern kategorisch die Ablehnung der Note und Krieg. Die Mobilisierung ist bereits in vollem Gange.«

(Telegramm des deutschen Gesandten in Belgrad an das Auswärtige Amt in Berlin vom 24. Juli 1914)[31]

Auch Wilhelm II. muss die vermeintliche serbische Mobilmachung als ernste Gefahr verstehen, die Nordlandfahrt jedenfalls ist vorbei: Am Sonnabend, dem 25. Juli, entschließt sich der Kaiser um 17 Uhr zur Rückkehr. Eine Stunde später wird der Anker gelichtet, gut 36 Stunden wird die nun anstehende Rückfahrt nach Kiel dauern. Zugleich befiehlt er die kaiserliche Flotte, die seit Mitte Juli zu Übungen in norwegischen Gewässern unterwegs ist, in die Heimat zurück.[32] Darüber kommt es übrigens mit Reichskanzler Bethmann Hollweg zu einem heftigen Wortwechsel. Dieser wollte einen solchen Schritt unbedingt verhindern, weil das Zusammenziehen der Flotte ein fatales Signal gegenüber England bedeuten könne. Wilhelm ist verärgert über seinen »Civilkanzler«, wie er ihn jetzt nennt, und bleibt selbstverständlich bei seiner Entscheidung. Für die künftige Zusammenarbeit des Kriegsherrn mit seinem Kanzler bedeutet diese Auseinandersetzung jedenfalls nichts Gutes.[33]

> »*Wir sind alle froh, daß es heimwärts geht. Vielleicht ist diese Heimfahrt auch für uns der erste Schritt zum Kriege. Nun wollen wir ihn ehrenvoll bestehen.*«
>
> (Moriz von Lyncker an Bord der heimkehrenden »S.M. Hohenzollern«)[34]

Auf dem Weg zum Krieg offenbart sich eine zweite gravierende Fehleinschätzung der deutschen Führung: Das österreichische Ultimatum sollte ja so scharf abgefasst sein, dass Belgrad es nur glatt ausschlagen konnte. Doch Serbien überrascht alle. Es kommt den österreichischen Forderungen sehr weit entgegen (nur eine Beteiligung österreichischer Ermittler an der Untersuchung des Attentats kann es nicht zulassen), wodurch im Prinzip jegliche Legitimation für ein militärisches Vorgehen gegen Serbien entfällt. Wilhelm II. und seine Umgebung haben eine solche Reaktion schlicht nicht bedacht, ihre ursprünglichen Pläne sind weitgehend durchkreuzt. Eigentlich, so zeigt sich Wilhelm II. überzeugt, »entfällt jeder Grund zum Kriege«[35]. Also braucht Berlin dringend eine Eskalation, um wirklich mit mehr oder weniger gutem Grund einen österreichisch-serbischen Krieg eröffnen und sich daran beteiligen zu können.[36]

Am 27. Juli trifft Wilhelm wieder in Deutschland ein. Auch wenn seine Reise nicht so ruhig und entspannt verlief wie in den zurückliegenden Jahren, so hat er doch mehr Ruhe genossen, als es ihm daheim möglich gewesen wäre. Die Atmosphäre in Berlin ist in diesen Tagen so aufgeheizt, dass der Kaiser auf Anraten seines Reichskanzlers eben nicht in die Hauptstadt zurückkehrt, sondern sich zunächst nach Potsdam begibt.[37] Seit dem Bekanntwerden der serbischen »Ablehnung« des Wiener Ultimatums versammelt sich täglich Unter den Linden, in der Nähe des Berliner Stadtschlosses, eine stetig wachsende Menschenmenge. Diese Berliner wollen nicht nur die aktuellen Depeschen der Zeitungen verfolgen.[38] Die monarchisch gesinnten Bürger der Stadt sind es gewohnt, die tatsächlichen oder vermeintlichen historischen Momente hier im Zentrum der Macht zwischen dem Schloss, dem Lustgarten und Unter den Linden mitzuerleben. Jetzt warten sie auf ihren Kaiser, um zu erfahren, wie es weitergehen soll.[39]

Der 25. Juli, ein Sonnabend, gilt heute als der Tag, an dem der sogenannte »Geist von 1914«, das angebliche »August-Erlebnis« als allumfassende Stimmung in der deutschen Bevölkerung, das Licht der Welt erblickt. Zuerst taucht der Begriff »Geist von 1914« in konservativen Zeitungen auf, die in ihren Artikeln die neuartigen Vorgänge in Berlin schildern, welche sich dort am 25. Juli ereignet haben.[40] Es ist der Tag, an dem bekannt wird, dass Serbien das österreichische Ultimatum zurückgewiesen hat – genau genommen hat das Land nicht alle Forderungen Wiens erfüllt. In Berlin versammeln sich zu dieser Zeit Menschen an ganz verschiedenen Orten, auch in Cafés und Gaststätten (es ist schließlich Sonnabend, und gerade das junge Berlin ist ohnehin auf den Beinen), ehe sie sich nach diversen spontanen Reden und kleineren Veranstaltungen zu sogenannten »Zügen« aufmachen. Viele dieser kleinen Züge münden schließlich in eine große Demonstration mit einigen tausend Teilnehmern, die gemeinsam durch die Straßen von Berlin-Mitte marschieren. Eine ihrer Stationen ist das Stadtschloss, dessen Hausherr sich allerdings noch auf seiner Jacht »Hohenzollern« auf der Rückfahrt befindet. Wilhelm kann also nicht hören, wie des nächtens unter seinen Fenstern vaterländische Gesänge erklingen und verschiedene Redner ihre patriotische Gesinnung zum Besten geben. Diese spontanen Wortbeiträge müssen übrigens ohne technische Hilfsmittel auskommen, die Menge hört also fast nichts. Aber das ist auch gar nicht entscheidend – schließlich glauben die Versammelten ohnehin zu wissen, was die Redner sagen.[41]

Was in diesen Stunden in Berlin geschieht, ist in seinen Ausmaßen einzigartig. In keiner anderen deutschen Stadt gehen vergleichbar viele Menschen auf die Straßen. Nirgends finden sich mehr als ein paar hundert Personen zusammen, in einigen – selbst größeren – Städten wie Bremen, Hannover oder Köln sind zu diesem Zeitpunkt so gut wie gar keine patriotischen Demonstrationen zu beobachten. In Hamburg fordert ein Herr im vornehmen »Alsterpavillon« immerhin die Gäste auf, sich zur demonstrativen Unterstützung des Bündnispartners in Wien zu erheben und gemeinsam zum österreichisch-ungarischen Konsulat zu ziehen. Etwa hundert Menschen folgen ihm. Vor dem Konsulat gibt es allerdings nur eine kurze Rede, während von der Wiener Vertretung niemand die Unterstützer empfängt – der Konsul ist nämlich gerade in den Ferien.[42]

Konservative Kreise interpretieren das nächtliche Geschehen im Land nichtsdestotrotz rasch als rauschhaften Ausdruck der Zustimmung der begeisterten Massen für Kaiser und Reich – und ebenso für einen möglichen Krieg. Doch andere Beobachter dieses Tages kommen, nicht nur im Detail, zu anderen Interpretationen. Von einem gewissen »Radaupatriotismus« spricht ein Berliner Polizist, an anderer Stelle ist von einem »patriotischen Mob« die Rede, von Jugendlichen, die die Lust am Vergnügen und vor allem der samstägliche Bierrausch auf die Straßen treiben. Und wer nicht angemessen jubelnd mitmacht, bekommt Ärger: Man brülle nur noch mit dem Hut in der Hand, berichtet ein Beobachter – wer in einen der Züge gerät, ohne seine Kopfbedeckung abzunehmen, wird angeschrien und mit Prügel bedroht. In München demolieren Studenten und »eine Horde von Radaubrüdern« kurzerhand die Einrichtung eines Cafés, weil sie an der patriotischen Gesinnung des Eigentümers zweifeln. Die zumeist jungen Menschen sind fraglos ausgelassen, aber – so fragen daraufhin manche Kommentatoren in den Zeitungen – begreifen sie wirklich die Tragweite ihrer Zustimmung für einen möglichen Krieg?[43]

»Die jungen Menschen, die ihrer Begeisterung für den Krieg so ungezügelten Ausdruck verliehen, haben noch kein Verantwortlichkeitsgefühl und noch keine Verantwortung, sonst würden sie in ihrer Überschwänglichkeit sich mäßigen. Man mag die jetzige Situation für unvermeidlich halten, man mag das Schlimmste befürchten und ihm kalten Blutes entgegengehen – zu Jubelausbrüchen ist kein Grund vorhanden, und die Scharen, die mit dem Mund jetzt so übertapfer sind, die sind es nicht, die im Ernstfalle das Vaterland schützen.«[44]

Wilhelm nimmt selbstverständlich wahr, was auf den Berliner Straßen geschieht – und er urteilt genau, was ihm gefällt und was nicht. Größten Ärger machen ihm die Sozialdemokraten. An diesem 25. Juli hat der Vorstand der SPD in einem Aufruf nämlich noch einmal unmissverständlich erklärt, die Partei wolle keinen Krieg. Tausende Teilnehmer kommen zu den verschiedenen Antikriegsdemonstrationen der SPD, so auch nach Berlin. Wilhelm sieht durch diese Proteste die vermeintlich patriotische Stimmung im Lande gefährdet. In der ihm eigenen schroffen Art würde der Kaiser die »Sozen«, wie er sie nennt, am liebsten alle einsperren lassen.[45]

»Abends und sonntags Menschen mit Liedern. Der Kanzler meinte zuerst, nur halbwüchsige Burschen, die sich der Gelegenheit zu Radau und Aufregung freuen und ihre Neugierde spazieren tragen. Es werden aber mehr und mehr, und die Töne werden echter, der Kanzler schliesslich tief bewegt, ergriffen und befestigt, zumal aus dem ganzen Reich die Nachrichten kommen. Ein ungeheurer, wenn auch wirrer Betätigungsdrang im Volke, eine Gier nach grosser Bewegung, aufzustehen und für eine grosse Sache, seine Tüchtigkeit zu zeigen.«

(Kurt Riezler, Berater des Reichskanzlers Bethmann Hollweg, Tagebucheintrag vom 27. Juli 1914)[46]

Doch die wie auch immer interpretierte Aufregung auf Berlins Straßen erschöpft sich nach wenigen Tagen wieder. Die überwiegend jungen Männer haben zwar vaterländische Begeisterung, aber auch einen gewissen Radaupatriotismus in die abendliche und nächtliche Hauptstadt getragen. Der liberale Journalist Theodor Wolff wünscht sich, man könne die Jünglinge und Männer erst einmal »zum Schlafengehen« bewegen, schließlich drohten sich Straßenradau und Auswärtige Politik in einem unbotmäßigen Maße allmählich miteinander zu verquicken.[47] Und in Dortmund empfiehlt ein Journalist des *General-Anzeigers* schlicht einen Eimer kaltes Wasser als das beste Mittel, »solche Alkohol-Patrioten« zur Besinnung zu bringen.[48]

>*[E]s waren Jünglinge, nach der neuesten, allerneuesten Mode*
>*gekleidet, deutschnationale Studenten und Handlungsgehilfen,*
>*Jungdeutschlandbündler und Lebejünglinge, die ihre Abenteuerlust,*
>*ihr Vergnügen an Provokation, ihr chauvinistischer und ihr Bier-*
>*rausch auf die Straße trieb.«*
>
>(Der sozialdemokratische *Vorwärts* über den 25. Juli 1914 in Berlin)[49]

Als Wilhelm II. von seiner Nordlandreise zurückkehrt, hat sich seine Haltung verändert. War er Anfang Juli noch durchaus der Ansicht, dass ein möglicher Konflikt wohl begrenzt sein werde, so wird ihm jetzt klarer, dass ein großer Krieg bevorstehen könnte. Wenn man so will, ist der drei Wochen auch kommunikativ ein wenig abwesende Monarch nach seiner Rückkehr vor weitgehend vollendete Tatsachen gestellt: Er ruft zwar umgehend einen Kronrat ein, aber inzwischen ist das Netz der Arrangements der Reichsleitung bereits so dicht geknüpft, dass er nicht mehr viel ändern kann. Reichskanzler Bethmann Hollweg hat sogar den britischen Vorschlag einer Konferenz der Großmächte abgelehnt – und Wilhelm billigt diese fatale Entscheidung offenbar.[50]

Der Kaiser erhebt keinerlei Einwände gegen den Kriegskurs. Im Gegenteil: Er sieht in dem kontinentalen Waffengang die

Chance, gegen die großen Konkurrenten Frankreich und Russland innerhalb kurzer Zeit zu glanzvollen Siegen zu kommen und damit Deutschlands Vorherrschaft über Europa auf erdenkliche Zeit zu sichern. Wilhelm macht keinen ernsthaften Schritt, die anlaufende Kriegsmaschinerie noch zu stoppen. Auch wenn er gerade jetzt von seiner militärischen Umgebung weitgehend manipuliert wird, so trägt er doch ein wesentliches Maß an Mitverantwortung für die folgenden Entwicklungen.[51] In diesen Stunden ist die Position klar: Der Kaiser ist entschieden auf der Seite Moltkes und des Kriegsministeriums, berichtet der bayerische Militärbevollmächtigte Wenninger am 30. Juli nach München.[52] Tatsächlich scheint die allgemeine Mobilmachung jetzt das Gebot der Stunde zu sein, an einen begrenzten Waffengang glaubt Generalstabschef Moltke am 31. Juli nicht mehr:

»Dieser Krieg wird sich zu einem Weltkrieg auswachsen, in den auch England eingreifen wird. Nur Wenige können sich eine Vorstellung über den Umfang, die Dauer und das Ende dieses Krieges machen. Wie das alles enden soll, ahnt heute niemand.«[53]

Am Dienstag, dem 28. Juli, erklärt Österreich-Ungarn Serbien den Krieg. Und von einer Kriegsbegeisterung auf den Straßen des Deutschen Reiches ist bald nichts mehr zu spüren. Die österreichische Kriegserklärung an Serbien scheint nun ein ernüchterndes Signal zu sein. Am 30. Juli macht die Meldung von der russischen Generalmobilmachung die Runde. Jetzt bevölkern nicht mehr patriotisch singende Studenten die Straßen, sondern riesige Menschenmengen, die ernst und ruhig auf den großen Plätzen zusammenkommen, um sich ein Bild von der aktuellen Lage zu machen. Überall wird nun der längst angekündigte nächste Schritt in die Eskalation erwartet, der Befehl zur deutschen Mobilmachung. Eine Falschmeldung macht an diesem Tag rasch in ganz Deutschland die Runde – der *Berliner Lokalanzeiger* hatte am Nachmittag per Extrablatt von der befohlenen Mobilmachung gesprochen. Die Nachricht erscheint zu früh, doch die Menschen wissen, sie wird sicherlich wenig später doch noch kommen.[54] So ist jetzt von »großem Ernst« die Rede, wie einem Beobachter am 30. Juli in Frankfurt am Main auffällt.[55] Und in einer Darmstädter Zeitung heißt es, die Menschen seien »wortkarg, ernster« geworden. »Das ist Krieg.«[56]

»*Als ich am 30. Juli [...] in Berlin eintraf, habe ich die wundervoll ernste und würdige Anteilnahme des Volkes bewundert. Berlin bot ein anderes Bild. Fast verschwunden von den Straßen die Kokotten und die Flaneure. Statt dessen das sonst so unsichtbare arbeitsame Berlin der mittleren und oberen Stände auf den Straßen. Überlegsame, fest entschlossene Gesichter. Keine Hurrahstimmung, aber Verständnis für das, was uns heute als Staatsnotwendigkeit oder richtiger als völkische Notwendigkeit erscheint.*«*
(der Kasseler Oberbürgermeister Erich Koch-Weser in seinem Tagebuch über die Stimmung in Berlin)[57]

Der 31. Juli 1914 bildet für Deutschland den dramatischen Höhepunkt der bisherigen Krise – und es ist der letzte Tag des Friedens. Wilhelm II. beginnt diesen Freitag in Potsdam mit seinem morgendlichen Ausritt. Der Vormittag verläuft in gespannter Erwartung, gegen 12.30 Uhr erreicht Wilhelm die offizielle Bestätigung der Mobilmachung der russischen Armee vom Tag zuvor. Umgehend gibt er telefonisch den Befehl zur Ausrufung des »Zustands drohender Kriegsgefahr« (der von Kriegsminister Falkenhayn rasch erlassen wird) und ordnet kurz darauf seine Abfahrt nach Berlin an. »Sehr ernst und ruhig« soll der Monarch in diesem Moment wirken.[58] Die Beobachtung mag banal klingen, aber tatsächlich versucht der Monarch ruhig und besonnen aufzutreten – eben dem Ernst der Stunde angemessen. Wilhelm hat zwar ein gerüttelt Maß an Mitverantwortung dafür, dass dies der letzte Tag des Friedens ist, doch er bricht nicht in Freude aus, wie dies an anderen Orten zu sein scheint...

»Überall strahlende Gesichter, – Händeschütteln auf den Gängen; man gratuliert sich, daß man über den Graben ist. Gerüchte von dem Ultimatum auch an Frankreich – einer meint, ob dies denn nötig sei, sich auch Frankreich aufzupacken, das sich doch wie ein Karnickel drücke; General v. Wild meint: ›Nun, wir möchten die Brüder doch auch dabei haben.‹«

(Tagebucheintrag des bayerischen Militärbevollmächtigten über den 31. Juli 1914 nach Bekanntwerden der russischen Mobilmachung)[59]

In Automobilen geht es von Potsdam nach Berlin – vorneweg Kaiser und Kaiserin, in den folgenden Fahrzeugen Kronprinz und Kronprinzessin und dann alle Prinzensöhne mit ihren Frauen.[60] Der Kaiser muss in die Hauptstadt (schließlich kann nur er die zu erwartende Mobilmachung der Truppen anordnen) – und er muss sich an sein Volk wenden. Im Schloss trifft sich Wilhelm dann mit seinen Armeeführern, um die aktuelle Lage zu erörtern und um den Aufruf an das Volk und an das Heer zu besprechen. Zumindest kommt ihm die Nachricht von der russischen Mobilmachung dahingehend zugute, dass er Deutschland nun wie gewünscht als Opfer ausländischer Aggression hinstellen kann. Dass die deutsche Politik eines mehr oder weniger kalkulierten Risikos in diesen Stunden schlicht deshalb scheitert und damit in einen Krieg führt, weil sie von vornherein mit unkalkulierbaren Risiken belastet war[61], das wird der Monarch seinen Untertanen selbstverständlich nicht erzählen.

So tritt Wilhelm II. am Nachmittag dieses Freitags vor sein Volk – oder zumindest vor einen Teil seiner Untertanen: Öffentlichkeitswirksam erklärt er seine Politik vom Balkon des Berliner Stadtschlosses aus. Eine riesige Menschenmenge hat sich dort versammelt, der Lustgarten und der Platz vor dem Schloss sind dicht gefüllt. Patriotische Gesänge erklingen, und laut einer Zeitungsmeldung erhebt sich immer wieder der Ruf: »Wir wollen den Kaiser sehen!« Der erscheint schließlich, mit der Kaiserin an seiner Seite, und spricht in seiner ersten »Balkonrede« zur Menge:[62]

»Eine schwere Stunde ist heute über Deutschland hereingebrochen.
Neider überall zwingen uns zur gerechten Verteidigung. Man drückt
uns das Schwert in die Hand. Ich hoffe, daß, wenn es nicht in letz-
ter Stunde Meinen Bemühungen gelingt, die Gegner zum Einsehen
zu bringen und den Frieden zu erhalten, wir das Schwert mit Gottes
Hilfe so führen werden, daß wir es mit Ehren wieder in die Scheide
stecken können. Enorme Opfer an Gut und Blut würde ein Krieg
vom deutschen Volke erfordern, den Gegnern aber würden wir zeigen,
was es heißt, Deutschland anzugreifen. Und nun empfehle ich Euch
Gott. Jetzt geht in die Kirchen, kniet nieder vor Gott und bittet ihn
um Hilfe für unser braves Heer!«[63]

Einige Bobachter zeigen sich zwar nicht recht überzeugt vom
Gehalt der Rede, aber die Wirkung auf die wartende Menge
scheint wunschgemäß zu sein. Admiral von Müller, Chef des
Marinekabinetts, notiert erleichtert in seinem Tagebuch, dass das
Volk begeistert und die Stimmung nach dieser Rede glänzend
sei. Strategisch habe es nicht besser laufen können: »Die Regierung hat eine glückliche Hand gehabt, uns als die Angegriffenen
hinzustellen.«[64] Für die deutsche Geschichte ist dies ein Moment
von großer Bedeutung: Es ist die Geburt der Kriegsunschuldlegende.

Tatsächlich sind es zwei Kernaussagen, die Wilhelm seinem
Volk in diesem Moment verkündet: die Zurückweisung jeglicher eigener Kriegsschuld (»man drückt uns das Schwert in die
Hand«) sowie der Appell an die innere Einheit. Beides scheint
beim bürgerlichen Publikum vor dem Schloss anzukommen –
wobei man eingestehen muss, dass wohl auch bei dieser Rede die
wenigsten verstehen, was der Kaiser sagt: Er ist schon in einiger
Entfernung nicht mehr zu hören. Aber der politische Gehalt seiner Rede ist für die spontane Begeisterung der Masse eigentlich
unerheblich, allein das Erscheinen des Monarchen sorgt für die
spontanen Reaktionen.[65] Wie bei anderen patriotischen Ereig-
nissen in der deutschen Geschichte stimmen die Menschen die

üblichen Lieder an (etwa die »Wacht am Rhein« oder »Heil Dir im Siegerkranz«). Es ist ein Moment kollektiver Begeisterung, in dem sich viele Personen über das gemeinsame Lied der eigenen Identität versichern.[66]

Ein anwesender Journalist notiert, dass nach dem Auftritt eine »heilige Stimmung der Menge, eine Stimmung, des großen Augenblicks würdig«, geherrscht habe. Als der Kaiser kurz darauf das Schloss im offenen Automobil verlässt, wird er von den versammelten Berlinern geradezu ekstatisch umjubelt.[67] Um 17 Uhr verliest ein Leutnant der Grenadiergarden vor dem Reiterstandbild Friedrichs des Großen die Proklamation des Kommandeurs der Berliner Garnison, in der dieser zum Inhaber der obersten Befehlsgewalt in der Stadt erklärt wird. Somit übernimmt in Berlin wie in anderen deutschen Städten das Militär die Herrschaft. Die bürgerlichen Rechte und Freiheiten werden ausgesetzt, die Militärbehörden haben freie Hand. Somit hat mit der »drohenden Kriegsgefahr« der Krieg auf den deutschen Straßen schon begonnen.[68]

Alexander Cartellieri sieht seine Studenten in der vaterländischen Pflicht

Auch in Jena genießen die Menschen Anfang Juli das strahlende Sommerwetter. In der ersten und zweiten Juliwoche wird zuweilen über eine regelrechte tropische Hitze berichtet[69], aber insgesamt herrscht »schönes, sonniges Sonnenwetter«.[70] Wer kann, macht Urlaub, die Daheimgebliebenen sind auf der Suche nach Abkühlung. Ist in dem Saalestädtchen von Krieg die Rede? Ja und nein. Von Krieg ist in Jena wie im ganzen Deutschen Reich seit Langem immer irgendwie die Rede, aber noch bleibt dieses Gerede unkonkret. Ein tatsächlicher Krieg scheint weit weg, obwohl es seit dem Attentat von Sarajevo immer wieder Hinweise auf Vorbereitungen gibt. Wenn man so will: Ein Krieg muss erst vorgedacht sein. Wer die örtliche Zeitung aufschlägt, findet beispielsweise einen Artikel, der sich mit der Frage der möglichen Nahrungsmittelversorgung der Bevölkerung im Konfliktfall auseinandersetzt:

»Eine Feststellung der Getreide-Vorräte findet im ganze Reiche am 1. Juli auf Grund des Reichsgesetzes vom 20. Mai d. J. statt. Die Feststellung soll zur Beurteilung der Versorgungsmöglichkeit des Landes mit Getreide im Kriegsfalle in einer Zeit dienen, in der die inländischen Vorräte zur Neige gehen. Landwirten, Bäckern usw. sind zu diesem Zwecke zur Ausfüllung Zählkarten zugestellt worden, die die Gewerbetreibenden eigenhändig in einen amtlichen Briefumschlag stecken und fest verschließen. Gemeindebeamte holen die Umschläge mit den Zählkarten ab, über deren Inhalt die Beamten des Statistischen Amtes eidlich zu strengstem Stillschweigen verpflichtet sind.«[71]

Ansonsten gibt es für die Jenaer Zeitungen aus den ersten Julitagen wenig Spektakuläres zu berichten. Auf den Titelseiten dominieren wie in anderen Städten die Berichte, die sich mit den internationalen Entwicklungen »nach dem Attentat« beschäftigen. Den Lokalseiten kann man entnehmen, dass diese großen Fragen den Alltag vor Ort bislang wenig beeinflussen. Professor Alexander Cartellieri findet in diesen Tagen keine Zeit zum Ausruhen, das Sommersemester ist noch nicht beendet, und seine Arbeit als Prorektor nimmt ihn ebenfalls noch sehr in Anspruch. In dieser Funktion hat er in den Tagen zuvor die Jenaer Universität bei der internationalen Rektorenkonferenz im niederländischen Groningen vertreten.

Das Treffen der Gelehrten dürfte ganz nach dem Geschmack des polyglotten Cartellieri gewesen sein, der während dieses Treffens zumindest mit der Verständigung keine Probleme hatte. In Jena findet das Treffen nur wenig Widerhall, die örtliche Presse versucht sich ungelenk mit einem provinziell wirkenden Witz über die niederländische Königin: Sie meldet, dass diese bei der

Veranstaltung in Groningen für ihre besondere Verbundenheit mit der niederländischen Sprache ausgezeichnet worden sei – und zwar mit der Würde eines »docteur ès lettres néerlandaises«, was wenig gelehrt mit der spöttischen Frage quittiert wird, seit wann denn »im Königreich der Niederlande das Französische Universitätssprache« sei.[72] Darüber kann lachen, wer weder internationale akademische Gepflogenheiten kennt noch anderer Sprachen mächtig ist – Alexander Cartellieri findet das nicht wirklich lustig. Wie anders berichtet man beispielsweise in Bonn darüber: Die Abgesandten der dortigen Universität hatten als Sprecher der 21 in Groningen vertretenen deutschen Universitäten Glückwünsche und Geschenke überbracht – von Dankbarkeit und Freude bei den Beschenkten ist die Rede, aber von Spott keine Spur.[73]

Doch gibt es in Jena auch gute Nachrichten für Cartellieri: So wird im Juli vermeldet, dass der dringend benötigte Erweiterungsbau der Universitätsbibliothek zum 1. November eingeweiht werden kann. Die Unterbringung und damit der Zugang zu den inzwischen insgesamt 250 000 Büchern sind bislang unzureichend, die letzte Erweiterung des Bibliotheksgebäudes gut 20 Jahre zuvor hat keine langfristige Entlastung gebracht.[74] Damit geht fraglos ein persönlicher Wunsch des Prorektors Cartellieri in Erfüllung – die Ausstattung der Bibliothek ist ihm seit seiner Berufung an die Hochschule ein wichtiges Anliegen gewesen. Und auch die Studenten finden in der zweiten Juliwoche einen Grund zum Feiern, sie erfreuen sich und die Bürger Jenas mit einem später unüblich gewordenen akademischen Spektakel: einem Fackelzug. Der zieht durch die Innenstadt bis zum Haus jenes Professors, der einen Ruf an eine andere Hochschule abgelehnt hat und also der hiesigen Universität erhalten bleibt.[75] Ein solches Spektakel ist in dem verschlafenen Saalestädtchen immer eine willkommene Attraktion.

Die Universität steht zudem ganz unter dem Eindruck der zahlreichen sportlichen Sommerveranstaltungen.[76] Dazu zählt vor allem das erstmals ausgerichtete Akademische Sportfest der Universität, das offiziell am 29. Juni eröffnet wird[77] und dessen Wettkämpfe am 2. Juli beginnen. Vor Ort wird fleißig für einen Besuch geworben, nicht nur die örtliche Presse berichtet von den Veranstaltungen, sondern zugleich schaltet auch die Universität Anzeigen, um Besucher anzulocken: Für die Wettkämpfe im Schwimmen (im örtlichen Volksbad), in der Leichtathletik und im Turnen (auf den Sportplätzen der Universität) sowie im Fechten (im Burgkeller) werden eine Mark für einen Sitzplatz und 50 Pfennige für einen Stehplatz verlangt.[78]

Mit dieser Veranstaltung will die Universität nach Bekenntnis ihres Prorektors öffentlich bekunden, dass »sie die Pflege der Leibesübungen unter ihren Schutz und Schirm genommen hat«[79]. Der Wettstreit ist zugleich ein gesellschaftliches Ereignis, zu dem die Mitglieder der Universität angemessen feierlich erscheinen: der Prorektor »im Schmuck der goldenen Amtskette« und selbstverständlich »die Chargierten der studentischen Verbindungen in vollem Wichs«, nur der Großherzog muss absagen. Immerhin ist das örtliche Offizierskorps unter einem gewissen Major von Taysen erschienen, von dem später noch die Rede sein soll. »Die Damenwelt«, so stellt es die örtliche Presse heraus, ist besonders »stark vertreten«. So sind auch an den Wettkämpfen in der Leichtathletik, beim Schwimmen, Fechten oder Tennis einige Frauen beteiligt.[80]

> *»Neben einer größeren Anzahl nichtincorporierter Studenten sind der A.T.B. Gothania, die Landsmannschaften Hercynia, Suevia, die Burschenschaften Arminia, Germania, die 1. und 2. Freischar, die phil.-histor. Verbindung Hermunduria, der Verein Deutscher Studenten und die akademische Abteilung des Vereins für Bewegungsspiele Jena e.V. mit mehreren Vertretern gemeldet.«*
>
> (aus der Ankündigung zum Akademischen Turn- und Sportfest)[81]

Prorektor Cartellieri selbst nimmt nach erfolgreichen Wettkämpfen die feierliche Preisverleihung vor. Dabei will er nicht allein das Vergnügen an einem schönen Fest gelten lassen. Er erinnert darüber hinaus an den höheren Ernst, der nach seinem Verständnis hinter diesem sommerlichen Treiben stehen soll. Es gehe schließlich nicht um den einzelnen Sieg, sondern letztlich um das Wohl des Vaterlandes:

»Empfangen Sie jetzt den Lohn Ihrer Mühen! Aber so schön die Preise sind, die Ihnen zugedacht werden, vergessen Sie nicht, daß es doch noch einen höheren geistigen Kampf zu bestehen gibt. Wir haben die feste Überzeugung, daß die Anspannung aller Kräfte auf ein Ziel, die Richtung des Willens auf den Sieg dem Vaterlande dienen sollen. Das Vaterland verlangt von uns, daß wir Geist und Körper gleichmäßig ausbilden, damit wir es in aller Welt würdig vertreten können.«[82]

Dass der Prorektor auch bei diesem Sportfest von »Vaterland« und »Sieg« spricht, passt gut in die eigentümliche Stimmung, die sich dann ab Mitte des Monats einstellt. Auch in Jena werden die Sommerfreuden in den beiden letzten Juliwochen spürbar getrübt, vor allem nachdem Österreich-Ungarn am 23. Juli schließlich Serbien das lange erwartete Ultimatum gestellt hat. Die im ganzen Reich spürbare Anspannung macht sich jetzt auch hier breit. Ganz symbolträchtig wird das vergleichsweise friedliche Bild in Jena am Abend des 24. Juli gestört, als in der Stadtmitte die alte »Friedenspappel« aus napoleonischen Zeiten bei einem Sturm unrettbar beschädigt wird – was von nicht wenigen Bewohnern als Menetekel gesehen wird.[83]

»Die Friedenspappel am Johannistor, die das ehrwürdige Alter von fast 100 Jahren erreicht hat, wird nun beseitigt werden müssen. Gestern abend kurz nach 9 Uhr vermochte der in der Kronenmitte stehende sehr schwere Ast dem Druck des Windes nicht zu widerstehen, stürzte und riß noch einen weiter unten stehenden Ast mit. Die Wucht des Aufschlags war ganz außerordentlich: ein Gartenzaun

wurde durch die fallenden Holzmassen zu Boden gerissen und das Dach sowie eine Seitenwand des nebenstehenden Bedürfnishäuschens tief eingedrückt. Bei dem lebhaften Verkehr gerade an jener Stelle konnten schwere Unglücksfälle sehr leicht die Folge sein, zumal der Bürgersteig getroffen wurde.«[84]

Die Beseitigung des symbolträchtigen Baums fällt in Jena mit dem Beginn der Sommerferien zusammen. Anders als in Preußen, wo die Schüler schon Anfang August wieder auf die Schulbänke zurückkehren, beginnen hier die großen Ferien am 25. beziehungsweise für die Höheren Schulen erst am 30. Juli. Der Lokalpresse ist dies einen eigenen Artikel wert. Von einem möglichen Krieg sieht allerdings niemand diese – zumindest für die Kinder – schönste Zeit des Jahres bedroht.

Nach den heißen und anstrengenden Juliwochen wird es ruhig in Jena. Es ist stiller in der Stadt, vermelden die Zeitungen:»Die Ferienzüge rollen hinaus ins Land, und die Scharen der Reisefrohen verlassen die Stadt.«[85] Doch die erwartete Ruhe tritt dann doch nicht ein. Noch bevor die Höheren Schulen der Stadt mit den Ferien beginnen, schlägt die internationale Krise durch. Alexander Cartellieri notiert in seinem Tagebuch diesen Moment am Sonnabend des 25. Juli 1914: Er setzt seinen Studenten gerade die europäische Geschichte im Zeitalter der Französischen Revolution und Napoleons auseinander. Doch die aktuelle Meldung des Tages nimmt mehr Raum ein. An diesem Sonnabend sind die »jungen Leute«, wie Cartellieri sie in seinem Tagebuch nennt, mit dem Umstand beschäftigt, dass Serbien angeblich die Forderungen des österreichischen Ultimatums angenommen habe. So gehen die Studenten in der Hoffnung auseinander, ein Krieg würde tatsächlich noch verhindert werden. Ein Trugschluss:»Beim Nachhausegehen wurde dann die Ablehnung bekannt«, notiert Cartellieri.[86] Seine Studenten machen sich daraufhin nicht auf den Heimweg, ein Gutteil von ihnen schließt sich spontanen patriotischen Kundgebungen an oder nutzt die Nachricht aus der großen Politik schlicht als willkommene Gelegenheit, an diesem Samstagabend mit anderen Kommilitonen einen ordentlichen Humpen zu heben. Einfach nur zu Hause sitzen und abwarten, was der nächste Tag wohl bringen wird – das wollen vor allem die jungen Studenten an diesem Sonnabend nicht.

Und so sieht Jena in diesen Stunden eine erste spontane Kundgebung in Sachen Krise und möglicher Krieg. Diese Versammlung ist zwar deutlich kleiner als jene in Berlin (abseits der Hauptstadt versammeln sich dazu, wenn überhaupt, selten mehr als ein paar hundert Menschen)[87], aber sie sorgt in der Stadt für so viel Gesprächsstoff, dass auch die örtlichen Zeitungen darüber berichten.[88] »Mit heller Begeisterung«, so heißt es in der *Jenaischen Zeitung*, sei das Vorgehen Österreichs gegen Serbien in der Stadt begrüßt worden, »nicht nur von der akademischen Jugend auf dem Markt und in den Studentenhäusern, sondern auch von der Bürgerschaft auf den Straßen und in den Wirtschaften.« Dabei werden selbstverständlich auch patriotische Gesänge angestimmt: In einem Café sei die österreichische Nationalhymne gesungen worden, auf dem Marktplatz sei »Deutschland, Deutschland über alles« erklungen. Zudem treffen sich die Mitglieder der verschiedenen Korporationen mit ihren Fahnen zu Umzügen und ziehen – ebenfalls singend – Richtung Marktplatz, wo auch zahlreiche Reden gehalten werden. Doch die Stimmung, so legt es der Zeitungsbericht nahe, ist nicht ausgelassen, von »ruhiger Zuversicht« ist vielmehr die Rede, es scheint mehr Ernst als Jubel zu geben.

»Nirgends war Gedrücktheit zu merken. Wohl verkannte man den Ernst der Lage auch für Deutschland nicht, aber mit ruhiger Zuversicht blickte man der Zukunft entgegen. Was diese auch Schweres für uns bringen mag: › Wir Deutschen fürchten Gott, sonst nichts auf der Welt‹ – wir vertrauen ruhig auf Gott und das scharfe Schwert unsres Heeres, auf die Tüchtigkeit unserer Flotte.«[89]

Was genau aber treibt die Menschen in Jena auf die Straßen? Es wäre voreilig, ihnen zu unterstellen, sie wollten möglichst rasch einen Krieg oder gar selbst in einen solchen ziehen. Wie vermutlich in anderen deutschen Städten auch, wo solche spontanen Versammlungen stattfinden, herrscht in Jena eine Mischung unterschiedlicher Motive vor. Sicherlich gibt es so etwas wie einen patriotischen Überschuss. Die Wirtshäuser und die Studentenhäuser, die vaterländischen Gesänge, der Umzug einer Korporation oder die Versammlung an den zentralen nationalen Denkmälern einer Stadt – das alles sind gewohnte Anlässe und Orte, die jetzt einen vertrauten Rahmen liefern. Die beteiligten Menschen in Jena leben einen Patriotismus, zu dessen Ideologie es gehört, dass er demonstrativen Charakter hat – er manifestiert sich eben idealerweise nur in Gruppen und in der Öffentlichkeit, ein allein zelebrierter Patriotismus in der heimischen Küche ist nicht denkbar. Daneben ist es fraglos das drängende Begehren nach neuen Nachrichten in einer Zeit, in der die Extrablätter das schnellste Medium darstellen, wenn man einmal vom »Gerücht« absieht, das in den nächsten Tagen eine wichtige Rolle bei der Formierung der öffentlichen Meinung spielen sollte. Für beide Formen der Nachrichten gilt gleichermaßen: Es gibt sie zunächst nur auf der Straße. In Jena lässt sich das am Sonntag, dem 26. Juli 1914, beobachten:

»Ungeheuer war die Spannung, mit welcher am gestrigen Sonntag hier weitere entscheidende Nachrichten aus Wien und Belgrad erwartet wurden. Waren schon am Sonnabend abend die Extrablätter der ›Jen. Ztg.‹ reißend rasch vergriffen, so wimmelte am Sonntag schon von früh an die Leutrastraße vor der Geschäftsstelle von Leuten, welche neue Extrablätter erwarteten, und sobald diese herauskamen, herrschte alsbald ein Andrang, der zeitweise lebensgefährlich erscheinen mochte.«[90]

Zum ungeduldigen Erwarten von Informationen gesellt sich als Motiv in diesen Stunden die Lust auf eine gemeinschaftlich gelebte

Volksfeststimmung: Immerhin treffen sich um die 500 Studenten und Bürger der Stadt in der folgenden Nacht auf dem Marktplatz, es wird gefeiert, gesungen und debattiert. »Leider ist es nachts zu Taktlosigkeiten« gekommen, heißt es bedauernd in einem Zeitungsbericht. Solch schlechtes Benehmen müsse mit Blick auf die Würde und den Ernst der Lage doch bitte unterbleiben.[91] Ein anderer Artikel wird da konkreter: Gegen einige betrunkene Studenten musste die Polizei eingreifen, leider seien auch serbische Studenten »in ungehöriger Weise« belästigt worden.[92] Doch es sind nicht nur Serben und weitere Anwohner, die in dieser Nacht lieber ungestört schlafen wollen, weil sie sich mit den patriotischen Aufwallungen nicht so recht anfreunden können. In Jena zeigt sich eben auch, dass vaterländische Demonstrationen als Ausdruck der Unterstützung von Kaiser und Regierung auf Kritik stoßen können, etwa im Fall der Sozialdemokraten:

»Ein Sozialdemokrat ist am Sonntag, wie man uns erzählt, beim Gemeindevorstand erschienen und hat den Wunsch geäußert, die Stadtkapelle möge während des Marktkonzertes keine patriotischen Lieder spielen! Man versichert uns, daß dem Manne die verdiente Antwort erteilt worden ist.«

(*Jenaische Zeitung*, 28. Juli 1914)[93]

Wie immer die nach Einschätzung der Redaktion »verdiente Antwort« der Behörde gegenüber dem Sozialdemokraten auch aussieht – die SPD in Jena lässt sich von solchen Reglementierungen nicht einschüchtern. Auch hier bleibt sie auf ihrem Kurs der Ablehnung eines Krieges und ruft zu Protesten auf. Am Dienstag, dem 28. Juli, versammeln sich die SPD-Anhänger zunächst in den Räumen des Parteibüros, ehe viele von ihnen Richtung Marktplatz ziehen. Dort angekommen, so heißt es in der bürgerlichen Presse, kommt es zwischen ihnen und Studenten »zu Reibereien, die in Tätlichkeiten auszuarten« drohen, was allerdings durch die herbeigeeilte Polizei verhindert wird.[94]

Tatsächlich tragen im gesamten Deutschen Reich vor allem Studenten die »vaterländische Sache« auf die Straße. Deshalb kommen solche Kundgebungen gerade in Universitätsstädten wie Jena, Tübingen oder Kiel zustande. Dieser Befund deckt sich mit dem Eindruck, dass es zu diesem Zeitpunkt auf dem Land und in den Kleinstädten keine Kundgebungen gibt. Die Studenten sind damit zuweilen schneller als ihre akademischen Lehrer. So kommentiert beispielsweise der Freiburger Zoologieprofessor Franz Doflein den Gegensatz zwischen Studenten und Hochschullehrern mit dem Hinweis, »wir Älteren empfanden den Puls der Zeit wohl nicht so stark wie die Jugend«[95]. Wer 1870/71 als historische Bezugsgröße nimmt, der reagiert auf die Begeisterung der Jugend in diesem Moment durchaus anders:

»Mit einem Schlage war das Festmahl zu Ende, und in tief ernster, ich muß wohl sagen bedrückender Stimmung gingen wir durch die Kaiserstraße nach Hause, vorbei an dem Kriegerdenkmal von 1870, um das sich eine Studentenschar gesammelt hatte und jubelnd die Wacht am Rhein sang. Uns Alten war nicht zum Jubeln. Das, was jetzt vor uns lag, war viel dunkler und unberechenbarer als das, was einst im Juli 1870 aufgeflammt war.«

(der damals 51-jährige Historiker Friedrich Meinecke über die Stimmung in Freiburg Ende Juli 1914)[96]

Zur Stimmung in diesen Tagen und Stunden gehören immer wieder auch Momente der Nachdenklichkeit und der Sorge angesichts eines drohenden Krieges. In Jena, wo die Zeitungen normalerweise die vaterländische Gesinnung während der spontanen Zusammenkünfte auf den Straßen und dem Marktplatz begrüßen, passieren in jenen Tagen Eisenbahntransporte mit Soldaten den Bahnhof, die zu einem Truppenübungsplatz unterwegs sind. Zwar lobt die Lokalpresse die Pünktlichkeit der Züge, kommt aber nicht umhin, gewisse ambivalente Gefühle einzugestehen, die der Anblick ausfahrender Militärzüge bei manchem Beobachter auslöst. »Wer weiß, ob wir Jena wiedersehen«, kann man in diesen Momenten vereinzelt von den Männern vernehmen. Die Sorge ist echt – der Kommentar der örtlichen Zeitung dagegen eher leichtfertig: »Na, so schlimm wird es ja wohl nicht gleich werden.«[97]

Andere Beobachter sehen das anders – zumindest wachsen ihre Zweifel daran, dass es beim Frieden bleibt oder dass es gegebenenfalls nur zu einem begrenzten bewaffneten Konflikt kommt. Alexander Cartellieri hat am letzten Juliwochenende einen Teil seiner Studenten auf die Straßen ziehen sehen, und er durchdenkt am 26. Juli »alle Kriegsmöglichkeiten«, wie er es in seinem Tagebuch nennt. Denn dass Deutschland »mitmachen werde«, das steht für ihn an diesem Tag längst fest. Damit liegt der Historiker bekanntlich nicht falsch, politisch trügerisch hingegen sind seine Hoffnungen, dass Russland »bei seinen inneren Verhältnissen« wohl kaum losschlagen könne und dass andererseits England sich in einem Konfliktfall neutral verhalte werde.[98] Cartellieri weiß es einfach nicht besser – er teilt die herrschende öffentliche Meinung.

Was für Deutschland bei einem Krieg auf dem Spiel stehen wird, davon kann sich der Prorektor der Universität Jena scheinbar kein rechtes Bild machen. Aber fraglos steht für den Historiker Cartellieri im Fall eines Krieges zumindest in wissenschaftlicher Hinsicht einiges auf dem Spiel – allen voran seine guten Wissenschaftsbeziehungen nach Frankreich, Belgien und England. Vermutlich ist Cartellieri aufgrund seiner historischen Arbeiten in Frankreich zu diesem Zeitpunkt deutlich angesehener als in Deutschland. Dort kennt man ihn in Kollegenkreisen und schätzt seine fundierte quellengesättigte Arbeit. Zudem ist Frankreich für Cartellieri wissenschaftlich und intellektuell so etwas wie seine zweite Heimat – der Krieg mit diesem Land könnte für ihn auch persönlich eine Katastrophe bedeuten.

»Cartellieri hatte von einem Krieg nichts zu erwarten, geschweige denn zu gewinnen.«

(Cartellieris Biograf Matthias Steinbach)[99]

Doch so weit kann Cartellieri im Moment nicht schauen. Es lassen sich in seinen Aufzeichnungen für diese Tage auch keine Zweifel an der offiziellen Politik erkennen. Das gilt vor allem für die Frage, wer für die sich abzeichnende Eskalation der Krise verantwortlich ist. Die Schuld dafür sieht Cartellieri fraglos nicht beim Deutschen Reich; keine seiner Notizen lässt vermuten, dass er an der offiziellen Darstellung zweifelt, nach der man – um mit Wilhelm II. zu sprechen – den Deutschen das Schwert in die Hand gedrückt hat. Vor allem der Eindruck, Russland habe die Eskalation bewusst forciert, hat sich in der deutschen Öffentlichkeit verfestigt. Dies lässt sich auch in der bürgerlichen *Jenaischen Zeitung* nachlesen, die sich darüber empört, dass eine sozialdemokratische Zeitung die deutschen Arbeiter mit bewussten Falschaussagen in die Irre führe. Die »urteilsfähige deutsche Arbeiterschaft« sei sich darüber bewusst, dass niemals »in Deutschland jemand den Krieg gewollt« habe.[100]

Als der Juli zu Ende geht, befindet sich Deutschland im »Zustand drohender Kriegsgefahr«. In Jena wie in anderen Städten ist der Lärm der ersten spontanen vaterländischen Kundgebungen verklungen, zunehmend scheinen sich die Menschen der Frage zu stellen, was ein Krieg tatsächlich für sie bedeuten wird. Es wirkt wie ein letzter Moment des Innehaltens, wenn sich beispielsweise der Leitartikler des *Jenaer Volksblatts* in diesem Moment die Frage stellt, was denn angesichts des drohenden Kriegs ein wirklicher Held sei. Einige seien stiller geworden, die noch vor wenigen Tagen so laut nach Krieg und Heldentum gerufen hätten, heißt es dort – womit fraglos auch die Studenten auf dem Markplatz gemeint sein dürften. Dämmert ihnen jetzt, was Krieg bedeuten kann?

»Gerade in den jetzigen Tagen scheidet sich so recht klar jenes beson-
nene Heldentum, das im Notfall zum Aeußersten bereit ist, von dem
vorlauten Abenteurerwesen, das es schon geradezu bedauern würde,
wenn der Gang der Weltgeschichte am Abgrunde des Weltkrieges doch
noch glücklich vorbeiführt. Auch sie sind etwas stiller geworden, diese
letztere Art von Menschen, angesichts der ungeheuren Verantwor-
tung, welche die jetzige Weltkrise jedem einzelnen mit ins Gewis-
sen schiebt. Auch in manchem phantasievollen Kriegsschwärmer wirkt
nun doch der nahe Ausblick auf die unberechenbaren Folgen eines
Weltbrandes ernüchternd ein.«[101]

Auch Alexander Cartellieri muss am letzten Julitag grundlegende
Gedanken formulieren. Zunächst in seinem eigenen Seminar. Er
entlässt die Teilnehmer mit »einigen Worten über die Lage«, wie
er es nennt, und notiert anschließend in seinem Tagebuch, er
habe noch »allen Ausrückenden die Hand« gegeben. Den Abschiedsgruß an alle übrigen Studenten vollzieht Cartellieri in seiner Funktion als Prorektor dann noch einmal offizieller, indem
er am Schwarzen Brett der Universität einen »Abschiedsgruß an
die Kommilitonen« anschlagen lässt.[102] Dabei argumentiert er –
verglichen mit vielen anderen Stimmen im Reich – relativ nüchtern und stellt den Krieg viel mehr als politische Notwendigkeit
denn als patriotischen Glücksfall dar. Der Kaiser habe den »Zustand drohender Kriegsgefahr« erklären müssen, um dem Gegner
nicht die Zeit zu lassen, »seine Rüstungen zu unserem Schaden
zu vollenden«. Zweifel an der Notwendigkeit dieses Schritts lässt
der Prorektor nicht gelten:

»Es ist der erste Krieg, den das neu geeinte deutsche Reich um seine
Weltstellung führt: Wir können nicht dulden, dass unser österrei-
chischer Bundesgenosse während seiner gerechten Abrechnung mit
Serbien von Russland angegriffen wird. Das würde bedeuten, dass
wir dem Panslawismus einen Triumph gönnen, der uns selbst teuer
zu stehen kommen würde.«[103]

Der Prorektor vertritt zugleich die an deutschen Universitäten weit verbreitete Vorstellung, dass die Nation in der Stunde der Gefahr und des Einsatzes auch der Opfer aller Deutschen bedürfe. Jetzt abseits zu stehen, wirkt verwerflich.[104] Und auch Alexander Cartellieri bezieht diese Position:

>*Die sich überstürzenden Ereignisse, die Kürze der Zeit machen es uns Zurückgebliebenen unmöglich, jedem ausziehenden Kämpfer persönlich die Hand zu drücken, so gerne wir das auch wollten. Aber einem jeden gibt die Universität ihre herzlichen Wünsche mit auf den Weg. Unsere Gedanken begleiten Euch in die Gefahr, und wie wir fest vertrauen, in den Sieg! Als akademische Lehrer freuen wir uns über die ruhige Entschlossenheit, mit der Ihr Eure Pflicht tut.«[105]*

Eine »ruhige Entschlossenheit« will Alexander Cartellieri bei seinen Studenten entdeckt haben, eine fast vornehm wirkende Zustimmung zum Kurs des Kaisers. Der Historiker selbst tritt in der Tat vergleichsweise nüchtern auf, aber ohne irgendeinen Zweifel an seinem Patriotismus aufkommen zu lassen: Er sieht Deutschland im Recht, er akzeptiert die Notwendigkeit eines Waffengangs, er glaubt an den Sieg – und würde am liebsten jedem ausziehenden Kämpfer persönlich die Hand drücken. So leistet er seinen Beitrag im Moment der Kriegsgefahr. Alexander Cartellieri reiht sich ideologisch ein – und begleitet damit seine Studenten mental an die Front.

Wilhelm Eildermann lauscht flammenden Reden gegen den Krieg

>*Niemand dachte an Krieg. Weder Banken noch Geschäfte und Privatleute änderten ihre Dispositionen. Was ging es uns an, dieses ewige Geplänkel mit Serbien, das, wie wir alle wußten, im Grunde*

*nur über ein paar Handelsverträge wegen serbischen Schweineexports
entstanden war? [...] Was hatte der tote Erzherzog in seinem Sarko-
phag zu tun mit meinem Leben?«*

(Stefan Zweig über die Stimmung Anfang Juli 1914)[106]

Niemand denkt an Krieg? Tatsächlich geben sich viele Menschen
zu Beginn des Juli 1914 sorgenfrei. Und nicht alle fahren in den
Urlaub, um gezielt Normalität zu demonstrieren, wie dies Kaiser
Wilhelm II. in Absprache mit Regierung und Militär tut. Andere
fahren in den Urlaub, weil es einfach Zeit dafür ist – Ferienzeit –
und weil der Konflikt um Serbien eben weit weg scheint. In Bremen, wo Wilhelm Eildermann als Volontär der sozialdemokratischen *Bremer Bürger-Zeitung* seiner Arbeit nachgeht, beginnen
für die Schulkinder mit dem Sonnabend, 11. Juli 1914, die Ferien.
Gerade für die Arbeiterkinder sind damit allerdings keine großen
Reisen verbunden – selbstverständlich machen sie keine wie auch
immer geartete Nordlandfahrt, sie verlassen auch nicht in den
vielen Zügen die Stadt, um in den Kurbädern Deutschlands entspannte Wochen zu verbringen. Für die Kinder der Arbeiterschaft
gibt es lediglich Ferien daheim, vielleicht verbunden mit einem
Tagesausflug in die Umgebung. So organisiert ein sogenannter
»Bildungsausschuß für die Proletarierkinder« im Bremer Stadtteil
Hemelingen einen Ferienausflug mit einem Dampfer die Weser
aufwärts nach Verden.[107] Und das ist schon was:

*»Heute haben sich die Pforten der Schulen auch bei uns geschlossen
und die Kinderwelt jauchzt über die Freuden, die ihr bevorstehen –
oder auch nicht, die sie aber bestimmt erwarten. Auch in der Kinderwelt finden die sozialen Gegensätze unserer Zeit ihren Ausdruck.
Die Kinder der Besitzenden reisen mit den Eltern, mit Erziehern
und Dienerschaft in die Bäder, an die See, in die Berge; die Arbeiterkinder können sich im besten Falle auf einer Wiese tummeln, wenn
sie der Besitzer nicht mit der Peitsche davonjagt. In Vegesack haben
sie wenigstens noch einige Quadratmeter Weserstrand zum Spiel-*

*platz. In den Großstädten ist das Elend der Kinder [...] größer und
die Schulferien werden dort nicht selten den Eltern zur Last, sie
haben dann die kleine Gesellschaft den ganzen Tag auf dem Halse.«*
(*Bremer Bürger-Zeitung*, 11. Juli 1914)[108]

Für Wilhelm Eildermann und die sozialdemokratische Junge
Garde in Bremen gehen die regelmäßigen Veranstaltungen auch
während der Ferien weiter. Entsprechend ihrer Einteilung in drei
Bezirke treffen sich die Jugendlichen zu sogenannten Sektions-
versammlungen, auf denen ein Erwachsener einen politisch-welt-
anschaulichen Vortrag hält. Darüber hinaus organisieren die Junggardisten in allen Bezirken zweimal in der Woche eigenständige
Spielabende. Wer sich bezüglich dieser Termine einmal nicht
ganz sicher ist, kann in die *Bremer Bürger-Zeitung* schauen, hier
werden diese Treffen zusätzlich angekündigt.[109]

Wilhelm Eildermann selbst scheint auch in den Urlaub zu fahren. Ein Foto zeigt ihn im Juli 1914 gemeinsam mit einer kleinen Gruppe Braunschweiger Sozialdemokraten, wie sie auf einer
Wanderung durch den Harz eine Rast einlegen. Dabei scheint es
wenig zünftig herzugehen: Die Herren sind durchweg im Anzug
unterwegs, der Schlips ist korrekt gebunden, nur der eine oder
andere hat sich des Jacketts entledigt und die Hemdsärmel angesichts des heißen Juliwetters hochgekrempelt.[110] Mit von der
Partie ist übrigens auch Gustav Seiter, einer der engsten Freunde
Eildermanns. Der junge Buchdrucker aus Stuttgart ist Ende 1913
nach Bremen gezogen. Drei Jahre älter als Wilhelm, hat er in den
Jahren zuvor schon viele Länder gesehen und einige Zeit auf
Schiffen angeheuert. Dabei ist er stets überzeugter radikaler So-
zialist geblieben und hat sogar aus Spanien und Frankreich für das
Parteiblatt in Stuttgart über aktuelle politische Fragen berichtet.
In Bremen findet er rasch Aufnahme bei der Jungen Garde. Auf
Eildermann, so räumt dieser später ein, übt Gustav Seiter »durch
sein Wissen und seine Charakterfestigkeit« großen Einfluss aus.[111]
Er ist ihm Vertrauter, Freund und zugleich politisches Vorbild.

Gustav Seiter ist in diesem Sommer viel unterwegs: Im Juli macht er sich auf den Weg nach Leipzig, wo der Deutsche Buchgewerbeverein die Internationale Ausstellung für Buchgewerbe und Graphik ausrichtet, die als bedeutendste Schau auf diesem Gebiet gilt. Für den gelernten Buchdrucker Seiters ist ihr Besuch aus Fortbildungsgründen geradezu eine Notwendigkeit. Seinem Freund Wilhelm in Bremen berichtet er in einem ausführlichen Brief über die Ausstellung. Sie dient seiner Meinung nach auch dazu, dass »viele Menschen wieder angeregt werden zu neuem Schaffen und damit zum Beitragen am Fortschritt der Kultur, die in Gefahr sind, im Genußleben zu erschlaffen«. Zudem schreibt er von einer erneuten Wanderung durch den Harz, die er zuvor noch unternommen hat.[112] Auch wenn die Korrespondenz der beiden Freunde in den kommenden Wochen und Monaten sehr persönlich ist, geht es doch immer um die großen politischen Fragen, um den Sozialismus und die kommende Revolution. So lassen sich etwa in einem ausführlichen Brief Gustav Seiters an Wilhelm Eildermann, der am 24. Juli 1914 in Leipzig verfasst wurde, keine Glückwünsche finden, obwohl sein Freund doch an diesem Tag Geburtstag hat.

An diesem 24. Juli wird Wilhelm Eildermann 17 Jahre alt. Wir können aufgrund seiner Aufzeichnungen nicht sagen, wie er diesen Tag begangen hat. Aber sicherlich wird er auch an seinem Geburtstag zur Arbeit bei der *Bremer Bürger-Zeitung* gegangen sein und danach noch mit seiner Familie oder den Freunden aus der Jungen Garde zusammengesessen haben. Was die politische Lage angeht, dürfte den meisten Genossen in Bremen an diesem Tag allerdings nicht zum Feiern zumute gewesen sein. Das Ultimatum Österreichs an Serbien wird kritisch kommentiert – dessen Annahme müsse doch für jede serbische Regierung einem politischen Selbstmord gleichkommen, heißt es in der *Bremer Bürger-Zeitung*. Sollte man deshalb nicht viel eher davon ausgehen, dass die österreichische Note in Wirklichkeit schon einer Kriegserklärung gleichkomme? Auch wenn »einem Kriege doch noch vieles entgegensteht«, so ziehen sich nach Einschätzung des SPD-Blatts die »Kriegswolken« über dem Kontinent bedrohlich zusammen:

> »Mit Spannung blickt Europa jetzt nach den Kriegswolken. Werden sie sich noch einmal verziehen? Es spricht manches dafür, daß es geschehen wird. Doch darin, daß es auch zum Kriege zwischen dem mit Deutschland Verbündeten und Serbien nebst seinen ›Freunden‹ kommen kann, liegt die Schwüle dieser Stunde.«[113]

Die Zeitung hat in diesen Tagen deutlich Position bezogen: So wie die Attentäter von Sarajevo einen Monat zuvor den österreichischen Thronfolger ermordet hätten, so verübe die Regierung in Wien jetzt einen gezielten Anschlag auf den Frieden. Das unannehmbare Ultimatum an Serbien sei nichts weniger »als eine frivole Provozierung zum blutigen Krieg«, die Monarchie spekuliere im Grunde nur darauf, dass »es Serbien vergewaltigen kann, ohne auf Widerstand seitens der europäischen Mächte zu stoßen«.[114] Der Ton gegen die »Kriegshetzer« ist im sozialdemokratischen Milieu in diesen Tagen noch schärfer geworden. Der Militarismus in Deutschland ist hier ohnehin verdächtig – nun machen Partei und ihre Zeitungen zugleich Österreich (genauer: die Monarchie in Wien) für die Verschärfung der Krise verantwortlich. Am 25. Juli 1914 wendet sich der SPD-Parteivorstand angesichts des österreichischen Ultimatums an Serbien mit einem energischen Aufruf an die sozialdemokratische Anhängerschaft:

> »Das klassenbewußte Proletariat Deutschlands erhebt im Namen der Menschlichkeit und der Kultur flammenden Protest gegen dies verbrecherische Treiben der Kriegshetzer. Es fordert gebieterisch von der deutschen Regierung, daß sie ihren Einfluß auf die österreichische Regierung zur Aufrechterhaltung des Friedens ausübe, und falls der schändliche Krieg nicht zu verhindern sein sollte, sich jeder kriegerischen Einmischung enthalte. Kein Tropfen Blut eines deutschen Soldaten darf dem Machtkitzel der österreichischen Gewalthaber, den

internationalen Profitinteressen geopfert werden. […] Überall muss
den Gewalthabern der Ruf in den Ohren klingen: Wir wollen keinen
Krieg! Nieder mit dem Kriege! Hoch die internationale Völkerver-
brüderung!«[115]

Während die Partei diesen Aufruf gegen den Krieg übers Land
schickt, weilt ihre Führungsspitze zu großen Teilen – im Urlaub. Fraglos haben die Schüsse von Sarajevo die Spitze der SPD
offensichtlich nur vorübergehend aufgeschreckt: Sowohl Philipp
Scheidemann als auch Hermann Molkenbuhr, beide neben Hugo
Haase Vorsitzende der Reichstagsfraktion, sind im Juli nicht in
Berlin. Molkenbuhr hält sich seit dem 22. Juli in Cuxhaven auf,
ehe er – wie er in seinem Tagebuch notiert – am 30. Juli bemerkt,
»daß es Zeit zur Heimreise wird«. Scheidemann immerhin entscheidet schon am Abend des 25. Juli, als er die Nachricht vom
österreichischen Ultimatum an Serbien erhält, von seinem Ur-
laubsort in der Nähe von Garmisch-Partenkirchen nach Berlin
zurückzureisen. Friedrich Ebert, gemeinsam mit Haase Vorsit-
zender der Partei, wartet noch zwei Tage länger (bis zum 27. Juli),
ehe er von seinem Ferienort auf der Insel Rügen den Parteivorstand um eine Nachricht anfragt, ob er in die Hauptstadt zurückkehren soll. Wahre Kriegsfurcht, so darf man unterstellen, sieht
anders aus – und so herrscht bei den meisten Genossen in Par-
tei- und Fraktionsvorsitz weithin Sorglosigkeit. Im Gegensatz zu
seinen Genossen macht sich lediglich Hugo Haase ernsthafte Gedanken um die aktuelle Bedrohung des Friedens. Er ist auch (gemeinsam mit Otto Braun) für die Formulierung des Aufrufs vom
25. Juli verantwortlich, der aber zugleich vom Vorstand gebilligt
wird.[116]

Der Aufruf des Parteivorstands hat durchaus die beabsichtigte
Wirkung, wenn man die Zahl der mobilisierten Menschen betrachtet: Zwischen dem 26. und dem 30. Juli werden fast eine
halbe Million Menschen an sozialdemokratischen Friedenskund-
gebungen teilnehmen, aus denen heraus sich häufig spontane

Straßendemonstrationen bilden.[117] Dass die Sozialdemokratie überhaupt zu diesem Protest aufruft und dass sie dies genau am 25. Juli tut, an dem die ersten patriotischen Umzüge vor allem in Berlin zu beobachten sind, erzürnt die politischen Gegner, Konservative und Rechte. Zuweilen wird der SPD schlicht Hochverrat vorgeworfen, weil sie dazu auffordere, den Bündnispartner Österreich entgegen bestehenden Verpflichtungen im Stich zu lassen und damit die eigene Regierung zu zwingen, internationale Verpflichtungen zu ignorieren.[118]

Tatsächlich werden die Sozialdemokraten mit ihrer kritischen Position von der bürgerlichen Rechten mit einer Mischung aus Zorn, Verachtung und Besorgnis betrachtet. Für viele – etwa den völkischen Alldeutschen Verband als den harten Kern der zivilen Kriegspartei – bietet der Krieg schlicht die willkommene Gelegenheit, Sozialdemokraten und Pazifisten zur Räson zu bringen.[119] Es verwundert deshalb nicht, dass sich in Teilen sogar der später so viel gerühmte »Geist von 1914« anfangs auch gegen die Sozialdemokratie wendet: Als am späten Abend des 25. Juli 1914 patriotisch gesinnte Menschen durch Berlins Mitte ziehen, erklingt neben patriotischen Parolen manchmal auch ein »Nieder mit der SPD!«[120] Wie sehr die Bevölkerung an diesem Tag gespalten ist, lässt sich nicht übersehen – die patriotische Begeisterung in der Hauptstadt ist vorrangig eine Sache der städtischen Bürgerlichkeit, allen voran ihrer Jugend:

»Die Kundgebungen, die sich vom 25. auf den 26. Juli in manchen deutschen Großstädten, vor allem aber in Berlin bemerkbar machten, dürfen nicht als ein Ausdruck der Stimmung des Volkes angesehen werden. Denn weder die Arbeiter noch die Bauern werden von dieser Stimmung berührt. Auch die Kreise der Industrie und des Handels stehen diesen Straßendemonstrationen ablehnend gegenüber.«[121]

Auch die SPD registriert sehr genau, wer da am 25. Juli seinen Patriotismus zu Markte trägt. In der sozialdemokratischen Presse erscheint dieser Tag als einer der bürgerlichen Begeisterung, an der vor allem Studenten und junge Angestellte teilhaben. Schließlich, so kommentiert es beispielsweise der *Vorwärts*, sind es keine »ärmlichen Arbeiter«, die »ihre Not und Qual, die Entrüstung über die blutige Verhöhnung ihrer Rechte und Interessen« auf die nächtlichen Straßen von Berlin getrieben haben.[122] In den Tagen danach prangern sozialdemokratische Zeitungen immer wieder die Auswüchse solcher Aufmärsche an. Der *Vorwärts* spricht in diesem Sinne vom »gemeingefährlichen Treiben der gebildeten Sprößlinge«:

»Die konnten ruhige, anständige Bürger beschimpfen, blutig schlagen, zwingen, Hochrufe mitzumachen und patriotische Lieder zu singen, zwingen, den Hut abzunehmen. Daß Leute verprügelt und aus den Restaurants geworfen wurden, weil sie sich ruhig und gesittet betrugen. Und die Raufbolde, die die Gepflogenheiten des Abschaums der Menschheit gut studiert hatten und nachmachten, stammen doch aus einer ›guten Kinderstube‹.«[123]

Was für Berlin und die Beobachtungen des *Vorwärts* gilt, trifft auch auf weite Kreise der deutschen Arbeiterschaft zu. Tatsächlich ist die Stimmung in der Arbeiterschaft, die ja in weiten Teilen sozialdemokratisch geprägt ist, in diesen Tagen sehr viel mehr von Niedergeschlagenheit denn von Begeisterung für einen Krieg geprägt.[124] Das belegen auch die Berichte der Spitzel, die beispielsweise von der Politischen Polizei in Hamburg durch die Kneipen der Arbeiterquartiere ziehen und heimlich notieren, was sie da belauschen. Für den 29. Juli 1914 vermerkt einer von ihnen:

»Von 8.30 bis 9 Uhr vormittags besuchte ich die Gastwirtschaft von Siemers, Dorotheenstraße No. 98, Parterre. Hier befanden sich vier dem Arbeiterstande angehörige Gäste, von denen ein Gast folgendes sagte: ›Im Fall eines Krieges muß ich den zweiten Tag schon fort; na, es ist ganz egal, einen Tod bin ich nur schuldig.‹ Hierauf sagte ein

zweiter Gast: ›Und so sprichst du als aufgeklärter Arbeiter? Hast du denn keine Familie? Was geht uns das an, wenn der österreichische Thronfolger ermordet wird? Dafür sollen wir unser Leben lassen? Wir kommen nie dazu!‹«[125]

In der Hansestadt Bremen sind – anders als im Reich – am 25. Juli 1914 keine patriotischen Demonstrationen zu beobachten. Hier finden sich lediglich Hinweise auf eine gewisse Kriegsbegeisterung in Cafés.[126] Das sozialdemokratische Deutschland, so könnte es in diesem Augenblick scheinen, ist durchaus eine Bastion der Kriegsgegner. Und deren Aufmarsch können weder Kaiser noch Regierung noch Militärs in diesem Moment gebrauchen. Sie fürchten die »roten« Demonstranten, mit denen einige wohl am liebsten gründlich »aufräumen« würden – in der Berliner Reichskanzlei hat man entsprechende Sorgen:

»Morgen sollte socialdemokratische Demonstration für den Frieden sein. Wäre verhängnisvoll. Cambon glaubt sowieso, die Socialdemokraten würden nicht marschieren. Natürlich giebt es wieder Generale, die gleich eingreifen und schiessen und ›es den Roten zeigen‹ wollen. Für den ersten Tag der Mobilmachung sollen alle socialdemokratischen Führer festgenommen werden. Gott sei Dank, hat der Kanzler energisch eingegriffen. Im übrigen werden die Sozialdemokraten von allen Seiten bearbeitet.«

(Kurt Riezler am 27. Juli 1914 in seinem Tagebuch)[127]

Dieses »Bearbeiten« verlangt zwar seitens der Reichsregierung durchaus etwas Geschick – und doch kann sie fest auf die Bereitschaft der Sozialdemokraten bauen, sich im Verteidigungsfall (den öffentlich zu suggerieren ein wichtiges strategisches Ziel von Kaiser und Regierung ist) nicht zu verweigern. Dies liegt auch daran, dass die deutsche Sozialdemokratie tatsächlich eine erstaunliche Loyalität zwar nicht dem wilhelminischen Obrigkeitsstaat, wohl aber dem Nationalstaat gegenüber entwickelt hat.

Die Bereitschaft, das Vaterland mit der Waffe zu verteidigen, gilt vor allem einem Angriff durch das verhasste zaristische Russland, das in den Augen der deutschen Sozialdemokraten den eigentlichen Hort von Barbarei, Ausbeutung und Reaktion darstellt. Er selbst würde die Flinte auf die Schulter nehmen, wenn es gelte, einen russischen Angriff abzuwehren, hatte noch der greise Parteiführer August Bebel im März 1904 vor dem Reichstag erklärt und der Sozialdemokratie ins Stammbuch geschrieben. Bebels Ausspruch wird zum geflügelten Wort, das den sozialdemokratischen Arbeitern in diesem Juli 1914 noch geläufig ist.[128]

Reichskanzler Bethmann Hollweg weiß, dass eine Zustimmung der Sozialdemokratie zum Kurs der Regierung notwendigerweise seinen Preis hat, und zwar in Form von inneren Reformen. Sie werden tatsächlich in Aussicht gestellt, doch denkt der Reichskanzler in diesem Moment in Wahrheit nicht im Geringsten an irgendwelche Systemveränderungen.[129] Und zugleich ist ihm bewusst, dass für eine sozialdemokratische Zustimmung Russland als Angreifer und Kriegstreiber dargestellt werden muss. Und je deutlicher Russland tatsächlich die Partei Serbiens ergreift, desto sicherer darf sich der Reichskanzler sein, dass diese Strategie aufgeht.[130]

Doch zunächst zeigt die deutsche Sozialdemokratie, in welchem Ausmaß sie die Massen gegen einen möglichen Krieg zu bewegen vermag. Man ist auch innerhalb der Partei über die unerwartet hohe Beteiligung der Massen an den Kundgebungen überrascht:[131] An den Tagen nach dem Aufruf des Parteivorstands formiert sich eine Antikriegsbewegung, an der sich auf Hunderten von Versammlungen schätzungsweise rund eine Dreiviertelmillion Menschen beteiligen. Und als die Parteiorganisationen in Berlin für den Abend des 28. Juli zu Kundgebungen in der Hauptstadt aufrufen, folgen ihnen etwa 100 000 Kriegsgegner. Die Partei ist begeistert von der überwältigenden Teilnahme, der *Vorwärts* berichtet anschließend, wie an diesem Abend Tausende die Versammlungslokale belagerten und »die langen Straßenzüge

wie ein wogendes Meer« füllten. In allen Stadtteilen seien immer
wieder »wogende Menschenmengen« zu beobachten gewesen.[132]
Straßendemonstrationen sind in Berlin an diesem 28. Juli 1914
bereits verboten. Polizeipräsident Traugott von Jagow zeigt sich
zwar mit Blick auf die patriotischen Umzüge der zurückliegenden Tage gerade im Zentrum der Hauptstadt nachsichtig, jetzt
werde man allerdings keinerlei Umzüge mehr dulden – womit
er ausdrücklich mögliche Demonstrationen von Kriegsgegnern
meint. Doch nicht alle Teilnehmer der SPD-Kundgebungen lassen sich von solchen Verboten abhalten: Gegen neun Uhr abends
bilden sich im Anschluss an die Versammlungen zwischen zehn
und 30 Züge, die zumeist aus 1000 bis 3000, in einigen Fällen
aber auch aus bis zu 10 000 Personen bestehen, die sich aus den
Arbeitervororten Richtung Zentrum bewegen. Trotz ausdrückli-
cher Verbote, massiver Polizeiabsperrungen und des Einsatzes be-
rittener Polizisten treffen schließlich 1000 bis 2000 Demonstranten Unter den Linden ein. Dort kommt es zu einer Fortsetzung
der politischen Debatte mit anderen Mitteln: Auf den Bürgerstei-
gen des Prachtboulevards wartet das Bürgertum und empfängt
die proletarischen Kriegsgegner mit patriotischen Liedern. Die
»Wacht am Rhein« erschallt aus Tausenden von Kehlen ebenso
wie »Heil Dir im Siegerkranz«. Die sozialdemokratischen Demonstranten nehmen die Einladung zu diesem »Sängerkrieg« an
und lassen ebenso inbrünstig die »Arbeitermarseillaise« erklingen.[133]

»In die Hochs auf den Kaiser und seinen österreichischen Verbün-
deten mischten sich die Hochrufe auf die internationale Sozial-
demokratie und die Rufe ›Nieder mit dem Krieg!‹ Es war ein
Durcheinander von erhitzten Rufen, von Kundgebungen für und
wider, die zu einem brausenden Lärm anschwollen und wie die
allgemeine Erregung sich immer mehr steigerten. Die Polizei war
um die zehnte Stunde gegen diesen Massenandrang von Menschen
vollkommen machtlos.«
(Bericht der *Frankfurter Zeitung*)[134]

Auch in Bremen mobilisiert die Partei an diesem Dienstag ihre Anhängerschaft. Am 28. Juli, so meldet jedenfalls am nächsten Tag die *Bremer Bürger-Zeitung*, erhebt »die bremische Arbeiterschaft einmütig ihre Stimme für den Frieden«. Insgesamt ruft sie zu sieben Versammlungen auf, an denen sich Tausende Anhänger beteiligen. Unterschiedliche Redner der Partei sprechen dabei zu den zentralen Themen – die Kriegsgefahr und die sozialdemokratische Haltung zur Krise. In einer Resolution wird durchgängig der Kapitalismus als Auslöser der Kriegsgefahr bezeichnet und »ein kraftvolles, rücksichtsloses Solidaritätsgefühl« der Ausgebeuteten aller Länder als einziger Weg zur Verhinderung der möglichen Katastrophe beschrieben. Ähnlich wie in anderen Städten zu diesem Zeitpunkt greifen sozialdemokratische Redner bei dieser Gelegenheit allerdings kaum die deutsche Regierung an oder geben ihr die Schuld an der Verschärfung der Krise.[135] Und so wird auch in Bremen die Wahrung des Friedens in vergleichsweise unkonkreter Form gefordert. Die Versammelten geloben ihre Bereitschaft, »opferfreudig« ihre ganze wirtschaftliche und politische Macht zur Aufrechterhaltung des Friedens einzusetzen.[136]

»Die bremische Arbeiterschaft ist sich in dieser schweren Stunde ihrer verantwortungsvollen Aufgabe bewußt. Sie wird im Bunde mit ihren Brüdern im Reiche auch weiter alles tun, um den Herrschenden zum Bewußtsein zu bringen, daß sie mit dem gefährlichsten Feuerbrande spielen, wenn sie den Krieg dennoch wagen sollten. Sie weiß, daß mit bloßen Versammlungen ihre Machtäußerungen noch nicht erschöpft sind. Sie wird für den Frieden stehen und für ihn kämpfen: denn sie hat vom Frieden alles, vom Kriege nur unsägliches Elend zu erwarten.«[137]

Auch Wilhelm Eildermann hört »die flammenden Reden vom 28. Juli gegen den verbrecherischen Krieg«.[138] Streng genommen darf er das allerdings nicht: Eildermann ist noch keine 18 Jahre alt,

und das Reichsvereinsgesetz belangt Jugendliche mit einer Geld-
strafe, wenn sie dennoch an Versammlungen eines politischen
Vereins teilnehmen.[139] Doch in der Menschenmenge dürfte der
nunmehr 17-Jährige nicht weiter aufgefallen sein – und überdies
hat die Obrigkeit an diesem Tag wirklich Besseres zu tun, als das
Alter der Teilnehmer von Antikriegsveranstaltungen zu kontrollieren.

*»Sehr gut erinnere ich mich daran, daß am 28. Juli in Bremen sieben
öffentliche Versammlungen der Sozialdemokratie stattfanden. Alle
waren überfüllt, und die Arbeiter und Kleinbürger protestierten in
größter Erregung gegen die verbrecherischen Machenschaften der
Militaristen. Ich nahm an einer dieser Veranstaltungen teil. Der
Referent, ständig von Zustimmungskundgebungen der Teilnehmer unterbrochen, klagte die Kriegstreiber in Wien und Berlin aufs
heftigste an.«*[140]

In Eildermanns Tagebuch finden sich allerdings keine Aufzeichnungen von den Zusammenstößen mit der Bremer Polizei, die
sich den Versammlungen anschließen. Als einige der Teilnehmer
nach Abschluss der Kundgebung in Gruppen durch die Straßen
ziehen und sich auf dem Marktplatz treffen wollen, schreitet die
Polizei ein. Die Genossen werden »geschubst, gestoßen und geschlagen«, so beklagt sich anschließend die Parteizeitung. Es werden auch Einzelfälle beschrieben, wonach beispielsweise ein Poli-
zeibeamter im Eifer des Gefechts sogar den Säbel gezogen haben
soll.[141]
Die *Bremer Bürger-Zeitung* nimmt diese Eindrücke zum Anlass,
die Parteianhänger grundsätzlicher über Form und Wirkung des
Protestes aufzuklären. Es stelle sich nämlich heraus, dass solche
spontanen Kundgebungen und die damit verbundenen Konflikte
mit der Polizei der guten Sache nicht dienlich seien, weil die fast
zwangsläufigen Zwischenfälle auf die Öffentlichkeit negativ wirken könnten. Deshalb mahnt die Zeitung, dass eine richtige und

wirkungsvolle Demonstration ordentlich vorbereitet und ange-
meldet sein sollte. Wenn so gut organisiert Tausende von Arbeitern »in würdiger und geschlossener Haltung ihres Weges« ziehen, dann mache das fraglos auch auf den politischen Gegner den
gewünschten »moralischen Eindruck«, »gegen den eine Handvoll
patriotischer kriegshetzerischer Schreier im Nichts verschwindet«.[142] So jedenfalls die Hoffnung des sozialdemokratischen
Blatts. Die Proteste – in Bremen wie in anderen Städten – machen fraglos Eindruck auf die politischen Gegner ebenso wie auf
die eigenen Anhänger. So erinnerte sich Marie Juchacz, die spätere Frauensekretärin der SPD, an eine der vielen abendlichen
Veranstaltungen in diesen Tagen, bei der sie mit den anderen Anwesenden glaubte, dass »der Krieg nicht kommen könnte. Wenn
doch ein ganzes Volk sich dagegen wehrt?«[143]

Während diese städtischen Proteste für Aufsehen im ganzen
Deutschen Reich sorgen, sodass die sozialdemokratische Basis
fraglos beeindruckt ist von der eigenen Mobilisierungsfähigkeit,
ist die Parteispitze allerdings längst in Gespräche mit der Reichsleitung eingetreten. Schon am 26. Juli (es ist ein Sonntag, und es
bleiben noch zwei Tage bis zu den großen Friedenskundgebun-
gen der Partei) wird Hugo Haase, der ja im Gegensatz zu anderen führenden Genossen nicht im Urlaub weilt, ins preußische
Innenministerium bestellt, um dort mit einem Unterstaatssekre-
tär über die geplanten Protestveranstaltungen zu sprechen. Haase
erfährt bei dieser Gelegenheit höchst offiziell, dass die Regierung
nicht beabsichtige, diese Versammlungen zu unterdrücken.[144] Die
Reichsregierung selbst verhandelt zudem über den Reichstagsabgeordneten Albert Südekum (der als ein Vertreter des rechten
Flügels der SPD gilt) mit dem Parteivorstand, um sich die grund-
sätzliche Loyalität der Arbeiterschaft zu sichern. Und Südekum
teilt Kanzler Bethmann Hollweg am 29. Juli – also am Tag nach
den großen Protesten im Reich – schließlich mit, dass im Kriegsfall seitens der SPD keinerlei Aktionen geplant und zu befürchten seien.[145] Und tatsächlich: An diesem Tag hat kein Redner bei

Großveranstaltungen mit Massenstreiks gedroht, sollte es zum Krieg kommen. Vielmehr hört man in der Regel, dass selbstverständlich auch die Arbeiterklasse ihr Vaterland (nicht den wilhelminischen Obrigkeitsstaat) verteidigen werde, schließlich bleibe ihr doch im Falle des Krieges kaum etwas anderes übrig, als den Befehlen zu gehorchen.[146] Des Weiteren sieht die Partei von radikaleren Formen des Protestes ab: Drastische Schritte wie Streiks oder Sabotage im Kriegsfall werden in der Partei nicht ernsthaft erwogen, weder im Parteivorstand noch in einer anderen Gliederung oder Gruppe der SPD.[147]

Doch die Sozialdemokratie reagiert in diesen Tagen nicht einheitlich. Gerade die zentrale Strategie der Reichsregierung, Russland als elementare Bedrohung des Deutschen Reichs darzustellen, verfängt nur mit Verzögerung. Zwar werden in den sozialdemokratischen Parteiblättern nun verstärkt Angriffe auf das zaristische Russland erkennbar, die Redaktionen schwenken auf den Kurs ein, den die Reichsregierung mit dem Schlagwort vom »Kampf gegen den blutigen Zaren« eingeschlagen hat. Doch es gibt Ausnahmen: Dazu zählen die linke Sozialdemokratie in Bremen und Alfred Henke als Chefredakteur der *Bremer Bürger-Zeitung*. Er weist am 28. und 30. Juli in zwei Beiträgen die Versuche der bürgerlichen Presse zurück, in der Sozialdemokratie die alten, auf die von der Revolution von 1848 datierenden feindseligen Gefühle gegen das zaristische Russland zu beleben. Henke entlarvt diese Agitation als Versuch, die Sozialdemokraten in die offizielle Kriegspropaganda einzubeziehen.[148] Er verweist vielmehr auf die vermeintliche innere Schwächung des Zarenreiches durch die sozialen Probleme innerhalb des Landes. Russland schrecke fraglos auch deshalb vor einem Krieg zurück; es sei doch offensichtlich, dass Massenstreiks, die beispielsweise die Verkehrsmittel betreffen, Russland »das Führen eines Krieges geradezu unmöglich machen«. Der Blick der Arbeiterklasse, so Henke, sollte deshalb weniger auf Russland als vielmehr auf die eigentlichen Kriegshetzer gerichtet sein: Es gehe doch um die Einsicht, dass die »herrschende Klasse zum Krieg entschlossen ist« – und genau dagegen müsse das Proletariat geschlossen demonstrieren.[149]

Die Bremer Sozialdemokraten sehen sich mit ihren sieben Versammlungen vom 28. Juli noch nicht am Ende ihrer Möglichkeiten zum Protest. Spontane Aktionen will man nach den Erfahrungen der zurückliegenden Tage und mit Blick auf die Organisationshoheit der Partei verhindern. Neben individuellen Aktionen des Widerstands sei ein wirklich geschlossenes Auftreten nötig. Ein Redner einer der sieben Protestversammlungen wenige Tage zuvor hatte erklärt, dass alle Anwesenden »ihren Widerstand gegen den Krieg zunächst einmal dadurch bekunden möchten, daß sie Mitglieder des Sozialdemokratischen Vereins« und Abonnenten der *Bürger-Zeitung* würden.[150] Das machtvolle Zeichen der Bremer Arbeiterschaft soll eine große Straßendemonstration am kommenden Sonntag, dem 2. August 1914, sein. In der Parteizeitung wird das Vorhaben bereits angekündigt und zugleich die Hoffnung bekundet, dass der Bremer Polizeipräsident die dafür notwendige Erlaubnis erteilt.[151] Dass die damit verbundene Sorge, die Demonstration könnte nicht genehmigt werden, öffentlich gemacht wird, zeigt, wie sehr die Sozialdemokraten auch in Bremen zu diesem Zeitpunkt die staatliche Einschränkung ihres Protestes fürchten (müssen).

»Bremen, den 30. Juli 1914

An die löbliche Polizeidirektion Bremen.

Der Unterzeichnete ersucht die löbliche Polizeidirektion um die Genehmigung eines öffentlichen Umzuges am Sonntag, dem 2. August, 2 Uhr nachmittags, zum Zwecke einer Demonstration für den Frieden.«

(Antrag des Vorsitzenden des Bremer Parteivereins, Johann Voigt)[152]

»In Beantwortung Ihres gefälligen heutigen Schreibens wird unter Bezugnahme auf § 7 des Vereinsgesetzes vom 19. April 1909 ergebenst mitgeteilt, daß die Genehmigung zu dem geplanten öffentlichen Umzug nicht erteilt werden kann, da aus der Veranstaltung des Umzuges Gefahr für die öffentliche Sicherheit zu befürchten ist.«
(Antwort der Bremer Polizeidirektion vom 31. Juli 1914)[153]

Die Polizei in Bremen agiert nicht anders als im gesamten Reich: Sie begleitet die patriotisch gesinnten Kundgebungen – die ja rein rechtlich keine angemeldeten Umzüge sind – mit Wohlwollen, Kundgebungen der Sozialdemokraten dagegen werden indes gerne unterbunden. Oft ziehen sich die SPD-Anhänger daraufhin in eigene oder angemietete Hallen zurück, aber auch dort sind die Versammlungen von Zwischenfällen begleitet: Mehrere tausend Arbeiter versammeln sich beispielsweise in Freiburg und fordern ihre Partei energisch dazu auf, ihre Bemühungen um den Frieden zu intensivieren; schließlich singen sie noch die »Arbeitermarseillaise« (zur Melodie der französischen Nationalhymne). Im Saal kommt es zum Tumult, als Studenten sich bemerkbar machen und gegen die Sozialdemokratie und ihren Kurs protestieren – ein Ziegelstein fliegt durch ein Fenster, ein Protestierender wird kurzerhand aus der Versammlung geworfen, und im Anschluss belagern SPD-Gegner das Redaktionsgebäude der Parteizeitung. Die Polizei in Freiburg greift nicht ein.[154] Auch aus Stuttgart werden Zusammenstöße mit der Polizei gemeldet. Dort muss sogar das Gesandtschaftsviertel (vermutlich aus Sorge um die Sicherheit der Vertreter Österreichs) mit Soldaten eines Grenadier-Regiments abgeriegelt werden; auf dem zentralen Schlossplatz werden angeblich Polizisten von Kriegsgegnern mit Steinen beworfen, zahlreiche Menschen verhaftet.[155]

Vertreter der deutschen Sozialdemokratie halten in diesen Tagen also im ganzen Land flammende Reden gegen einen möglichen Krieg – und auch Wilhelm Eildermann hört sie. Aber werden sie helfen? Der Glaube daran, dass die proletarischen Massen wirklich den drohenden Waffengang verhindern werden, ist eher begrenzt. Wut, Enttäuschung und zuweilen Ohnmacht werden sichtbar, fraglos auch Angst. Und da gibt es ja noch die spezifisch sozialistische Hoffnung, sozusagen auf ein Übermorgen – auf die Zeit nach dem Krieg. Dann, endlich, wird die Revolution wirklich in Europa siegen. Kommt erst der Krieg, wird anschließend der Sozialismus an die Stelle des alten Systems treten:

»Der Krieg wird auch die Axt an die Wurzel des Kapitalismus legen, der die Gefahr des Weltkrieges in sich birgt. Denn nur Toren können glauben, daß die Arbeiterklasse der zivilisierten Länder die Schrecknisse des Weltkrieges über sich ergehen lassen wird, ohne zu sagen: nun aber Schluß mit einer Gesellschaftsordnung, die Brüder gegen Brüder bewaffnet und sie zu Bestien macht!«

(Bremer Bürger-Zeitung, 30. Juli 1914)[156]

Und die Obrigkeit? Hat sie Angst vor dieser Drohung? Augenscheinlich nicht – auf die deutschen Sozialdemokraten scheint in der Stunde der patriotischen Not doch Verlass zu sein. Trotz der großen Antikriegsdemonstrationen und der heftigen Kritik an den »Kriegshetzern«, an Kapitalismus und Militarismus ist das Vertrauen des wilhelminischen Establishments gegenüber den einstigen »Reichsfeinden« tatsächlich gewachsen. Sogar das preußische Kriegsministerium vertraut in diesem Moment auf die vermeintliche Vaterlandsliebe der »Sozis« – sie erscheinen sogar als »gute Deutsche«:

»Nach sicherer Mitteilung hat die sozialdemokratische Partei die feste Absicht, sich so zu verhalten, wie es sich für jeden guten Deutschen unter den gegebenen Verhältnissen geziemt. Ich halte es deshalb für meine Pflicht, dies zur Kenntnis zu bringen, damit die Militärbefehlshaber darauf Rücksicht nehmen.«

(Erlass vom 31. Juli 1914 an die Armeekorpsbezirke, auf die im Kriegsfall die Exekutivgewalt übergeht)[157]

Gertrud Schädla wird »die Sache schon etwas brenzlig«

Am Sonnabend, dem 4. Juli 1914, beginnen auch für die Lehrerin Gertrud Schädla die Sommerferien. Nicht alle ihrer Schüler können sich angesichts der wirtschaftlichen Verhältnisse ihrer Familien eine ausgedehnte Reise leisten, doch die 27-Jährige selbst will für fast vier Wochen Verden an der Aller verlassen. Schon zwei Tage nach Schulschluss geht es los. Gertrud Schädla nimmt von der beschaulichen Kleinstadt in ebenso beschaulicher Stimmung Abschied. Zwar finden sich im örtlichen *Verdener Anzeigenblatt* noch immer Berichte über den Hergang und die möglichen Folgen des Attentats auf den österreichischen Thronfolger, doch das Leben in Verden verläuft schon wieder in gewohnten Bahnen. Bestimmendes Thema zwischen Aller und Weser ist vor allem das sehr sonnige Wetter der ersten Julitage. Die Lokalzeitung spricht von einer »fast tropischen Hitze« – am Freitag, dem 3. Juli, zeigt das Thermometer 31 Grad an.[158] Das sonnige Wetter ist gut für die Heuernte, mit der die Landwirte des Umkreises in diesen Tagen beschäftigt sind, und auch die Imker machen sich Hoffnungen auf einen ertragreichen Sommer: Die Sommerlinden stehen dank der hohen Temperaturen bereits in voller Blüte.[159] Es geschieht wenig Spektakuläres in Verden; wenn in diesen Tagen ein Flugzeug außerhalb der Stadt die Weser entlangfliegt, finden sich tags darauf in der Zeitung Spekulationen, was für ein Flieger das wohl war und mit welchem Ziel er wo gestartet sein könnte.[160]

Auch das in Verden stationierte Feldartillerie-Regiment trägt das Seine dazu bei, den Eindruck eines friedlichen und unspektakulären Sommers zu erwecken. Für das zweite Juliwochenende lädt es die Bürgerinnen und Bürger der Stadt zum Sportfest ein. Die Soldaten versprechen dafür zahlreiche Turnspiele (»Stafettenlauf, Sacklaufen, Stangenklettern, Springen über lebende Pferde«), die Offiziere richten ein eigenes »Springvergnügen« aus, und der Bevölkerung werden zahlreiche bespannte Geschütze vorgeführt.[161] Das sieht nicht nach Krieg aus. Es ist so recht »lachende Sommerzeit«, schreibt das *Verdener Anzeigenblatt«*, in diesem Fall aber vor allem deshalb, weil der Sommer gut für die Geschäfte ist:

»Die Eisenbahnzüge rollen in diesen Wochen des stärksten Verkehrs dicht gefüllt durchs Land, und mit ihnen rolliert wieder das Geld. Die Kassen der Fahrkartenschalter sind gefüllt, das Verkehrswetter wird für den Jahres-Abschluß der Bahn-Verwaltungen ganz bedeutend ins Gewicht fallen. Und auf gute Einnahmen rechnet auch die Verkehrs-Industrie, in der Millionen und aber Millionen angelegt sind. Lachende Sommerzeit!«[162]

Gertrud Schädla trägt ihren Teil dazu bei, dass »die Kassen der Fahrkartenschalter« gefüllt werden. Zwei Tage nach Schulschluss steigt sie in Verden in den Zug Richtung Sachsen. Sie reist zunächst nach Dresden, wo sich die Kunstfreundin nicht nur an der schönen Architektur der Elbestadt erfreut. In ihrem Tagebuch notiert sie mit Anerkennung, dass man sich in der Stadt augenscheinlich bemühe, »das schöne alte Stadtbild nicht durch unpassende Neubauten zu verderben«. Gertrud besichtigt das Schloss, besucht die königliche Porzellansammlung, eine Ausstellung moderner Maler und sogar die katholische Hofkirche – und zwischendurch erquickt sie »ein Bad in der Elbe«. Nur eines kann die kunstinteressierte Lehrerin nicht ertragen: ungebildete Besucher, die ihr durch ihre unpassenden Kommentare die Freude ein wenig verderben:

»Von der Sixt. Madonna war ich etwas enttäuscht. Es stört mich immer, wenn die schönen Originale unter Glas sind. Sodann ließ mich auch die umherstehende schwatzende, parlierende und speekende Menge, die sich zum Kritisieren berufen fühlt, nicht zum ruhigen Genuß kommen. [...] Ich empfand darüber dieselbe Wut wie einst in Weimar, wo ein Besucher im Goethehause, wo einem so recht die eigene Kleinheit zum Bewusstsein kommt, anfing, sich über Goethes Farbenlehre zu entrüsten. Schauderhaftes Pack!«[163]

Gertrud Schädla nimmt sich viel Zeit für ihre Besichtigungen in der Stadt. Sie ist entzückt von den Waren der Blumenhändler auf dem Marktplatz, staunt über die vielen historischen Bauten und unternimmt schließlich noch eine Dampferfahrt elbaufwärts bis nach Königstein, um einen Eindruck von der Sächsischen Schweiz zu bekommen. Doch mit den schönen Eindrücken ist es nach einigen Tagen vorbei, denn Schädlas Reise geht weiter nach Plauen, wo ihr Bruder Adolf und seine Frau wohnen. Eine ausgesprochen unansehnliche Stadt, notiert die Lehrerin, sie sei »so häßlich gebaut wie nur irgendeine menschliche Ansiedlung«. Zudem verlange man für die Wohnungen in diesen »schauderhaften Steinkästen« auch noch horrende Mieten – jetzt wisse sie endlich, was der so oft zitierte Begriff »Wohnungsnot« wirklich bedeute, notiert die junge Lehrerin, die sich bei solchen Anblicken ins beschauliche Verden zurücksehnt.[164]

Gertrud Schädla kommt kaum dazu, in der sonst gewohnten Regelmäßigkeit Einträge in ihr mitgeführtes Tagebuch zu machen. Nur zweimal nimmt sie sich dafür die Zeit, einmal in der Mitte, dann am Ende des Monats. Der erste Eintrag zeugt davon, dass sich Schädla tatsächlich tief in eine Urlaubsstimmung versenkt hat. Sie schreibt über die Schönheiten der Natur, über das Wetter und über ihre Verwandtschaft und deren Leben in Plauen. Für Gertrud Schädla passiert in diesen Tagen und Wochen wohl nichts Dramatisches. Gegenüber den immer wieder kursierenden »Kriegsgerüchten«, wie sie es nennt, scheint sie sich vergleichsweise gelassen zu geben:

»Die letzte Zeit hört man, hervorgerufen durch die Ermordung des Herzogenpaares in Österreich, wieder viel von Kriegsgerüchten. Gebe Gott, daß wir noch lange davon verschont bleiben!«[165]

Die Lehrerin nimmt solche Meldungen eben genau so auf, wie sie es schon Monate vorher getan hat. Sie sorgt sich zwar mit Blick auf die beiden militärpflichtigen Brüder, aber sie vertraut auf Gott, dass es doch nicht zum Schlimmsten kommen werde. Und bislang, so lässt sich ja mit Fug und Recht behaupten, ist sie mit dieser Strategie auch gut gefahren. Und doch wird diese Hoffnung mitten im Urlaub abrupt zerstört. In Plauen melden die Zeitungen am 25. Juli, dass Österreich-Ungarn Serbien ein Ultimatum gestellt hat und dass tatsächlich Krieg droht, falls Serbien die darin formulierten Forderungen nicht erfüllen werde. Schädlas Sommerferien sind erheblich gestört:

»Heute morgen stürzten wir uns alle gleich auf die Zeitung. Am politischen Himmel sieht's nämlich gefährlich aus. Österreich hat Serbien das Ultimatum gestellt, und man kann nicht wissen, wie die Sache ausläuft. Trotz der Gefahr, die uns nun droht, auch mit in einen evtl. Krieg hineingezogen zu werden, freut man sich doch über Österreichs energische Haltung, das eine strenge Ahndung des Mordes am Erzherzogspaar verlangt.«[166]

Die Lehrerin ist über die politischen Dinge in der Welt gut unterrichtet, sodass sie einen Krieg nun fraglos als reale Möglichkeit ausmachen kann. Und doch: Für die tief religiöse Protestantin ist an diesem Tag bei der Zeitungslektüre in Plauen eine zweite Meldung ebenso wichtig wie das Ultimatum aus Wien. Die Generalsynode der Badischen Landeskirche hat nämlich ein neues Glaubensbekenntnis angenommen. Hierbei geht es um den Versuch, zwischen den Liberalen und den sogenannten »Positiven« in der Landeskirche zu vermitteln, die schon seit Jahren durch eine Vielfalt konfessioneller Strömungen und kirchenpolitischer Richtungskämpfe geprägt ist. Für Schädla ist die getroffene Entscheidung ein wichtiger Schritt, denn der neue Text könne doch das bisherige, das − wie sie notiert − »zur toten Formel« verkommene Glaubensbekenntnis ablösen. In Baden jedenfalls können fortan das alte und das neue Bekenntnis nebeneinander gebraucht werden, aber Letzteres, so hofft Schädla, wird sich nun wohl auch in den anderen Landeskirchen (und damit auch in ihrer) durchsetzen. Schädla ist dieses Ereignis jedenfalls so wichtig, dass sie dieses neue Glaubensbekenntnis an diesem 25. Juli 1914 vollständig in ihr Tagebuch abschreibt. [167] Allerdings täuscht sich die Lehrerin in ihrer Einschätzung – denn der Vorstoß aus Baden wird in den anderen deutschen Landeskirchen nicht übernommen werden; es kommt wegen der Kriegswirren selbst in Baden nicht einmal zu einer Endredaktion des neuen Bekenntnisses.

Was die evangelische Kirche in Baden in diesen Tagen beschließt, bewegt außer Gertrud Schädla indes außerhalb des Großherzogtums kaum jemanden. Die Menschen sind vielmehr durch das österreichische Ultimatum vom 23. Juli und die möglichen Folgen aufgeschreckt. Auch in den ländlichen Regionen des Reiches sind die Bewohner schon seit einigen Wochen besorgt. In den Dörfern Bayerns, so wurde später festgestellt, hat sich bereits in den Wochen der Julikrise eine zunehmend gespannte Atmosphäre aufgebaut, das Ultimatum löst in einzelnen Orten zuweilen Kriegsangst aus. So gesehen treffen die nun folgenden Ereignisse der letzten Julitage die Bevölkerung auf dem Lande – und dies gilt nicht nur für Bayern, sondern für das gesamte Deutsche Reich – keineswegs wie ein Blitz aus heiterem Himmel. [168]

Aber in den einzelnen Regionen Deutschlands sind die Sorgen doch unterschiedlich. Für Gertrud Schädla, die sich in Sachsen im Urlaub befindet und in Verden an der Aller zu Hause ist, scheint der Krieg im Ernstfall zunächst einmal weit weg. Anderes gilt zu diesem Zeitpunkt für die Menschen in Ostpreußen. Die Nähe zur russischen Grenze lässt die Nachrichten von einem möglichen Krieg mit dem Zarenreich deutlich alarmierender klingen, die Kriegsgefahr ist für die ländliche Bevölkerung geradezu mit Händen zu greifen. Die Sorgen vor einem russischen Einmarsch sind angesichts der bekannt schwachen deutschen Militärpräsenz an der Ostgrenze groß. Zudem stehen alle erkennbaren Zeichen auf Krieg. So vermerkt die 42-jährige Haushälterin Henriette Schneider, die eine Stelle bei einer Familie im Städtchen Lötzen im ostpreußischen Regierungsbezirk Gumbinnen hat, schon in der letzten Juliwoche wiederholt in ihrem Tagebuch, dass »Kriegsfurcht« aufkomme (26. Juli), dass man nahezu für jeden Tag die Mobilmachung erwarte (27. Juli) oder dass das Gerücht umgehe, »daß schon mobil gemacht ist«.[169] In diesem östlichen Winkel Preußens hat man im Juli 1914 fraglos Angst vor einem russischen Einmarsch, und nicht alle Menschen warten darauf, bis ihnen offiziell die Flucht empfohlen wird. Henriette Schneider notiert am letzten Julitag in ihrem Tagebuch, dass »viele schon abgereist sind« – der noch nicht ausgebrochene Krieg fordert somit im Osten des Deutschen Reichs bereits seinen Tribut. Viele Familien verlassen ihre Heimat.

»Wir waren am Vormittag durch die Zeitungsberichte über die Mobilmachung der ganzen russischen Armee unterrichtet, was das für uns bedeutet und was in den nächsten Tagen zu erwarten ist. [...] Die höheren Punkte und Kirchtürme sind bis zur Grenze hin mit Posten und Schützen besetzt. Die Brücken sind schon seit einiger Zeit durch Militär geschützt.«[170]

Auch Henriette Schneider packt schließlich die Koffer. Sie ist seit einigen Monaten als Haushaltsgehilfin bei der Familie eines Amtsgerichtsrats tätig, vor allem bei der Betreuung der beiden Kinder. Jetzt scheint es dieser Familie zu gefährlich zu werden, sie bricht am 31. Juli zu einer befreundeten Familie zunächst nach Königsberg auf, um sich dort in Sicherheit zu bringen.[171] Was nun genau geschehen wird, ist vielen völlig unklar. Auf dem Lande fließen die Informationen viel spärlicher als in den Städten. In Königsberg etwa gibt es ausreichend Extrablätter, die notfalls sogar mehrmals täglich erscheinen. Auf den Dörfern ist die Informationslage hingegen dürftiger, viele Bauern fahren in die nächste Stadt, um auf dem Laufenden zu sein. In den kleineren Städten versammeln sich die Einwohner oft auf dem Marktplatz oder vor dem Postamt, wo – wenn es schon keine Extrablätter gibt – zumindest die neuesten Telegramme angeschlagen werden.[172] Falls der Krieg tatsächlich ausbricht, erfährt man es zumindest auf diesem Weg.

Obwohl das flache Land von der in den Großstädten üblichen Kommunikation abgeschnitten ist, haben sich die eintreffenden Nachrichten schon Wochen vor der Mobilmachung zu einer Vorahnung des Krieges verdichtet. Ein konkreter Hinweis darauf, den Großstädter eben kaum mitbekommen, ist die Tatsache, dass die übliche Beurlaubung der Wehrpflichtigen während der Erntezeit ausgesetzt wird und die jungen Männer bereits vor der Ausrufung des »Zustands drohender Kriegsgefahr« am 31. Juli in die Kasernen zurückgerufen werden.[173]

Das Land gerät in Bewegung, und auch Gertrud Schädla wird davon erfasst. Sie hält es schließlich nicht mehr in Plauen aus. Obwohl sie noch bis zum 4. August Urlaub hat, will sie über Leipzig, Hildesheim und Hannover zurück nach Verden fahren. Sie bricht am Donnerstag, dem 30. Juli, morgens in Plauen auf. In Leipzig nimmt sie sich noch die Zeit, die dortige Internationale Ausstellung für Buchgewerbe und Graphik zu besuchen und unter anderem Radierungen von Käthe Kollwitz und Katharina Scheffner zu betrachten. Leider reichte die Zeit aber nicht mehr, um das Völkerschlachtdenkmal noch zu sehen, notiert sie in ihrem Tagebuch, denn sie muss den Zug Richtung Hildesheim erreichen. Die Stimmung bei den Reisenden ist jetzt nicht mehr von Sommerurlaub oder Kunstgenuss geprägt. In ihrem Tagebuch notiert die 27-Jährige, dass »mir die Sache schon etwas brenzlig« wird.[174]

»Unterwegs hörte man wieder viel von den kriegerischen politischen Aussichten, aber ernsthaft schien noch keiner zu glauben, daß es wirklich zum Kriege kommen würde. In Braunschweig mußte ich umsteigen u. in dem Abteil, in das ich hineinstieg, saß ein weinendes junges Mädchen, die erzählte, daß ihr Bruder nach dreitägigem Urlaub zurückberufen sei u. sie ihn aber bis Braunschweig begleitet habe. Unsere Gesichter wurden ernster, was würden die nächsten 24 Stunden bringen?«[175]

Beim Umsteigen in Hildesheim trifft die 27-Jährige auf eine Bekannte, die sich nach Gertruds »liebstem Bruder« Ludwig erkundigt, der ja im nahen Göttingen lebt. Wenn er erst einmal eingezogen sei, werde die Familie ihn sicher nicht mehr besuchen können. Ob Gertrud nicht doch einen kleinen Abstecher nach Göttingen machen wolle? Sie will tatsächlich. Da »immer noch keine Mobilmachung erfolgte«, so schreibt sie in ihrem Tagebuch, macht sie am Nachmittag des 31. Juli eine Stippvisite bei ihrem Bruder. Ludwig berichtet ihr von der großen Unruhe, die auch ihn erfasst habe: Die Frage, »wie nun wohl alles kommt, treibt mich immer wieder auf die Straße«. Ein Waldspaziergang, ein Kaffee und ein gemeinsames Abendessen mit der Schwester sind ihm eine willkommene Ablenkung, die Sorgen indes werden so nicht vertrieben: »Unser Gespräch drehte sich natürlich immer wieder um den Krieg«, hält seine Schwester fest.[176]

Als Gertrud am Abend dieses 31. Juli dann in Göttingen in den Zug Richtung Heimat steigen will, sind die Straßen der Stadt voller Menschen. Rasch schnappt sie die Nachricht auf, wonach wenige Stunden zuvor der »Kriegszustand« erklärt worden sei. »Ich verwechselte diesen Ausdruck erst mit Mobilmachung«, notiert sie später in ihrem Tagebuch und fügt fast entschuldigend hinzu: »Wie unerfahren waren wir ja auch in allem, was den Krieg betraf, nach den langen Friedenszeiten!«[177] Ihr Bruder klärt sie auf, dass von nun an alles unter dem Kommando der Militärs stünde – für Gertrud ein weiterer Grund, möglichst rasch ins heimatliche Verden zu reisen.

Nun ist die junge Lehrerin allerdings nicht die einzige Urlauberin im Deutschen Reich, die angesichts der sich zuspitzenden politischen Lage den Urlaub abbricht und sich schleunigst auf den Weg nach Hause macht. In diesen Stunden und Tagen geraten die geordneten Urlaubsplanungen der Deutschen oft genug durcheinander. Vor allem die großen Ferienorte und die Seebäder verlieren in kürzester Zeit so viele ihrer Gäste, dass in den Zeitungen von einer regelrechten »Flucht aus den Bädern« die Rede ist:

»Die Kurgäste der großen Bäder verlassen, wie jetzt beobachtet wird, infolge der politischen Besorgnisse fluchtartig die Stätte ihrer Erholung. Das trifft nicht nur für die österreichischen Bäder zu, wo das ja leicht erklärlich ist, auch die deutschen Bäder entvölkern sich immer mehr. Die von den Seebädern nach Berlin gehenden Eisenbahnzüge waren zum größten Teil überfüllt, während die Züge, die nach den Bädern gingen, in den letzten Tagen fast garnicht besetzt waren.«[178]

Keine Frage: Die Kriegsgefahr ist schlecht für das Urlaubsgeschäft. So muss der Bürgermeister von Helgoland sogar öffentlich dem Gerücht widersprechen, wegen der Krise würden auf seiner Insel jetzt keine Kurgäste mehr aufgenommen.[179] Aber solche und andere Gerüchte sind nun ebenso im Umlauf wie die vielen Menschen. Sogar die Meldung, wonach der Kaiser die Mobilisierung des Heeres und der Marine angeordnet habe, muss in der Presse am 30. Juli 1914 dementiert werden.[180] Ein solcher Schritt ist noch verfrüht.

Gertrud Schädla findet sich an diesem letzten Julitag inmitten großer Menschenbewegungen auf den Straßen und den Bahnhöfen wieder. Sie will Göttingen verlassen und muss sich mühsam den Weg zum Zug bahnen. Das Gedränge auf den Straßen Göttingens ist groß – und umso größer, je näher die junge Lehrerin Richtung Bahnhof vordringt. Schädla glaubt, viele hundert Menschen gleichzeitig zu den Zügen strömen zu sehen, was für sie angesichts des Endes des Ferienzeit auch nicht überraschend ist. »Man muß ja bedenken, daß […] alles im Begriff war aus den Bädern und Erholungsorten wieder nach Hause zu eilen.«[181] Auch Gertrud Schädla muss sich in Geduld üben; ihr Zug kommt 90 Minuten später, und ob sie damit überhaupt noch ihr Ziel erreicht, ist fraglich. Gerade überlegt sie, auf welchem Weg sie nun am sichersten und schnellsten wieder nach Verden gelangen könnte, da erblickt sie ihren heimatlichen Superintendenten, in dessen Schutz sie sich umgehend begibt und der sie auf dem

Heimweg begleiten wird. Erleichtert besteigt sie den übervollen Zug.

»Endlich kam der Zug, sehr stark besetzt, so daß man kaum begriff, wie noch alle die vielen Menschen hinein sollten. Und doch ging's. Es war allerdings ein unheimliches Gedränge, ich drückte Ludwig die Hand und fort ging's in die dunkle Sommernacht hinein! [...] Die Bahnsteige u. Warteräume voller Menschen u. voller Gepäck, das hoch aufgestapelt lag u. von den Beamten nicht bewältigt werden konnte.«[182]

Mit viel Verspätung, aber von ihrem Superintendenten sicher geleitet, fährt Gertrud Schädla Richtung Heimat. Es ist Freitag, der 31. Juli. Inzwischen ist es Abend geworden. Vielleicht denkt Gertrud Schädla daran, was sie wohl in Verden erwarten wird. Vor vier Wochen hat sie das beschauliche Städtchen in friedlicher Sommerstimmung verlassen. Die gute Heuernte und die blühenden Sommerlinden waren wichtige Themen in der Stadt. Das dürfte jetzt anders sein: Das Sportfest des örtlichen Artillerie-Regiments zur Unterhaltung der Einwohner wirkt in diesem Moment wie eine Geschichte aus längst vergangener Zeit.

Tatsächlich hat sich während Schädlas Abwesenheit die Atmosphäre in der Stadt dramatisch gewandelt. Die Kriegsgefahr hat ihre Spuren erkennbar hinterlassen. So werden bereits seit dem 27. Juli die wichtigen Bauwerke der Eisenbahnlinien und weitere Brücken in Stadt und Kreis Verden von sogenannten »Doppelwachtposten« kontrolliert, die bewaffnet und – so erfährt die Bevölkerung – »mit weitgehenden Rechten ausgerüstet« sind. Die örtliche Zeitung will die Bevölkerung angesichts offenkundiger und öffentlich gewordener Besorgnis zwar nicht zusätzlich verängstigen, die Gefahr aber auch nicht beschönigen:

»Wenn diese Maßnahme auch den Ernst der Lage scharf beleuchtet,
so sind diese Beunruhigungen, wie sie sich in den gestrigen Abend-
stunden bemerkbar machten, bis jetzt nicht angebracht, obgleich
immer wieder betont werden muß, daß die Lage sehr kritisch ist.«[183]

Ein Gradmesser der Krise scheint die Frage des reibungslosen
Bahnverkehrs zu sein. Die Zeitung jedenfalls beruhigt die Bevölkerung zumindest in dieser Hinsicht: Die Züge verkehrten auch
weiterhin auf allen Strecken pünktlich. Zugleich wird es als posi-
tiver Umstand gewertet, dass die Bahnen »noch nicht einmal die
auf Urlaub befindlichen Beamten zurückbeordert« hat.[184] Wenn
die Eisenbahn das nicht tut, so die Botschaft, kann ein Krieg also
nicht wirklich nahe sein. Doch zeigt sich in Verden wie in anderen Orten des Deutschen Reichs die große Nervosität bezüglich der Frage nach den Sparguthaben der Menschen. In ganz
Deutschland wird es in nächster Zeit zu regelrechten Massenauf-
läufen vor Sparkassen und Banken kommen, weil viele Menschen
aus Angst vor dem drohenden wirtschaftlichen Zusammenbruch
im Kriegsfall ihre Ersparnisse noch rasch sichern wollen.[185] Aller-
orts versuchen die Behörden diese Sorgen mit guten Worten zu
zerstreuen. Die Sparbücher sind sicher, heißt es:

»Der Beunruhigung der Sparer, die sich wie immer zu Kriegszeiten,
so auch diesmal sehr bemerkbar macht, gilt es nachdrücklich ent-
gegenzutreten. Es ist vielfach noch die irrige Annahme verbreitet,
daß der Staat im Notfalle die in öffentlichen und privaten Kassen
aufgespeicherten Mittel an sich ziehen darf. Dies ist keineswegs der
Fall. Das internationale Recht garantiert die Sicherheit des privaten
Eigentums; es braucht daher kein Mensch zu fürchten, daß sein in
den Banken und Sparkassen befindliches Geld von irgendeinem
Staate angegriffen würde.«[186]

Auch die Stadt Verden erlebt übrigens in der letzten Juliwoche
den Aufmarsch der Kriegsgegner: Mit Flugblättern werben sie

vor allem um die Arbeiter der lokalen Tabakindustrie. »Nieder mit dem Krieg, Massen heraus!«, heißt es auf einem entsprechenden Flugblatt. Und tatsächlich versammeln sich am 29. Juli in der Stadt fast 400 Menschen zu einer Protestkundgebung. Aus dem nahen Bremen ist der sozialdemokratische Reichstagsabgeordnete Alfred Henke eingetroffen. Die örtliche bürgerliche Presse in Verden ist entsetzt. Mit ihren Parolen wolle die Partei nichts anderes als »Wasser in die Flammen der Begeisterung des übrigen patriotisch denkenden Volkes gießen« – ein Vorwurf, den sich SPD-Vertreter wie Henke sicherlich fraglos zu eigen machen würden. Und Henke scheint an diesem Tag in Verden noch einen entscheidenden Schritt weiter zu gehen als die übrige Sozialdemokratie. Einschließlich des Reichskanzlers Bethmann Hollweg wähnt sich ja die Reichsführung sicher, dass die SPD im Kriegsfall keine zusätzlichen Proteste mehr initiieren werde. Aber es gibt Ausnahmen wie hier in Verden. Alfred Henke lässt sich entweder von der Anspannung und dem Protest mitreißen, oder er sendet bewusst ein Signal an die eigene Partei, als er sich vor den Arbeitern in Verden der Frage stellt, wie es weitergehen solle, wenn der sozialdemokratische Protest in der jetzigen Form keinen Erfolg habe:

»Es ist also Pflicht des Proletariats, gegen den Krieg zu protestieren. Sollte der Protest nichts nützen, dann müßten alle Genossen für den Massenstreik, den Generalstreik, eintreten.«[187]

Während die Sozialdemokraten in Verden protestieren, weilt das örtliche Feldartillerie-Regiment noch auf einem Truppenübungsplatz in Holstein, wohin es einige Tage nach dem großen Sportfest zu einem Manöver aufgebrochen war. Doch angesichts der Kriegsgefahr werden die Übungen abgebrochen, Soldaten und Geschütze kehren am 30. Juli 1914 in die Stadt an der Aller zurück. Am nächsten Tag herrscht offiziell Kriegszustand. Am Nachmittag erklingen vor dem Rathaus Trompetensignale, und der Bevölkerung wird erklärt, dass ab sofort die vollziehende Gewalt über Stadt und Landkreis von den zivilen Behörden auf den Kommandierenden General des X. (Hannoverschen) Armeekorps übergehe.[188] Gertrud Schädla sitzt derweil immer noch im Zug, mit dem sie aus dem abgebrochenen Urlaub nach Hause fährt. Es geht auf Mitternacht zu. Als der 31. Juli 1914 schließlich zu Ende geht, sitzt die junge Lehrerin noch wie Hunderttausende Deutsche in einem der vielen übervollen Züge. Sie muss sich nur noch zwei Stunden gedulden, bis sie endlich in Verden aussteigen kann. Es ist zwei Uhr in der Früh, der 1. August 1914 hat bereits begonnen.

Ernst Stadler macht mobil und kauft sich einen Revolver

»Der Mord in Sarajewo wurde bekannt. Dem folgten die weiteren weltpolitischen Publikationen. Die Leute sammelten sich vor den Zeitungsgebäuden und vor den angeschlagenen Extrablättern. Man nahm Stellung. Man erregte sich. Im Café Fahrig erhoben sich plötzlich die Gäste und zerschlugen die Fensterscheiben, weil eine serbische Kapelle spielte. […] Die Amseln pickten vor meinem Fenster in dem Futter, das ich ihnen gestreut hatte. […] Aber die Amseln nahmen nicht alles von dem Futter. Käserinden lehnten sie ab. Sie waren wählerisch und verwöhnt. Es war Juli. Juli 1914.«

(Joachim Ringelnatz über die Atmosphäre in München)[189]

Für Ernst Stadler beginnt der Juli 1914 mit großen Plänen. Schließlich befindet er sich innerlich schon auf dem Weg nach Kanada, um seine Professur an der Universität von Toronto anzutreten. Zwei Jahre hat er sich von den Lehrverpflichtungen an der Universität in Brüssel befreien lassen, am 4. Juli stimmt der zuständige Rat der Brüsseler Universität seiner Beurlaubung für diese Zeit offiziell zu.[190] Jetzt ist der Weg nach Toronto für Ernst Stadler auch formell frei.

Aber die Übersiedlung nach Kanada verlangt Vorbereitung, und Stadler hat noch zahlreiche Pflichten zu erledigen. Zurückgekehrt ins heimatliche Straßburg, hat er sich bereit erklärt, im Juni und Juli an der Reichsuniversität noch zwei Vorlesungen zu halten – als Privatdozent allerdings gratis. Gerade seine Vorlesung über die Lyrik der Gegenwart ist für viele Studenten von größtem Interesse. So erinnert sich ein Beobachter an die reizvolle Konstellation, »einen der jüngsten Lyriker selber über die jüngste Lyrik dozieren zu hören«.[191] Nach einer geschichtlichen Grundlegung spricht Stadler über die Lyriker der eigenen Generation, vor allem über René Schickele, Georg Heym und Franz Werfel.[192]

Zudem will Stadler in seiner verbleibenden Straßburger Zeit noch seine literarischen Arbeiten ordnen und vor allem das geplante Buch über die »Franziskanischen Gedichte« abschließen. Mit seinem Verleger Kurt Wolff in Leipzig hat er vereinbart, einige Gedichte des französischen Lyrikers Francis Jammes zu übersetzen und ihre Zusammenstellung für eine Veröffentlichung zu besorgen. Bereits im Herbst 1913 sind *Die Gebete der Demut* erschienen, mit diesen ersten Übertragungen Stadlers soll Francis Jammes in Deutschland dem Publikum vorgestellt werden.[193] Die »Franziskanischen Gedichte« sollen an dieses Büchlein anschließen. Doch die Vorbereitungen ziehen sich. Der Verleger drängt, Stadler ist bemüht und doch viel zu beschäftigt, um das Vorhaben wie geplant umzusetzen. Im Mai hat er dem Vorschlag Wolffs zugestimmt, die Zahl der abzudruckenden Gedichte von 29 auf 35 zu erhöhen. Zugleich hat er versprochen, seine Bemühungen um die Fertigstellung des Manuskripts »möglichst zu beschleunigen«, doch Mitte Juni ist es immer noch nicht geschafft. »Wollen Sie sich noch c. 1 Woche gedulden?«, schreibt er nach Leipzig und wird mit dem Projekt doch nicht fertig. Nicht in dieser Woche, nicht im Juni und auch nicht im Juli 1914.[194]

Ernst Stadler hat in diesen Tagen einfach zu viel zu tun, die ausbleibende Fertigstellung des Jammes-Gedichtbandes ist dafür nur ein Indiz. Auch die Verpflichtung an der Straßburger

Universität nimmt ihn in Anspruch, weil er aktiv am Leben der Hochschule teilnimmt und freudig die dortigen Veränderungen wahrnimmt. Vor allem die Berufung des Philosophen und Soziologen Georg Simmel ist für ihn ein aufregender Schritt, weil er damit die eigene politische und intellektuelle Sache gestärkt sieht. Von seinen Begegnungen mit Simmel zeigt er sich angetan: »Er ist voller Aktionseifer«, schreibt Stadler seinem Freund Schickele begeistert, »sucht eine stärkere Auswirkung der Universität auf die Stadt, ist politisch höchst vernünftig und dem Elsässischen gegenüber verständnisvoll.«[195] Stadler ist nach wie vor ein anerkannter Repräsentant des kulturellen Lebens in Straßburg. So hält er am 9. Juli einen Festvortrag über »Die elsässische Dichtung des 16. Jahrhunderts in ihrer Bedeutung für die Geschichte der deutschen Literatur«.[196] Straßburg ist eine intellektuell inspirierende Stadt, und Stadler hat das Gefühl, dass hier im Moment vieles in Bewegung gerät. Dazu gehört sein Kontakt zum Arzt Pierre Bucher, einem wichtigen Vertreter des kulturellen Lebens der Stadt; er hofft als Altelsässer noch immer, das Elsass werde wieder an Frankreich fallen.[197] Bucher sei gerade voller Tatendrang, notiert Stadler in einem Brief. Er wolle eine neue Zeitschrift gründen, die Stadler nach einer möglichen Rückkehr aus Kanada in zwei Jahren übernehmen soll. Außerdem berichtet Stadler von der diskutierten Idee, in der Stadt eine freie Universität neben der bereits existierenden staatlichen zu gründen. Straßburg solle so ein kulturelles Zentrum unter Beteiligung französischer und deutscher Kapazitäten werden, zu denen Persönlichkeiten wie etwa der erwähnte Simmel oder der französische Philosoph Henri Bergson zählen sollen. »Das ist alles etwas phantastisch und vag«, räumt Stadler gegenüber seinem Freund Schickele zwar ein, »aber es scheint mir wirklich, als wäre der Augenblick nahe, wo hier etwas zu machen ist.«[198]

Doch die politische Krise des Juli 1914 holt auch Stadler und seine Zukunftsplanungen immer mehr ein. Auch wenn der Monat arbeitsreich und aufregend ist: Je mehr sich die Krise zuspitzt und je lauter die Rede von einem möglichen Krieg wird, desto näher rücken die Auswirkungen dieses internationalen Konflikts auch dem Literaten. Ernst Stadler ist schließlich Reserveoffizier, in einem Kriegsfall würde er umgehend eingezogen, an die geplante Reise nach Kanada wäre dann nicht mehr zu denken. Stadler hat zehn Jahre zuvor seinen einjährigen Militärdienst bei einem Feldartillerie-Regiment in Straßburg abgeleistet und als Unteroffizier beendet. Mit dieser Form des Armeedienstes unterscheidet er sich vom Gros der deutschen Soldaten. Im Kaiserreich leisten nämlich die jungen Männer zwischen ihrem 20. und 22. Lebensjahr in der Regel einen zweijährigen Militärdienst ab. Geprägt ist diese Zeit durch sturen Drill, vor allem in den ersten Monaten der Grundausbildung: Das Strammstehen, das Grüßen, die richtigen Gewehrgriffe und das Marschieren »in Reih' und Glied« werden so lange geübt, bis alles sich im wahrsten Sinne des Wortes eingeschliffen hat. Die Grundausbildung gleicht eher einer Dressur, die in den Kasernen der wilhelminischen Gesellschaft stattfindet − und die auf die militaristische Grundhaltung ausgerichtet ist, die diese Gesellschaft prägt. Wichtigstes Erziehungsziel des Militärs ist der unbedingte Gehorsam, irgendeine Form von Individualität oder gar Widerständigkeit haben hier keinen Platz. Die Kaserne ist die Schule der Nation − jedenfalls für die jungen Männer.[199]

Ernst Stadler macht diese Tortur also nur verkürzt mit. Wie andere Söhne aus besitz- und bildungsbürgerlichen Schichten kommt er durch den gymnasialen Schulabschluss in den Genuss des Einjährig-Freiwilligen-Privilegs, wodurch sich die Militärzeit auf ein Jahr verkürzt. Zugleich können diese »Einjährigen« anschließend das begehrte Reserveoffizierspatent erwerben, das sie in gewisser Hinsicht gesellschaftlich adelt, weil sie damit am hohen Sozialprestige des Offizierskorps teilhaben. Das Ergebnis ist ein oft dünkelhaftes Selbstverständnis dieser jungen Männer: Marschiert der preußische Leutnant wie ein junger Gott einher, so wird der Historiker Friedrich Meinecke gerne zitiert, so stolziert »der bürgerliche Reserveleutnant wenigstens als Halbgott durch die Welt«.[200]

Als Offizier ist man wer in der wilhelminischen Gesellschaft.

Dabei muss sich die preußische Armee in diesen Tagen mit einer höchst unangenehmen Diskussion herumplagen: dem Prozess gegen Rosa Luxemburg. Die populäre Sozialistin hat im Frühjahr mit drastischen Worten die Misshandlung von Soldaten durch Offiziere angeprangert. Das preußische Kriegsministerium will diesem öffentlichen Vorwurf unbedingt entgegentreten und stellt Strafantrag gegen Luxemburg, weil sie mit ihren Äußerungen die gesamte preußische Armee in nicht hinnehmbarer Weise beleidigt habe. Der Prozess kommt allerdings der Angeklagten und ihrer Sache mehr zugute als dem Kriegsministerium: Rosa Luxemburg nutzt das von der Öffentlichkeit aufmerksam verfolgte Verfahren, um auf bestehende Missstände bei der Behandlung einfacher Rekruten hinzuweisen. Die sozialdemokratischen Zeitungen im Land unterstützen sie dabei mit dem Aufruf, Fälle von Misshandlungen zu dokumentieren, woraufhin einige tausend solcher Übergriffe gemeldet werden.

Vielerorts wird dieser Prozess als »Sturmlauf der Sozialdemokratie gegen unser Heer« bezeichnet. Konservative Kreise können vielleicht noch öffentlich eingestehen, dass es tatsächlich solche »Vorkommnisse« gegeben habe und dass man diese nicht vertuschen solle, aber man soll sie auch nicht verallgemeinern. Es bleibe nun einmal der »gute Kern unseres Offizierskorps«, kommentiert die *Bonner Zeitung*, und gerade auf diesen Kern könne und müsse das Reich stolz sein. Schließlich finde man doch gerade unter den Offizieren jene Männer, »auf die die Nation stolz sein darf, weil sie ihren Platz voll ausfüllen in der geistigen Elite des Volkes«.[201]

»Bismarck hat einmal gesagt: ›Den preußischen Leutnant macht uns keiner nach.‹ Wir dürfen erweitert sagen: ›Den deutschen Offizier macht uns keiner nach‹, trotz Rosa Luxemburg und ihrer 1013 Zeugen. Wer das Heer angreift, der beißt auf Granit.«[202]

Der Prozess gegen Luxemburg bringt der deutschen Armee und den deutschen Offizieren eine im wahrsten Sinn des Wortes schlechte Presse. Und das Thema ist während des Kaiserreichs zum Leidwesen der Armeeführung ohnehin ein Dauerbrenner. Seit den 1890er-Jahren passiert kein Militäretat den Reichstag ohne eine Debatte um das Thema Soldatenmisshandlung. Und das Publikum hält regelmäßig und fortgesetzt den Atem an, wenn wieder einmal wahre »Schreckensbilder aus dem Kasernenleben« bekannt werden. Zwischen Empörung und Verharmlosung bleibt dabei das wahre Ausmaß dieser Taten allerdings weitgehend unklar.[203] Der Prozess gegen Rosa Luxemburg wird übrigens – nicht zuletzt wohl wegen der Fülle des Materials, das jetzt im gesamten Reich zusammengetragen wird – zunächst vertagt, später dann nicht mehr fortgesetzt.

Die öffentliche Debatte um den Prozess gegen Luxemburg und damit um die Zustände innerhalb der Armee ist allerdings schon Tage später vergessen, als das österreichische Ultimatum vom 23. Juli und die serbische Mobilmachung zwei Tage darauf den Blick der Öffentlichkeit auf die bereits geschilderten großen Demonstrationen patriotischer Gesinnung richten. Auch kriegskritische Beobachter können sich nicht von dem Gefühl freimachen, etwas Besonderes zu erleben; es kommt eine eigenartige Stimmung der Zusammengehörigkeit auf. In dem ersten Aufbruch der Massen, so erinnerte sich später etwa Stefan Zweig an die Atmosphäre Anfang Juli in Wien, lag »etwas Großartiges, Hinreißendes und sogar Verführerisches«, dem man sich nur schwer entziehen könne.[204] Zweigs anfängliche Kriegsbegeisterung, die noch in seinem 1914 erschienenen Novellenband *Die Bestie* zum Ausdruck kommt, sollte sich erst angesichts der Fronterlebnisse zu einer entschiedenen Kriegskritik wandeln.[205]

Ernst Stadler beteiligt sich an keiner patriotischen Kundgebung, bei ihm herrscht so etwas wie »Normalität«: Es ist Montag, der 27. Juli 1914 – die öffentliche Aufregung in den deutschen

Städten hat sich deutlich gelegt. Die Deutschen gehen wieder zur Arbeit, wird es später heißen; das Alltagsleben kehrt zu einer gewissen Normalität zurück.[206] Ernst Stadler nutzt diesen Tag, sich in seiner Heimatstadt wieder um die studentische Wanderbühne zu kümmern, die er besonders schätzt. Mit dieser Bühne ziehen Studenten durch die Orte rund um Straßburg. Einem Freund erzählt Stadler begeistert von »einem wilden jungen Schwarm von Kommilitonen und Studentinnen, die auf Leiterwagen das Elsaß durchbrachen und in Buntheit, Jugend und Kostümen den Bauern feste Sachen vorspielten«. Für den Sommer hegt Stadler den Plan, mit der Schauspieltruppe in Gebweiler aufzutreten, wo sein Bruder als Kreisdirektor amtiert.[207] An diesem 27. Juli 1914 treffen sich die Mitglieder der studentischen Bühne in einem Gasthaus nahe der badischen Stadt Kehl. Man ist gewohnt gesellig: »Der Atmosphäre des drohenden Krieges zum Trotz«, so erinnert sich später einer der Anwesenden, verbringt die Gruppe dort »einen fröhlichen Nachmittag«[208].

Doch die Fröhlichkeit scheint äußerlich zu sein, ein anderer Teilnehmer will gespürt haben, wie sehr der drohende Krieg die Stimmung schon prägt und dass Ungewissheit und ein Gefühl einer »plötzlich ungewiss gewordenen Zukunft« das Treffen beherrschen. Und richtig: Die Zusammenkunft wird schließlich die anfängliche Fröhlichkeit einbüßen. Es ist Abend geworden, der Raum ist dunkel, die Lampen werden gelöscht, die Runde wird nur erhellt von der Flamme der Feuerzangenbowle, und plötzlich beginnt einer der Anwesenden aus einer dunklen Ecke heraus in die Stille hinein langsam und feierlich jenes Gedicht zu rezitieren, das einige Monate zuvor Stadlers Gedichtsammlung den Titel gegeben hat und zu diesem Augenblick zu passen scheint: »Der Aufbruch«. Angesichts des drohenden Krieges empfindet mancher der Anwesenden das Gedicht als »fabelhaften, kampf- und abenteuerfrohen, welt- und sonneseligen todestrunkenen Kriegsgesang«[209]:

Einmal schon haben Fanfaren mein ungeduldiges Herz blutig gerissen,
Daß es, aufsteigend wie ein Pferd, sich wütend ins Gezäum verbissen.
Damals schlug Tambourmarsch den Sturm auf allen Wegen,
Und herrlichste Musik der Erde hieß uns Kugelregen.
Dann, plötzlich, stand Leben stille. Wege führten zwischen alten Bäumen.
Gemächer lockten. Es war süß, zu weilen und sich versäumen,
Von Wirklichkeit den Leib so wie von staubiger Rüstung zu entketten,
Wollüstig sich in Daunen weicher Traumstunden einzubetten.
Aber eines Morgens rollte durch Nebelluft das Echo von Signalen,
Hart, scharf, wie Schwerthieb pfeifend. Es war wie wenn im Dunkel plötzlich Lichter aufstrahlen.
Es war wie wenn durch Biwakfrühe Trompetenstöße klirren,
Die Schlafenden aufspringen und die Zelte abschlagen und die Pferde schirren.
Ich war in Reihen eingeschient, die in den Morgen stießen, Feuer über Helm und Bügel,
Vorwärts, in Blick und Blut die Schlacht, mit vorgehaltnem Zügel.
Vielleicht würden uns am Abend Siegesmärsche umstreichen,
Vielleicht lägen wir irgendwo ausgestreckt unter Leichen.
Aber vor dem Erraffen und vor dem Versinken
Würden unsre Augen sich an Welt und Sonne satt und glühend trinken.

(Ernst Stadler, »Der Aufbruch«)[210]

Später ist wohl zu Recht angemerkt worden, dass dieses Gedicht »nur die Vision eines kommenden und als Erlebnis bejahten Krieges sein sollte«. Hier ist das Bild vom Krieg zugleich sicher auch als Gleichnis zu verstehen, das eine kämpferische Zeitströmung ausdrückt und in dem es um eine neue Lebens- und Geisteskraft geht, um »den geistigen Aufbruch ins Neue«.[211]

Doch solche Feinheiten der Interpretation sind den Studentinnen und Studenten in dem Gasthaus im badischen Kehl an diesem Abend nicht gegenwärtig. Sie finden mit dem Gedicht einen diffusen Ausdruck für die eigentümliche Stimmung zu Beginn dieser letzten Julitage. Dass die Zukunft ein »Aufbruch« ist, daran zweifelt im Moment kaum jemand – wohin er Land und Menschen führen wird, ist dagegen völlig unklar. Am nächsten Tag hält Ernst Stadler jedenfalls planmäßig die letzte seiner einstündigen Vorlesungen über die moderne Lyrik an der Straßburger Universität. Die Spannung wird immer größer, hier wie im Rest des Deutschen Reichs. Sie ist mit Händen zu greifen. Selbst im beschaulichen Bad Tölz – weit weg von Straßburg und dem Elsass – macht sich durchaus stellvertretend für viele Literaten der 39-jährige Thomas Mann Gedanken über das Kommende:

»Ich muß sagen, daß ich mich erschüttert und beschämt fühle durch den furchtbaren Druck der Realität. Ich war bis heute optimistisch und ungläubig – man ist zu civilen Gemütes, um das Ungeheuerliche für möglich zu halten. Auch neige ich noch immer zu dem Glauben, daß man die Sache nur bis zu einem gewissen Punkte treiben wird. Aber wer weiß, welcher Wahnsinn Europa ergreifen kann, wenn es einmal hingerissen ist!«[212]

Vor diesem möglichen Wahnsinn hat Ernst Stadler Angst. Nicht nur, weil er als Reserveoffizier möglicherweise bald in den Krieg ziehen wird und er vermutlich wie jeder potenzielle Soldat Angst vor Verwundung und Tod hat. Vielmehr macht er sich sehr konkrete Sorgen – er ist sich in diesen letzten Julitagen nämlich regelrecht sicher, dass er sterben wird. Hintergrund dieser Angst ist eine Reise, die Stadler zwei Monate zuvor nach Paris geführt hat. Dort hatte er sich in die Hände einer Wahrsagerin begeben. Wir wissen heute nicht, ob es sich dabei mehr oder weniger um einen Spaß handelte, um einmal unterhaltsam die Welt des Esoterischen zu streifen, oder ob für ihn ein solcher Schritt tatsächlich die ernst gemeinte Suche nach möglichen Hinweisen auf seine Zukunft darstellte.

Die Wahrsagerin in Paris jedenfalls prophezeit Ernst Stadler im Mai 1914 nichts Gutes: Er wird eine geplante größere Reise niemals antreten, sagt sie ihm vorher. So jedenfalls berichtet er es später Freunden – und damit muss aus seiner Sicht fraglos seine Übersiedlung nach Kanada gemeint gewesen sein. Viel entscheidender als diese ohnehin schlechte Nachricht sei allerdings ihre Aussage gewesen, dass er noch in diesem Jahr eines gewaltsamen Todes sterben sollte.²¹³ Seinen Freunden berichtet Ernst Stadler erst in diesen letzten Julitagen – angesichts des »Zustands drohender Kriegsgefahr« und der Mobilmachung – von seinem Besuch bei der Wahrsagerin. Als er sich am 30. Juli mit anderen Straßburger Freunden beim befreundeten Maler Heinrich Beecke in dessen Straßburger Atelier trifft, erzählt er jedenfalls diese Geschichte und löst bei den Anwesenden tiefe Betroffenheit, vor allem aber ungläubiges Staunen aus. Von dieser Prophezeiung hätte er nie etwas erfahren, erinnert sich Beecke später, wenn Ernst Stadler bei diesem denkwürdigen Nachtfest sich nicht so »angstvoll« daran erinnert »und fest daran geglaubt hätte«²¹⁴.

»Es wurde eine große gute Pfirsichbowle vertilgt, die alle bis spät nach Mitternacht zusammenhielt. Keiner nahm die Vorahnungen Stadlers, daß er in kurzer Zeit fallen werde, jedenfalls nicht mehr zurückkehren werde, ernst. Und während draußen vor dem Atelier die verstärkte Wache am Tor aufzog, ertönte plötzlich in meinem Atelier wie ein einstimmiger Protest gegen den Krieg die ›Marseillaise‹.«²¹⁵

Mit dem Absingen der »Marseillaise« verhindern die Straßburger Freunde selbstverständlich nicht den nächsten Schritt der internationalen Eskalation: Am folgenden Tag, dem 31. Juli 1914, wird in Deutschland bekanntlich der Zustand der »drohenden Kriegsgefahr« erklärt – und der Literat und Professor Ernst Stadler wird binnen Stunden ein Offizier einer marschbereiten Armee, die in den Krieg zieht. Zeugnis dieser Wandlung ist ein kleines,

schmales Notizbuch, das er ab sofort bei sich trägt:»Kriegstagebuch« hat er es betitelt, und es wird fortan seine Eindrücke aufnehmen.[216] So wie jene an diesem Freitag, an dem für Ernst Stadler der Krieg beginnt:

>»Freitag den 31. Juli
Vorlesung am Abend abgesagt. Morgens Einkäufe: Revolver.
Nachmittags gegen 3 Uhr verkünden Extrablätter den ›drohenden
Kriegszustand‹. Aufregung in der Stadt. [...] Ich gehe aufs Bezirks-
kommando. Ordonnanzen im Auto befördern Kriegsbeorderungen.
Man überreicht mir meine: ›sofort‹ zu F.A. 80 in Colmar. Ich packe
schleunigst meine Sachen, bekomme im letzten Moment [...] die
Uniform.«*

(Stadlers erster Eintrag in sein Kriegstagebuch)[217]

Stadler muss sich auf den Weg nach Colmar machen, um sich bei
seinem Feldartillerie-Regiment 80 zu melden. Bei seinen Vorbereitungen trifft er noch einen Bekannten, der ihm gegenüber
ausdrücklich bedauert, dass es nun wohl auch »gegen die Franzosen geht«. Daraufhin notiert Stadler den Satz:»Sentimentalitäten
gelten jetzt nicht mehr«; er ist in Anführungszeichen gesetzt, so
bleibt unklar, ob nun der Bekannte ihn formuliert hat oder Stadler
selbst – und ob er als Ausdruck der Zustimmung zur neuen Lage
oder eher als Zeichen des Bedauerns verstanden werden kann.[218]
Nichtsdestotrotz zeigt er symptomatisch die eigentümliche Lage,
in der sich der 30-Jährige befindet: Als moderner Elsässer fühlt er
sich zugleich in zwei Nationen und ihren Kulturen beheimatet –
Frankreich ist für ihn wie Deutschland Teil seiner Erfahrungswelt.
Einige Monate später wird Hermann Hesse Stadlers Identität, die
sowohl durch Geburt und Herkunft als auch durch »spezielle Beziehungen« und Begabungen geprägt ist, in einem Zeitungsaufsatz
genauer beschreiben. Darin spricht er von dem »Europäertum
eines Deutschen«, das zwar etwas ganz Außergewöhnliches sei,
aber doch wohl mehr als eine »vereinzelte Zufälligkeit«:

»Es ist viel mehr, es ist eine frühe, noch vereinzelte Blüte des euro-
päischen Geistes, eines Freundschaftsbedürfnisses zwischen germa-
nisch-gotischem und romanisch-klassischem Geist. Es ist eine
Frucht desselben Geistes, aus dem seit zwei und mehr Jahrzehnten
in Deutschland und in Frankreich viele der begabtesten und ernst-
haftesten Jungen sich um ein nachbarliches, freundliches, fruchtbares
Zusammengehen der beiden Völker bemüht haben.«

(Neue Zürcher Zeitung, 18. Februar 1915)[219]

Sentimentalitäten gelten jetzt nicht mehr: Auch der Europäer
Ernst Stadler ist nicht »nationslos«. Er zieht als Deutscher und als
Reserveoffizier gegen den »Erbfeind« der Deutschen zu Felde.
Doch zunächst muss Stadler sehen, dass er pünktlich bei seiner
Einheit ist. Er macht sich am Abend mit dem Zug auf den Weg
zu Bruder und Mutter nach Gebweiler, um dort noch zu über-
nachten und am Morgen des 1. August in der Kaserne zu sein.
Auf seiner Eisenbahnfahrt registriert Stadler nicht nur die über-
vollen Eisenbahnzüge, sondern er spürt auch die eigentümliche
Stimmung seiner Umgebung: In Straßburg beobachtet er, wie
die Reservistenzüge singend abziehen – und die Zurückgeblie-
benen winken ihnen mit Taschentüchern zu. Von Freude indes
notiert Stadler nichts. Lediglich auf der Eisenbahnfahrt Richtung
Colmar bemerkt er: »Auf den Feldern winken die Bauern u. die
Kinder.«[220]
    Stadler selbst ist nicht begeistert, aber er stellt sich notgedrun-
gen der Pflicht der Einberufung. Die Prophezeiung der Wahrsagerin aus Paris ist ein schwerer mentaler Ballast – und doch
lässt sie ihn keineswegs hoffnungslos in den Krieg ziehen. Er hat
ein schlechtes Gefühl, doch es erscheint ihm nicht abwegig, nur
von einem vergleichsweise kurzen Feldzug auszugehen. Immerhin hat er in seinem kleinen Notizbuch, das seinem »Kriegstagebuch« vorbehalten ist, hinten noch etwas Raum für weitere
Eintragungen gelassen, dazu zählen seine Notizen für zwei geplante Unterrichtsveranstaltungen im »Sommer Semester«.[221] Der

Krieg beginnt, aber für Ernst Stadler ist es nicht ausgeschlossen, dass er nach einigen Monaten den gerade angelegten Soldatenrock wieder abstreifen und – sozusagen lediglich mit einem Semester Verspätung – doch in Toronto vor seine Studenten treten wird.

August 1914 – Der Krieg beginnt

Kaiser Wilhelm II. trägt Feldgrau und bekommt es mit den Nerven

>*Den Berlinern, die trotz der langen Nacht zum Sonnabend in der Frühe des letzten Wochentages in den Tiergarten gepilgert waren, bot sich ein Bild tiefsten Friedens: Der Kaiser unternahm seinen gewohnten Tiergarten-Spazierritt. Ehrfurchtsvoll wurde der Monarch von allen Seiten begrüßt. Der Kaiser dankte freundlich. Auf dem Ritt traf er den österreichischen Attaché Grafen Larisch und zog ihn in ein längeres Gespräch. Später begab sich der Kaiser im Auto nach dem Schloß zurück, stürmisch begrüßt von den Volksmassen Unter den Linden.«*
>
> (aus einem Zeitungsbericht über den 1. August 1914)[1]

Für den Kaiser beginnt der August also mit einem morgendlichen Ausritt. Für das Deutsche Reich beginnt er vor allem mit einem Ultimatum, genauer: mit dem Ende eines Ultimatums. Das Deutsche Reich hat von Russland verlangt, die Mobilmachungsmaßnahmen einzustellen – dazu ist der Zar allerdings nicht bereit, weshalb der Krieg mit Russland unmittelbar bevorsteht. Ein »Bild des Friedens« bieten also Berlin und der Kaiser nach dem morgendlichen Ausritt nun wahrlich nicht. Die Stimmung im Palast ist von Anspannung geprägt. Wilhelm wird im Verlauf der dramatischen Ereignisse des Tages immer erregter. Seine Kommentare, die er als Randbemerkungen auf die eintreffenden Telegramme notiert, sind dafür ein eindrucksvolles Zeugnis. Der Monarch, ohnehin für seine Launen und Ausfälle bekannt, führt sich entsprechend auf:»Aha! der gemeine Täuscher!«, heißt es da einmal, dann:»Grey ist ein falscher Hund!«, oder auch:»Der Kerl ist toll oder ein Idiot!«[2]

Die gereizte Stimmung ist nachvollziehbar: Jetzt wird es ernst – den fortwährenden Drohungen mit einem Krieg müssen jetzt Taten folgen. Berlin hat St. Petersburg ein Ultimatum gestellt, nun kommt in der Logik der politischen Eskalation die militärische Antwort. Wilhelm erklärt dies ganz offiziell seinem angeheirateten Vetter Nikolaus, dem russischen Zaren. Man duzt sich, doch man wird sich bekriegen:

»Ich habe gestern Deiner Regierung den Weg angegeben, durch den allein der Krieg verhindert werden kann. Obwohl ich um Antwort bis heute mittag gebeten hatte, hat mich bis jetzt noch kein Telegramm meines Botschafters mit einer Antwort Deiner Regierung erreicht. Ich war daher genötigt, meine Armee mobil zu machen.«[3]

Am 1. August unterzeichnet Wilhelm II. also die Mobilmachungsorder – laut seines Kriegsministers Tirpitz angeblich mit Tränen in den Augen. Zugleich erklärt das Deutsche Reich Russland den Krieg. Russland ist mit Frankreich verbündet – mit der deutschen Kriegserklärung gegenüber Russland ist der Krieg mit Frankreich einkalkuliert. Damit setzt sich nicht nur die deutsche Kriegsmaschine unaufhaltsam in Bewegung, zugleich wird der Kaiser selbst nun endgültig an den Rand des Geschehens gedrängt. Ein Historiker hat später einmal geradezu vernichtend über den Monarchen und diese Situation geurteilt: Nach wie vor sei er nicht in der Lage, die komplizierte Risikostrategie seiner eigenen Regierung und auch die Kriegstreiberei des Generalstabs zu durchschauen. Er selbst wähnt sich»als unschuldiges Opfer einer angeblich von langer Hand vorbereiteten Einkreisungspolitik der Entente«.[4]

Da er sich selbst als Opfer versteht, und weil er vor allem der russischen Regierung die Schuld für den Kriegsausbruch zuschieben kann, meint der Kaiser der einzigen ernst zu nehmenden Gruppe der Kriegsgegner entgegentreten zu können: den Sozialdemokraten. Viele Jahre hat Wilhelm seine Verachtung ihnen gegenüber gezeigt. Er nannte sie selbstverständlich »vaterlandslose Gesellen« oder auch eine »Rotte, nicht würdig den Namen Deutsche zu tragen«. Jetzt wirbt er um ihre Zustimmung zu den Kriegskrediten, die im Reichstag verabschiedet werden sollen. Reichskanzler Bethmann Hollweg bewegt den Kaiser zu einer Kundgebung, bei der er doch bitte entsprechend beschwichtigende Worte gegenüber dem innenpolitischen Gegner finden möge. Tatsächlich greift Wilhelm II. jetzt zu der Parole: »Ich kenne keine Parteien mehr, ich kenne nur noch Deutsche«, doch tut er es in der ihm eigenen Weise, indem er nämlich die ursprüngliche Idee einer Versöhnung umgehend verwässert: Er verzeiht nämlich jetzt großzügig alle früheren Angriffe auf sich – aber von einer Entschuldigung für seine eigenen Angriffe ist nicht die Rede.[5] Die entsprechende Passage seiner Rede an diesem Tag ist schlicht eine gönnerhafte und selbstgefällige Geste:

> *»In dem jetzt bevorstehenden Kampfe kenne Ich in Meinem Volk*
> *keine Parteien mehr. Es gibt unter uns nur noch Deutsche. Und*
> *welche von den Parteien auch im Laufe des Meinungskampfes sich*
> *gegen mich gewandt haben sollten, Ich verzeihe Ihnen allen.«*[6]

Der Kaiser verkündet dies während seiner Rede vom Balkon seines Berliner Palastes. »An diese Worte des Kaisers«, so heißt es kurz darauf in einem Zeitungsbericht, »schloß sich ein Jubel an, wie er wohl noch niemals in Berlin erklungen ist.«[7] Es gibt tatsächlich diesen Jubel, auch spontane Gesänge, in denen vor allem Gott und dann dem Kaiser gedankt wird. Aber nicht alle Berliner – und nicht einmal all jene, die sich auf den Straßen der Innenstadt bewegen – verfallen in Jubel. Ein Berliner notiert anschließend in seinem Tagebuch: »Viele Frauen mit verweinten

Gesichtern«, und:»Ernst und Bedrücktheit. Kein Jubel, keine Begeisterung.« Zwar habe er vor dem Schlossplatz Menschenmassen mit Hochrufen und Gesängen wahrgenommen, doch zugleich bemerkt, dass die »Weiterwegstehenden passiv« geblieben seien.[8] Es gibt in Berlin am 1. August auch Menschen, die schon an diesem Tag trauern – der Schriftsteller Gerhart Hauptmann etwa:

>*Ich hatte heut morgen (vor 7 Uhr) bei meinem Spaziergang in die Stadt Augenblicke, wo es mir [!] Mühe kostete, nicht laut aufzuschluchzen angesichts des ungeheuren, nahenden Völkermordens.«* (Tagebucheintrag am 1. August 1914)[9]

Der 1. August endet für den Kaiser nach der Mobilmachung und seiner Rede vor dem Berliner Schloss mit einem höchst unerfreulichen Streit mit seinem Generalstabschef Moltke. Wilhelm selbst hat an diesem Tag noch einmal massiv in das Geschehen eingegriffen, nachdem er vom englischen König George V. erfahren hat, dass Großbritannien und Frankreich in einem Krieg neutral bleiben würden, wenn das Deutsche Reich im Gegenzug darauf verzichten werde, das mit Russland verbündete Frankreich anzugreifen. Das ist es jedenfalls, was man in Berlin aus dem Telegramm des Botschafters in London, Fürst Lichnowsky, herausgelesen hat. Aber der hatte nicht genau hingehört, als er zuvor ein Gespräch mit dem britischen Außenminister Sir Edward Grey führte. Dieser hatte dem Botschafter nämlich erklärt, London könne möglicherweise für eine französische Neutralität sorgen, wenn Deutschland seinerseits gegenüber Frankreich und Russland neutral bleibe – also keinen Krieg gegen sie führe.[10]

Hätte die Falschmeldung gestimmt, hätte sie selbstverständlich alles verändert. Jedenfalls aus Sicht des Kaisers. Ihn bedrückt noch immer die Aussicht, dass die Armeeführung fast die gesamten Kräfte an die Westfront werfen will und der Osten und damit Ostpreußen durchaus gefährdet werden. Da beruhigt es ihn nicht, als sein Generalstab ihm erklärt, dass eine russische Mobilmachung mehrere Wochen erfordere und deshalb mit einem raschen Angriff auf Ostpreußen nicht unmittelbar zu rechnen sei.

Als das erwähnte irreführende Telegramm des Botschafters Lichnowsky aus London eintrifft und statt des angenommenen Zweifrontenkriegs ein Einfrontenkrieg möglich scheint, reagiert Wilhelm schnell, geradezu elektrisiert. Jetzt ist er wieder selbst, so ist es später treffend beschrieben worden,»der Allerhöchste, der Kriegsherr, besessen von einer Idee, die ihm Pläne, Vorschläge und Dispositionen erlaubte«.[11] Alles muss in dieser Stunde ganz schnell gehen. Jede Minute zählt. Schließlich läuft die Mobilmachung auf vollen Touren, in einer Stunde schon soll die erste militärische Operation stattfinden: die Besetzung eines Eisenbahnknotenpunkts in Luxemburg, dessen Neutralität neben den anderen Großmächten auch das Deutsche Reich garantiert hatte. Das alles muss jetzt gestoppt werden, Wilhelm will jetzt lieber umgehend gegen Russland marschieren. Er muss aber zunächst Moltke informieren und ihm das vermeintlich entscheidende Telegramm aus London zeigen. Da der Generalstabschef das Schloss aber schon wieder verlassen hat, muss er erst wieder zurückgeholt werden. Als er endlich eintrifft, liest ihm der Kaiser die Nachricht aus London vor und eröffnet ihm seine neue Position:

»Jetzt können wir gegen Rußland allein in den Krieg ziehen. Wir schicken einfach unsere ganze Armee nach Osten!«[12]

Nun ist auch Wilhelm II. klar, dass er den Befehl zur Generalmobilmachung nicht einfach widerrufen kann – das teilt er London auch mit. Aber zugleich bietet er umgehend an, jeden Vorstoß gegen Frankreich zu stoppen, wenn es tatsächlich eine Zusage für eine solche Neutralität der beiden Länder gäbe. Zugleich befiehlt Wilhelm, dass bis zum Eintreffen eines entsprechenden Telegramms aus London keine weiteren deutschen Truppenbewegungen erfolgen sollten. Für ihn erscheint dieser Moment als die letzte Chance, wie ein Krieg im Westen noch zu verhindern ist. Moltke sieht das völlig anders. Er ist von dem plötzlichen wie vehementen Strategiewechsel des Kaisers wie vor den Kopf geschlagen. Die Vorstellung, dass seine gesamte Mobilisierungsmaschinerie nun einen Schwenk von 180 Grad machen soll, entsetzt ihn. Wozu haben er und seine Generäle denn über Jahre all die schönen Pläne ausgearbeitet? Nein – eine solche Notbremsung wird es mit ihm nicht geben.

> *»Wenn Seine Majestät darauf bestehen, das gesamte Heer nach dem Osten zu führen, so würden dieselben kein schlagkräftiges Heer, sondern einen wüsten Haufen ungeordneter bewaffneter Menschen ohne Verpflegung haben.«*[13]

Überhaupt sei eine Generalmobilmachung nicht einfach mehr aufzuhalten. Außerdem seien erste Patrouillen bereits in Luxemburg einmarschiert, eine Division aus Trier werde bald folgen. Aber Wilhelm lässt sich von dem erregten Stabschef – der im Verlauf der heftigen Debatten beinahe hysterisch reagiert – nicht von seiner Position abbringen. Die Nerven liegen auf beiden Seiten blank. Schließlich unterliegt Moltke: Er muss den Befehl nach Trier durchgeben, dass die Truppen an der Grenze zu Luxemburg stoppen. Der Kaiser scheint in diesem Konflikt zunächst einmal recht zu behalten – am Nachmittag trifft eine Nachricht ein, wonach nun sogar eine britische Neutralität selbst für den Fall eines Konflikts zwischen Deutschland und Frankreich in Aussicht gestellt wird: Im Palast herrscht Jubelstimmung. Moltke lässt sich jedoch davon nicht anstecken; er wirkt weiterhin regelrecht eingeschnappt und zieht sich zurück, während Wilhelm II. zur Feier des Augenblicks Sekt bringen lässt und mit den noch Anwesenden auf das günstige Geschick anstößt.[14]

Doch Wilhelm hat sich zu früh gefreut, am späten Abend folgt die Ernüchterung: Jetzt trifft die Botschaft des englischen Königs ein, die Nachrichten des Tages seien ja wohl ein Missverständnis.

Von einer Neutralität seines Landes im Falle eines Angriffs auf Frankreich jedenfalls könne nicht die Rede sein. Umgehend wird Moltke wieder ins Schloss befohlen; es ist bereits nach 23 Uhr, als der noch immer tief getroffene Generalstabschef seinem nun erheblich zerknirschten Monarchen gegenübersteht[15]:

»*Der Kaiser empfing mich in seinem Schlafzimmer, er war schon zu Bett gewesen, aber wieder aufgestanden und hatte einen Rock übergeworfen. Er gab mir eine Depesche des Königs von England, in der dieser erklärte, ihm sei von einer Garantie Englands, Frankreich am Kriege zu hindern, nichts bekannt. [...] Der Kaiser war sehr erregt und sagte mir: ›Nun können Sie machen, was Sie wollen.‹*«[16]

Moltke hat also recht behalten, aber das aus seiner Sicht höchst dilettantische Verhalten des Monarchen hat ihn als Chef des Generalstabs zugleich an den Rand des Zumutbaren gebracht. Von diesem heftigen Konflikt werden sich beide in den nächsten Tagen und Wochen nicht erholen. Dieser 1. August 1914 hat dazu geführt, dass das Vertrauensverhältnis zwischen Moltke und seinem obersten Kriegsherrn für immer zerstört ist.[17]

Überhaupt beginnt dieser Krieg für den Kaiser nicht wie erwünscht und wie erwartet. So geht es auch ohne die erhofften Bündnispartner in die Schlachten. Wilhelm hofft seit Tagen, dass er für den Krieg gegen Russland sowohl Griechenland als auch Rumänien auf seine Seite ziehen kann, doch in beiden Fällen trügt die Hoffnung. Deutschland und Österreich-Ungarn erhalten lediglich die Unterstützung des Osmanischen Reichs und (später) Bulgariens. Am 2. August erklären hingegen zahlreiche andere Länder ihre Neutralität: Dänemark, Schweden, Norwegen, die Niederlande, die Schweiz und Belgien. Das Deutsche Reich ist jedenfalls weit entfernt von den schönen Hoffnungen, auf die man fälschlicherweise noch wenige Stunden zuvor im Berliner Schloss mit Sekt angestoßen hat.[18] In den nächsten Tagen vervollständigt sich das ungünstige Bild durch weitere Kriegserklärungen: Deutschland erklärt nach Russland nun am 3. August auch Frankreich den Krieg, und am 4. August bricht Großbritannien seine Beziehungen zum Deutschen Reich ab und befindet sich mit ihm im Kriegszustand.

Seit diesem Tag tritt Wilhelm II. in feldgrauer Uniform auf – die Zeit der wechselnden bunten Uniformkostümierungen ist vorbei. Der Kaiser verleiht dem Krieg somit auch persönlich Ausdruck durch sein Erscheinungsbild, als er am 4. August 1914 im Berliner Schloss seine Thronrede zur Reichstagseröffnung verliest. Andere tun es ihm in diesem Moment schon nach: Seine Söhne, die meisten Regierungsmitglieder und etwa ein Viertel der Reichstagsmitglieder erscheinen in Uniform.[19] Wie in den vergangenen Tagen setzt Wilhelm erneut zwei Schwerpunkte in seiner Darstellung des aktuellen Geschehens: Einerseits geht es dem Monarchen um die Zurückweisung jeder Kriegsschuld, andererseits um einen Appell an den Zusammenhalt der Deutschen. Das Erste gelingt inzwischen ohne erkennbaren Widerspruch. Doch bei Letzterem scheint es noch zu hapern. Zur Thronrede versammeln sich zwar die Regierung, zahlreiche hohe Staatsbeamte und Militärs sowie Mitglieder des Reichstags – allerdings fehlen die Angehörigen der SPD-Fraktion.[20] Die Sozialdemokraten boykottierten traditionell diese höfische Veranstaltung. Ihre Forderung, die Feierlichkeiten in den Reichstag zu verlegen, hat der Reichskanzler abgelehnt.[21]

»Aus den Schriftstücken, die Ihnen zugegangen sind, werden Sie ersehen, wie Meine Regierung und vor allem Mein Kanzler bis zum letzten Augenblick bemüht waren, das Äußerste abzuwenden. In aufgedrungener Notwehr mit reinem Gewissen und reiner Hand ergreifen wir das Schwert. An die Völker und Stämme des Deutschen Reichs ergeht Mein Ruf, mit gesamter Kraft, in brüderlichem Zusammenstehen mit unseren Bundesgenossen, zu verteidigen, was wir in friedlicher Arbeit geschaffen haben.«

(Wilhelm II. in seiner Thronrede am 4. August 1914)[22]

Der Kaiser referiert auch über seine angeblichen Bemühungen, einen Krieg noch zu verhindern, jedoch sei dieser ihm und seinem Reich »aufgezwungen« worden. Bei dieser Verteidigung beruft sich Wilhelm ausdrücklich auf Gott und den göttlichen Willen: Gott werde »mit uns sein«, erklärt er am 6. August in seinem Aufruf an das deutsche Volk, »wie er mit den Vätern war«. Wilhelms Verbindung zu Gott ist zumindest nach außen eine besondere, weil er als deutscher Kaiser zugleich *summus episcopus* ist, also das Oberhaupt der preußischen Protestanten. Als solches lässt er jetzt von allen evangelischen Kanzeln verlesen, dass er sich in der Sache vor Gott gewiss sei. Sein Volk möge sich deshalb getrost in den Kirchen versammeln und Gott anrufen, damit »Er mit uns sei und unsere Waffen segne«.[23] Dieses Pathos ist durchaus authentisch, und viele Deutsche kommen diesem Wunsch nach. Aber nicht alle lassen sich davon überzeugen, dass ausgerechnet der feierliche Gottesdienst nun das Gebot der Stunde sei:

> *»Diese erste bigotte Rede des Kaisers. ›Geht jetzt in die Kirchen und betet!‹ Herrgott! Das deutsche Volk hatte in dem Augenblick etwas anderes zu tun, und ein Gott im Himmel wird es schon billigen, wenn es arbeitet, statt zu beten.«*
> (der Kasseler Oberbürgermeister Erich Koch-Weser am 4. August 1914 in seinem Tagebuch)[24]

Der Krieg ist da, und Wilhelm II. gibt das Erklärungsmuster vor, wie es zu ihm kommen konnte. Aber wie groß ist die Schuld des Kaisers und der Reichsleitung an diesem Krieg wirklich? Von einer Alleinschuld sprechen die Historiker heute in aller Regel nicht mehr – aber fraglos hat kein anderes Land in diesen Tagen und Wochen so konsequent auf eine Eskalation des Konflikts gesetzt wie Deutschland. Es war vor allem die militärische Führung, die in diesem Krisenmoment nicht nüchtern die tatsächlichen Gefahren und politischen Notwendigkeiten im Blick hat, ja schon gar nicht die Sicherung des Status quo, sondern die Vorherrschaft in Europa.[25] Wilhelm II. besitzt weder die Kraft noch den Willen gegenzusteuern. Der Streit mit Moltke am 1. August zeigt zudem, dass es ihm zugleich an Einblick und Wissen mangelt, behutsam und sinnvoll bei der militärischen Planung zu kooperieren.

Auf den Straßen Deutschlands sind viele Menschen unterwegs – vor allem Soldaten, Reservisten und Freiwillige, aber auch Zivilisten, die entweder die Suche nach mehr Informationen umtreibt oder die ihre Unterstützung für die ausziehenden Soldaten zum Ausdruck bringen wollen. Regelrechte Begeisterung für den Kriegsausbruch ist keineswegs immer das Motiv – auch die Fotografien, die in diesen Tagen entstehen, sind nicht so eindeutig, wie es wünschenswert wäre. Zu den prominentesten von ihnen zählt jene Aufnahme, die einen Tag nach der Mobilmachung, am 2. August 1914, auf dem Odeonsplatz in München entsteht. Sie zeigt eine Menschenmenge während einer patriotischen Kundgebung – und mittendrin zwischen hutschwenkenden Männern den jungen Adolf Hitler. Dieses Foto wird später nicht nur von den Nationalsozialisten als Beleg für die umfassende Kriegsbegeisterung in München und stellvertretend im ganzen Deutschen Reich gewertet.

Dabei ist dieses Bild bei genauerer Betrachtung keineswegs so unmissverständlich für die Interpretation des Gesamtgeschehens: Zeitgleich entstehende Filmaufnahmen zeigen nämlich, dass auf dem Platz keineswegs dichtes Gedränge herrscht. Sogar in jenem Abschnitt, wo der junge Hitler steht, hat eine Straßenbahn genug Platz, um in normaler Geschwindigkeit über den Odeonsplatz zu fahren. Erst als die Teilnehmer der Kundgebung bemerken, dass sie gefilmt werden, beginnen sie zu jubeln und ihre Hüte zu schwenken – und just in diesem Moment drückt der Fotograf Heinrich Hoffmann auf den Auslöser. Und weil er für das veröffentlichte Bild geschickt einen Ausschnitt wählt, entsteht das Dokument einer Legende, der Legende einer Stadt voller jubelnder und kriegsbegeisterter Menschenmassen.[26]

Während die Menschen auf den Straßen sind und die Soldaten in die Kasernen und etwas später an die Front ziehen, muss sich der Kaiser in einer neuen Rolle zurechtfinden. Er ist schließlich mit Kriegsausbruch gemäß der Reichsverfassung nominell der Oberbefehlshaber der gesamten Landstreitmächte des Reichs. Wilhelm hat sich schon seit Jahren als militärischer Befehlshaber verstanden und ist auch stets so aufgetreten. Allerdings sind diese Auftritte von eher zweifelhaftem Erfolg und für die Organisation der Streitkräfte mitnichten hilfreich. Aber Wilhelm ist von seinen Fähigkeiten überzeugt. Um seine Zuständigkeit für den Aufbau und die Aufstellung der Streitkräfte zu unterstreichen, wird er seit 1900 immer häufiger als »Oberster Kriegsherr« bezeichnet. Als solcher prägt er auch die Kommandoebene von Heer und Marine, da er die Zuständigkeiten auf eine Vielzahl rivalisierender Stellen delegiert. Er unternimmt in den Jahren vor dem Krieg keinen Versuch, diesen Zustand zu beheben, sondern zersplittert die Befehlsstruktur noch weiter und schafft immer mehr Kommandoposten in Heer und Marine, die ihm direkt unterstellt sind. Da er entschlossen sei, den Oberbefehl über Armee und Marine selbst zu führen, so hatte er einmal erklärt, will er keine zentrale Kommandogewalt einrichten, die zwischen ihm und den einzelnen Befehlshabern steht.[27]

Allerdings überschätzt Wilhelm seine militärischen Fähigkeiten. So fehlt es ihm nicht nur an einem angemessenen Überblick über die strategischen Planungen, er ist einfach auch ein schlechter Taktiker. Das hat schon sein früherer Generalstabschef Alfred Graf von Schlieffen moniert, der auch die Teilnahme des Kaisers an den Heeresmanövern als störend kritisierte. Sein Nachfolger Helmuth von Moltke knüpfte übrigens die Übernahme des Amtes an die Bedingung, dass sich Wilhelm in Zukunft nicht mehr einmische.[28] Als es dann zum Krieg kommt, ist die militärische Führung erst recht nicht gewillt, den Kaiser als obersten Kriegsherrn in der täglichen Praxis zu akzeptieren. Er ist, so hat es sein Biograf später treffend formuliert, »zur tatsächlichen operativen Führung des Heeres unqualifiziert«. Was tut der Kaiser also in diesem Krieg? Er genehmigt zumeist anstandslos die Planungen des Generalstabs, legt allerdings Wert darauf, zumindest den Anschein seiner Führungsfunktion zu wahren.[29] Dafür gibt er seinen Militärs das Versprechen, dass er sich in ihre Operationen nicht einmischen werde, und überträgt dem Generalstabschef die Vollmacht, in seinem Namen Befehle zu erteilen.[30] Jetzt sind also die Militärs an der Reihe. Ihr oberstes Ziel ist es, einen Zweifrontenkrieg zu vermeiden, obwohl dieser mit Kriegsbeginn bereits Realität ist. Also muss im Westen schnell ein Sieg her, um im Osten mit geballter Kraft gegen Russland vorzugehen. Für Generalstabschef Moltke ist das Rezept für die notwendige rasche militärische Entscheidung an der Westfront der Schlieffen-Plan. Ein wenig respektlos könnte man ihn als »alten Hut« der deutschen Militärplanung bezeichnen, schließlich ist er fast zehn Jahre alt. Alle bisherigen Reichsregierungen haben ihn stets zur Kenntnis genommen, ohne dass dieser Plan einmal zwischen den politischen und militärischen Stellen der Reichsführung ernsthaft diskutiert worden wäre. Aber er klingt vergleichsweise einfach: Mit Kriegsbeginn müsse man nicht sofort mit einem Frontalangriff gegen Frankreich und die stark befestigten Stellungen an der gemeinsamen Grenze vorgehen, sondern eine groß angelegte Umfassungsoperation im Nordosten Frankreichs starten, um mit einem riesigen Heer (unter Verletzung der Neutralität Luxemburgs, Belgiens und der Niederlande) innerhalb von nur fünf Wochen die gesamte französische Armee einzukreisen und zu besiegen. So will man Frankreich vernichtend schlagend, noch ehe die russischen Streitkräfte voll einsatzfähig sind und für den Osten des Deutschen Reichs eine ernsthafte Gefahr darstellen.[31] Soweit der Plan. Indes ist die Wirklichkeit deutlich komplexer als dieses Konzept. Dies nicht nur wegen des Umstands, dass es zunehmend zweifelhaft erscheinen muss, im Zeitalter moderner Volkskriege eine endgültige Ausschaltung Frankreichs militärisch überhaupt erreichen zu können.[32] Noch entscheidender ist in diesen Tagen vielmehr der Widerstand der belgischen Verbände gegen die deutschen Angreifer, durch den das gesamte

Vorhaben in Verzug gerät. Mit dieser Gegenwehr hat man offenbar nicht gerechnet, weshalb der Zeitplan der gesamten Westoffensive schon gleich zu Beginn durcheinandergerät – die Nervosität der deutschen Truppen und ihrer Führung steigert sich zu einer regelrechten Psychose gegenüber den überfallenen Belgiern, woraus übrigens auch die später bekannt werdenden zahlreichen Übergriffe auf die belgische Zivilbevölkerung resultieren.[33]

Haben die deutschen Militärs für den Vormarsch im Westen ihre eigenen Möglichkeiten überschätzt, so haben sie zugleich für den Osten die russischen Fähigkeiten zur Mobilmachung kolossal unterschätzt: Durch den Bau der russischen Westbahnen in den Jahren zuvor ist die Zeitspanne für die Bereitstellung schlagkräftiger russischer Armeen erheblich verkürzt worden[34], was man in Berlin allerdings nicht wahrgenommen hat. Der Schlieffen-Plan – das operative Kernstück der deutschen Kriegführung zu Beginn des Krieges – ist somit überholt und kann deshalb auch nicht zum Erfolg führen.

Kaiser Wilhelm II. sind das Ausmaß dieser Fehlplanung und das baldige Scheitern in der Praxis zu diesem Zeitpunkt allerdings noch nicht bewusst. Er verbringt seine Zeit im Großen Hauptquartier, das zunächst in Koblenz eingerichtet wird, und pflegt dort seine »aktive Untätigkeit«, wie es ein Militär aus seiner Umgebung einmal formuliert.[35] Anders gesagt: Es geht gemütlich zu bei Seiner Majestät, schlechte Nachrichten versucht man von ihm fernzuhalten, denn schließlich sind seine Stimmungsschwankungen bekannt und gefürchtet. Deshalb gibt es dann und wann erst einmal einen beruhigenden Ausflug:

»Das erste Frühstück um 8–9 ohne den Kaiser, der erst später aufsteht u. um 10 mit einem Adj[utanten] frühstückt. […] Mittags 12 Uhr fährt S[eine] M[ajestät] zum Generalstab u. wir erfahren dann von ihm eines oder das andere, aber meist nur Nachrichten, die Ihr später auch in der Zeitung lest. […] Hat man dann, wie ich heute, dem Kaiser etwas vorzutragen, so geht man wieder in den

Schloßgarten, wo man ihn sicher trifft. Einige sind immer um den
Kaiser u. ich bin froh, daß ich mich auch auf diese Weise nützlich
machen kann. Die Unterhaltung ist natürlich nicht leicht, da Alles
Morose vermieden werden muß. [...] Von Exkursionen an die Front
ist auch gar keine Rede, der Kaiser macht Nachm. meist einen Auto-
mobilausflug in den Westerwald, gestern war er in Nassau und Ems.
Er geht dann mit dem Adj[utanten] im Walde spazieren.«

(Rudolf von Valentini, Chef des Zivilkabinetts, in einem Brief an seine
Frau am 19. August 1914)[36]

Dieses Tagesprogramm bleibt für die kommenden Wochen recht
stabil: feste Essenszeiten und der tägliche Vortrag im Generalstab. Alle anderen Regierungsgeschäfte haben dagegen keine festen Zeiten. Dafür sind die Nachmittage für Ausflüge vorgesehen
und die Abende den kaiserlichen Monologen oder dem Skatspiel
vorbehalten.[37] Doch alle Regelmäßigkeit und Schonung helfen
in dieser Lage der kaiserlichen Psyche nicht so recht: Schon wenige Tage nach Kriegsbeginn nagen Zweifel an Wilhelm II. Nach
außen versucht er fest und siegesgewiss aufzutreten, doch in seinem Umfeld wird bemerkt, wie unsicher der oberste Kriegsherr
längst geworden ist. Vielen erscheint er schon nach zwei Kriegswochen sichtlich erschöpft und mitgenommen.

»Ich war bis ins Innere ergriffen, als ich sein bleiches, erschrockenes,
ich möchte sagen verstörtes Antlitz erblickte. Es sah erregt und dabei
doch abgespannt aus. Die Augen flackerten unruhig. [...] Er legte
mir in freundlicher Weise, nach alter Gewohnheit, seinen Arm um
die Schulter und begann mit der Bemerkung, daß die ›fürchterlichen‹
Ereignisse der letzten vierzehn Tage ihn auch körperlich mitgenom-
men hätten. Er habe, in Berlin angekommen, vierundzwanzig Stun-
den das Bett hüten müssen. ›A little nerves rest cure‹ [eine kleine
Kur für meine Nerven], fügte er mit trübem Lächeln hinzu.«

(der ehemalige Reichskanzler Bernhard von Bülow über seine
Begegnung mit Wilhelm II. Anfang August 1914)[38]

Die Nerven des Kaisers werden schon nach wenigen Tagen zu einer nationalen Frage. Den Kaiser zu schonen, um den befürchteten vollständigen Nervenzusammenbruch zu vermeiden, so hat es sein Biograf John C.G. Röhl treffend formuliert, »wurde zur wichtigsten Aufgabe der kaiserlichen Umgebung während der folgenden vier Jahre«.[39] Der als »nervliche Erschöpfung« beschriebene Zustand macht das Zusammensein mit dem Kaiser anstrengend, vor allem im Großen Hauptquartier. Seine Stimmungsschwankungen sind extrem. Schon bei bloßen Gerüchten über militärische Erfolge kann Wilhelm in blutrünstige Jubelrufe ausbrechen, bei anderslautenden Nachrichten ist er dann wieder völlig niedergeschlagen und macht einen deprimierten Eindruck.[40]

In diesem Krieg geht es von Beginn an um die Nerven aller Beteiligten. Das gilt für den Kaiser und die militärische Führung ebenso wie für die breite Bevölkerung: »Am meisten fürchte ich die Nervosität«, notiert am 4. August der Kasseler Oberbürgermeister Koch-Weser in seinem Tagebuch. Er beklagt den Verlust der »alten guten, gesunden Bauernnerven« bei der gegenwärtigen Stadtbevölkerung, die »erregt, geschwätzig und jeder Massensuggestion zugänglich« sei und deshalb auch auf jedes Gerücht hereinfalle.[41]

Die Vorstellung von »guten Nerven« ist in Deutschland zu diesem Zeitpunkt längst ein Indiz für die Überforderung bei der Wahrnehmung einer sich immer schneller modernisierenden Welt geworden. Die mentale Geschichte der wilhelminischen Epoche ist vom Phänomen der »Nervosität« geprägt[42], später wird man vom »nervösen Zeitalter« und vom wilhelminischen Reich als der »nervösen Großmacht« sprechen.[43] Und ausgerechnet Wilhelm II. hat nur wenige Jahre vor Kriegsausbruch noch vor Offizieren und Kadetten einer Marineschule erklärt, dass der nächste Krieg und die nächste Seeschlacht von ihnen »gesunde Nerven« erfordern werden: »Durch Nerven wird er entschieden.«[44]

Nun sind die militärischen Entwicklungen im August 1914

nicht dazu geeignet, die Nerven des Monarchen zu schonen. Erste Erfolge im Westen können das Drama im Osten nicht verschleiern: Dort hat die Oberste Heeresleitung nur eine vergleichsweise schwache Verteidigung aufgebaut, weil man sich zunächst mit ganzer Wucht gegen Frankreich wenden wollte. Russland macht aber schneller mobil, als es die deutschen Militärs erwartet haben. Russische Einheiten durchbrechen rasch die deutsche Verteidigung und dringen binnen weniger Tage tief in die preußische Provinz Ostpreußen ein. In der Region setzen überstürzte Fluchtbewegungen ein, die nicht nur die Zivilisten ergreift. Der Befehlshaber der dortigen 8. Armee trägt sich sogar mit dem Gedanken, die Provinz aufzugeben und sich mit seinen Soldaten hinter die Weichsel zurückzuziehen.

Auf Wilhelm II. wirken die Nachrichten aus Ostpreußen und die Überlegungen für eine Preisgabe der Provinz niederschmetternd. Dass ein so großes Stück seines preußischen Stammlandes an den Feind fällt, empfindet er nicht nur als militärische Niederlage, sondern auch »als schwere Kränkung seines Selbstgefühls«, wie es ein Beobachter im Großen Hauptquartier vermerkt.[45] Admiral Georg von Müller, Chef des Marinekabinetts, trifft gemeinsam mit Moriz von Lyncker, Chef des Militärkabinetts, auf einen deprimierten Kaiser:

> »Der Kaiser war sehr trüber Stimmung, ging mit Lyncker und mir lange im Garten spazieren, wohl 1½ Stunden. Schließlich setzte er sich auf eine Bank und sagte: ›Setzt Euch auch.‹ Die Bank war sehr kurz. Wir holten uns also eine andere Bank herbei. Da sagte der Kaiser: ›Verachtet Ihr mich schon so, daß sich niemand mehr neben mich setzen will?‹ Das war nicht nur eine Redensart. Er sah sich schon gemieden, weil seine Politik dazu geführt hatte, daß große Teile seines Landes vom Feinde überschwemmt wurden.«[46]

Die deutschen Behörden geraten angesichts des russischen Eindringens in Ostpreußen regelrecht in Panik. Nicht nur für den

Kaiser, der seine traditionellen preußischen Stammlande betrauert, sondern auch für die deutsche Öffentlichkeit bedeutet das unerwartet rasche Vordringen der russischen Einheiten einen mentalen Schrecken: Da sind sie also wirklich, die angeblichen »slawischen Barbaren«, die schon in der deutschen Kriegspropaganda eine so wichtige Rolle bei der Mobilisierung der Kriegszustimmung gespielt haben. Die kollektiven Bilder von riesigen, blutrünstigen Bauernheeren, die westwärts drängen, erfahren jetzt ihre Aktualisierung durch bildhafte Berichte von russischen Gräueltaten, von langen Flüchtlingstrecks, von den Ruinen der Stadt Neidenburg oder von der Parade russischer Truppen im besetzten Insterburg und verstärken so die ohnehin weit verbreitete Angst vor den russischen Soldaten.[47] Ostpreußen ist zum Teil verloren, und in diesen Tagen weiß niemand so recht, ob eine Befreiung gelingen kann und wie lange sie auf sich warten lässt.

>*Der Feind ist bis in unsere Stadt vorgedrungen und hält sie bis auf weiteres – unter Umständen bis zur Beendigung des Krieges – mit einem Obersten und einem Regiment dauernd besetzt.«*
(Bekanntmachung nach dem Einmarsch russischer Truppen in Insterburg, 25. August 1914)[48]

Doch die Wende kommt schnell; schon in den letzten Augusttagen erleben die Deutschen ein regelrechtes militärisches »Wunder« an der Ostfront: die Schlacht von Tannenberg. Dort gelingt der deutschen 8. Armee unter der Führung des aus dem Ruhestand geholten Generalobersten Paul von Hindenburg zwischen dem 26. und 30. August 1914 die Umfassung und Vernichtung der 2. russischen Armee: Die Deutschen verlieren 13 000 Soldaten, auf russischer Seite werden insgesamt 140 000 Mann getötet oder geraten in Gefangenschaft.[49] Der Schrecken über die raschen Erfolge der russischen Armee weicht jetzt der Hoffnung, dass die deutschen Militärs in der Lage sein werden, dem Feind strategisch wirksam zu begegnen.

Auch an der Westfront endet der August vorerst mit besseren Nachrichten für den Kaiser. Als deutsche Truppen von Belgien aus rasch nach Nordfrankreich vorstoßen, breitet sich im Großen Hauptquartier in Koblenz schon Siegeszuversicht aus. Dass die französischen Einheiten dabei zuweilen einen geordneten Rückzug antreten, um der deutschen Umfassung zu entgehen und später möglicherweise eine eigene Offensive starten zu können – das scheint in diesem Moment auf deutscher Seite kaum jemand zu bedenken. Stattdessen versetzen die Meldungen von der Zerstörung der Festung Lüttich oder der Einnahme Namurs sowie von den Erfolgen in der Schlacht in Lothringen mit schweren französischen Verlusten die deutsche Öffentlichkeit und ihren Monarchen in Hochstimmung. Schließlich dringen deutsche Truppen über die Marne vor und bedrohen Paris. Als Wilhelm II. in diesen Tagen im Hauptquartier zu Soldaten spricht, ist er im Überschwang des Sieges fast schon wieder der Alte – übersprühend vor Begeisterung und wie gewohnt ohne rechtes Maß:

>*Ich habe Sie versammeln lassen, damit wir uns gemeinsam des Sieges freuen, den unsere tapferen Kameraden in Lothringen errungen haben. [...] Sie alle zeigten denselben Schneid, dieselbe Tapferkeit, das gleiche Gottvertrauen und rücksichtsloses Draufgehen. Dafür haben wir vor allem unseren Dank zu richten an Gott, den Allerhöchsten. Ich gedenke in Ehre der Gefallenen, die ihr Herzblut verspritzt haben, wie wir es nachmachen wollen. Sie haben es getan in unerschütterlichem Gottvertrauen. Noch viele blutige Kämpfe stehen uns bevor. Wir wollen dem Feind gründlich ans Leder.*«[50]

Doch was steht wirklich bevor? Wilhelm II. weiß es nicht, weil er es nicht wissen kann. Es sind solche Auftritte vor seinen Soldaten, die die militärische Führung in ihrer Haltung unterstützen, den Monarchen systematisch von den eigentlichen Entscheidungsprozessen in diesem Krieg fernzuhalten. Sie fürchten mögliche spontane Einmischungen und verhindern sie deswegen strukturell. Zwar trägt der Generalstabschef dem Monarchen täglich über die aktuelle Lage an den Fronten vor, doch dienen diese Vorträge weniger der Information als vielmehr einer höchst selektiven Unterrichtung und damit letztlich der Steuerung des Kaisers. Wilhelm erfahre »nicht mehr, als die Diplomaten und Hofleute wissen dürfen«, erklärt Kriegsminister Erich von Falkenhayn einem Vertrauten. Mit Vorliebe berichte man dem Kaiser über die Zahl der Gefangenen und der erbeuteten Kanonen. »Jetzt erfährt er tatsächlich nichts mehr, was erst im Werke ist, sondern nur Geschehnisse, und zwar nur die günstigen.«[51]

Was weiß Wilhelm also Ende August 1914 wirklich? Dass man dem Feind »gründlich ans Leder« wolle! Aber was soll das konkret heißen, und was bedeutet diese Absicht für die deutschen Soldaten an der Front und für die Zivilisten daheim? Das ist auch dem deutschen Kaiser nicht klar. Er leidet an diesem Krieg, wenn es Niederlagen gibt. Dafür stehen seine Reaktionen auf das schnelle Vordringen der russischen Armee nach Ostpreußen. Wenn es indes Siege zu feiern gibt, steigert er sich rhetorisch zuweilen in einen wahren Blutrausch. Manche Beobachter erschreckt dies, anderen ist das zuweilen peinlich. So auch an diesem 30. August 1914, als Wilhelm mit Mitgliedern der militärischen Führung auf dem Weg zum Hauptquartier in Luxemburg ist:

> »Während der Bahnfahrt watet der Kaiser – wie schon öfters in der letzten Zeit – geradezu in Blut: ›Zwei Meter hohe Leichenhaufen – ein Unteroffizier hat mit 45 Patronen 27 Franzosen umgelegt u.a.m.‹ – Entsetzlich! Moltke, der neben ihm saß, litt Qualen.«

(Tagebucheintrag von Admiral von Müller, 30. August 1914)[52]

Der Kaiser ist peinlich, schlecht informiert, zu einem politischen und militärischen Überblick unfähig – und er hat es längst mit den Nerven. So ist es um den obersten Kriegsherrn bestellt, als der erste Kriegsmonat zu Ende geht. Das sind für die Deutschen wahrlich keine guten Aussichten.

Alexander Cartellieri spricht von einem »Verstandeskrieg«

»Zur Verkündigung des Kriegszustandes rückte heute mittag hier der Adjutant des Bataillons mit einer Kompagnie und den Spielleuten aus, um unter Trommelschlag auf dem Markt und anderen Plätzen folgende Bekanntmachung zu verlesen: Auf Befehl Seiner Majestät des Kaisers und Königs ist für das Reichsgebiet der Kriegszustand erklärt. Die vollziehende Gewalt geht hierdurch an mich über. Die näheren Verordnungen werden nötigenfalls noch bekannt gegeben. Jena, den 1. August 1914. V. Taysen, Major und Garnisonältester.«

(Meldung aus der *Jenaischen Zeitung* vom 2. August 1914)[53]

Alexander Cartellieri will in erster Linie seine Ruhe und seinen Frieden, um als Historiker seinen ambitionierten Projekten nachgehen zu können. Schon bei der Übernahme des Prorektorats stellte er mit Bedauern fest, zu welchen Lektüren und eigenen Arbeiten er deshalb wohl nicht kommen würde. Und auch ein Krieg ist für ihn eine Ablenkung von seinen eigentlichen Interessen. Nicht dass er dem dramatischen Geschehen in diesen Wochen teilnahmslos gegenüberstünde (dagegen spricht nicht nur sein grundsätzliches politisches Interesse sowie seine gesellschaftliche Stellung als Vertreter der Universität), doch immer sehnt er sich nach seinen Studien. Mitten in den größten Aufregungen des gerade ausgebrochenen Weltkrieges wünscht er sich in den Frieden einer gelehrten Welt zurück, am meisten in »die Welt der Gedanken«.[54]

Doch sein Leben verändert sich ebenso wie der Universitätsalltag in Jena. Es ist lediglich ein Gerücht, dass zum Wintersemester die Hochschule ganz geschlossen werden könnte. Das wird in der örtlichen Presse ausdrücklich zurückgewiesen. Schon im August erklärt man von offizieller Seite, dass es im Deutschen Reich nicht zu Universitätsschließungen kommen wird. Dies geschieht fraglos aus propagandistischen Gründen sowohl gegenüber dem Ausland (schließlich dürfe das »geistige Deutschland« nicht vor den Feinden zurückweichen) als auch gegenüber der eigenen Bevölkerung (die möglichst geringe Beeinträchtigung des öffentlichen Bildungswesens gilt als wichtiges Element der inneren Stabilität).[55] Doch schon in diesen ersten Augusttagen hat sich der Alltag an der Universität in Jena erkennbar verändert: Schon am ersten Wochenende nach der Mobilmachung legen in der juristischen und der philosophischen Fakultät die ersten jungen Männer sogenannte Notprüfungen ab, um anschließend in den Krieg zu ziehen.[56] Offiziell verlassen sie ihre Alma Mater jedoch nicht endgültig, denn demonstrativ bleiben alle im Feld stehenden Studenten immatrikuliert.[57] Wer hingegen in Jena bleibt, muss sich in einen anderen vaterländischen Dienst stellen:

> *»An die Studenten! Da von allen Seiten mit Recht auf die dringende Notwendigkeit hingewiesen wird, die Ernte möglichst rasch zu bergen, ist es eine vaterländische Pflicht auch der Jenaischen Studenten, die weder Dienst mit der Waffe tun noch sich in der Krankenpflege betätigen können, sich der Landwirtschaft zur Verfügung zu stellen.«*
> (Aufruf im *Jenaer Volksblatt* vom 6. August 1914)[58]

Das Deutsche Reich erlebt in diesen Tagen und Wochen eine »Selbstmobilisierung der Intellektuellen«.[59] Schon in den ersten Kriegstagen nehmen sie sich in die Verantwortung, gerne singen Hochschullehrer vor ihren Studenten das Hohelied des Patriotismus: »Nach Erschöpfung beispielloser Langmut«, so erklärt etwa Max Planck den Studierenden anlässlich des Stiftungsfestes der Berliner Universität am 3. August 1914, »hat Deutschland das Schwert gezogen gegen die Brutstätten schleichender Hinterhältigkeit.«[60] In Göttingen zeigt sich der Philosoph und Mathematiker Edmund Husserl davon angetan, »wie großartig« die Mobilisierung vonstatten gehe. »Und dieser große Ernst, diese feste Entschlossenheit, diese Freudigkeit und Ruhe!« Professor Husserl zeigt sich schon in den ersten Augusttagen fest davon überzeugt, dass Deutschland siegen werde. Die vielen Freiwilligen, die Effektivität der Mobilmachung, die große Vaterlandsliebe – Husserl muss unwillkürlich an die ein Jahrhundert zurückliegenden Befreiungskriege gegen Napoleon denken: »Diesem Geist, dieser Willensgewalt kann jetzt wie 1813/14 keine Macht der Welt widerstehen!«[61] Es kann keinen Zweifel geben, weil es keinen Zweifel geben darf.

>»Jetzt gilt es alle Zweifel und Sorgen in das allerhinterste und unbewohnte Herzenskämmerchen zu packen und jedem seiner Landsleute zu helfen, das Gleiche zu tun. Unser belgisches Unternehmen, das ich Sie schon im Stillen kritisieren höre, gibt mir das Vertrauen, daß wir in einer ganz festen Hand liegen, die alles bedacht hat und nun deswegen jetzt dies Kühne wagt, weil hier Kühnheit jetzt die äußerste Vorsicht ist.«*

> (der Historiker Friedrich Meinecke in einem Brief an seinen Kollegen Siegfried Kaehler am 8. August 1914)[62]

Den meisten Professoren ist es nicht gegeben, sich selbst zu den Waffen melden zu können. Einige nehmen es wie Cartellieri vergleichsweise nüchtern: »Großes zu erleben, werde ich kaum Gelegenheit haben«, schreibt er in seinem Tagebuch.[63] Als Brillenträger war er einst ausgemustert worden. Damit war er wie andere professorale Brillenträger, zu denen beispielsweise Max Planck oder der berühmte Naturwissenschaftler und Nobelpreisträger Walther Nernst gehörten, ungedient geblieben. Letzteren sollte dies nicht hindern, doch noch irgendwie seine vaterländische Pflicht zu erfüllen: Der 50-jährige Nernst, Professor an der Berliner Universität, meldet sich als begeisterter Automobilist beim Freiwilligen Fahrerkorps und erreicht Ende August noch das Hauptquartier der Zweiten Armee vor Paris – wo der wohl beste deutsche Naturforscher nachts die Lichter der französischen Hauptstadt bewundert.[64]

Die Studenten reagieren wie die meisten ihrer Professoren mit einem nach außen gekehrten Patriotismus. Sie geben der vermeintlichen Kriegsbegeisterung ein Gesicht – ein junges, ein entschlossenes, vielleicht sogar opferbereites Gesicht. Doch auch das trifft nicht auf alle Studenten zu, was ein Blick auf die verschiedenen katholischen Studentenverbände zeigt. In der Zeitschrift des »Cartellverbandes der katholischen deutschen Studentenverbindungen« heißt es in der ersten Ausgabe in einem Gedicht: »Gebt mir Waffen – führt mich ins Feld, laßt mich werden ein deutscher Held«, und abschließend: »Heimat, Liebe – ich setze mein höchstes Gut – fließe, fließe mein junges Blut!« Nüchterner klingen da die Zeilen des Schriftleiters der *Unitas*, der Zeitschrift des stark von Theologen geprägten »Verbandes der wissenschaftlichen katholischen Studenten-Vereine Unitas«. Zwar heißt es auch dort, dass viele Bundesbrüder nun freudig das Schwert zur Verteidigung des Reichs gezogen haben, doch allem voran steht die Einschätzung: »Eine ernste Schicksalsstunde hat für unser deutsches Vaterland geschlagen.«[65]

In Jena trägt Alexander Cartellieri nach seinen Möglichkeiten zur Mobilisierung der Intellektuellen bei. So beraumt er für den 10. August eine allgemeine Studentenversammlung an, in der es um die »freiwillige Hilfstätigkeit während der Kriegszeit« geht.[66] Cartellieri selbst kann seinen Studenten allerdings nicht als gutes Beispiel vorangehen. »Da ich Krankenpflege nicht verstehe«, so notiert er in seinem Tagebuch, und »mich des Rektorats wegen nicht dauernd binden kann, bin ich vorläufig noch recht unnütz.« So beschäftigte sich der Gelehrte zunächst mit vertrauten Dingen, die er als »mechanische Beschäftigung« versteht. »Ich habe in den ersten Tagen Bücher geordnet«, und will damit Goethe nachahmen, der dies »im Herbst 1813 ähnlich geübt hat«.[67]

Ärgerlich ist es für Cartellieri, dass in den ersten Kriegstagen so schwer an verlässliche Informationen zu kommen ist. Wie andere Bewohner Jenas zieht es ihn regelmäßig zu Aushängen der örtlichen Zeitung, um dort die neuesten Nachrichten zu erhalten.

Doch er ist enttäuscht: »Es wird wenig bekannt!« Mehr noch: Es werde vieles regelrecht verheimlicht.[68]

»Das ist mir fast das Unheimlichste in diesen ernsten Tagen: dass es möglich ist, ein grosses Kulturvolk so vollständig gegen die Aussenwelt abzusperren. Man erfährt nur, was die Regierenden uns erfahren lassen! Nicht, dass ich das tadelte. Es muss sein und unsere Schweigsamkeit wird uns vielleicht viel edles Blut sparen. Aber das Mittel kann auch furchtbar missbraucht werden!«[69]

Wenn er auf den Straßen Jenas unterwegs ist, mag Professor Cartellieri keine überschäumende Freude über den Kriegsausbruch erkennen. Zwar notiert er in seinem Tagebuch, dass die Stimmung »vortrefflich« war und ist. Aber die Zustimmung erinnert ihn mehr an eine ruhige Entschlossenheit denn an – so nennt er es – »Ruhmredigkeit«. Der Historiker zollt gerade deshalb seinen Landsleuten Respekt und schreibt sogar von der »Reife des Volkes«. Schließlich beobachtet er ein »auffallendes politisches Verständnis für den Verstandeskrieg ohne zwingenden Anlass«.[70] Dass Cartellieri hier, und dies ist ein kaum gebrauchter Terminus, von »Verstandeskrieg« spricht, passt durchaus zu seinem Rückblick in seiner vielbeachteten Rede vom Juni, als er über Deutschland und Frankreich sprach. Dass es in diesem Verhältnis um »den Kampf um Weltgeltung« gehe, hat er damals gesagt. Nun habe dieser Kampf rascher begonnen, als er es geahnt hat. Fraglos stehe eine »gewaltige Entscheidung« an, wobei sich der Historiker zuversichtlich zeigt: »Ich glaube fest an unseren Sieg.« Und fügt doch hinzu: »Ob wir wirklich alle drei starken Feinde niederwerfen können, weiss ich nicht.«[71]

Cartellieri im Verstandeskrieg: Es geht um Zuversicht. Nicht um Begeisterung. In Jena ist diese Haltung auch öffentlich greifbar: Bei den Abschiedsfeiern für die einberufenen Soldaten, so schreibt das *Jenaer Volksblatt*, spielen sich in diesen Tagen sowohl in den Häusern als auch an den Bahnsteigen ergreifende Tragödien ab, »wenn der Vater und Gatte von Weib und Kindern, der Sohn von Vater und Mutter mit einem letzten Händedruck scheidet, um einer dunklen Zukunft entgegenzugehen«.

»Viele der Einberufenen begaben sich von den Abschiedsfeiern direkt zum Bahnhof, um in den ersten Morgenstunden ihrem Bestimmungsort entgegenzueilen. Unter einem letzten Hüteschwenken und dem vielstimmigen Ruf: ›Auf frohes Wiedersehen!‹ verschwand der Zug hinter der erste Kurve. Und die Zurückbleibenden entfernten sich mit der bangen Frage: Werden wir sie auch wiedersehen?«[72]

Alexander Cartellieri spürt aber auch Aufgeregtheit und Nervosität. Ruhiges Auftreten erscheint ihm als Gebot der Stunde: »Auf den Straßen steht die Bürgerwehr«, notiert er in seinem Tagebuch«, »hält jedermann fest, beschiesst womöglich das rasche Auto.«[73] Tatsächlich patrouillieren seit den ersten Kriegstagen in Jena Streifen der Bürgerwehr. Die örtliche Presse vermeldet, dass auf allen Straßen, Brücken und Eisenbahnlinien in Jena und Umgebung Bürgerwachen aufgezogen seien, die Straßen selbst seien mit Ketten abgesperrt. Dieses Vorgehen sei unbedingt nötig, »um dem umfangreichen ausländischen Spionagesystem energisch entgegenzutreten, das sich in starkem Maße der flinken Autos« bediene.[74] Dass diese engmaschige Überwachung der Stadt – und schon einer vergleichsweise kleinen wie Jena – schnell die Möglichkeiten der Bevölkerung übersteigt, wird allerdings ebenfalls rasch deutlich: Schon am 7. August erscheint in der örtlichen Presse der Aufruf, dass sich alle Männer zur Verstärkung der Bürgerwache melden sollen, »die mit dem Gewehr umzugehen verstehen«, vorzugsweise altgediente Soldaten. Unterstützung sei unbedingt nötig, schließlich erfordere der »ausgedehnte Wachdienst, der sich über das ganze Stadtgebiet erstreckt«, eine große Zahl von Freiwilligen.[75]

So hat der Krieg auch an der »Heimatfront« schon begonnen. Die Menschen in Jena sind aufgeregt, glauben ausländische Spione am Werk und verdächtigen manchmal harmlose Mitbürger der Sabotage im Dienst der Feinde. Und so tritt am Montag, dem 3. August 1914, bereits das neu gebildete Kriegsgericht zusammen: Ein 33-jähriger Mechaniker wird angeklagt, weil er auf seinem Grundstück einen Sendemast gebaut hat – aus seiner Sicht aus rein technischem Interesse. Für die Anklagebehörde tut sich dagegen ein Abgrund von Landesverrat auf, weil der Mann angeblich Nachrichten für fremde Staaten auffangen wollte. Doch der Beschuldigte hat Glück. Obwohl ein Gerücht in der Stadt umgeht, dass er bereits am Tag zuvor kurzerhand erschossen worden sei, ist er am Leben – und wird jetzt überdies mangels Beweisen in diesem ersten Verfahren des Jenaer Kriegsgerichts freigesprochen.[76] Solche Aufgeregtheiten sind im ganzen Land zu beobachten. Sie steigern sich schließlich zu regelrechten »Verrücktheiten«, wie es bald in den nun für notwendig erachteten Warnungen der Behörden heißt:

»*Schutzleute! Die Einwohnerschaft fängt an, verrückt zu werden. Die Straßen sind von alten Weibern beiderlei Geschlechts erfüllt, die sich eines unwürdigen Treibens befleißigen. Jeder sieht in seinem Nebenmenschen einen russischen oder französischen Spion und meint, die Pflicht zu haben, ihn und den Schutzmann, der sich seiner annimmt, blutig zu schlagen, mindestens aber unter Verursachung eines großen Auflaufs ihn der Polizei zu übergeben.*«
(aus einem Dienstbefehl des Polizeidirektors von Stuttgart Anfang August 1914)[77]

Gerüchte schwirren überall durch die Luft, die unmöglichsten Ereignisse scheinen nun denkbar. Die Zeitungen rufen in diesen Tagen immer häufiger zu Besonnenheit und Ruhe auf. In Thüringen finden sich Mahnungen, nicht auf gesichtete Flugzeuge zu schießen – in ihnen säßen nämlich keineswegs feindliche, sondern eigene Piloten, die dadurch in ernsthafte Gefahr gerieten. Überall werden Spione vermutet. Gerüchte von feindlichen Angriffen mitten in deutschen Städten gehören zu den Ängsten dieser ersten Kriegstage. »Auf der Tübinger Neckarbrücke«, so erinnert sich später der Rektor der Tübinger Universität, »traf ich einen Kreis gelehrter Herren und Damen, die Planeten und Fixsterne des Himmels als feindliche Flieger beobachteten.«[78] Anderenorts werden sogar Menschen gelyncht:

>*»Hier ist man bei der Arbeit: gestern wurden sieben Russen wegen Umtriebe erschossen.«*
>
> (der Schriftsteller Klabund in einem Brief am 3. August 1914 aus München)[79]

Die bald schon so bezeichnete »Spionitis« fordert bereits in den ersten Kriegstagen Todesopfer: Am 3. August 1914 werden im preußischen Städtchen Schneidemühl drei angebliche Spione zum Tod durch Erschießen verurteilt, zwei Russen und ein Franzose. Einer von ihnen, so wird erzählt, habe versucht, in den städtischen Wasserturm einzudringen und das Trinkwasser der Stadt mit Cholerabazillen zu verseuchen. Die Bewohner werden jedenfalls anschließend aufgefordert, vorsichtshalber das Trinkwasser vor dem Genuss abzukochen.[80] In Kassel wird ein Offizier zusammengeschlagen, weil sein Säbel nicht mit der erforderlichen Tarnfarbe überzogen ist. Der Oberbürgermeister der Stadt notiert seufzend: »Das Schlimmste ist die Selbstjustiz.«[81] Praktisch jedermann kann jetzt in die Hände einer aufgeregten Menschenmenge fallen, vermeintlich »fremdländisch« aussehende Männer und Frauen leben in diesen Tagen besonders gefährlich. Aber auch auf den ersten Blick »normale« Männer geraten schnell in Verdacht. So der 42-jährige Theodor Lessing. Der Philosoph hatte sich aufgrund seiner medizinischen Ausbildung freiwillig für den Dienst als Militärarzt gemeldet, um einem Fronteinsatz zu entgehen. Als er am 4. August 1914 ohne Militärpass im Zug unterwegs ist, ereilt auch ihn der Spionageverdacht:

»Im Begriffe abzureisen, wurde ich auf dem Bahnhof als russischer
Spion verhaftet. Ein Kerl packte mich grob an, holte zwei Soldaten
herbei. Ich sollte mich ausweisen, habe aber keine Papiere. Also
als Arrestierter zur Kaserne, von zwei Soldaten mit Gewehr und
Bajonett eskortiert, ein dritter trägt meinen Handkoffer, ein kleiner
Junge ergreift die Handtasche, ihm wird bedeutet, daß er im Zuge
mitzugehen habe, die Tasche vorsichtig tragen müsse (es könnte ja
Dynamit darin sein), wenn ich einen Schritt vom Wege abweiche,
wird geschossen, ich mußte auf dem Fahrdamm gehen, ein langer
Zug von Kindern, Dienstmädchen schloß sich an. Ein Junge hat
eine kleine Mundharmonika. Darauf spielt er ›Deutschland,
Deutschland über alles‹.«[82]

Besonders dramatisch gestalteten sich die Auswirkungen der Gerüchte von den angeblichen »Goldautos«: Das den Nachrichten-
markt beherrschende »Wolffs Telegraphisches Bureau« (WTB)
verbreitet in den ersten Augusttagen die Nachricht, wonach französische Offiziere in preußischen Uniformen mit zwölf Autos die
Grenze überschritten haben, um Gold nach Russland zu schaffen.
Die Meldung wird am 4. August in zahlreichen Zeitungen im
Deutschen Reich gedruckt und löst eine regelrechte Kettenreak-
tion aus. In einigen Blättern wird die Nachricht weiter variiert –
mal heißt es jetzt, in den Autos säßen Frauen, später ist davon die
Rede, die französischen Agenten seien auf Fahrräder umgestiegen.
Die Zivilbevölkerung macht daraufhin im ganzen Reich »mobil«:
In Hunderten von Städten und Dörfern streifen eigens gegründete Patrouillen umher, die Mitglieder von Schützenvereinen
greifen zu ihren Hinterladern und beziehen Posten, Landwirte
bewaffnen sich mit Jagdgewehren und Heugabeln und errichten
Straßensperren. Angebliche Erfolge heizen die Stimmung weiter an: Überall tauchen nun Berichte über gestellte oder zuweilen knapp entkommene Goldautos und erschossene Fahrer auf.[83]

*»Jedes Auto auf deutschen Landstraßen wurde angehalten und
wenn es nicht auf Anruf strikt anhielt, beschossen [...] Noch toller
wurde der Zustand, als einige Tage später an allen Straßenecken der
Anschlag zu lesen stand: die französischen Goldträger versuchten,
seitdem keine Autos mehr deutsche Landstraßen ungehindert passieren könnten, in Verkleidungen, als Arbeiter, Schlosser, Bergarbeiter auf
Zweirädern Deutschland zu durchqueren, um die russische Grenze
zu erreichen. Jetzt wurde in den Tagen vom 4. bis 10. August sogar
jedermann aufgefordert, auf jeden Radler zu schießen, der auf Anruf
nicht stille hielt und sich zum nächsten Wachtbüro führen ließ.«*

(der Philosoph und Publizist Theodor Lessing in seinem Tagebuch)[84]

Die Geschichte mit den Goldautos ist allerdings ein reines Gerücht – und vermutlich von der Presseabteilung des Großen
Generalstabs gezielt in die Welt gesetzt worden, um die Bevölkerung in kriegerische Stimmung zu versetzen. Das hat funktioniert, doch eher zum Schrecken der Verursacher, weshalb sich die
Behörden in der zweiten Augustwoche bemühen, die Stimmung
wieder zu beruhigen: Es habe nie Goldautos gegeben, vermeldet
jetzt das WTB, es sei also »heller Wahnsinn«, auf deutschen Straßen nach feindlichen Autos mit solcher Fracht zu suchen. Und
gerade in der Stunde der nationalen Not dürfe man nicht einfach auf Menschen schießen und so auch Deutsche gefährden:
»Das Vaterland braucht jeden einzelnen Mann in dieser ernsten
Stunde.« Doch für viele kommen die Warnung und die Klar-
stellung zu spät: Mindesten 28 Menschen werden in den ersten
Augusttagen als angebliche Goldautofahrer erschossen, Dutzende
teilweise lebensgefährlich verletzt.[85] Und die Stimmung sollte
sich nur langsam wieder beruhigen: Wochenlang wird ausdrücklich dazu aufgefordert, man möge nicht mehr auf »verdächtige«
Autofahrer und Fahrradfahrer schießen, ehe es zumindest an diesem Abschnitt der »Heimatfront« wieder ruhiger wird.

Unruhig ist es hingegen an der »geistigen Front«. Mit Kriegsbeginn setzt eine heftige Debatte auch zwischen den Wissenschaftlern

der beteiligten Nationen ein, die vor allem auf die Politik und die Öffentlichkeit der neutralen Länder zielt. Es gibt zunächst Wortmeldungen einzelner Forscher, aber schon bald versammeln sich die Intellektuellen zu gemeinsamen Kundgebungen, um die angeblichen nationalen und kulturellen Bedürfnisse ihres Landes gegen feindliche Begehrlichkeiten in Schutz zu nehmen und eigene Ansprüche anzumelden. Oft genug werden dabei solche Vorstöße von amtlichen Stellen gesteuert und finanziert, in Deutschland etwa durch das Nachrichtenbureau des Reichsmarineamtes.[86]

Die Universität Jena und einige ihrer Vertreter nehmen bei dieser geistigen Mobilmachung eine besondere Stellung ein. Ideologisch geht es auch um das Motiv des erwähnten Bilds von Ferdinand Hodler über den »Auszug deutscher Studenten in den Freiheitskrieg von 1813«. Genau unter diesem versammeln sich im August Vertreter von Universität und Stadt, um die neue (welt)politische Lage zu deuten. Es wird der große Auftritt des Philosophen Rudolf Eucken. Er hat sich zum Ziel gesetzt, den angeblich unmoralischen Charakter eines Krieges zurückzuweisen. Deshalb unterscheidet er bei dieser Gelegenheit zwei Arten von Kriegen: jenen, der »aus Haß und Neid, aus Ruhmsucht oder Eroberungsgier« entspringt – ein solcher sei ein schweres Übel und »kann nur zum Bösen wirken«. Aber da gibt es noch den anderen Krieg, den Eucken beschreibt als »Kampf eines ganzen Volkes für seine Selbsterhaltung und für die Wahrung seiner heiligsten Güter«, einen Krieg zur »Abwehr gewaltsamer Angriffe«. Dieser könne verstanden werden als »eine Quelle sittlicher Stärkung«. Fraglos stehe Deutschland jetzt genau in einem solchen Krieg, den Eucken sogar als »heiligen« Krieg bezeichnet.[87]

»Demnach zeigt sich von allen Seiten, daß ein Krieg, wie wir ihn führen, gewaltige sittliche Kräfte entbindet: er eröffnet sonst verschlossene Tiefen der Seele, er erweckt sonst schlummernde Kräfte, er bringt das Leben in gewaltigen Fluß, er gibt ihm eben in den Nöten und Opfern eine unsagbare Größe und Weihe.«[88]

Euckens Vortrag in Jena ist später gemeinsam mit seiner Rede über »Die weltgeschichtliche Bedeutung des deutschen Geistes« als beispielhaft bezeichnet worden für die intellektuelle Auseinandersetzung mit dem Krieg. Beide Texte »haben die Stichworte gegeben für viele weitere Redner«.[89] Die Universität Jena wird in diesen Tagen und Wochen als jener Ort bekannt, wo sich deutsche Professoren früh und entschieden zum »Krieg der Geister« äußern – allen voran Rudolf Eucken und Ernst Haeckel. Sie publizieren Mitte August eine Erklärung, in der sie ihre Empörung über den Kriegseintritt Englands zum Ausdruck bringen« – eine der ersten Veröffentlichungen deutscher Professoren in einer jetzt zunehmenden publizistisch-propagandistischen Schlacht gegen England und das vermeintlich »englische Wesen«. Gerade der Kriegseintritt dieses Landes an der Seite einer »slavischen, halbasiatischen Macht« (gemeint ist Russland) habe die »edlen Züge der englischen Art« verschüttet, sie seien »dem alten Uebel eines brutalen nationalen Egoismus« gewichen.[90]

Diese rhetorischen Ausfälle stammen ausgerechnet aus der Feder zweier Gelehrter, die bis zu diesem Zeitpunkt vielfältige persönliche und wissenschaftliche Beziehungen zu England gepflegt haben. Haeckel und Eucken sind eben nicht gewöhnliche Professoren, sie sind deutsche Wissenschaftler, deren Stimme im Ausland gehört wird. Für die Adressaten in anderen Ländern ist zugleich entscheidend, dass die beiden nicht als Fachwissenschaftler wahrgenommen werden, sondern vor allem als Produzenten philosophischer Weltanschauungen: Haeckels monistische »Philosophie« ist weltbekannt (weniger seine Studien zur Zoologie der Meereseinzeller), und Euckens Weltanschauungsbücher wurden aufmerksam gelesen (weniger seine Arbeiten zur Sprachphilosophie). Mit ihrer Initiative schreiten Haeckel und Eucken als »Jenaer Weltanschauungsgestirn« ihren Kollegen ideologisch voran.[91]

Und Alexander Cartellieri? Er muss sich in dieser Situation erst finden. Fraglos fühlt er patriotisch, er verspürt die vaterländische Stimmung, er ist als Historiker und Professor seinem Land besonders verbunden – und dies, obwohl er doch »seiner Biographie und seinen Forschungen nach zuerst ein Europäer und dann ein Deutscher« ist.[92] Aber er ist zunehmend gefangen von der Dramatik des Geschehens. Als sich der Monat seinem Ende zuneigt, interpretiert Alexander Cartellieri die Gegenwart als ungeheure welthistorische Situation, in der er Deutschland wähnt:

>*Immer wieder fragt man sich in stummem Staunen, ob eine Stunde*
> *gekommen ist, wie sie in der Weltgeschichte selten sind, eine Stunde,*
> *in der die Karte der führenden Länder auf lange verändert wird.*«[93]

Der Gelehrte sitzt daheim und ist von den wenigen Nachrichten der offiziellen Stellen abhängig. Er denkt über die militärischen und strategischen Möglichkeiten nach, die sich mit diesem Krieg eröffnen. So beschäftigt ihn die Frage, ob Deutschland sich in Zukunft geopolitisch eher im Mittelmeerraum engagieren oder ob es eine »Nordseemacht« bleiben sollte, »mit offenem Blick nach Amerika hinüber«[94]. Seine Spekulationen nähren sich aus dem Ungewissen, schließlich realisiert auch Cartellieri, dass »unsere öffentliche Meinung noch ganz im Unklaren über den zu wünschenden Gewinn des Kriegs« ist.[95]

>*»Was werden wir diesmal von Frankreich nehmen? So frage ich mich*
> *[...] Wir nehmen den Kongo, den belgischen vielleicht, den französischen*
> *sischen sicher, am Ende auch West-Marokko.*«[96]

Im Überschwang siegreicher Meldungen ist Alexander Cartellieri vor nationalistischen Ausbrüchen nicht gefeit. In seinem Tagebuch finden sich durchaus zeittypische Verunglimpfungen anderer Völker, über »bedürftige Griechen«, die nun in Deutschland um staatliche Unterstützung ersuchen und die er verächtlich und geografisch höchst unzutreffend als »Balkanleute« abtut.[97] Bei Cartellieri richten sich darüber hinaus seine besondere Verärgerung und sein Hass gegen Belgien, wo – offizieller deutscher Propaganda zufolge – Zivilisten angeblich deutsche Soldaten aus dem Hinterhalt angreifen:

»Die Belgier können sich nicht fügen und nicht gehorchen. Sie haben keine Zucht und keine Ordnung. Aus ihrem fetten Vertrauen auf die Neutralität jäh herausgerissen, wollen sie sich rächen, bedenken aber nicht, dass Grausamkeiten gegen Rotes Kreuz und Verwundete und Beteiligung der Bevölkerung ihnen selbst am meisten schaden.«[98]

Ganz im Sinne der offiziellen Kriegspropaganda fallen sogar Cartellieris private Kommentare über Frankreich aus: Wie tief sei diese ehemals so stolze Nation gesunken, die ihre Rettung nur noch von den Engländern und Russen, vielleicht sogar von den Japanern abhängig mache. Aber vielleicht müsse die große Nation Frankreich erst den »Grossmachtkitzel« ganz verlieren, »um wieder ruhig und nüchtern ihre tatsächlich schwindende Kraft richtig einzuschätzen und sich danach zu benehmen«.[99] Der Gelehrte hat sich nun ganz in den Krieg versenkt, er versucht ihn vor sich und anderen zu legitimieren:

»In unserem friedlichen Jena, das dank seiner Lage und den ersten Erfolgen des Heeres wenig vom Kriege merkt, möchte man am Morgen oft glauben, alles sei nur ein böser Traum gewesen! Das sanfte Wortgeklingel der Friedensfreunde habe wirklich etwas bedeutet. Aber Krieg ist die Losung! Alles übrige war nichts, war Gerede. Fehler unserer Politik anzunehmen, liegt recht nahe, es erklingt der Ruf nach Bismarck. Dazu ist unter den Waffen nicht die rechte Zeit. Später!«[100]

Und Cartellieri macht sich Hoffnungen, was den weiteren Kriegsverlauf angeht: Vielleicht werde der Krieg einfacher, wenn unerwartete Ereignisse eintreffen – eine Revolution in Russland etwa, vielleicht auch in Frankreich, zumindest ein »Ministersturz« in England.[101] Man fühlt sich bei den Gedankenspielen des

Historikers ein wenig an den weitverbreiteten preußisch-deutschen Topos des »Mirakels des Hauses Brandenburg« erinnert, als der Siebenjährige Krieg durch den Tod der russischen Zarin für Preußen eine nicht mehr erhoffte positive Wendung nahm. Indes ist das Hoffen auf ein außenpolitisches Wunder eher typisch für einen langjährigen Krieg. Wenn schon nach drei Wochen ein Beobachter eine solche Haltung zeigt, verweist dies eher auf schwindende Hoffnungen auf den Sieg. Die in Cartellieris Tagebuch formulierte und weitverbreitete Denkhaltung, wonach noch nie »ein einiges Deutschland geschlagen« worden sei, bedarf zusätzlichen Nachdrucks: Die Einigkeit »muss entscheiden!«[102]

An guten Tagen kann sich Alexander Cartellieri an Siegen erfreuen. Als er am 28. August mit Kollegen durch die Wälder spaziert, vernimmt er am Nachmittag Glockengeläut aus der Stadt. In einem Ausflugslokal angekommen, erfährt er, dass »wir die Engländer entscheidend geschlagen hätten«. Stunden später gerät der Historiker bei der Lektüre des Extrablattes zum »allgemeinen Sieg von Kamerich bis zu den Südvogesen« ins Schwärmen über so viel vermeintlichen militärischen Erfolg. Die örtliche *Jenaische Zeitung* erklärt ihren Lesern, dass diese gewonnene Schlacht »mit den größten Siegen des Jahres 1870/71 gleichzustellen« sei.[103] Offiziell bejubelte man »Deutsche Siege von der Nordsee bis an die Alpen«.[104] Und Cartellieri ist begeistert: »Es wird wohl das gewaltigste Extrablatt der Weltgeschichte sein«, schreibt er in seinem Tagebuch, man werde wohl lange brauchen, um die ungeheure Dimension dieses Erfolges zu verstehen. Dem zuweilen nüchternen Gelehrten fließt jetzt regelrechte Kriegspoesie aus der Feder:

> *»Hunderttausende von Menschen, Pferden, Kanonen usw. rücken unaufhaltsam vor, in steter Fühlung miteinander, von dem einen heissen Streben erfüllt, zu siegen um jeden Preis. Kugeln um sich, Bomben über sich, Luftschiffe hoch oben am Himmel: es muss einzig sein an grossartiger Wucht und wilder Todesverachtung.«*[105]

Der Historiker ist begeistert und verwirrt vor Aufregung: Es ist unglaublich, schreibt er in sein Tagebuch, »man fasst sich an den Kopf, ob man wirklich in der Welt der Wirklichkeiten lebt«. Er räumt gerne ein, dass er eigentlich eine »vollkommen unmilitärische Persönlichkeit« sei – aber in der Stunde der glanzvollen Siege darf er sich nun doch zugutehalten, sich in den vergangenen Jahren stets für jede weitere Stärkung und Verbesserung des Heeres eingesetzt zu haben. Damit fühlt sich Cartellieri auf der Seite derjenigen, die rechtzeitig für Kaiser und Vaterland, weil für die Sache der Militärs gestimmt hätten. »Wie oft habe ich gesagt: Man muss dem Militär vieles zu gute halten, weil es im Ernstfall sich totschiessen lässt!« Das meint der Wissenschaftler in durchaus anerkennendem Sinn, denn der Krieg zeige doch: »Das Einsetzen des eigenen Lebens ist aber das grösste, was es gibt.«[106]

Alexander Cartellieri hat den Krieg in seiner Begründung akzeptiert, er sieht das Deutsche Reich von seinen Feinden schlicht »gestört« in seiner Fortentwicklung; auch für ihn ist die Kriegsschuld eindeutig geklärt. Nicht geklärt ist hingegen die Zukunft. Zwar glaubt der Historiker fraglos an einen deutschen Sieg, aber wie wird der Krieg das Land und die Menschen selbst verändern? Wo wird das Volk der Dichter und Denker bleiben, fragt er sich. »Als wir dichteten und dachten«, so notiert er in seinem Tagebuch, »mussten wir uns misshandeln lassen« – so jedenfalls seine Interpretation der Nationalgeschichte bis zur Reichsgründung 1870/71. Aber auch danach habe man Deutschland ja nicht in Ruhe gelassen: »Als wir uns Achtung erkämpft hatten«, womit der Historiker die Entwicklung bis in die Gegenwart meint, »wollte man uns durch einen ungeheuren Bund in altes Elend zurückschleudern.« Das alles soll nun ein Ende haben, sein Deutschland soll in Zukunft nicht mehr »gestört« werden:

> *»Nach dem furchtbaren Weltkriege ändert sich möglicherweise das ganze deutsche Empfinden. Wir werden wahrscheinlich viel härter, nüchterner sein! Wo wird das Volk der Dichter und Denker bleiben?«[107]*

Während sich der Gelehrte Gedanken über das Volk der Dichter und Denker macht, setzen dessen Soldaten in der belgischen Stadt Löwen zu einer Gewalttat an, die international für Aufsehen sorgt. In der Stadt kommt es am Abend des 25. August 1914 zu einer geradezu panikartigen Schießerei, wobei vermutlich deutsche Einheiten aus der Stadt heraus deutsche Truppen beschießen, die sie in der Dämmerung für anrückende Feinde gehalten haben. Jene wiederum vermuten Freischärler in den Häusern und erwidern das Feuer – Soldaten wie Zivilisten werden dabei getötet. Der in den deutschen Truppen zudem vorherrschende Hass gegen die belgische Geistlichkeit, die sie als »Aufwiegler« gegen die Deutschen sehen, führt zur gezielten Attacke auf die Universität von Löwen, dem zentralen katholischen Bildungsort der geistlichen und weltlichen belgischen Elite. Zudem setzen die Deutschen mit Benzin und Brandsätzen die Universitätsbibliothek mit ihrer wertvollen und weltberühmten Sammlung mittelalterlicher Handschriften in Brand; hier wie bei anderen Bränden verhindern die Soldaten alle Löschversuche. Schließlich wird ein Sechstel aller Gebäude der Stadt zerstört, zahlreiche Zivilisten sterben, und am 27. August wird schließlich die verbliebene Bevölkerung – rund 10 000 Menschen – aus der Stadt vertrieben, etwa 1500 Bürger nach Deutschland deportiert.[108]

So verheerend das Auftreten der Deutschen in Löwen ist, so verheerend ist es auch für das Bild der Deutschen auf alliierter Seite: Wenn es noch eines Belegs dafür bedurft hätte, dass es sich bei diesen Soldaten um mehr oder weniger unzivilisierte »Hunnen« handelte, um Barbaren unter der Führung eines ebenso barbarischen Kaisers – dann glaubt man ihn nun eindeutig vor sich zu haben. Und dies gilt nicht nur für Regierungen und Öffentlichkeit in Großbritannien und Frankreich, auch in den neutralen USA oder in der Schweiz wird dieser Vorgang mit Entsetzen quittiert.[109] Für all jene, die in den Tagen und Wochen zuvor an der geistigen Mobilmachung in Deutschland teilgenommen und die deutsche Kultur und Zivilisiertheit gegen die Barbarei anderer Völker beschworen haben, ist dieser Vorfall ein schwerer Rückschlag. Die deutschen Intellektuellen büßen dadurch an Glaubwürdigkeit ein – auch Alexander Cartellieri.

Wilhelm Eildermann: »Alle haben das Gefühl, es geht direkt zur Schlachtbank«

Schmerzliche Erzählung

Als mein Bruder ins Feld zog,
Anfang achtzehn muß das gewesen sein,
dachte ich, die große Bahnhofshalle
fiele grau und donnernd über uns ein.

Ich hatte noch keinen großen Schmerz
durchlebt. Ich war ein junges Ding.
Und ich wußte, daß mein Bruder
sehr an mir hing.

Und sie standen am Fenster
ganz ruhig. Bleich und schmal war ihr Gesicht.
Und daran, daß sie wiederkämen
glaubten sie wohl alle nicht.

Vielleicht hätten sie gerne geschrien:
Nein! – Ein großes, hartes, starkes Nein –
Aber nichts geschah. Ein jeder war
mit sich selbst allein.

Und mein Bruder sprang noch einmal vom Kupee herab,
beugte sich tief über meine Hände. Und er küßte sie.
Ich erschrak. Ich mußte krampfhaft schluchzen,
denn das tat er nie. –

(Stefan Heym über den Abschied von seinem Bruder, der im Ersten Weltkrieg eingezogen wird – und wenige Wochen später fällt)[110]

Am 1. August 1914 erlebt der 17-jährige Wilhelm Eildermann die Abschiedsszenen auf dem Bremer Hauptbahnhof. Er verabschiedet seine zwei Brüder Friedrich und Louis, die bei der Marine gedient haben und nun zu ihren Einheiten nach Wilhelmshaven einberufen werden. In seinem Tagebuch hält Wilhelm nicht fest, in welcher Stimmung sich die Familie von den beiden trennt und wie er selbst diesen Augenblick erlebt – ob von Trauer überwältigt wie der junge Stefan Heym oder voller Wut gegen diesen Krieg und die vermeintlichen Kriegshetzer. Jubel jedenfalls über den Beginn der Kämpfe und das Ausrücken der jungen Männer hat ihn sicherlich nicht erfasst, auch um sich herum – das wiederum beschreibt er in seinen Notizen recht genau – kann er beim besten Willen keine Begeisterung über die Mobilmachung ausmachen:

> »Der ganze Bahnhof voll von Menschen. Die katzenjämmerlichste Stimmung herrschte, die ich je erlebt hatte. Mütter, Frauen und Bräute und die übrigen Angehörigen bringen die jungen Männer zum Zuge und weinen. Alle haben das Gefühl: es geht direkt zur Schlachtbank. Trotzdem sinkt die Hoffnung auf Rückkehr natürlich bei keinem. Einige haben ihre Angst in Alkohol ersäuft. Sie grölen Abschiedslieder, keine patriotischen oder gar kriegsbegeisterten Gesänge. Nicht die Spur! […] Auf dem Bahnsteig spielen sich unangenehme Abschiedsszenen ab. Die alte Mutter umarmt ihren Sohn, und beide verharren lange Zeit in dieser Stellung. Abfahrt. Man winkt. Man weint.«
> (Tagebucheintrag vom 1. August 1914)[III]

Dieser Krieg wird Not und Elend bringen – da ist sich der junge Eildermann sicher. Bereits an diesem Sonnabend notiert er in sein Tagebuch, dass auch daheim die soziale Not zunehmen wird: »Die Lebensmittelpreise steigen. Man prophezeit Hungersnot.« Und schon am Nachmittag kann der aufmerksame Junggardist die Folgen sehen. In Osterholz nahe Bremen werde an diesem

Tag für ein Pfund Salz nicht mehr zehn Pfennig berechnet, sondern bereits 40 Pfennig: »Alles wird teurer.«[112] Es sind unter anderem solche Nachrichten, die ihren Teil dazu beitragen, dass der August für weite Kreise der sozialdemokratischen Arbeiterschaft mit einer kolossalen Enttäuschung beginnt: Die Mobilmachung des 1. August bedeutet ein jähes Ende des selbst genährten und auf vielen Demonstrationen immer wieder bestärkten Glaubens, dass es eigentlich nicht zum Krieg kommen werde.

»Als wir den Saal betraten, wurden wir mit Entrüstung empfangen. Viele Mitglieder hatten bereits ihre Stellungsbefehle erhalten und waren unruhig und gereizt.«
(Bericht von einer SPD-Parteiveranstaltung in Berlin am 1. August 1914)[113]

Eine schlechte Nachricht kommt zudem aus Frankreich: Der französische Genosse Jean Jaurès ist erschossen worden. Er war einer der profiliertesten Vertreter des französischen Reformsozialismus und trat als überzeugter Pazifist gerade in jüngster Zeit entschieden für eine Versöhnung mit Deutschland ein – was ihn bei der französischen Rechten verhasst machte. Am Abend des 31. Juli 1914 wird er in Paris von einem nationalistischen Attentäter ermordet. Für viele Sozialisten in Deutschland eine alarmierende Nachricht. Mit Jean Jaurès wird die wohl beredteste Stimme gegen den Krieg und damit zugleich für die Sozialistische Internationale zu Grabe getragen.[114]

Einige deutsche Sozialdemokraten scheinen ebenso deprimiert zu sein wie die Menschen um sie herum. In Hamburg notiert ein Funktionär des linken sozialdemokratischen Jugendbundes: »Die meisten Menschen waren niedergeschlagen, als wenn sie am folgenden Tag geköpft werden sollten.«[115] Wilhelm Eildermann notiert in diesem Sinn:

»Deutschland macht mobil. Heute ist der erste Mobilmachungstag. –
Gestern abend, als die Nachricht zuerst bekannt wurde, wogten
in der Stadt, am Markt, in der Obern- und Sögestraße usw. große
Menschenmassen auf und ab. Alles still. Man denkt nur an den
Krieg. Und eine dumpfe Schwüle lastet in der Luft.«
(Tagebucheintrag vom 2. August 1914)[116]

Auch durch Bremen schwirren die wildesten Gerüchte. Wilhelm
Eildermann hört die Nachricht, dass der deutsche Kronprinz erschossen worden sei. Diese Nachricht wird nicht nur in der Hansestadt kolportiert – selbst im fernen preußischen Schneidemühl
stehen Menschen am 2. August 1914 vor den Fenstern der örtlichen Zeitungsredaktion und lesen erleichtert einen handge-
schriebenen Zettel, wonach die Nachricht von einem Attentat
ein reines Gerücht sei: »Der Kronprinz erfreut sich der besten
Gesundheit«, heißt es da.[117] Was soll man glauben? Auch die von
Regierung und Kaiser offensichtlich betriebene Werbung um die
Zustimmung der Sozialdemokratie zum Krieg kann in diesem
Moment nicht so recht überzeugen.

Wilhelm II. hat sich die rhetorische Formel zu eigen gemacht,
er kenne keine Parteien mehr, sondern nur noch Deutsche. Auch
wenn er damit seine offensichtliche Verachtung der Sozialdemokratie in keinster Weise revidiert, so erscheint ihm und seiner
Umgebung eine solche Formulierung als dringend notwendige
Geste, um die SPD in diesem Moment einzubinden. So ist es denn
kein Zufall, dass der Kaiser diese Formulierung bei seiner Thronrede ausdrücklich wiederholt. Aber er kann nicht alle überzeugen:

»Am Vorabend des Krieges, als die Berliner Arbeiterschaft gegen den
Krieg demonstrierte, da hat unsere liebe Polizei mit dem Säbel zwi-
schen gehauen! Und einen Tag später! Da hat unser Herr Kaiser
gesagt: ›*Ich kenne keine Parteien mehr.*‹*! So ein Quatsch!«*
(ein Berliner Arbeiter in einem Schreiben an Karl Liebknecht)[118]

Doch der Widerstand der Sozialdemokratie in Sachen Kriegführung ist schon gebrochen: Nicht nur die Kundgebungen gegen den Krieg hören mit der Mobilmachung schlagartig auf, sondern auch die sozialdemokratische Kritik an der Reichsleitung. Hat der *Vorwärts* etwa noch einige Tage zuvor der Reichsführung eine schwere Mitschuld an der Zuspitzung der internationalen Krise attestiert, so ist von solchen Beschuldigungen fortan nichts mehr zu hören.[119] Mehr noch: Der Regierung ist aus Parteikreisen längst zu verstehen gegeben worden, dass keine weiteren Aktionen geplant seien. Die Partei werde nichts gegen die Regierung auf ihrem Kriegskurs unternehmen. Im Gegenzug wollen die Behörden ihrerseits auf eine Verfolgung der Sozialdemokratie verzichten. So stellt sich auch die Vorsichtsmaßnahme als überflüssig heraus, dass die Parteiführung nach Verkündigung des drohenden Kriegszustandes Friedrich Ebert und Otto Braun in die Schweiz geschickt hatte, um dort die Parteigelder in Sicherheit zu bringen und einen eigenen Nachrichtendienst im Ausland einzurichten.[120] Nein, der Fall der politischen Verfolgung tritt nicht ein.

Stattdessen geschieht für die Öffentlichkeit und viele sozialdemokratische Anhänger etwas Überraschendes: Die Partei stützt jetzt ganz demonstrativ die Regierung, als diese im Reichstag um die Zustimmung zu den dringend notwendigen Kriegskrediten ersucht. Es ist der 4. August 1914. An diesem Dienstag geht es im Reichstag alles andere als gewöhnlich zu: Nach der mittäglichen höfischen Reichstageröffnung im Stadtschloss begrüßt Reichstagspräsident Wilhelm Kaempf von den Fortschrittlichen die Kollegen, ehe der Reichskanzler den Abgeordneten seine Sicht der Dinge darlegt und dabei auch den Einmarsch deutscher Truppen in Belgien bekannt gibt. In patriotischer Hochstimmung erklärt Bethmann Hollweg, dass hinter der Armee das »ganze deutsche Volk« stehe. Er setzt erneut an: »Das ganze deutsche Volk« – und dies richtet er ausdrücklich an die SPD-Fraktion – »einig bis zum letzten Mann!« Einige Sozialdemokraten applaudieren ihm und damit zum ersten Mal einer Rede eines Regierungsmitglieds.[121]

Die SPD-Fraktion hat sich schon am Tag vor der Abstimmung intern für die Annahme der Kriegskredite ausgesprochen, und dies mit einer deutlichen Mehrheit von 78 gegen 14 Abgeordnete. Das Fraktionsprotokoll verzeichnet wohl die Gegenstimmen, nicht aber die Namen; sie werden auch später nie offiziell bekannt gegeben.[122] Nach dieser internen Meinungsbildung beschließt die Fraktion, die Abstimmung am nächsten Tag im Reichstag unter Fraktionszwang zu stellen. Außerdem wird eine offizielle Erklärung der Fraktion verfasst und festgelegt, wer die Zustimmung der Sozialdemokraten im Parlament begründen sollte. Die Wahl fällt auf Hugo Haase als einen ihrer beiden Fraktionsvorsitzenden. Der hatte zwar gegen die Kreditbewilligung gestimmt, war aber unterlegen – nun muss er die Zustimmung im Reichstag öffentlich machen:

> *»Wir lassen in der Stunde der Gefahr das eigene Vaterland nicht im Stich. Wir fühlen uns dabei im Einklang mit der Internationale, die das Recht jedes Volkes auf nationale Selbständigkeit und Selbstverteidigung jederzeit anerkannt hat, wie wir auch in Übereinstimmung mit ihr jeden Eroberungskrieg verurteilen. [...] Wir hoffen, daß die grausame Schule der Kriegsleiden in neuen Millionen den Abscheu vor dem Kriege wecken und sie für das Ideal des Sozialismus und des Völkerfriedens gewinnen wird.«[123]*

Die Sitzung des Reichstags wird übrigens mit Hurra-Rufen beendet, was im Hause zwar nicht unüblich ist, doch anders als sonst gelten die Rufe nicht nur dem Kaiser, sondern nun »Kaiser, Volk und Vaterland«. Und die SPD? Erstmals verlässt die SPD bei diesem Hurra nicht den Reichstag – vielmehr stimmen einige Sozialdemokraten sogar in die Jubelrufe ein. Es ist die Geburtsstunde des sogenannten »Burgfriedens«, zu der sich alle Parteien zusammenfinden, um die Regierung zu unterstützen und ihr zu versichern, dass sie ihre Konflikte nicht mehr austragen, ehe der Krieg beendet ist.[124] Es ist de facto zugleich der Verzicht der SPD auf den bislang von ihr propagierten Klassenkampf und ein klares Signal der Unterstützung der Regierungspolitik. Dieses Zeichen ist für die deutsche Öffentlichkeit unübersehbar, denn die SPD ist die größte, mitgliederstärkste Partei im Kaiserreich, sie weiß über vier Millionen Wähler hinter sich und stellt mit 110 von 397 Abgeordneten die stärkste Fraktion im Reichstag.[125]

Die Zustimmung resultiert aus einem ganzen Bündel unterschiedlicher Motive, wobei das politisch durchschlagendste Argument fraglos die in der Parteiprogrammatik stets anerkannte Pflicht zur Landesverteidigung gegenüber einem Aggressor ist. Und die meisten Fraktionsmitglieder sind tatsächlich der Ansicht, dass die deutsche Regierung eben nicht in erster Linie an einem Krieg interessiert gewesen sei, sondern vielmehr für den Erhalt des Friedens gekämpft habe. Das Deutsche Reich, so die von der Sozialdemokratie weitgehend akzeptierte Annahme, befinde sich in einem Verteidigungskrieg.[126] Einige der Kreditbefürworter erhofften von ihrem Verhalten zudem praktischen innenpolitischen Nutzen. Der Abgeordnete Ludwig Frank, einer der energischsten Verfechter der Zustimmung im Reichstag, erwartet nun angesichts dieses Beweises der patriotischen Zuverlässigkeit der Sozialdemokraten einen deutlichen Zugewinn an politischer und sozialer Gleichberechtigung seiner Partei.[127]

Die Zustimmung der SPD ist für die deutsche Öffentlichkeit eine große Überraschung, schließlich bedeutet dieser 4. August eine auf den ersten Blick radikale Wende der Partei. Seit ihrer Gründung hatte die deutsche Sozialdemokratie dem herrschenden kaiserlichen System und seinen gesellschaftlichen und politischen Stützen den Kampf angesagt. Sie hatte dem alles umfassenden gewaltsamen Umsturz, der Revolution, das Wort geredet.[128] War das alles nur klassenkämpferische Rhetorik? Kennt die SPD in diesem Moment ebenfalls nur noch Deutsche? Es hat den Anschein. Ein liberal gesinnter Zeitgenosse schreibt an diesem 4. August zufrieden in sein Tagebuch: »Die Sozialdemokratie benimmt sich jetzt gut. Man wird sich jetzt auf sie verlassen können.«[129]

In kritischen Kreisen der Sozialdemokratie sind die Kommentare bissiger. Das einst von französischen Zynikern entworfene Bild sei jetzt politisch wahr geworden: Seine Majestät der Kaiser, Reichskanzler Bethmann Hollweg und der ein Jahr zuvor verstorbene SPD-Vorsitzende August Bebel marschieren nun, »die Flinte auf dem Rücken, Arm in Arm über die Grenze«.[130]

Auch gestandene Genossen reiben sich verwundert die Augen. In Bremen dürfte Wilhelm Eildermann von der Nachricht aus Berlin überrascht und erschreckt gewesen sein. Sogar der örtliche Parteisekretär Ludwig Waigand räumt noch einige Wochen später ein, dass die Genossen in der Hansestadt nicht geglaubt haben, dass die Fraktion im Reichstag zustimmen werde. Verwirrung und politische Lähmung beobachten jetzt einige unter den Genossen, die Arbeiter einer Werft in Bremen debattieren stundenlang miteinander und üben heftige Kritik an dem Verhalten der SPD-Reichstagsabgeordneten. Und linke Funktionäre der Partei finden sich vor dem Bremer Parteibüro ein, protestieren mit Pfui-Rufen und skandieren »Verräter«.[131] Später wird Wilhelm Eildermann erklären, dass auch er wegen der Geschehnisse verwirrt gewesen, dann aber schnell zu der erhellenden Einsicht gelangt sei, dass die Führung der Sozialdemokratie schlicht kapituliert habe und »zum Feind übergelaufen« sei.[132]

»Mir kam die einstimmige Bewilligung der Kriegskredite völlig überraschend. Wer konnte das erwarten? Zuerst kam mein Schwager Osmar Nathanael mit der Meldung zu mir ins Haus. Ich muß ein recht verblüfftes Gesicht gemacht haben, als er davon sprach. Er hatte es aber schwarz auf weiß in einem Extrablatt, und er freute sich über die Einmütigkeit im Deutschen Reichstag und machte ironische Bemerkungen über den ›feigen und schmählichen Umfall‹ der Sozialdemokratie, von der nach ihren bisherigen Reden alle doch etwas anderes erwartet hatten.«[133]

Dass die Sozialdemokratie mit dieser Zustimmung die Interessen der deutschen Arbeiterklasse verraten habe, war rasch in der Welt und wurde zum schweren Erbe für die weitere Geschichte der SPD. In diesem Moment darf sich die Partei zudem nicht sicher sein, dass ihr das Gros der eigenen Anhänger folgt: Von einem »Hurrapatriotismus« unter sozialdemokratisch gesinnten Arbeitern ist nicht viel zu spüren – von der Begeisterung für die Sache des internationalen Proletariats allerdings auch nicht.[134] Wer die wirkliche Stimmung im Volke kennenlernen will, so kommentiert eine SPD-Zeitung in diesen Tagen, der solle in den Städten zu den Sammelplätzen der Einberufenen gehen, zu den Exerzierplätzen und Bahnhöfen, wo die Menschen Abschied voneinander nehmen – wer diese traurigen Szenen miterlebt, »dem krampfte sich das Herz zusammen vor Weh«.[135]

»In der letzten Juliwoche war im Dorfe alles voll Sorge, niedergeschlagen, totenstill. [...] Bei der Mobilmachung, als das letzte Fädchen Hoffnung auf Frieden zerschnitten war, wurde es noch stiller, und Verzweiflung setzte ein. Keine Begeisterung, keine patriotischen Lieder.«
(Bericht aus einer Arbeitergemeinde bei Frankfurt am Main)[136]

Die Abstimmung im Reichstag und der Kurs der Parteimehrheit bleibt auch für die parteioppositionelle *Bremer Bürger-Zeitung* nicht ohne Folgen. Alfred Henke hat sich intern gegen die Bewilligung der Kriegskredite ausgesprochen, und diese Haltung will er sich auch nicht streitig machen lassen. Henke ist bemüht, die Zeitung trotz des verhängten Belagerungszustandes und der herrschenden Zensur als ein bewusst oppositionelles Blatt weiterzuführen. Er will den Ruf der *Bürger-Zeitung* als wichtigstem Sprachrohr der deutschen Linken festigen, die zu diesem Zeitpunkt aus den meisten anderen sozialdemokratischen Publikationsorganen verdrängt werden. Das ist nicht leicht, schon während Henkes Abwesenheit zu Monatsbeginn – als er im Reichstag bei den Beratungen der Fraktion und anschließend bei der Abstimmung im Plenum dabei sein muss – übernimmt im heimatlichen Bremen der bisherige Lokalredakteur Hans Donath das Ruder und bringt das linke Blatt auf Zustimmungskurs zur neuen Parteilinie, womit es der Mehrheit der sozialdemokratischen Tageszeitungen folgt. Die *Bremer Bürger-Zeitung* driftet nach rechts; jeglicher Widerstand gegen den Krieg müsse nun ganz im Sinne der Parteiführung eingestellt werden, heißt es.[137] Trotz aller Anstrengungen, den Krieg zu verhindern, erklärt Hans Donath im Aufmacher am 4. August 1914 der zu Teilen fraglos verblüfften Leserschaft, sei dieser ja nun zur Tatsache geworden. Für die Sozialdemokratie folge daraus der schlichte Umstand, dass »jetzt alle Untersuchungen darüber, wer ihn verschuldet hat, weshalb er notwendig wurde, zu schweigen« haben. Nicht das Reden zähle, sondern nur die tapfere Tat:

>*Frei wollen wir unser Volk sehen. – Damit es frei im Innern werde, muß es auch frei von Mächten sein, die außerhalb der eigenen Nation liegen. Das weiß jeder Sozialdemokrat, und weil er das weiß, wird er im Felde seinen Mann stehen, wie irgend einer aus jenen Kreisen, die beständig die Worte Vaterland und Nation im Munde führen.«[138]*

Alfred Henke will indes den Schwenk seiner Zeitung nicht mitmachen. Zurückgekehrt aus Berlin, versucht er sofort wieder umzusteuern, den imperialistischen Charakter dieses Krieges offenzulegen und die Notwendigkeit herauszustellen, trotz allem einen Kampf gegen den nun beginnenden Völkermord zu führen. Henkes Haltung wird rasch innerhalb der deutschen Sozialdemokratie bekannt, linke Genossen unterstützen ihn, und Franz Mehring bedankt sich persönlich bei Henke für die »tapfere Haltung« seiner Zeitung in einer Zeit, »wo ein so großer Teil der Parteipresse die Partei blamiert«.[139]

Doch für Alfred Henke ist es schwer, gegen den übermächtigen Druck der Partei und gegen die eingeschlagene Politik des

Burgfriedens Kurs zu halten. Aber zunächst gelingt es: Kritische, mahnende und skeptische Worte finden ihren Weg in das Blatt, das den Schrecken eines Krieges für die Front wie für die Heimat nicht kleinredet. »Wo blieben die Stimmen, die von einer Lokalisation des österreichisch-serbischen Krieges sprechen?«, heißt es am 8. August zu Beginn des Leitartikels. »Im Sturm sind sie zerflattert« – die Enttäuschung über eine Bündnispolitik, die doch eigentlich den Frieden sichern sollte, ist unübersehbar. Und wieder werden die wahren Kriegstreiber an den Pranger gestellt: die Wortführer des Kapitals, »das auf alle Menschlichkeit pfeift, wenn seine Profite auf dem Spiele stehen!«. Der Leitartikel stellt dabei die von Kaiser und Medien propagierte zaristisch-russische Gefahr und die These vom Überfall anderer Länder auf Deutschland klug infrage – durch Verwendung des Konjunktivs: Die kapitalistischen Kriegshetzer dieser Tage würden sich offiziell darüber entrüsten, dass Deutschland »hier treulos angegriffen und dort perfide überfallen worden sei«, aber in Wirklichkeit komme ihnen diese Eskalation doch sehr gelegen: »Den Weltbrand entfesseln, damit das deutsche Kapital mit den gierigen Findern die Menschen des ganzen Erdballs sich tributpflichtig machen kann«, das sei der sehnlichste Wunsch des Kapitals und der Kriegstreiber. Die Arbeiter hätten mit diesem »fluchwürdigen Treiben« nichts gemein, sie wollten dagegen weiterhin mit größter Energie protestieren.[140]

Das klingt wieder ganz nach der alten politischen Linie der *Bremer Bürger-Zeitung*. Nicht der alles beherrschende Topos vom blutigen Zarismus, der seine gierigen Finger nach den Deutschen (und auch den deutschen Proletariern) ausstreckt, steht hier im Vordergrund der Analyse und der Kritik, sondern das kapitalistische System mit seiner Ausbeutung und Menschenverachtung. Allerdings ist die Formulierung, dass die Arbeiter im Lande »mit größter Energie« gegen diese Kriegstreiber protestieren, am Ende dieser ersten Kriegswoche doch eher ein frommer Wunsch. Bis Ende Juli war dies in großen Teilen sehr wohl der Fall, aber jetzt beschränkt sich dieser Protest nach der Zustimmung der SPD zu den Kriegskrediten sowie unter den Bedingungen des Belagerungszustandes und der Zensur allenfalls auf solche Formulierungen.

Der Krieg ist eine Realität, und auch die *Bremer Bürger-Zeitung* muss der Arbeiterschaft ein politisches Angebot machen, wie es jetzt weitergehen soll. Der Leitartikel an diesem 8. August 1914 macht einen solchen Versuch, der durchaus stellvertretend für eine eigentümliche Mischung aus patriotischer Verantwortung und politischer Skepsis ist, wie sie in weiten Kreisen der deutschen Sozialdemokratie vorhanden ist. Große Zweifel bestehen vor allem darüber, ob das Vaterland den deutschen Arbeitern nach dem Krieg ihre fraglos großen Opfer später politisch lohnen wird. Etwa in Form eines modernen Wahlgesetzes? Wohl nicht:

> *»Ein ungeheurer Brand droht unzählige Menschen nicht nur um Gesundheit und Leben, um Hab und Gut zu bringen, er droht den Jammer und die Elendigkeit der proletarischen Existenz auf den denkbar schlimmsten Grad zu bringen. Das bedeutet höchste Gefahr für das Gemeinwohl, der nur die gemeinsame Abwehr begegnen kann. Obwohl die Arbeiterschaft weiß, wie mans ihr später lohnen wird, sagt sie dennoch in diesem Moment: an uns soll es nicht fehlen!«*[141]

Die bleibende Skepsis gegenüber der Obrigkeit ist in diesen Tagen begründet – die *Bremer Bürger-Zeitung* sieht sich als frühes Opfer staatlicher Willkür und Zensur. Noch während Alfred Henke zur Abstimmung über die Kriegskredite in Berlin weilt und drei weitere Redaktionsmitglieder bereits zum Kriegsdienst eingezogen sind, wird die Auslieferung der Zeitung praktisch unterbunden. Das Generalkommando hat eine Verfügung an die Postbehörde erlassen, wonach der Postversand der Zeitung ab sofort verboten ist. Diese Maßnahme, so kommentiert es die Redaktion, sei nicht einmal begründet worden. Es sei kein

Verstoß der Zeitung gegen bestehende Anordnungen erkennbar, sehr wohl aber eine eklatante Ungleichbehandlung sozialdemokratischer und bürgerlicher Blätter: Es gebe SPD-Zeitungen, die »fast täglich große weiße Flecken« aufwiesen und damit von der eifrigen Tätigkeit der Zensurbehörden kündeten, während Ähnliches von bürgerlichen Blättern nicht bekannt sei, obwohl auch sie zuweilen Artikel veröffentlicht hätten, »die uns wahrscheinlich längst ein völliges Verbot der Zeitung« eingebracht hätten.[142]

Auch an anderer Stelle findet das Blatt deutliche Worte angesichts des Vorgehens gegenüber der sozialdemokratischen Presse. Der Kaiser selbst wird mit seinen Worten »Ich verzeihe ihnen« zitiert, die er anlässlich seiner wenige Tage zuvor verkündeten Amnestie verlauten ließ. An diese Worte könne man nun nur noch mit Spott denken, da gegen zwei Redakteure der sozialdemokratischen *Chemnitzer Volksstimme* nun Strafverfahren aufgrund kritischer Berichte eröffnet worden seien. »Wir schrieben gestern«, so spottet die *Bremer Bürger-Zeitung* am 11. August 1914, »es sei an der Zeit, an die anständige Gesinnung unserer Gegner zu appellieren. Wir haben, wie es scheint, unsere Gegner überschätzt.«[143]

Zugleich setzt der Kriegsalltag den Arbeitern und ihren Familie bereits nach kurzer Zeit zu: Bereits im August herrscht Massenarbeitslosigkeit, wie es sie lange Zeit nicht gegeben hat. In einigen Großstädten steigt sie auf bis zu 40 Prozent der Beschäftigten, obwohl schon ein großer Teil der wehrfähigen Männer eingezogen ist. Viele Arbeitslose müssen die Hilfe von Wohltätigkeitsorganisationen in Anspruch nehmen oder direkt zur Armenfürsorge gehen. Die Kriegsunterstützung des Reichs und der Kommunen für die eingezogenen Soldaten ist für viele Familien zu niedrig, um die steigenden Lebenshaltungskosten auszugleichen. Viele Familien können die Miete nicht mehr zahlen und werden obdachlos.[144]

»In nächster Zeit wird auch hier Krieg geführt werden, da schlägt der Mann die Frau und Kinder tot, der Tod ist doch leichter als das Verhungern. In der Armen-Anstalt wird man auch miserabel behandelt. Da sollen die armen Landwehrleute noch Mut behalten und freudig in den Kampf ziehen!«

(arbeitslos gewordene Landsturmleute in einer Eingabe an den Hamburger Senat Mitte August 1914)[145]

Die Arbeitsvermittlungen sind überfüllt, Obdachlose und Hungernde gehören in den Städten bei Kriegsbeginn zum Alltagsbild. Die »akademische Begeisterung, wie sie sich der Gebildete leisten kann«, notiert ein Pfarrer im Berliner Arbeiterviertel Moabit, kann er in seiner Gemeinde nicht erkennen. »Das Volk denkt sehr real, und die Not liegt schwer auf den Menschen.«[146] Dass schon im August breite Bevölkerungskreise in materielle Not stürzen, setzt der Begeisterung für diesen Krieg enge Grenzen.[147]

In den Zeitungen mehren sich jetzt Berichte, die Befürchtungen einer Zahlungsunfähigkeit von Banken oder einer Geldentwertung vorbeugen sollen. »Wer in diesen ernsten Stunden, wo alle Hände fieberhaft zum Schutze des Vaterlandes tätig sind, die Abwicklung des geschäftlichen Verkehrs dadurch erschwert, dass er aus törichter Furcht vor einer Entwertung des Papiergeldes das Hartgeld (Münzen) zurückhält, zeigt einen bedauerlichen und unwürdigen Mangel an Vaterlandsliebe und Vertrauen«, heißt es beispielsweise in der *Jenaischen Zeitung* vom 6. August.[148]

Allerdings kann sich diese Kritik nur gegen diejenigen richten, die auch in Zukunft mit Geld und Einkommen rechnen können. Viele Arbeiterfamilien haben ganz andere Sorgen als die Menge des zirkulierenden Geldes im Wirtschaftsleben – oft genug ist ihr Ernährer ausgefallen. Das gilt nicht nur für den Fall, dass der Ehemann und Vater zum Kriegsdienst einberufen wird: Viele Unternehmen haben mit Bekanntwerden der Kriegserklärung ihre Arbeiter umgehend entlassen. Schon in den ersten Augusttagen sieht sich deswegen die Berliner Handelskammer genötigt, an die

»bewährte Vaterlandsliebe der Berliner Gewerbetreibenden« zu erinnern und sie aufzufordern, auf weitere Entlassungen von Arbeitern und Angestellten in den ersten Wochen nach der Mobilmachung nach Möglichkeit zu verzichten.[149]

Während die sozialen Folgen des Krieges gerade für die Arbeiterschaft rasch erkennbar werden, scheint sich in der SPD nach ihrer Zustimmung zu den Kriegskrediten im Reichstag die Entschlossenheit einzustellen, dass dieser Krieg selbstverständlich zu gewinnen ist. Manch ein Beobachter sieht nach der ersten Niedergeschlagenheit bei Kriegsbeginn nun die Einsicht um sich greifen, dass auch die Sozialdemokraten sich an diesem vermeintlich gerechten Verteidigungskrieg beteiligen müssen. Gegen eine Welt von Feinden – vor allem wenn dazu der besonders verhasste russische Zar mit seiner blutigen Herrschaft gehört – müsse man notwendigerweise zusammenhalten. Diese Haltung erinnert an die Beschreibung eines Zeitgenossen von Anfang August 1914, dass das deutsche Volk »mit zusammengebissenen Zähnen seine Pflicht« tut.[150]

Doch der neue Kurs der deutschen Sozialdemokratie ist mit solchen Überlegungen nicht hinreichend erklärt. Er hat zugleich tiefere mentale Ursachen: Mit der militarisierten wilhelminischen Gesellschaft haben sich viele Sozialdemokraten arrangiert. So verbinden viele einfache Mitglieder mit ihrem abgeleisteten Militärdienst nicht nur Zwang und Schikane, sondern zugleich auch positive Erinnerungen. Oft stellt die Zeit in der Kaserne für sie den einzigen Lebensabschnitt dar, in dem sie der Monotonie der Fabrikarbeit entfliehen und Neues kennenlernen können. So zählen manche militärische Vorgesetzte gerade Sozialdemokraten zu ihren tüchtigsten Soldaten, die wiederum, zurückgekehrt an ihren Arbeitsplatz, dort Bilder aus ihrer Soldatenzeit aufhängen. Kurzum: Der wilhelminische Militarismus hat in der sozialdemokratischen Arbeiterbewegung tiefe Spuren hinterlassen. Auch deshalb kann »der fliegende Wechsel der Sozialdemokratie ins Lager der Kriegsbefürworter« in diesem August 1914 eigentlich nicht überraschen.[151]

Trotzdem gibt es Genossen, die unter diesem Kurs leiden. Wilhelm Eildermann zählt zu ihnen, und auch sein Freund Gustav Seiter. Dieser schreibt ihm am 30. August 1914, dass er zwar noch nicht einberufen wurde, aber jederzeit damit rechnen müsse. Seine persönlichen Aussichten seien denkbar ungünstig – er kann nicht damit rechnen, dass er »die Katastrophe überlebe«.[152] Zu dieser persönlichen Perspektivlosigkeit gesellt sich noch der Schmerz über die verlorene politische Schlacht:

> »Und das, was wir glaubten und hofften, es hat sich als aussichtslos gezeigt. Nach dem wilden Schmerz über die Niederlage heißt es aber die Zähne zusammengebissen. Wir und unsere Klassenangehörigen sind Knechte, der Wille der Herrenklasse geschieht. Wir haben kein Recht auf das Wort: ›Lieber tot als Sklave.‹ Verdammt! Aber: Man muß aushalten im Weltgetümmel, auch ohne das.«[153]

Was kommen wird, ist völlig unklar. Eildermann selbst glaubt in diesen Tagen fest daran, an einer Weltenwende zu stehen. Der ausgebrochene Krieg wird fraglos der letzte sein, denkt er. Denn in dem Land, das schließlich besiegt wird, müsse unzweifelhaft die Revolution ausbrechen und das unermessliche Leid, das der Niederlage folge, werde »die Völker aufpeitschen«. Und selbst wenn ein Land wie Deutschland siegreich sein werde – es wird »die Revolution im Leibe haben«.[154] So schreibt und hofft Wilhelm Eildermann in diesem August und weiß doch zugleich, dass seine Gedanken über die Zukunft nur Spekulationen, Hoffnungen und Ängste sind. »Die Zukunft liegt schwarz wie die Nacht vor uns.«[155]

Gertrud Schädla ergibt sich in »Gottes unerforschlichen Ratschluß«

Der 1. August ist ein Sonnabend. Ein Feriensonnabend. Auf dem Land haben aber weniger die Bauern und Knechte Urlaub (ganz im Gegenteil: Sie haben gerade jetzt eine Menge zu tun), vielmehr sind es die Urlauber aus den Städten, die hier die schönste Zeit des Jahres genießen wollen. Die meisten deutschen Familien, die in diesen Tagen unterwegs oder verreist sind, bemühen sich, durch Aushänge an die neuesten Nachrichten zu kommen. Wer auf dem flachen Land Urlaub macht, muss sich dazu allerdings stets in die nächste kleinere Stadt bemühen. Der damals siebenjährige Sebastian Haffner war mit seiner Familie aus Berlin in die Sommerfrische aufgebrochen – auf ein Gut in Hinterpommern, nach eigenen Worten »sehr weltverloren« zwischen den Wäldern. Die Nachrichten aus der weiten und zunehmend krisengeschüttelten Welt kommen hier nur mit Verspätung an:

>*»Damals gab es bekanntlich noch kein Radio, und die Zeitung kam mit 24 Stunden Verspätung in unsere Wälder. […] Und so konnte es geschehen, daß wir gerade am 1. August 1914 beschlossen, daß der Krieg gar nicht stattfinden würde und daß wir bleiben würden, wo wir waren. […] Es war ein Sonnabend, mit all der wundervollen Friedlichkeit, die ein Sonnabend auf dem Lande haben kann. Die Arbeit war vorbei, Geläute heimkehrender Herden in der Luft, Ordnung und Stille über dem ganzen Gutshof, die Knechte und Mägde putzten sich in ihren Kammern für irgendein abendliches Tanzvergnügen.«*
>(Sebastin Haffner in seinen Erinnerungen über den Kriegsausbruch)[156]

In den Städten ist an diesem Tag längst fieberhaftes Treiben ausgebrochen. Eine alarmierende Meldung folgt der anderen, und die Menschen sind ständig auf den Beinen. Auch Gertrud

Schädla ist am 1. August auf der Suche nach verlässlichen Nachrichten. Mehrere Male geht sie aus dem Haus und findet tatsächlich einen Anschlag, der die Mobilmachung verkündet: Der folgende Sonntag gilt als erster Mobilmachungstag.

»So war der Krieg also wirklich ausgebrochen, wir waren in uns selbst rätselhafter Stimmung. Halb waren wir erfreut über die vornehme, starke Haltung unserer Regierung, halb war uns das Weinen nahe aus Besorgnis über die Zukunft. Was würde sie alles bringen! Man fing an sich das Kommende auszumalen, und doch fühlte man, daß alle Vorstellungen unzulänglich seien, da ja eben die Erfahrung in jeder Beziehung fehlte.«[157]

Die Lehrerin glaubt indes beobachtet zu haben, dass niemand wirklich verzagt ist. Die Notwendigkeit des Krieges werde von niemandem infrage gestellt, es gibt »keine Nörgler u. keine Feiglinge«.[158] Die ganze Stadt ist erfüllt von erregten Gesprächen, immer wieder treibt es die Menschen in Verden auf die Straße. Unter den öffentlichen Anschlägen findet sich beispielsweise ein Aufruf des Verdener Magistrats zu Ruhe und Besonnenheit. Zudem möge man die Verwaltung im Moment nicht mit eigenen Wünschen belästigen, weil sich auch die Stadt vordringlich um alles Militärische zu kümmern habe. Stattdessen sollten die Einwohner lieber »Liebesgaben« für »unsere braven Soldaten« am Rathaus vorbeibringen.[159]

Verlässliche Informationen sind in diesen Stunden auch in Verden nur schwer zu bekommen. Zumeist müssen sich die Menschen auf die Extrablätter der örtlichen Zeitung verlassen. Und die sieht sich regelrecht in die Defensive gedrängt, weil es dem Publikum nicht schnell genug geht und der Gehalt der offiziell übermittelten Nachrichten zuweilen zu dürftig erscheint. Werden die Zeitungen von der Regierung gesteuert und auch noch bezahlt? Das *Verdener Anzeigenblatt* jedenfalls verwahrt sich am 1. August vehement gegen das Gerücht, es erhalte vom Staat

Geld für den Druck der Extrablätter. Das sei schlicht gelogen, die Kosten für diese Blätter trage allein die Zeitung. Nur komme man nicht schnell genug nach in diesen hektischen Tagen. Und, so die Redaktion weiter, die ungeduldige Leserschaft müsse Geduld haben, nicht alle Bezieher der Zeitung könnten auch alle Extrablätter erhalten. Sie würden zumeist nur in den Wirtschaften verteilt werden.[160]

Gertrud Schädla hält sich hingegen nicht in Wirtschaften auf, aber auf den Straßen Verdens kann sie die Veränderungen beobachten. Überall registriert sie »fieberhafte Tätigkeit«, allenthalben sehe man jetzt »die neue graue Felduniform«. Die 27-Jährige ist richtiggehend aufgeregt über die Stimmung in Verden. Dass sich – zumindest aus ihrer Perspektive – das ganze Volk wie ein Mann erhebt, macht sie fraglos stolz. Hocherfreut beobachtet sie, dass sich die jungen Männer freudig in den Dienst für das Vaterland stellen:

»In Scharen meldeten sich Freiwillige, so enorm viel, daß sie haufenweise nicht mehr angenommen werden konnten.«[161]

Während sich die einen freiwillig melden, nutzen andere bereits die Gelegenheit, von der allgemeinen Not zu profitieren. Schon jetzt klagen zahlreiche Getreidemühlen vor Ort darüber, dass sie ohne die angekündigten Kornlieferungen bleiben: Die Großhändler würden die Lieferungen zurückhalten, weil sie behaupten, dass mit der Mobilmachung auch die bisherigen Verträge über Getreidelieferungen aufgehoben seien. Jetzt wollen sie neue Verträge und selbstverständlich mehr Geld, das sie angesichts der angespannten Lage auch erwarten dürfen. So jedenfalls wird es in der örtlichen Presse angeprangert, die schon am 1. August darauf hinweist, dass angesichts dieses Preiskampfes sogar das Tierfutter knapp zu werden droht. Entsprechende Szenen spielen sich in und um Verden bereits ab:

»Besorgt sehen die Schweinezüchter und -mäster in die Zukunft,
da heute schon Tausende von Schweinen nicht voll gefüttert wer-
den können. Die Mühlen werden förmlich gestürmt. Alle Gefährte,
vom Zweispänner bis zur Schiebkarre, halten stand, bis sie etwas
Mehl bekommen. Der Besitzer einer größeren Mästerei hat seine ca.
600 Schweine schon ein paarmal nicht füttern können. Das Mehl,
das noch zu bekommen ist, wird nur unter erheblicher Preissteigerung
abgegeben.«[162]

Mutter und Tochter Schädla wissen vom knappen Mehl noch
nichts. Sie wollen am Abend des 1. August 1914 einfach durch
die Stadt gehen, um zu hören, ob es weitere Neuigkeiten gibt.
Da treffen sie an der Gartenpforte völlig überraschend auf Ludwig Schädla, der sich wider Erwarten dazu entschlossen hat, noch
einmal von Göttingen herüberzureisen, ehe er als Militärpflichti-
ger an die Front eingezogen wird. Mutter, Tochter und Sohn verbringen den unverhofften gemeinsamen Abend mit Gesprächen
und packen für Ludwig jene Dinge zusammen, die er als Soldat
vielleicht schon bald bitter nötig haben wird: Zigarren und Schokolade vor allem. Am nächsten Morgen treten die drei den sonntäglichen Kirchgang in den Dom an, allerdings zeigt sich Gertrud
von der sehr mäßigen Predigt bitter enttäuscht. Die neue Situation »war den Pastoren wohl zu überraschend gekommen«. Ihre
Erfahrung steht im Widerspruch zu der bereits erwähnten Einschätzung des Theologen Martin Rade, dass bereits seit 1912 die
im Falle der Mobilmachung zu haltenden Predigten geschrieben
worden seien. So bleiben für Familie Schädla an diesem Sonntag
das gemeinsame Mittagessen und der anschließende (sonntägli-
che!) Besuch des Bruders beim Zahnarzt, der für ausrückende
Soldaten augenscheinlich zusätzliche Sprechstunden anbietet.
Dann ist der Moment des Abschieds gekommen: »Welch ein Abschied! Wohl kann man ja in solch einem Augenblick nicht die
ganze Schwere der ungewissen Zukunft ermessen, Gott sei Dank!
nicht, aber das Herz ist doch voll bis zum Rande.«[163]

Am Abend des 2. August geht Gertrud Schädla mit ihrer Mutter noch einmal in den Gottesdienst in die Verdener Andreaskirche, wo sie sich nun endlich an der Predigt und dem ausgewählten Psalm erfreuen kann: »Wer unter dem Schirm des höchsten sitzet u. unter dem Schatten des Allmächtigen bleibet, der spricht zu dem Herrn: Meine Zuversicht u. meine Burg, mein Hort, auf den ich traue.« Unter diese herrlichen Worte des Psalms hat der Pastor seine Predigt gestellt, verzeichnet Gertrud erfreut in ihrem Tagebuch. Diesmal findet sie in ihrer Kirche jene ernste und angemessene Hinwendung zur aktuellen Situation, die sie sich erhofft hat. Nach seiner Predigt fordert der Pastor alle anwesenden Soldaten zur Einsegnung auf. Er lässt sie auf den Stufen des Altars niederknien und nimmt ihnen das Gelübde ab, treu bis in den Tod zu sein. Mit einem freudigen Ja antworten sie auf die Frage des Geistlichen: »Seid ihr auch bereit, euer Leben hinzugeben für die Brüder?«[164]

»Jetzt waren wir uns erst der ganzen Schwere des Kommenden bewußt, ja, es ist ein Bereitsein zum Tode nötig, ein Ergeben in Gottes unerforschlichen Ratschluß, immer wieder, täglich und auch in der Zukunft!«[165]

Keine Predigt, kein ausgewählter Psalm, keine Aussage eines Pfarrers ist in diesen Tagen lediglich theologisch gemeint und politisch unschuldig[166]: Die protestantischen Prediger begleiten in diesen Stunden und Tagen den beginnenden Krieg bewusst mit. Für die Pfarrer zeigt sich, dass die im August sich abzeichnende Zustimmung für diesen Krieg nicht ohne den jahrzehntelangen religiös-patriotischen Beitrag der Geistlichen und der Kirchenorgane zu erklären ist. In ihrer Rhetorik sind Volk und Religion längst zu einer Einheit, ja zu »Glaubensartikeln einer allgemeinen Gottgläubigkeit« geworden. Im August 1914 geht es also – mehr als je zuvor – nicht mehr nur um Gott, sondern auch um den »Gott der Deutschen«.[167] Vielleicht degeneriert der Herrgott

in dieser Rhetorik nicht gänzlich zum germanischen National-
gott – wenngleich es auch zuweilen den Anschein hat –, aber
ganz selbstverständlich versichert die protestantische Geistlichkeit,
dass Gott das deutsche Volk benötigt, um die anderen Völker, die
offenkundig vom Glauben abgefallen sind, durch Strafmaßnah-
men wieder auf den Weg der Umkehr zu bringen. Der habili-
tierte Theologe Paul Althaus erklärt in diesem Sinne: »Wir kämpfen für das edlere England gegen das verdorbene, entartete, für
den Sieg des Wahren und Guten bei unseren Feinden gegen das
Niedrige, Häßliche, Verlogene.«[168]

Zuweilen hat man den Eindruck, die evangelischen Kirchen
sind geradezu verzückt angesichts der positiven Reaktionen der
Deutschen auf den beginnenden Krieg. Erlebe man nicht gerade
jene so lange vermisste und immer wieder geforderte Einheit
von Nation und christlicher Religion? Die Menschen strömen in
die Kirchen, aber auch in die zusätzlich abgehaltenen Gemeinde-
versammlungen, in Abendgottesdienste und Gebetsstunden. Der
Abendmahlsbesuch – seit Langem im protestantischen Deutschland ein Standardindikator für die Kirchlichkeit der Mitglieder –
wird mit Kriegsbeginn deutlich häufiger praktiziert. Das gilt für
die Kirchenprovinz Hannover (zu der Verden gehört) ebenso wie
für andere Landeskirchen im Deutschen Reich.[169] Kirchenlei-
tungen und Theologieprofessoren sehen in diesem Moment ihre
Arbeit endlich von Erfolg gekrönt. Wie oft hatte man sich mit
unbefriedigendem Ergebnis in den vergangenen Jahren bemüht,
das Volk um Thron und Altar zu sammeln – und jetzt endlich
volle Kirchen! Das deutsche Volk erweist sich schließlich doch
als »kerngesund« und ist augenscheinlich gewillt, für Kaiser, Volk
und Vaterland auch das letzte Opfer zu bringen.[170] Gott sei Dank?

Die Möglichkeit, die nationale Gesinnung als Vehikel für eine
Neubelebung der christlichen Botschaft zu nutzen, ist auch für
den katholischen Klerus verlockend. Insoweit steht die katholische Kirche – obwohl sie im Gegensatz zum Protestantismus
eine größere Distanz zum nationalen Staat wahrt – den evan-

gelischen Kirchen in der Unterstützung der Kriegsanstrengungen keineswegs nach. Zugleich sieht sich die katholische Kirche in Deutschland im Zuge der begonnenen Auseinandersetzungen zur Verteidigung der katholischen Sache schlechthin aufgefordert. Schließlich gilt hierzulande das katholische Österreich als Bastion der katholischen Welt; die Verteidigung der Donaumonarchie soll deutschen Katholiken deshalb ein besonderes Anliegen sein. Außerdem besteht im katholischen Deutschland die Hoffnung, dass eine Bewährung in dieser »vaterländischen Stunde«, die bedingungslose Unterstützung für Kaiser und Vaterland, endlich und entscheidend dazu beitragen könne, die letzten Spuren des Kulturkampfes zu tilgen. So könnten die deutschen Katholiken – sie stellen mit einem Drittel der Bevölkerung eine starke Minderheit – endlich als gleichermaßen kaiser- und vaterslandstreue Untertanen gleichberechtigt neben den protestantischen Deutschen stehen. Für die »Reichsfeinde« von einst bietet der Krieg die lang ersehnte Gelegenheit zur Anerkennung.[171]

Die meisten Kanzeln werden in diesen Tagen somit in erster Linie zu nationalreligiösen Verstärkern der offiziellen Kriegspropaganda.[172] Und was Gertrud Schädla in den Predigten in Verden an der Aller hört, entspricht dem allgemeinen Duktus der protestantischen und vieler katholischen Äußerungen in diesen Tagen. In vollen und überfüllten Kirchen weisen die Gottesmänner darauf hin, dass die Soldaten und ihre Familien trotz der zu erwartenden Leiden den Krieg unbedingt als religiöse Aufgabe zu verstehen hätten. »Unser Vaterland gleicht zur Zeit einem großen Gotteskasten«, erklärt in einer Predigtsammlung der »Konsistorialrat, Militär-Oberpfarrer und Feldprediger« Georg Goens, »in den unser Volk seine Gaben hineinlegt; der eine gibt sein Hab und Gut, der andere sein Leben, viele ihre Gebete und Tränen und alle ihre Liebe.«[173]

Doch das Ergeben in Gottes Ratschluss, der naturgemäß eben unerforschlich ist, fällt nicht allen so leicht wie Gertrud Schädla. Gerade so manch jungem Mann will diese Einsicht in diesen Tagen nicht gelingen. Das wird selbst in der Familie Schädla erkennbar. Gottfried nämlich, der Jüngste, der als sogenannter Einjähriger ebenso wie sein Bruder Ludwig seinem baldigen Kriegseinsatz entgegensieht, ist in gedrückter Stimmung. Die Mutter besucht ihn deshalb am 3. August, »um ihn noch einmal zu sehen«, wie Gertrud in ihrem Tagebuch vermerkt. Ihr erscheint der Sohn »ganz apathisch und niedergeschlagen«, fraglos kann sich Gottfried nach Gertruds Worten »noch nicht mit dem Kriegsgedanken so vertraut machen, wie wir wünschten«. Die Mutter kehrt erschöpft und traurig heim und lässt einen verzweifelten Jungen zurück, der nicht in den Krieg will.[174]

> *»Ich schreibe von dieser niedergeschlagenen Stimmung unseres Gottfrieds ganz offen, denn man soll nicht glauben, daß ein junger Mensch nicht auch sich erst hindurchkämpfen muß, um mit ruhigem Blute und mit vollem Bewußtsein sprechen zu können: Ich gebe voll Freuden mein junges Leben in den Tod für's Vaterland – wir schrieben ihm so oft wie möglich und gewannen, Gott sei Dank, aus seinen späteren Karten u. Briefen die Zuversicht, daß er mit Gottes Hilfe den ersten, den schweren Sieg über sich selbst, errungen hatte.«*[175]

Es gibt junge Männer, die nicht in den Krieg ziehen wollen. So wie Gottfried Schädla. Einige von ihnen sind schlicht »niedergeschlagen«, andere gehen an den Ängsten und Sorgen regelrecht zugrunde, sie werden krank, »geisteskrank« oder nehmen sich sogar angesichts des bevorstehenden Kriegsdienstes das Leben. Es sei wichtig, die Bevölkerung zu beruhigen, erklärte beispielsweise ein Arzt der oberfränkischen Heil- und Pflegeanstalt Bayreuth. »Denn nehmen wir nur die Tageszeitungen der ersten Mobilmachungstage her, da lesen wir von vielen Selbstmorden.« Viele junge Männer sterben so bereits im Vorfeld des Krieges.[176]

Ludwig und Gottfried Schädla bleiben so gesehen »gesund«

genug und ziehen in den Krieg – oder besser gesagt: zunächst in die Kasernen. Danach geht es tatsächlich in den Kampf; wohin genau, wissen Mutter und Schwester zunächst nicht. Sicher sind sie nur, dass Ludwig und Gottfried »beide an die französische Grenze« gekommen sind.[177] Mehr erfahren sie nicht. Im kleinen Städtchen Verden gibt es mehr Gerüchte als verlässliche Informationen. Die örtliche Zeitung bittet ihre Leser, »den in unglaublicher Menge verbreiteten unsinnigen Gerüchten keinen Glauben zu schenken«. Weder wolle Amerika nun Deutschland gegen England schützen, noch stünden Paris und St. Petersburg in Flammen.[178]

Wo die einen gehen, müssen andere kommen: Arbeitskräfte werden in diesen Tagen auf den Feldern und Höfen gebraucht. Aus den Städten werden sogar Schüler abkommandiert, um zu helfen. Bereits in den ersten Tagen des August 1914 gehört das Werben um jugendliche Erntehelfer zur deutschen Realität. In den Tageszeitungen erscheinen Aufrufe, etwa des »Pfadfinderkorps Magdeburg«, wonach sich alle Pfadfinder der Region bereithalten sollen, um der Landbevölkerung notfalls bei der Ernte zur Hilfe zu eilen: »Das Korn und die übrigen Feldfrüchte fallen dem Verderben anheim, weil sie nicht rechtzeitig geerntet werden können.« Pfadfinder zwischen 13 und 18 Jahren seien also als Handlanger und Erntehelfer von großem Nutzen.[179] Auch Gertrud Schädla kann in der örtlichen Presse lesen, dass »Frauen und Jungfrauen« sich als Helferinnen melden sollten.[180] Die Frauen im »Bund Deutscher Frauenvereine« gründen den »nationalen Frauendienst«, die als staatlich anerkannte Organisation den Behörden als Hilfstruppe in der Fürsorge und beim Nachschub dient.[181] Kinder, Jugendliche, Frauen – alle helfen mit. Ganz im Sinne des offiziell verkündeten Burgfriedens schließen sich dem Frauendienst auch der katholische Frauenbund und in vielen Parteibezirken Vertreterinnen der sozialdemokratischen Frauenorganisationen an.[182]

»Zehn Tage lang Schweißdunst und staubiges Stroh, draußen vor der Stadt. Wir sind abkommandiert zur Erntehilfe, beim Garbenbinden bluten die Hände, die Bauernjungen verhöhnen uns ›Fadenfinder‹. Wir sind froh, daß die Ferien zu Ende sind.«

(der 15-jährige Axel Eggebrecht über seinen Ernteeinsatz vor den Toren Leipzigs)[183]

Für manche Schüler im Deutschen Reich haben die Ausflüge in die Landwirtschaft zumindest den Reiz, dass sich dadurch gegebenenfalls ihre Schulferien um einige Tage verlängern; in einigen Regionen werden den Schulinspektoren dafür entsprechende Möglichkeiten geschaffen.[184] Für Gertrud Schädla beginnt die Schule regulär wieder am 5. August.[185] Der Schulbetrieb wird wie im Frieden aufrechterhalten, wenngleich es für Kinder und Lehrerin an ausgewählten Tagen schulfrei gibt, um einen großen oder vermeintlich großen Sieg zu feiern. Auch für die Pädagogen ist der Krieg das Thema des Tages und damit auch des Unterrichts. Einige sehen sich in dieser patriotischen Stunde dazu aufgerufen, von ihren Schülern ebenfalls mehr demonstrativen Patriotismus zu verlangen. Sie beteiligen sich aktiv am jetzt ausgebrochenen Krieg gegen angeblich »feindliche« Fremdwörter. Auch diese gelte es zu besiegen, und so setzt eine regelrechte »deutsche Umbenennungswut« ein.[186] Eine Schülerin in der preußischen Provinz Posen erinnert sich in ihrem Tagebuch, dass die Lehrer den Kindern erklärt hätten, dass es ab sofort ihre vaterländische Pflicht sei, keine Worte ausländischer Herkunft mehr zu verwenden. Statt »Adieu« heiße es nun »Lebewohl« oder »Auf Wiedersehen«, und die Naturkundelehrerin tadelt das Mädchen, weil es im Unterricht vom »Diarium« gesprochen hat – man solle fortan in gutem Deutsch von »Kladde« sprechen.[187] Gertrud Schädla muss bald in der örtlichen Tageszeitung lesen, dass man im Krieg sprachlich umdenken müsse:

»Auch ›Papa‹ und ›Mama‹ könnten wir wieder den Franzosen überlassen und unsere viel schöner klingenden Bezeichnungen gebrauchen: ›Vater‹, ›Mutter‹. Wem fiele es ein von ›Papastadt‹ und ›Papaland‹ zu sprechen. Wir sagen Vaterstadt und Vaterland und Mutterliebe und Muttersprache, aber nicht Mamaliebe und Mamasprache. Also auch weg mit ›Papa‹ und ›Mama‹ u.a. Denken wir daran, daß wir Deutsche sind und auf uns halten wollen!«[188]

Der Schulalltag im Deutschen Reich zeigt jetzt ein anderes Gesicht, das Kriegsgeschehen selbst wird zum Bestandteil des Unterrichts. In den Klassenzimmern hängen bald Landkarten, auf denen täglich mit kleinen Fähnchen der Frontverlauf abgesteckt wird, manch ein Lehrer fühlt sich deshalb wie ein kleiner Feldherr. Die Volksschüler werden zu vormilitärischen Übungen, zum Ernteeinsatz oder zu Sammelaktionen eingezogen. Die Oberprimaner können, bevor sie in diesem August ausrücken, noch schnell eine Notreifeprüfung ablegen. Ein geregelter Schulalltag sieht anders aus, vor allem weil es zumindest noch in diesen Wochen bei jedem Erfolg auf dem Schlachtfeld »siegfrei« gibt.[189] Dies geschieht in deutschen Schulen selbstverständlich nicht ungeregelt; Gertrud Schädla und ihre Kolleginnen werden hochoffiziell darüber unterrichtet, dass dies von den Schulbehörden gewollt ist:

»(Verden, 31. August 1914). Auch die Schuljugend soll in dieser Zeit voll spannender Erregung ihren Teil an der allgemeinen Freude über die Siege der deutschen Waffen auf ihre Weise feiern. Bringt der Verlauf der Ereignisse Stunden, in denen die vaterländische Erregung alles andere zurückdrängt, so daß die Arbeit des Tages eine Weile stillstehen muß, so sind – nach einem Erlaß des Provinzial-Schulkollegiums in Hannover an die unterstellten Lehranstalten – die Schulleiter ohne weiteres ermächtigt, den Unterricht für den Tag zu schließen und die Jugend mit einer Ansprache zu entlassen, die dem gemeinsamen Empfinden einen würdigen und wirkungsvollen Ausdruck verleiht.«[190]

Vielleicht sind es die willkommenen freien Schultage, jedenfalls fühlen sich manche Schüler tatsächlich vaterländisch beseelt und sind glücklich, dass es für Deutschlands Ehre in die Schlacht geht. Aber: »Am glücklichsten sind die Lehrer«, kommentiert eine Zwölfjährige aus Schneidemühl ihre Erlebnisse in der örtlichen Schule.[191] Dort gibt es viele neue patriotische Lieder und selbstverständlich eine gewichtige Ansprache des Schuldirektors der örtlichen Kaiserin-Auguste-Viktoria-Schule:

> »Heute erzählte er folgendes: In Berlin wartete eine tausendköpfige Menschenmenge vor dem kaiserlichen Schloß. Da schickte der Kaiser einen Polizisten hinaus und ließ dem Volk verkünden, daß der Kriegszustand beschlossen sei. Die tieferschütterte Menge sang: ›Nun danket alle Gott!‹ Daraufhin mußten wir auch singen: ›Nun danket alle Gott!‹ Viele Lehrer und Lehrerinnen und ein paar Schülerinnen weinten. Der Direktor putzte sich die Nase und nahm den Kneifer ab, um die Augen zu trocknen. Er schloß die Feier mit den Worten: ›Mit Gott für König und Vaterland!‹
>
> (die zwölfjährige Jo Mihaly über den 3. August 1914 in ihrer Schule im preußischen Schneidemühl)[192]

Oft wird in diesen Tagen deutlich, dass sich viele Menschen noch verwundert die Augen reiben über die rasche Entwicklung, die zum Krieg geführt hat, der seinerseits schon nach wenigen Tagen den Alltag verändert. Auch Gertrud Schädla hält schließlich nach fast drei Wochen inne und bedenkt, dass zu Beginn des Monats wie »ein Blitz aus sich langsam und schwer bewölktem Himmel […] die Kriegstatsache herniedergefahren« sei.[193] Es ist tatsächlich Krieg, scheint Schädla klar zu werden. Sie ist wie die meisten Deutschen fraglos überzeugt, dass Deutschland das Opfer anderer Nationen geworden ist und sich nun energisch verteidigen müsse. Und mehr noch: Ihre Tagebucheintragungen sind Dokumente reinster Kriegszustimmung.

*»Jetzt ist es Wahrheit geworden, wovor wir so lange gezittert und
gebangt haben, was uns einerseits so baldmöglich und andererseits so
unmöglich schien. Unsere Feinde von Osten und Westen und Norden
haben's gewagt, uns bis auf's Blut zu reizen, jetzt sollen sie erleben,
daß wir auch bis auf's Blut wiederstehen werden! [...] Und warum
fällt man mit dreien, vielleicht auch bald mit mehreren über uns her?
Nur aus Neid auf unsere rasch gewachsene Macht, auf unsere hohe
Kultur, auf unsere gewaltige Bevölkerungszunahme, auf unsere freie
und stolze Lust am Dasein! Wir haben keinen Krieg gewollt, hätten
wir ihn gewünscht, wir hätten ihn längst zehnmal haben können in
den 43 Friedensjahren.«*[194]

Gertrud Schädla folgt der offiziellen Propaganda nicht nur hinsichtlich der Kriegsunschuldlegende. Auch mit ihrer Einschätzung der anderen Nationen und deren Motiven teilt sie die herrschende Meinung und scheut sich nicht vor klaren Urteilen:
England habe demnach »Rassenverrat« begangen, weil es sich von
»seinen germanischen Brüdern« getrennt habe, um mit »Königs-
mördern und Weiberschändern« (»wie jemand die Serben treffend genannt hat«) gemeinsame Sache zu machen.[195] Die junge
Lehrerin ist empört und zeigt sich entschlossen:

*»Voll Wut war jedermann besonders über England – aber nun
kennt auch niemand mehr ein Aufhalten. Wir müssen u. wollen uns
durchhauen durch unsere zahlreichen Feinde!: England, Frankreich,
Belgien, Rußland, Japan. Und wer weiß, ob sich die Zahl nicht
noch vermehrt! Wie vertrauen auf Gottes Hilfe in unserer gerechten
Sache.«*[196]

Die Kriegsvorbereitungen auf den Straßen Verdens betrachtet
Gertrud Schädla mit einer durchaus bewundernden Haltung.
Wenn es ihre Zeit erlaubt, ist sie auf den Straßen unterwegs und
beobachtet das lebhafte Treiben am Bahnhof. Fast jede halbe
Stunde trifft dort ein Zug mit Soldaten oder Reservisten ein.

Auf sie warten die helfenden Hände des Verdener Frauenvereins, die Brot, Butter oder Saft verteilen, Lebensmittel, die die Bevölkerung gespendet hat. Wenngleich sie auch ein wenig Wehmut empfindet, so freut sich Gertrud Schädla doch, »diese Scharen von durchreisenden jungen Leuten zu sehen«. Da glücklicherweise kein Alkohol verabreicht werden darf, wie sie in ihrem Tagebuch festhält, erlebt sie »echte wahre Begeisterung der Mannschaften«. Die Eisenbahnwaggons sind mit Kränzen geschmückt und tragen mit Kreide geschriebene, weit erkennbare Aufschriften: »Jeder Schuß ein Ruß'«, »Jeder Stoß ein Franzos'«, »Jeder Tritt ein Britt!« oder: »Wir Mariner lassen den Mut nicht sinken und sollten wir d. ganze Nordsee austrinken.«[197]

Derweil liefert die Landwirtschaft Tiere an die Armee. Gertrud Schädla kann beobachten, dass auf den Straßen Verdens nicht nur Soldaten und Reservisten unterwegs sind, sondern immer auch »Landleute«, die in großer Anzahl Pferde aus dem Umland herbeischaffen, »ich zählte einmal 500 u. einmal 200 auf einmal«.[198] Unter den Augen der Bevölkerung werden Kanonen verladen. Sie sind mit Kränzen geschmückt, und das ganze Material macht einen guten und neuen Eindruck. Wie für andere Bürger ist dies für Gertrud der sichere Beleg dafür, »wie gut unser Heer vorbereitet« ist. Das gibt ihr ein sicheres Gefühl.

»*Auch die Kleidung des einzelnen Mannes war von Kopf bis Fuß neu, Gürtel u. Stiefel ungefärbt, so daß man so recht sich an dem neuen, schönen Leder freuen konnte. Wenn man dagegen denkt, in was für zerrissenen Stiefeln u. Uniformen die Franzosen gekommen sind, in Lackschuhen u. Turnschuhen wie unsere Soldaten erzählen, oft die Patronentasche nur mit einem Strick um den Leib gebunden! Da können unsere Leute wohl stolz sein auf ihre schöne Ausrüstung!*«[199]

Ob dieses eigentümliche Bild vom französischen Soldaten, der allein schon wegen seiner angeblich so schlampigen Ausrüstung

(Lackschuhe!) den deutschen Kämpfern gegenüber im Nachteil ist, Gertrud Schädla trösten soll? Denn immerhin weiß sie, dass ihre Brüder Ludwig und Gottfried bereits an der Westfront gegen die Franzosen kämpfen. Mitte des Monats hat die Familie per Feldpost Nachrichten von den Brüdern erhalten. Beide sind an unterschiedlichen Orten in der Nähe von Lüttich in Kämpfe verwickelt. »Wir sind jetzt sehr besorgt, da wir so lange keine Nachricht mehr haben«, notiert die Schwester am 28. August in ihrem Tagebuch.[200]

Aber die Siege der letzten Augusttage versetzten auch Gertrud Schädla in regelrechte Begeisterung. Am 30. August 1914 registriert sie voller Freude, dass die lang erwartete Entscheidungsschlacht an der russischen Grenze geschlagen – und gewonnen – sei. Die später so genannte »Schlacht bei Tannenberg« ist für die Lehrerin eine große Erleichterung – »ach, es war ja so nötig!«. Und auch hier sieht Schädla den guten Gott im Spiel, der doch erkennbar auf der Seite der Deutschen steht:

> »Nun hat uns der freundliche Gott wieder geholfen. Er ist mit uns! Wir sehen es deutlich, u. wollen nun nicht verzagen, wenn zwischendurch auch einmal ein kleiner Mißerfolg kommt, wie gestern abend, vier kleine Kreuzer bei einem Kampfe mit den engl. Schiffen gesunken sind. Auch die Engländer, die treulosen Verräter, wird Gott noch in unsere Hände geben!«[201]

Die ganze Hoffnung der jungen Lehrerin ruht auf Gott. Als sie am Sonntag, dem 30. August, den Sonntagsgottesdienst besucht, singt sie mit der gesamten Gemeinde zuerst ein Loblied (»Schwing dich auf, mein ganz Gemüte«) und dann ein Kreuz- und Trostlied (»Was mein Gott will, das gescheh' allzeit«).[202] Und wenn der Himmel nicht mehr hilft, dann ist deutsche Stärke gefordert: »Wir setzen unsere Hoffnung nächst Gott auf unsere Zeppeline u. die großen Kruppschen Kanonen.«[203] Die Lehrerin meint zu wissen, dass diese neuen Kanonen in der Lage sind, über den Ärmelkanal zu schießen. Sie glaubt, dass die deutschen Einheiten bald auch Antwerpen, Dünkirchen und Calais einnehmen werden, um dort einen Stützpunkt für die Flotte aufzubauen, von dem aus England angegriffen werden könne.[204]

So ist Gertrud Schädla nach vier Wochen Krieg einerseits guter Dinge, was den Verlauf der Schlachten angeht. Andererseits konstatiert sie, dass an den Fronten schon jetzt unfassbar viele Menschen sterben. Selbst wenn wieder einmal ein Sieg verkündet wird, schreibt sie traurig: »Aber, ach, wieviele Tausende mögen da wieder blutend liegen!« Ihr Herz zittere regelrecht bei diesen Überlegungen, selbst wenn es wieder gute Nachrichten für die deutsche Armee seien. Und Endes des Monats hofft sie, dass »dieser Krieg nicht noch zu tief in den Winter hineingeht«[205] − erste Zeichen aufkommenden Zweifels.

Allergrößte Sorgen löst im Hause Schädla die Ungewissheit über Gottfried und Ludwig aus. Am 31. August schreibt die Schwester in ihr Tagebuch, dass von den beiden noch immer jegliche Nachricht fehle. Vielleicht nur ein logistisches Problem? Aus Belgien jedenfalls kommt keine Kunde. »Es heißt, daß ein großer Haufen Post irgendwo in Belgien liege u. nicht weiter könne«, versucht sie sich zu trösten.[206] Tatsächlich hat Gertrud aus den Extrablättern des *Verdener Anzeigenblatts* erfahren, dass aus militärischen Erwägungen die Post zwischen Soldaten und Heimat zeitweise gezielt eingeschränkt wurde:

>*»Aus Papieren, die in unsere Hände gefallen sind, geht hervor, daß der Feind durch das Vorgehen der Armeen der Generalobersten v. Kluck und v. Bülow nördlich der belgischen Maas vollständig überrascht worden ist. […] Trotzdem würden die Bewegungen dem Feind nicht unbemerkt geblieben sein, wenn nicht zu Beginn des Aufmarsches und des Vormarsches die Feldpostsendungen zurückgehalten worden seien. Von Heeresangehörigen und deren Familien ist das als schwere Last empfunden worden und die Schuld der Feldpost beigemessen worden. Im Interesse der Arbeitsfreudigkeit und*

1 Am 31. Juli 1914 spricht Wilhelm II. vom Balkon des Berliner Schlosses aus zu den Massen. »Man drückt uns das Schwert in die Hand«, behauptet er – und legt damit erfolgreich den Grundstein für die »Kriegsunschuldlegende«.

2 Am 12./13. Juni 1914 ist Wilhelm II. (links, mit Spazierstock) zu Gast beim österreichisch-ungarischen Thronfolger, Erzherzog Franz Ferdinand (vorn, im pelzgefütterten Mantel), auf Schloss Konopischt bei Prag – offiziell zu einem Jagdausflug.

3 Wie jedes Jahr bricht Wilhelm II. auch im Juli 1914 mit seiner Jacht »Hohenzollern« (im Bild bei der Passage des Kaiser-Wilhelm-Kanals) zu seiner Nordlandreise an die Küste Norwegens auf. Er will damit trotz drohenden Krieges »Normalität« demonstrieren.

Illustrirte Zeitung

Nr. 3728.   143. Band.

Deutschlands Oberster Kriegsherr: Kaiser Wilhelm II. in Felduniform.
Mit Genehmigung des Königlich preußischen Hofphotographen W. Niederastroth (Selle & Kuntze), Potsdam.

4 Leidenschaftlich gern trägt Wilhelm II. Uniformen – und wechselt die Garderobe manchmal mehrmals am Tag. Kurz nach Kriegsbeginn posiert »Deutschlands oberster Kriegsherr« in ordensgeschmückter Felduniform.

5 Wilhelm II. beschwört bei der feierlichen Eröffnung des Reichstages am 4. August 1914 den Zusammenhalt der Deutschen. Die Sozialdemokraten fehlen bei seiner Ansprache im Berliner Stadtschloss: Sie boykottieren traditionell diese höfische Veranstaltung.

6 Berlin, Anfang August 1914: Kurz nach der Mobilmachung marschieren Soldaten, von ihren Angehörigen begleitet, zum Bahnhof. Noch herrscht Aufbruchstimmung.

An das deutsche Volk!

Seit der Reichsgründung ist es durch 43 Jahre Mein und Meiner Vorfahren heißes Bemühen gewesen, den Weltfrieden zu erhalten und im Frieden unsere kraftvolle Entwicklung zu fördern. Aber die Gegner neiden uns den Erfolg unserer Arbeit.

Alle offenkundige und heimliche Feindschaft von Ost und West und von jenseits der See haben wir bisher ertragen im Bewußtsein unserer Verantwortung und Kraft, nun aber will man uns demütigen. Man verlangt, daß wir mit verschränkten Armen zusehen, wie unsere Feinde sich zu tückischem Ueberfall rüsten, man will nicht dulden, daß wir in entschlossener Treue zu unserem Bundesgenossen stehen, der um sein Ansehen als Großmacht kämpft und mit dessen Erniedrigung auch unsere Macht und Ehre verloren ist.

So muß denn das Schwert entscheiden.
Mitten im Frieden überfällt uns der Feind.
Nun auf zu den Waffen!
Jedes Schwanken, jedes Zögern wäre Verrat am Vaterland!

Um Sein oder Nichtsein unseres Reiches handelt es sich, das unsere Väter sich neu gründeten, um Sein oder Nichtsein deutscher Macht und deutschen Wesens. Wir werden uns wehren bis zum letzten Hauch von Mann und Roß. Und wir werden diesen Kampf bestehen, auch gegen eine Welt von Feinden. Noch nie ward Deutschland überwunden, wenn es einig war.

Vorwärts mit Gott, der mit uns sein wird, wie er mit den Vätern war!

Berlin, den 6. August 1914.

Wilhelm.

7 In der Proklamation »An das deutsche Volk!« vom 6. August 1914 ruft Wilhelm II. die Deutschen zu den Waffen: »Mitten im Krieg überfällt uns der Feind.« Dass Deutschland zur Verhinderung des Krieges nichts unternommen hat, verschweigt er wohlweislich.

8 28. August 1914: Mit chauvinistischen Parolen bemalt bricht ein Truppentransport an einem Berliner Bahnhof Richtung Westfront auf.

9 Ruine und verbrannte Bücher der Universitätsbibliothek im belgischen Löwen. Deutsche Truppen hatten sie zerstört und damit international für Empörung gesorgt.

10 »Der Auszug deutscher Studenten in den Freiheitskrieg von 1813«. Um das Gemälde Ferdinand Hodlers entbrennt an der Universität Jena ein heftiger Streit: Hodler hat die deutsche Kriegsführung kritisiert, sein Bild verschwindet hinter einer Bretterwand.

11 Die rund 2000 Studenten der hiesigen Universität sind fester Bestandteil des öffentlichen Lebens in Jena. Szene in einem Straßencafé am Jenaer Markt (um 1910).

12 Alexander Cartellieri im Frühjahr 1914: Er steht auf der heimischen Veranda und trägt stolz Talar, Kette und Hut – die offiziellen Insignien des Prorektors der »Großherzoglich und Herzoglich Sächsischen Gesamtuniversität«, wie die heutige Friedrich-Schiller-Universität von Jena damals hieß.

13 Wilhelm Eildermann im Alter von 17 Jahren. Als Volontär der *Bremer Bürger-Zeitung*, die als SPD-Parteiblatt den linken Flügel der deutschen Sozialdemokratie repräsentiert, teilt er die Kritik an der deutschen Kriegsbeteiligung.

14 Ein Bild aus Friedenzeiten: Die Mitglieder der Bremer »Jungen Garde« (darunter auch Wilhelm Eildermann und Johann Knief) im Mai 1913 bei einem Ausflug nach Fahrenhorst.

F 831262

Extra-Ausgabe.

Nr. 200 a.   31. Jahrg.

Vorwärts

Berliner Volksblatt.
Zentralorgan der sozialdemokratischen Partei Deutschlands.

Redaktion: SW. 68, Lindenstraße 69.   **Sonnabend, den 25. Juli 1914.**   Expedition: SW. 68, Lindenstraße 69.

Aufruf!

Noch dampfen die Aecker auf dem Balkan von dem Blute der nach Tausenden Hingemordeten, noch rauchen die Trümmer verheerter Städte, verwüsteter Dörfer, noch irren hungernd arbeitslose Männer, verwitwete Frauen und verwaiste Kinder durchs Land, und schon wieder schickt sich die vom österreichischen Imperialismus entfesselte Kriegsfurie an, **Tod und Verderben über ganz Europa** zu bringen.

Verurteilen wir auch das Treiben der groß-serbischen Nationalisten, so fordert doch die **frivole Kriegsprovokation der österreichisch-ungarischen Regierung** den schärfsten Protest heraus. Sind doch die Forderungen dieser Regierung so **brutal**, wie sie in der Weltgeschichte noch **nie** an einen selbständigen Staat gestellt sind, und können sie doch nur darauf berechnet sein, den **Krieg geradezu zu provozieren**.

Das klassenbewußte Proletariat Deutschlands erhebt im Namen der Menschlichkeit und der Kultur flammenden Protest gegen dies verbrecherische Treiben der Kriegshetzer. Es fordert gebieterisch von der deutschen Regierung, daß sie ihren Einfluß auf die österreichische Regierung zur Aufrechterhaltung des Friedens ausübe, und falls der schändliche Krieg nicht zu verhindern sein sollte, sich jeder kriegerischen Einmischung enthalte. **Kein Tropfen Blut eines deutschen Soldaten darf dem Machtkitzel der österreichischen Gewalthaber, den imperialistischen Profitinteressen geopfert werden.**

Parteigenossen, wir fordern Euch auf, sofort in **Massenversammlungen** **den unerschütterlichen Friedenswillen des klassenbewußten Proletariats** zum Ausdruck zu bringen. Eine ernste Stunde ist gekommen, ernster als irgend eine der letzten Jahrzehnte. Gefahr ist im Verzuge! **Der Weltkrieg droht!** Die herrschenden Klassen, die Euch im Frieden knebeln, verachten, ausnutzen, wollen Euch als Kanonenfutter mißbrauchen. Ueberall muß den Gewalthabern in die Ohren klingen:

Wir wollen keinen Krieg! Nieder mit dem Kriege!
Hoch die internationale Völkerverbrüderung!

Berlin, den 25. Juli 1914.   **Der Parteivorstand.**

Protest des österreichischen Proletariats!
Arbeiter, Parteigenossen!

In furchtbar ernster Zeit richten wir, Parteigenossen, heute das Wort an Euch! Die Gefahr einer kriegerischen Verwicklung mit Serbien rückt in immer unheimlichere Nähe, um bevor der Tag um ist, an dem Euch unser Wort erreicht, kann der Krieg schon ausgebrochen sein! Die österreichisch-ungarische Regierung hat in Belgrad ein Ultimatum überreichen lassen, ein letztes Wort, das an diesem Samstag um 6 Uhr abends seine Erfüllung finden muß, wenn die

blutige Entscheidung durch die totbringenden Waffen

vermieden werden soll. An einem dünnen Faden hängt die Erhaltung des Friedens, und wenn der Faden reißt, wenn Serbien die Bedingungen, die ihm Oesterreich-Ungarn diktiert, nicht hinnimmt und es zum Krieg kommt, dann wird mit Schrecken und Jammer, mit dem Leid und Kummer, die es im Gefolge hat! Und da es vorzugsweise

die breiten Massen sind, die seine furchtbaren Lasten tragen, so ist die Entscheidung, die sich nun vorbereitet, für

Einsatz an Gut und Blut des Volkes!

Mußte es so kommen? Auch wir Sozialdemokraten, die Vertreter des vorrätig schaffenden Volkes, verschließen unser Auge nicht vor dem schweren Unrecht, das die serbischen Machthaber an Oesterreich begangen haben. Wie wir, aus unseren prinzipiellen Anschauungen heraus, die serbischen Gewaltakten zurückweisen, so beurteilen wir alle, die bei der Militärung berechtigt sind. Wir erkennen es an, daß Oesterreich-Ungarn im Rechte ist, wenn es von der serbischen Regierung die strafgerichtliche Verfolgung der Mitschuldigen begehrt; wir erwägen, daß Oesterreich-Ungarn von Serbien Bürgschaften verlangt, um den möglichen Wühlen gegen die Sicherheit und Ruhe des österreichischen Staatenverbandes Einhalt

getan werde, daß mit der fördernden Duldung, die die Machthaber in Serbien dieser Lohrettungsbewegung entgegenbringen, gebrochen werde. Aber wir sind überzeugt, daß die serbische Regierung diesen Forderungen Oesterreich-Ungarns, die durch das Oesterreich sanktioniert sind, keinen Widerstand hätte entgegensetzen können, keinen Widerstand entgegengesetzt hätte. Wir sind überzeugt, daß für alles, was Oesterreich-Ungarn im Interesse des Schutzes seiner Staatlichkeit begehrt, die Erfüllung

im Frieden

zu erreichen und immer noch wäre, und daß keine staatliche Notwendigkeit, keine Rücksicht auch auf ihr Ansehen als Großmacht zwingt, die Bahnen der friedlichen Verständigung zu verlassen. Deshalb erklären wir im Namen der arbeitenden Klasse, erklären es als die Vertretung der deutschen Arbeiter in Oesterreich, daß wir

für diesen Krieg die Verantwortung nicht übernehmen

können, daß wir für uns und für alles, was aus ihm in furchtbar ernsten Folgen entspringen mag, die Verantwortung zuschieben, die den verhängnisvollen Schritt, die zum Krieg stellt, erkonnen, unterstützt und gefordert haben.

---

15 Am 25. Juli 1914 fordert der SPD-Vorstand noch im Parteiorgan *Vorwärts*, den »unerschütterlichen Friedenswillen des klassenbewussten Proletariats« auf die Straßen zu tragen. Tatsächlich demonstrieren daraufhin fast eine halbe Million Menschen gegen den Krieg – vergebens.

Gratis!

Nr. 210a.

31. Jahrg.

Extra-Ausgabe.

Vorwärts

Berliner Volksblatt.

Zentralorgan der sozialdemokratischen Partei Deutschlands.

Redaktion: SW. 68, Lindenstrasse 69.
Fernsprecher: Amt Moritzplatz, Nr. 1983.

Dienstag, den 4. August 1914.

Expedition: SW. 68, Lindenstrasse 69.
Fernsprecher: Amt Moritzplatz, Nr. 1984.

Die Sozialdemokratie und der Krieg!

Die sozialdemokratische Reichstagsfraktion bewilligte in der heutigen Sitzung des Reichstages die von der Regierung geforderten Kriegskredite. Gleichzeitig gab sie nachfolgende Erklärung über ihre Stellung ab:

Wir stehen vor einer Schicksalsstunde. Die Folgen der imperialistischen Politik, durch die eine Aera des Wettrüstens herbeigeführt wurde und die Gegensätze zwischen den Völkern sich verschärften, sind wie eine Sturmflut über Europa hereingebrochen. Die Verantwortung hierfür fällt den Trägern dieser Politik zu, die wir ablehnen.

Die Sozialdemokratie hat diese verhängnisvolle Entwicklung mit allen Kräften bekämpft und noch bis in die letzten Stunden hinein hat sie durch machtvolle Kundgebungen in allen Ländern, namentlich im innigen Einvernehmen mit den französischen Brüdern, für die Aufrechterhaltung des Friedens gewirkt. Ihre Anstrengungen sind vergeblich gewesen.

Jetzt stehen wir vor der ehernen Tatsache des Krieges. Uns drohen die Schrecknisse feindlicher Invasionen. Nicht für oder gegen den Krieg haben wir heute zu entscheiden, sondern über die Frage der für die Verteidigung des Landes erforderlichen Mittel.

Nun haben wir zu denken an die Millionen Volksgenossen, die ohne ihre Schuld in dieses Verhängnis hineingeriffen sind. Sie werden von den Verheerungen des Krieges am schwersten getroffen. Unsere heißen Wünsche begleiten unsere zu den Fahnen gerufenen Brüder ohne Unterschied der Partei.

Wir denken auch an die Mütter, die ihre Söhne hergeben müssen, an die Frauen und Kinder die ihres Ernährers beraubt sind, denen zu der Angst um ihre Lieben die Schrecken des Hungers drohen. Zu ihnen werden sich bald zehntausende verwundeter und verstümmelter Kämpfer gesellen.

Ihnen allen beizustehen, ihr Schicksal zu erleichtern, diese unermeßliche Not zu lindern, erachten wir als zwingende Pflicht.

Für unser Volk und seine freiheitliche Zukunft steht bei einem Sieg des russischen Despotismus, der sich mit dem Blute der Besten des eigenen Volkes befleckt hat, viel, wenn nicht alles auf dem Spiel. Es gilt, diese Gefahr abzuwehren, die Kultur und die Unabhängigkeit unseres eigenen Landes sicherzustellen. Da machen wir wahr, was wir immer betont haben: Wir lassen in der Stunde der Gefahr das Vaterland nicht im Stich. Wir fühlen uns dabei im Einklang mit der Internationale, die das Recht jedes Volkes auf nationale Selbständigkeit und Selbstverteidigung jederzeit anerkannt hat, wie wir in Uebereinstimmung mit ihr jeden Eroberungskrieg verurteilen.

Wir hoffen, daß die grausame Schule der Kriegsleiden in neuen Millionen den Abscheu vor dem Kriege wecken und sie für das Ideal des Sozialismus und des Völkerfriedens gewinnen wird.

Wir fordern, daß dem Kriege, sobald das Ziel der Sicherung erreicht ist, und die Gegner zum Frieden geneigt sind, ein Ende gemacht wird durch einen Frieden, der die Freundschaft mit den Nachbarvölkern ermöglicht. Wir fordern dies im Interesse nicht nur der von uns stets verfochtenen internationalen Solidarität, sondern auch in dem Interesse des deutschen Volkes.

Von diesen Grundsätzen geleitet bewilligen wir die geforderten Kredite.

Verantwortlicher Redakteur: Albert Wachs, Berlin. — Druck und Verlag: Vorwärtsbuchdruckerei und Verlagsanstalt Paul Singer & Co., Berlin SW.

16 Nur zehn Tage später, am 4. August, hat die SPD-Führung eine Kehrtwende in der Kriegsfrage vollzogen: Die Reichstagsmitglieder der Partei haben (unter Fraktionszwang) einstimmig für die Bewilligung der Kriegskredite gestimmt. Der sogenannte »Burgfrieden« ist besiegelt, die Partei aber tief gespalten.

17 Bremen um 1910: Von der Industrialisierung der zurückliegenden Jahrzehnte hat die Hansestadt profitiert, zugleich verschärft sich aber auch hier die soziale Frage. 1914 ist die SPD mit über 15 000 Mitgliedern vor Ort eine starke politische Kraft an der Weser.

18 »Eine Welt scheint ihrem Untergange entgegenzugehen und droht Millionen von Menschen in ihren Strudel zu ziehen«, klagt die kriegskritische linke *Bremer Bürger-Zeitung* zu Kriegsbeginn am 1. August 1914.

19 Ein undatiertes Foto zeigt die Volksschullehrerin Gertrud Schädla aus Verden an der Aller.

Verden (Aller).

20 Die kurz zuvor schiffbar gemachte Aller sowie der Dom St. Maria und Cäcilia sind der Blickfang dieser Bildpostkarte (um 1910) des Garnisonsstädtchens Verden an der Aller. Das ursprünglich katholische Gotteshaus ist seit der Reformation Mittelpunkt der hiesigen evangelisch-lutherischen Gemeinde. Auch Gertrud Schädla ist fest im protestantischen Milieu verankert.

[Handschriftliches Tagebuch, schwer lesbar]

21 In ihrem Tagebuch hält Gertrud Schädla ihre Wahrnehmungen und Erlebnisse des Sommers 1914 fest. So auch am 19. August 1914, als sie erbost den Kriegsbeginn mit den Worten kommentiert, Deutschlands »Feinde haben's gewagt, uns bis auf's Blut zu reizen«.

22 1914 legt Ernst Stadler seinen ersten Gedichtband mit dem Titel _Der Aufbruch_ vor, der zu den wichtigen literarischen Dokumenten des deutschen Expressionismus zählt.

23 Ernst Stadler kurz vor dem Ersten Weltkrieg. Der Literat und Hochschullehrer wird am 31. Juli 1914 im Alter von 30 Jahren als Reserveoffizier zum Kriegsdienst eingezogen.

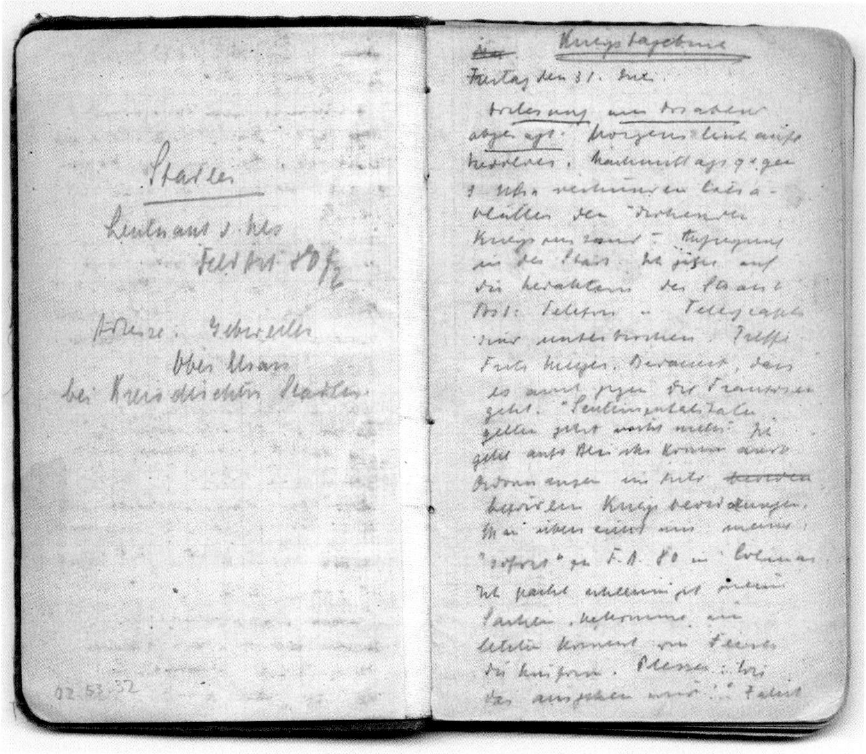

24 Die erste Eintragung in Stadlers Kriegstagebuch am 31. Juli 1914: »Vorlesung am Abend abgesagt. Morgens Einkäufe: Revolver.«

25 Szene aus der Ersten Flandernschlacht bei Ypern im Oktober und November 1914, an der auch Ernst Stadler teilnimmt. Beim Versuch der deutschen Truppen, das britische Expeditionskorps entlang der belgischen Kanalküste vom Nachschub abzuschneiden, sterben Zigtausende Soldaten.

Pflichttreue der Beamten der Feldpost habe ich mich für verpflichtet gehalten, hierüber Aufklärung zu geben.

Generalquartiermeister v. Stein«
(Extrablatt des *Verdener Anzeigenblatts* vom 6. September 1914)[207]

Glaubt Gertrud Schädla tatsächlich, dass das Ausbleiben von Nachrichten von ihren beiden Brüdern durch solche strategischen Vorgänge bei der Feldpost verursacht ist? Es ist wohl mehr der Versuch eines Trostes. In einigen Momenten denkt sie bereits über die schreckliche Möglichkeit nach, dass ihre Brüder vielleicht schon tot seien. Bei einem Besuch in Bremen erkundigt sie sich bei einem Verwandten, wie das Militär in solch einem Fall die Angehörigen benachrichtigt: Sie erfährt, dass »man gewiß durch die Behörde Nachricht über d. Schicksal der Gefallenen u. Verwundeten bekommt, wenn es soweit ist«. So bleibt ihr nur, ruhig abzuwarten, »was Gott uns schickt«.[208]

Der Monat geht jedenfalls zu Ende, und Gertrud Schädla hat Angst um ihre Brüder. Als wollte sie diese Angst vertreiben, ruft sie neben Gott ihre Helden im Hier und Jetzt an: Sie klebt ein Foto mit den beiden ältesten Generälen der deutschen Armee (Graf Haeseler und Graf Zeppelin) in ihr Tagebuch und fügt hinzu: »Heil euch! Ihr beiden tapferen, klugen alten Generäle! Heil euch, ihr tapferen Krieger! Heil euch, ihr teuren Brüder!«[209]

Ernst Stadler: »Ich grüße dich, süße Erde von Frankreich«

»Ich melde mich als Kriegsfreiwilliger bei den bairischen leichten Reitern. Hoffentlich nehmen sie mich. Ich meine, untätig hinter der Front zu liegen, läßt einen verfaulen und reibt mehr auf als noch so strapaziöser Dienst. Zum mindesten werden sie mir doch eine Waffe in die Hand drücken.«

(der 23-jährige Schriftsteller Klabund in einem Brief am 3. August 1914)[210]

Ernst Stadler meldet sich nicht freiwillig für den Krieg. Andere aber tun es. Warum? Manche aus Begeisterung, einige aus Abenteuerlust, viele sicherlich aus patriotischer Überzeugung. In diesem Sinn begründet es ein 22-jähriger Student aus Freiburg gegenüber seiner Mutter: Er habe sich als Reservist gleich selbst gemeldet, aus Pflichtgefühl angesichts eines möglichen Krieges. Wenn es zu diesem kommt, will er lieber gleich dabei sein. Das schreibe er seiner Mutter keineswegs in irgendeiner Anwandlung von Kriegsbegeisterung, im Gegenteil: Er sei »ganz ruhig und kann die Begeisterung, mit der manche Leute hier in den Krieg wollen, absolut nicht mitmachen«, aber er wolle doch nicht als feige gelten.[211]

»*Die meisten Reservisten, die bei der Mobilmachung im August 1914 einberufen wurden, trennten sich nur widerwillig von ihren Familien und ihrer Arbeit. Sie zogen in den Krieg, weil sie es für ihre Pflicht hielten. Bald würden sie wieder zu Hause sein, trösteten sie sich – noch vor Einbruch des Winters, ganz bestimmt aber zu Weihnachten. Die Vorstellung, der Erste Weltkrieg werde ein kurzer Krieg sein, existierte vor allem in der Fantasie der Bauern und kleinen Angestellten, die man wieder einmal in Uniform gesteckt hatte.*«
(der britische Historiker Hew Strachan über die Stimmung bei den eingezogenen Reservisten)[212]

Aber nicht jeder kommt mit seiner Freiwilligkeit direkt zum Zuge. Der Schriftsteller Klabund etwa wird wegen seiner Tuberkuloseerkrankung nicht genommen. Die meisten dürften über ihre Ausmusterung durchaus dankbar gewesen sein, andere dagegen wollen unbedingt in diesen Krieg, auch wenn sie eigentlich nicht tauglich oder schon zu alt sind. Der renommierte Kunstkritiker und Schriftsteller Julius Meier-Graefe gehört zu ihnen. Er wendet sich in den ersten Kriegstagen direkt an den großen Generalstab und fragt, ob er nicht doch irgendwo »nützlich« sein könne:

»Ich habe mich bisher vergeblich bemüht, als Soldat genommen zu werden und erlaube mir, mich an den großen Generalstab mit der ergebensten Anfrage zu wenden, ob ich mich in irgend einer Form nützlich machen kann. Ich bin 47 Jahre, habe nicht gedient, bin auf Grund eines an sich ganz harmlosen Leidens vom Militärdienst befreit worden, bin im übrigen gesund und kräftig und allen Strapazen gewachsen. [...] Ich kann eine Schreibmaschine für deutsch und französisch zur Verfügung stellen.«[213]

Auch andere müssen sich notgedrungen gedulden – der Andrang an den Meldestellen ist oft zu groß. So muss beispielsweise Ernst Jünger am 3. August 1914 einsehen, dass er nicht der einzige Begeisterte ist. Er findet sich vor der Kaserne des 74. Infanterie-Regiments in Hannover ein, um sich als Kriegsfreiwilliger registrieren zu lassen. Doch es gibt so viele Bewerber, dass er abgewiesen wird. Erst drei Tage später kann er sich in einem benachbarten Regiment einschreiben.[214] An vielen Orten des Reichs wird wahrgenommen, dass die vielen Freiwilligen »haufenweise nicht mehr angenommen werden« können.[215] Und angesichts des Andrangs nehmen es die Rekrutierungsbehörden anscheinend manchmal auch nicht sehr genau mit den Kandidaten. So meldet sich in München der 25-jährige Adolf Hitler freiwillig zu den Waffen. Dass er als österreichischer Staatsbürger umstandslos angenommen wird, resultiert vermutlich aus dem Umstand, dass ihn bei seiner freiwilligen Meldung schlicht niemand nach seiner Nationalität befragt oder dass die Rekrutierungsstellen möglichst jeden Freiwilligen akzeptieren und sich deshalb nicht um seine Staatsangehörigkeit kümmern.[216]

Allerdings wird gerade die jüngere Generation in den nächsten Kriegswochen seitens der Medien, zuweilen auch seitens ihrer engeren Umgebung und nicht zuletzt ihrer Lehrer und Mitschüler starkem psychischem Druck ausgesetzt, sich freiwillig zu den Waffen zu melden.[217] Das halten viele bereits jetzt nicht mehr aus. Noch vor den ersten Gefechten, so heißt es später in einer ärztlichen Fachzeitschrift, »füllten sich mit erschreckender Plötzlichkeit die Anstalten«. Bei den meisten Patienten seien die unterschiedlichsten Erkrankungen – vom »deliranten Alkoholiker« bis zum »entlarvten Paralytiker« – auf die Erregung dieser Tage zurückzuführen; die aufschäumende Emotionalität der Zeit sei dabei fraglos der auslösende Reiz. Schließlich, so resümiert die medizinische Beobachtung, sei die beherrschende Stimmung der Mobilmachungstage »Sorge, Furcht, Angst«.[218]

Es ist auf den ersten Blick beeindruckend, dass sich in Deutschland so viele junge Männer freiwillig zu den Waffen melden. Sie tun es oft, weil sie aus der Enge der bürgerlichen Welt fliehen wollen und den Krieg nun als »große Fahrt« glauben erleben zu dürfen. Doch bei genauerem Hinsehen ist es erstaunlicher, wie viele Männer sich nicht freiwillig melden. In den Gerüchten dieser Wochen und Monate ist von immensen Zahlen die Rede: In den Zeitungen werden zuweilen über eine Million, manchmal zwei Millionen Freiwillige genannt. Aber obwohl diese Gerüchte fraglos ihrerseits wieder sozialen Druck auf die jungen Männer im Land ausüben, melden sich vermutlich in Preußen während der ersten zehn Mobilmachungstage lediglich rund 260 000 Männer freiwillig, von denen aber nur fast 144 000 auch rekrutiert werden. Betrachtet man den gesamten August 1914, so kann man von etwa 185 000 eingestellten Freiwilligen in Preußen ausgehen.[219]

Für führende Militärs stellt sich seit den ersten Kriegstagen die Frage nach der Kampfbereitschaft der Soldaten – und dies besonders mit Blick auf die Arbeiter, die seit Jahrzehnten von der sozialistischen Vorstellung eines Internationalismus der Arbeiterbewegung sowie von der Propaganda gegen einen kommenden Krieg geprägt sind. Würden die »proletarischen Soldatenmassen« wirklich bereit sein zu kämpfen? Oder muss man nicht davon ausgehen, dass sie bei erster Gelegenheit überlaufen oder sich ergeben?[220] Nach Ansicht eines zeitgenössischen Beobachters würden die sozialdemokratisch gesinnten deutschen Arbeiter die so lange gehegte Abneigung gegen diesen Krieg nun möglicherweise mit an die Front nehmen. Diese Abneigung werde anfangs nur im Unterbewusstsein in ihnen schlummern – »gefährlich wird es nur, wenn mehrere Schlachten verloren gehen sollten«.[221]

Das gesamte Land gerät in diesen Wochen in Bewegung. Mit dem Beginn der Mobilmachung werden zwei Millionen Reservisten einberufen, bewaffnet und verladen. Die Reservisten treffen in ihren Garnisonsstädten ein und werden in Kompanien und Bataillone eingeteilt. Nach vorbereiteten Fahrplänen der Bahn brechen sie zu Sammelpunkten nahe der Grenze auf. Dabei werden sie von Kavallerie und Artillerie, Sanitätseinheiten, Feldküchen, Radfahrertruppen, Feldschmieden und Feldpostwagen begleitet. Der Bedarf an Eisenbahnwaggons ist enorm: Für ein einziges Armeekorps, von denen das Heer 40 besitzt, sind über 6000 Waggons nötig, die in 140 Zugeinheiten und ebenso vielen Nachschubzügen durchs Land rollen.[222]

Die Züge im Land sind also voller Reservisten. Wer unterwegs ist und etwa zurück aus den Ferien kommt, spürt jene eigenartige Mischung aus Begeisterung und Hoffnung, aber eben auch aus Angst, Wehmut und Sentimentalität. Diese emotionale Gemengelage können die vielen Lieder auf den Bahnsteigen und den Abteilen nicht übertönen – sie sind vielmehr ihr akustischer Ausdruck:

> *»Mit den Kindern gerate ich im überfüllten Zug in ein Freiwilligenabteil. Erst fragen die Männer die Kinder aus, dann fangen sie zu singen an. Stunden auf Stunden vergehn, der Abend kommt. Die Burschen singen noch immer: ›Lieb Heimatland ade‹. Überhaupt herrscht das Sentimentale vor.«*

(Thea Sternheim über ihre Reise von der deutsch-belgischen Grenze Richtung Düsseldorf am 7. August 1914)[223]

Ernst Stadler ist am 1. August zunächst mit dem Auto unterwegs, um in die für ihn zuständige Kaserne in Colmar zu gelangen.

Der Wagen gehört seinem Bruder Herbert, der seit dem vorherigen Jahr als Kreisdirektor im elsässischen Gebweiler amtiert, wo er und die Mutter leben. Seine Uniform hat der Reserveoffizier Stadler in die Kaserne mitgebracht, seinen gekauften Revolver hat er auch dabei, nur den Sattel scheint der Artillerieoffizier vergessen zu haben, wie er in seinem Tagebuch vermerkt. Aber damit wird er in der Kaserne ausgestattet, ebenso wie mit einem Pferd. Es ist ein gutes Pferd, notiert Stadler, aber es ist sehr nervös und scheut leicht, besonders vor Autos. Gleich am Anfang, als es über einen Graben springt, wirft es den Reiter sogar ab. Der Krieg beginnt.[224]

Ernst Stadler ist innerhalb des Feldartillerie-Regiments 80 der 2. Batterie zugeordnet. Diese Batterie unter Befehl eines Hauptmanns ist wiederum in drei Züge aufgeteilt, wovon einen Ernst Stadler als Zugführer kommandiert. Er übernimmt an diesem Abend das Kommando, als sein Zug – zwei Geschütze und vier Munitionswagen – sich auf den ersten langen Marsch macht und noch während der Nacht in der ersten Stellung ankommt: Nahe des Dörfchens St. Moritz (Saint-Maurice) verschanzt sich Stadlers Zug in einem Weinberg. Die Schanzarbeiten sind schwer, die Dorfbewohner werden ebenfalls dazu herangezogen. Um die Schusslinien frei zu machen, werden Rebstöcke und Obstbäume gefällt. Die Arbeiten werden erschwert durch das Wetter: Der 2. August ist ein klarer, heißer Sommertag. Es ist Sonntag, und die Soldaten können in ihrer Stellung die Glocken aus dem nahen Dorf läuten hören. Die dortige Bevölkerung sei gleichermaßen freundlich wie verängstigt, notiert Stadler in seinem Tagebuch. Wenn irgend möglich, solle es keinen Krieg geben – und sie fragten, ob sie noch ihre Ernte einfahren dürfen.[225] Am Morgen des 3. August 1914 bricht Zugführer Stadler in das Dorf St. Moritz auf, um sich ein Bild von der dortigen Stimmung zu machen:

»Ich traf in allen Häusern Frauen u. Mädchen, die weinen: die Brüder, Söhne sind eingezogen. 57 Männer stellt das Dorf mit s. 300 Einwohnern. Auch der Bruder der Wirtstöchter ist abgefahren. Tränenüberströmt bringt die Schwester den Kaffee. Der Ausrufer mit s. Trommel verkündet, daß die Leute mähen und die Frucht heimholen dürfen. Sie sollen sich nicht dem Militär nähern.«[226]

Zwischen Rebstöcken und Obstbäumen kursieren schon die ersten Gerüchte: über angebliche Gefechte, erschossene Spione oder abgeschossene Flugzeuge, auch Paris soll bereits in Flammen stehen. Als es Abend wird und die Soldaten durch kräftigen Regen in die Zelte getrieben werden, findet Zugführer Stadler endlich die Zeit, sich ein wenig mit seinem kommandierenden Hauptmann zu unterhalten. Man kommt sich näher und plaudert über Privates und selbstverständlich über den Krieg. Der Hauptmann habe eine Frau, zwei Kinder und ein Haus in Colmar, an seine Familie denke er gerade in diesen Stunden mit großer Besorgnis. Überhaupt sehe er das Schreckliche, die Tragik des Krieges klar vor Augen. Er sei keiner von den »blinden Draufgängern«, die im Krieg geradezu die höchste Lust für einen Soldaten sehen. Unter diesem Hauptmann fühlt sich Stadler gut aufgehoben – er sei »sehr sympathisch«.[227]

Von den Gerüchten abgesehen, hören und sehen Stadler und seine Soldaten bislang nichts vom Krieg. Der Anblick des ersten Verwundeten ist schon eine gewisse Attraktion – noch hat der Krieg individuelle Gesichter. Stadler sieht den verletzten Soldaten, als er mit seinem Hauptmann am 4. August in die nahe Gemeinde Trimbach fährt. Ein Dragoner zu Pferd, mit einem blutigen Arm in der Schlinge, die Pfeife im Mund, aber augenscheinlich nicht weiter erschüttert von seiner Verwundung, kommt von einer Patrouille zurück. Die Soldaten umringen ihn und seinen Begleiter, der Vorfall muss sofort allen erzählt werden: Dass die beiden selbst einen französischen Reiter erschossen und ihm anschließend auch noch die Schokolade aus den

Taschen gezogen hätten. Die Kameraden stehen im Kreis herum und lauschen gebannt. Man brauche vor den Franzosen keine Angst zu haben, erfahren sie. »Die können nicht schießen.« Die Stimmung scheint nahezu ausgelassen, und als Stadler mit seinem Hauptmann einige Stunden später in die eigene Stellung zurückkehrt, erzählt dieser in entsprechend ausgeschmückter und heiterer Form die Geschichte der beiden Kanoniere weiter. Anschließend entschuldigt sich der doch im Grunde sympathische und bedächtige Hauptmann fast bei Stadler, der sich über die Vehemenz seiner Erzählung wohl wundert: »Im Krieg müssen die blutdürstigen Instinkte geweckt werden. Das ist schlimm, aber soldatisch notwendig.«[228]

Ernst Stadler verzeichnet viele Details der ersten Tage: Es wird gelacht und geweint, es gibt Aufregung und Gerüchte, jede auch noch so geringe Kleinigkeit wird weitererzählt, alle versuchen sich ein Bild von der angespannten und doch so unübersichtlichen Lage zu machen. Aus der nahe gelegenen Stadt Schlettstadt berichtet ein Fahnenjunker von Reservisten und Männern des Landsturms, die guter Dinge seien, doch ihr Auszug sorge für erhebliche Aufregung in der Bevölkerung: »auf allen Straßen Weinende«. Am Abend dann kommen die zum Landsturm eingezogenen Siebzehnjährigen dazu (»zum großen Teil richtige Kinder, ohne Flaum um den Mund«), deren Hauptbeschäftigung es zu sein scheint, in die Wirtshäuser zu ziehen und jeden hereinkommenden Soldaten zum Trinken einzuladen.[229]

Es ist eine fiebrige Atmosphäre, in der am 6. August die Nachricht vom Tod einer der drei Zugführer der Batterie für zusätzlichen Wirbel sorgt. »Man fragt sich, wie das möglich sei«, dokumentiert Stadler in seinem Tagebuch die Debatten unter den Soldaten, »daß ein Offizier mitten in s. Stellung erschossen werden kann.« Man erkläre sich dies mit der sehr exponierten Position dieser Geschützstellung und den immer wiederkehrenden Nachrichten, dass es gerade in dieser Gegend von Spionen nur so wimmeln solle. Doch kurze Zeit später hätten sich die Soldaten erzählt, der Zugführer »habe aus nervöser Erregung selbst Hand an sich gelegt«. Solche Nachrichten sind für die militärische Führung in diesem Moment denkbar unbrauchbar. Und so erscheint an diesem Donnerstag tatsächlich der Regimentskommandeur mit seinem Adjutanten höchstpersönlich in Stadlers Stellung und gibt Anweisung, dass dem Gerücht eines Selbstmords unbedingt entgegenzutreten sei. Der betreffende Zugführer, so notiert Stadler, habe sich laut offizieller Version »infolge einer Unvorsichtigkeit beim Nachsehen des Revolvers in die Stirn geschossen«. Doch schon am Abend weiß Stadler es besser: Die Nachricht vom Selbstmord habe sich bestätigt. »Fieberhafte Erregung, Nervosität sind die Ursache.«[230]

Eine Woche liegt Stadlers Zug nun schon in der Stellung, und noch immer ist nicht klar, wo und wann die Artillerie erstmals zum Einsatz kommen soll. Immerhin ist die Richtung klar – es geht nach Westen. Die Feldartillerie zieht in diesen Tagen zur französischen Grenze und soll bis auf den Kamm der Vogesen vorrücken. Es sind bereits häufiger die Geschützdonner aus anderen Stellungen zu hören. Am 9. August heißt es, der Zug solle sich auf das Abrücken vorbereiten. Doch der tatsächliche Befehl kommt erst einen Tag später. Ernst Stadler und seine Kameraden treffen sich zuvor mit einem Bataillon Jägern, mit denen sie gemeinsam gegen den Feind vorgehen sollen. Ernst Stadler kämpft gegen Frankreich – obwohl er sich dem französischen Geist ebenso verbunden fühlt wie dem deutschen. Wie sehr ihn diese wahnwitzige Situation bewegt, zeigt der Umstand, dass er in seinem Kriegstagebuch die Rolle des Chronisten nur an einer Stelle wirklich aufgibt – und dabei persönlich wird: als seine Batterie die französische Grenze überschreitet. Es ist Montag, der 10. August, ein »glühend heißer Augusttag«, wie Stadler vermerkt. Seine Einheit zieht eine Gebirgsstraße hinauf, den Col d'Urbeis, an der Climonthöhe vorbei.

»Um 7.30 überschreiten wir die Grenze und rücken den Paß hinunter. Es ist ein wundervoller Abend. Weiter freier Blick in die französ. Berge. Ich grüße Frankreich beinahe mit solcher Erschütterung wie damals, als ich vor 7 Jahren zum 1. Mal Paris sah. Ich denke kaum mehr, daß Krieg ist. Ich grüße Dich, süße Erde von Frankreich. Vorne die Jäger stimmen Lieder an: Die Wacht am Rhein. Alles fällt ein, wie wir den Berg herunterziehen. Ein weinender Bettler am Weg.«[231]

Aber es ist kein fröhlicher Ausflug nach Paris, und von »süßer Erde« mögen wohl weder die Franzosen noch deren deutsche Gegner ernsthaft sprechen. Schon wenige Stunden nach ihrem Einmarsch versorgen sich die Deutschen in dem kleinen Dörfchen Colroy mit Lebensmitteln – nach Soldatenart: »Es wird gegen Türen geschlagen«, notiert Stadler, die Deutschen »dringen in die Keller, holen Eier, Rahm, Butter, Brot, Kartoffeln u. Wein.«[232] Die Soldaten warten auf die nächste Schlacht. Für Ernst Stadler wird es die erste sein. Noch in der Nacht beziehen sie ihre Stellung auf einer nahen Höhe. In den frühen Morgenstunden soll es losgehen. Ernst Stadler notiert noch, dass es eine bitterkalte Nacht ist, »ich schlafe 1/2 Stunde auf dem Lafettensitz, frierend«. Es sind die ersten Stunden des 11. August 1914. Ernst Stadler hat heute Geburtstag, er wird 31 Jahre alt.

Die Schlacht beginnt an diesem Geburtstag um sechs Uhr morgens. Stadlers Einheit eröffnet das Artilleriefeuer gegen die feindliche Infanterie. Zunächst gibt es keine Gegenwehr, sodass nach einiger Zeit das Feuer wieder eingestellt wird. »Alles duselt ein«, beschreibt Stadler diese Kampfpause, die allerdings bald wieder ein Ende findet. Zuerst wird feindliche Infanterie in der Nähe gesichtet, die Stadlers Geschütze nun unter Beschuss nehmen. Bald darauf werden die deutschen Soldaten indes selbst zum Ziel: Französische Kanonen feuern auf die deutsche Stellung, ohne dass die Deutschen ihren Standort ausmachen können. »Wir müssen untätig dastehen u. uns beschießen lassen«, notiert Stadler. Und als seine Einheit schließlich die feindliche Batterie ausmacht, bleibt sie doch machtlos: Die französischen Geschütze liegen sechs Kilometer entfernt und damit außerhalb der Reichweite der deutschen. Als sich dann auch noch feindliche Infanterie nähert, rücken zuerst die deutschen Jäger ab, danach die Artillerie. So zieht Stadlers Einheit wieder Richtung Passhöhe des Col d'Urbeis »auf derselben Straße zurück, auf der wir gestern so freudig vorgedrungen waren«. Der Tag endet auf deutscher Seite wieder in dem Ort St. Moritz. Stadler erfreut sich an einem kühlen Bad in dem kleinen Bach des Dorfes – und daran, dass abends dann trotz übermächtiger Müdigkeit bei allen Soldaten noch sein Geburtstag mit ein paar guten Flaschen Wein gefeiert wird.[233]

»Der Hauptmann hält eine Rede. Die beiden Wirtstöchter, Emma Meyer u. ihre Schwester, bringen e. Strauß u. recitieren ein selbstverfaßtes englisches Gedicht (sie waren 9 Jahre in Amerika!). Dann Ruhe. Schlafen.«[234]

Stadler hat seine »Feuertaufe« erlebt und überlebt: jenes erste Gefecht, das in Tagebüchern von Soldaten, in Feldpostbriefen und in späteren literarischen Zeugnissen eine so zentrale – oft mythische – Rolle spielt. Doch weitere Schlachten lassen auf sich warten. Die nächsten Tage bezieht Stadler mit seiner Einheit immer wieder neue Quartiere. Er durchquert dabei eine Region, die er aus Friedenszeiten gut kennt. Einmal sieht er auf einem Marsch den Ort Wangenburg liegen, »wo ich mit Mama vor 2, 3 Jahren war«, und als er Sulzbach durchquert, schwelgt er in Erinnerungen an dortige Treffen mit Freunden und – wie er hinzufügt – »ein paar Mädels«. Doch es sind in diesen Augusttagen nur die Erinnerungen, die für Ernst Stadler angenehm sind. Er leidet bereits unter den starken körperlichen Beanspruchungen. Vor allem die Müdigkeit, die Kälte der Nächte und der zwischenzeitlich einsetzende Regen setzen ihm zu. Er ist niedergeschlagen und klagt über »Leibschmerzen«.[235] Erholung stellt sich bei ihm und den anderen Soldaten nur ein, wenn es einmal wieder ausreichend Schlaf, ein ordentliches Essen und eine Flasche Wein gegeben hat.

Wie Ernst Stadler finden sich in diesen Tagen auch weitere deutsche Schriftsteller in einem anderen Leben wieder. Sie haben die Zuspitzung der Krise und schließlich den Ausbruch des Krieges in unterschiedlichen Stimmungen wahrgenommen. Von seiner eigentümlichen Gefühlsmischung berichtet etwa der 37-jährige Hermann Hesse: »Ich hoffe, selber bald eingezogen zu werden«, notiert er am 8. August 1914, »und doch graust mir davor.«[236] Doch der Schriftsteller braucht bald weder hoffen noch bangen, er wird wegen seiner starken Kurzsichtigkeit als untauglich zurückgestellt. Andere hingegen werden eingezogen, und viele melden sich freiwillig. Denn die überragende Mehrheit der deutschen Schriftsteller und Künstler begrüßt in diesen Wochen den Krieg – aus den unterschiedlichsten Erwartungen, Hoffnungen und Sinngebungen heraus. Es ging vor allem um die Vorstellung, der Krieg werde zum Auslöser ganz neuer ästhetischer Anregungen.[237]

Er ist zu Recht darauf hingewiesen worden, dass sich in der gesamten Geschichte der deutschen Literatur kein zweites politisches Ereignis findet, welches eine derart umfassende Zustimmung durch Schriftsteller erfahren hat wie der Beginn dieses Krieges. Dabei mag es auf den ersten Blick nicht verwundern, dass etwa die sogenannten Heimatdichter zu den frühen Kriegsbefürwortern zählen, ein Ludwig Ganghofer beispielsweise. Aber es finden sich in den Reihen der Begeisterten auch wirklich große Namen: Gerhart Hauptmann, Alfred Döblin, Robert Musil, Rainer Maria Rilke oder Richard Dehmel (von dem Ernst Stadler als junger Literat geprägt wurde).[238] Mit 51 Jahren meldet sich Dehmel freiwillig zur Waffe. Einer der bedeutendsten deutschsprachigen Lyriker geht mit vermeintlich gutem Beispiel voran.

Deutsche Soldaten, ihr seid wert aller Ahnen;
Fühlt euch nur immer noch als Germanen!
Füsilier, wenn du das linke Auge schließt

Und mit sicherm Visier in die Feindesrotte schießt,
Dann lebt Odin wieder in dir auf,
Der einäugige Blitzgott im Sturmwolkenhauf.
Wenn du den Zündfunken abdrückst, Kanonier,
Dann gehen Donar und Loki aus von dir
Mit dem Donnerhammer und der Feuerlanze [...].

(Richard Dehmel in seiner »Predigt ans deutsche Volk in Waffen«
in der *Berliner Zeitung am Mittag* am 25. August 1914)[239]

Auch die expressionistische Avantgarde unter den deutschen
Schriftstellern ist nicht frei von Kriegsbejahung und Kriegsbegeisterung, beispielsweise Alfred Lichtenstein, Ernst Toller und
Georg Trakl.[240] Sie sehen im Moment der Krise die Chance auf
die Zerstörung der verhassten bürgerlichen Werte und Lebens-
formen. Angesichts dieser breiten Zustimmung zum Krieg darf
allerdings nicht übersehen werden, dass sich an dieser literarischen Mobilmachung keineswegs alle deutschen Schriftsteller beteiligen: Johannes R. Becher, Ricarda Huch, Heinrich Mann oder
Arthur Schnitzler zählen von Beginn an zu den Gegnern dieses
Krieges. Doch sie sind zunächst allein und finden kaum politische
Bündnispartner. Die Zensur tut ein Übriges und verhindert ihre
Publikationen.[241] Andere Kritiker kommen nicht zu Gehör, weil
sie bereits eingezogen sind.

Während sich in der Heimat einige Schriftsteller positionie-
ren, steht Ernst Stadler an der Front. Sein Kriegsalltag besteht
vor allem aus regelmäßigen Stellungswechseln. Immer wieder
wird seine Einheit zur Unterstützung anderer Verbände gerufen,
kommt aber zumeist nicht zum Einsatz und bezieht wieder die
ursprüngliche Stellung. Drei Wochen nach Beginn der Kämpfe,
so notiert Stadler, begegnet er dann erstmals dem Grauen des
Krieges. Er ist gerade zum Staffelführer befördert worden und
erreicht am 22. August das Dörfchen Hohwalsch, wo in den Tagen zuvor ein schweres Gefecht getobt hat. Gemeinsam mit seinem Hauptmann erkundet Stadler den Ort, oder vielmehr das,

was davon übrig ist: Die meisten Häuser zerstört, die Kirche ganz eingeäschert, auf den Straßen riesige Krater und Trichter, die die Geschosse der Artillerie aufgerissen haben.

»*Tote in Massen. Tornister, Hemden, Wäsche, Fleisch. Die Toten im Dorf meist den Kopf mit e. Tuch verhüllt. Nachher auch das nicht mehr. Im Chausséegraben einer neben dem anderen. Fürchterlich zugerichtet durch die Artilleriegeschosse. Einem das ganze Unterkinn weggerissen. Ein ganzer Schützengraben voll gefallener Franzosen. Dann tote Deutsche, die ihn gestürmt haben. Ein ganz junger Leutnant. An den Leichen sind schon die Fliegen. [...] Eine Katze schleicht vorsichtig über die Schwelle des zu Trümmern geschossenen Hauses. Hühner. In einer Jauchelache ein stinkender, ersäufter Hund. Ein Kramladen. Die Soldaten wühlen in den Sachen.*«[242]*

An den Fronten setzt schon in diesem August die große Ernüchterung ein, zuerst bei den Jüngeren, die sich freiwillig gemeldet haben. Die haben überdies schon vor dem ersten Fronteinsatz erleben müssen, dass es in den Kasernen und bei der Ausbildung immer wieder zu schlechter Behandlung durch Vorgesetzte kommt. Länger gediente Offiziere und Unteroffiziere scheinen ihren Spaß an den sogenannten jungen »Gebildeten« zu haben, die sich da im patriotischen Überschwang zum Dienst melden. Schon am 22. August 1914 sieht sich das preußische Kriegsministerium genötigt, eine Verfügung zu erlassen, in der die schlechte Behandlung der Kriegsfreiwilligen ausdrücklich gerügt wird. Andere deutsche Länder – wie etwa das Kriegsministerium in Bayern – intervenieren mit ähnlichen Anweisungen. So will die Armeeführung dafür sorgen, dass »der kriegerische und opferfreudige Geist, der sich in diesen schweren Zeiten überall gezeigt hat, keinen Schaden erleide«.[243]

Die jungen Männer haben sich vermutlich keine Gedanken gemacht, wie der Alltag in der Kaserne und dann in einem Krieg aussehen könnte. Vielleicht sind sie vom ständigen Exerzieren und

üblichen Drill abgeschreckt. Jedenfalls häufen sich die Klagen –
ja, es schleichen sich erste Drohungen ein, die während des Krieges immer wieder kolportiert werden: Wenn man mit diesen un-
liebsamen Vorgesetzten erst einmal ins Feld zieht, werde man sie
dort schon selbst richten...[244] In der Kriegsrealität empfangen
die Freiwilligen missmutige und wenig fürsorgliche Offiziere, die
bisweilen – wie es in einem Feldpostbrief beklagt wird – statt zu
einer Begrüßung erst einmal zu den bekannten Beschimpfungen
und Schikanen greifen: »Sauhunde, Schweinehunde, Baumanbin-
den für die kleinsten Verfehlungen etc. waren an der Tagesordnung.«[245] Der Schriftsteller Erich Maria Remarque schuf später
die dazu passende literarische Figur des Unteroffiziers namens
Himmelstoß, der sich auf seine ganz eigene, aber durchaus typische Weise der jungen Schulabgänger »annimmt«:

> »Er galt als der schärfste Schinder des Kasernenhofes, und das war
> sein Stolz. Ein kleiner, untersetzter Kerl, der zwölf Jahre gedient
> hatte, mit fuchsigem, aufgewirbeltem Schnurrbart, im Zivilberuf
> Briefträger.«[246]

Ernst Stadler nimmt in den letzten Tagen dieses Monats dagegen
eher die »guten« Nachrichten wahr. In sein Kriegstagebuch notiert
er die militärischen Erfolge an der Westfront. Besonders der Fall
des nur wenige Kilometer von seinem Standort entfernt liegenden
Forts Manonviller nahe der französischen Stadt Lunéville löst bei
ihm und seinen Kameraden große Freude aus. Sie hatten in den
letzten Tagen selbst beobachten können, wie die eigene Artillerie
immer wieder das Fort unter Beschuss genommen hat (»ungeheure
gelbe u. weiße Rauchwolken, wie aus rauchenden Kratern aufsteigend«).[247] Als bekannt wird, dass Manonviller sich ergeben hat, feiern die Soldaten in Stadlers Einheit das freudige Ereignis:

> »Alles steht um die Feuer, singt. Erst die Wacht am Rhein,
> Deutschland, Deutschland, dann sogar das Heideröslein.«[248]

Und die guten Nachrichten scheinen sich zu häufen: Schon zwei Tage später vernehmen Stadler und seine Kameraden Siegesmeldungen aus Belgien, angeblich wurden 60 000 britische Soldaten gefangen genommen. Außerdem erhält Stadler verspätet die Nachricht vom Fall Namurs. Die Tage vergehen mit Warten, und die Soldaten versuchen, sich dieses Warten so angenehm wie möglich zu gestalten. »Wir haben Sekt requiriert«, notiert Stadler nun als erwähnenswerte Neuigkeit in seinem Tagebuch, und die Kameraden »pokulieren tüchtig«.[249] Überhaupt gehört das Ausplündern der Haushalte zu den großen Vergnügungen der deutschen Soldaten: In dem Städtchen Badonviller, das von deutschen Kanonen völlig zusammengeschossen und von den Bewohnern verlassen ist, leeren die Soldaten die Weinkeller. Überdies werden alle Vorräte herbeigebracht, die sich in den Ruinen noch finden: Hühner, Kaninchen, selbstverständlich Wein und sogar Champagner. Selbst Ochsen werden zusammengetrieben, geschlachtet und verzehrt.[250]

Nachts wird es in den Zelten empfindlich kalt. Stadler ist froh, wenn er ausnahmsweise länger schlafen, einmal sogar bis mittags im Zelt liegen bleiben sowie – ein seltener Genuss – eine Ausgabe der *Frankfurter Zeitung* lesen kann. Die Nachtquartiere sind von unterschiedlicher Qualität: Mal friert Stadler in einem Zelt, in das es obendrein noch hineinregnet, dann muss er mit einem französischen Unterstand aus Tannenzweigen vorliebnehmen. Da ist er erleichtert, wenn sich wieder einmal eine Waschgelegenheit findet, und kann sich glücklich schätzen, am Ende dieses Monats für eine Nacht ein Quartier zu finden, das fast eine Qualität wie in Friedenszeiten aufweist: Am Sonntag, dem 30. August 1914, nächtigt Ernst Stadler in dem Städtchen Celles im Regimentsquartier. Erleichtert notiert er abends: »Bett, sauberes Tafeltuch bei Tisch, Waschtisch.«[251] Der Krieg dauert jetzt vier Wochen.

September 1914 – Die Zweifel wachsen

Kaiser Wilhelm II. Mitten drin und außen vor

Der September 1914 beginnt für Wilhelm II. mit einer angenehmen Pflicht: Er gratuliert Generaloberst Paul von Hindenburg zur Vernichtung der russischen Narew-Armee einige Tage zuvor. Der später als »Held von Tannenberg« gefeierte Heerführer hat nach Ansicht des Kaisers eine Waffentat vollbracht, »die, nahezu einzig in der Geschichte, Ihnen und Ihren Truppen einen für alle Zeiten unvergänglichen Ruhm sichert und, so Gott will, unser teures Vaterland für immer vom Feinde befreien wird«. Zu den netten Worten gibt es noch offiziell »Meinen Kaiserlichen Dank« und den Orden »Pour le mérite«.[1] Die Menschen erfreuen sich halt auf unterschiedliche Art und Weise. Die einen an der Verleihung von Orden – die anderen an ihrer Auszeichnung. Das gemeine Volk hat zumindest in der Hauptstadt mit einer neuen Beschäftigung seinen Spaß; etwas spöttisch kommentiert dieses Spektakel am 2. September 1914 die *Rheinisch-Westfälische Zeitung*:

> *»Ein ganz neuer Berliner Sport ›Abschreien‹. ›Was machen Sie denn heute abend?‹ ›Wir gehen abschreien.‹ Auf den belebteren Plätzen und Straßenkreuzungen sammelt sich die Menge und sowie eine feldgraue Uniform im Auto vorbeisaust, sowie ein Koffer irgendwo sichtbar ist, ertönt ein vielstimmiges Hurra! So nimmt man Abschied von den scheidenden Kriegern. Und die Offiziere stehen auf und schwenken die Mütze – das Volk wartet bis tief in die Nacht – ohne 25 ›abschrieene‹ Leutnants geht niemand ins Bett.«[2]*

Wo keine brüllende Begeisterung vorhanden ist, soll nach dem Willen des Kaisers zumindest die Einordnung in den »Burgfrieden« gelingen. Dieser Frieden soll als Einladung und Appell zur Unterordnung nicht nur gegenüber den Sozialdemokraten gelten, sondern trotz des bekannten Antisemitismus Wilhelms II. auch gegenüber den deutschen Juden. Wilhelms Formulierung, wonach er »keine Parteien mehr, sondern nur noch Deutsche« kenne, löst tatsächlich bei vielen deutschen Juden durchaus Zufriedenheit und manchmal auch Jubel aus. Ist dies die Stunde, als bisher diffamierte und verfolgte religiöse Minderheit endlich die Loyalität und Ergebenheit für die deutsche Sache unter Beweis stellen zu können? Der »Central-Verein deutscher Staatsbürger jüdischen Glaubens« sowie der Verband der deutschen Juden fordern in diesem September jedenfalls ihre Glaubensgenossen auf, »über das Maß der Pflicht hinaus Eure Kräfte dem Vaterland zu widmen«. Auch die orthodoxe Minderheit unter den deutschen Juden scheint von einer gehörigen Portion Patriotismus erfüllt, jedenfalls fragen nur wenige, ob der Kriegsdienst mit der Waffe ihren religiösen Geboten widerspreche oder ob die dem Kaiser geschuldete Pflichterfüllung vorgehe.[3]

Aber die Zustimmung vieler deutscher Juden ist nicht nur der Hoffnung auf Anerkennung durch Behörden und Mitbürger im Deutschen Reich geschuldet. Vielmehr greift auch bei ihnen, vergleichbar mit der offiziellen Rhetorik der deutschen Sozialdemokratie, das Argument des Verteidigungskrieges gegen Russland. Denn das zaristische Regime gilt geradezu als Erzfeind aller Juden. Und so wird allen deutschen Juden, die gegebenenfalls noch Zweifel an der Legitimität und der Notwendigkeit des Krieges haben, der nun so wichtige »Kampf gegen das Moskowitertum« in Erinnerung gerufen. So heißt es jedenfalls *Im deutschen Reich*, einer der führenden jüdischen Zeitschriften.[4]

Dass dem Antisemitismus der wilhelminischen Gesellschaft durch solche Erklärungen und durch solch patriotische Taten wirksam entgegengetreten werden kann, ist allerdings eine Illusion. Schon im August fordert der antisemitische Reichskammerbund seine Mitglieder dazu auf, das Verhalten der Juden im Land genau zu beobachten. Dass die Zensur zunächst energisch gegen antisemitische Druckschriften vorgeht, konnte nicht verhindern, dass die traditionelle Diffamierung der Juden als »innerer Feinde« weiter Bestand hatte und ab Herbst 1914 in deutsch-völkischen Kreisen der Vorwurf einer angeblich mangelnden Kriegsbereitschaft der Juden erhoben wurde.[5]

Wilhelm II. hat unterdessen Berlin verlassen: Er zieht mit dem Hauptquartier am 1. September nach Luxemburg und schließlich Ende des Monats weiter ins besetzte französische Charleville. Obwohl er dort regelmäßig Besuch erhält – von Staatsmännern und Militärs –, ist der Alltag für den Monarchen auf die Dauer vergleichsweise eintönig. Einige Wochen später wird er sich beklagen: »Ich trinke Tee und säge Holz und gehe spazieren.« Denn tatsächlich ist er von den wirklichen Entscheidungen des Krieges weitgehend abgeschnitten. Und weil seine Stimmung auch jetzt starken Schwankungen unterworfen ist, sieht sich seine Umgebung schließlich dazu gezwungen, ihm schlechte Nachrichten einfach vorzuenthalten. Siegesmeldungen werden indes umgehend an ihn weitergegeben und versetzen ihn erwartungsgemäß in »Höchststimmung«. Dann umarmt er seine Mitarbeiter, lässt Sekt auffahren oder redet auch schon mal stundenlang ohne Unterbrechung.[6] Doch Wilhelm spürt selbst, dass er trotz seiner physischen Anwesenheit im Hauptquartier außen vor ist. Aber er will es nicht gänzlich sein …

»Der Kaiser hat befohlen, daß die Kabinettschefs jeden Abend mit ihm essen sollen. Ehrenvoll, aber kein Gewinn. Das Gespräch ist immer sehr wenig auf der Höhe. Blutrünstige Einzelheiten von der Front, wenig Verständnis für den Ernst der Gesamtlage, der in der Frage gipfelt: Wie sollen wir zu einem, der gebrachten Opfer würdigen Frieden mit England gelangen? Wie unsere Weltstellung uns erhalten?«

(Admiral von Müller, Tagebucheintrag vom 4. September 1914)[7]

Zuweilen will sich der Kaiser ein eigenes Bild vom Kriegsgeschehen machen. Deshalb drängt er seine Umgebung nun immer wieder zu Besuchen an der Front oder zumindest bei den kämpfenden Truppen. So bricht er am 5. September nach Metz auf, um dort dem bayerischen Korps unter dem Kommando des Kronprinzen Rupprecht von Bayern einen Besuch abzustatten. Mit Erfolg, wie er anschließend meint: Er beeilt sich zu bemerken, dass er »ein Gefecht mitgemacht« habe, was ein Anwesender später mit dem bissigen Kommentar ergänzt: »Beschießung auf 10 Kilometer ohne Gegenwirkung.«[8]

Am nächsten Tag ist der Kaiser jedenfalls gut gelaunt und unbeschadet wieder im Hauptquartier. Er entschließt sich sofort, erneut zu den Soldaten hinauszufahren, aber diesmal näher an die Front. Dort kommt er allerdings nicht an, wie ein Begleiter in seinem Tagebuch notiert, weil die Realität des Krieges dann doch zu gefährlich für solcherlei Ausfahrten ist:

> *»Im ganzen 240 Kilometer in Staub, Sonnenbrand und Gestank von toten Pferden. An vielen Soldatengräbern vorbeigerast. Jenseits Snippes wurde unser Generalstabsoffizier (Oberstleutnant v. Fabeck) vorausgeschickt, um zu fragen, [...] was der Kanonendonner, den wir aus drei Richtungen um Südwesten herum hörten, bedeute. Das Auto kam nach 1½ Stunden zurück, Fabeck meldete heftige Gefechte bei der 2. Armee, speziell beim Garde-Korps gegen vorstoßende Franzosen. Es sei möglich, daß in der zwischen 2. und 3. Armee entstandenen Lücke französische Kavallerie vorgehe. Deshalb sei der Weg für den Kaiser unsicher. Also Umkehr. Um 5.30 Uhr nachmittags nach im ganzen 480 Kilometer Fahrt wieder in Luxemburg.«*

(über einen gescheiterten Frontbesuch des Kaisers am 7. September 1914)[9]

Im Großen Hauptquartier gibt es in diesem September zunächst gute Nachrichten. Oder besser: große Hoffnungen. Man hat hier wie in ganz Deutschland den Eindruck, es fehle nur noch die Nachricht, dass die deutschen Soldaten endlich in Paris einmarschieren. Denn nichts anderes erwarten die Männer in der Obersten Heeresleitung und der Kaiser, der sich bald am Ziel sieht: »Wir haben heute den 35. Mobilmachungstag«, erklärt er stolz gegenüber einem Minister, der zu Besuch aus Berlin angereist ist, »Reims ist von unseren Truppen besetzt [...] unsere Kavalleriespitzen stehen fünfzig Kilometer vor Paris.«[10] Ist der Krieg im Westen also so gut wie gewonnen? Auch Wilhelm möchte es gerne glauben.

Die deutsche militärische Führung betrachtet den Feind im Westen in diesem Moment tatsächlich als weitgehend geschlagen. Was auf das Gegenteil hindeutet, will man möglichst nicht sehen. Soldaten und Generäle registrieren nur den weiter vorankommenden deutschen Vormarsch. Dass der Feind sich planvoll zurückziehen und später eine Gegenoffensive starten könne, scheint undenkbar.[11] Die Oberste Heeresleitung geht deswegen Anfang September davon aus, dass die erste Phase des Krieges mit der Vernichtung der französischen Armee bald beendet sein könnte. Dabei bereiten gerade die Erfolge an der Westfront strukturelle Probleme: So ist bei der Verfolgung der französischen Einheiten die 1. Armee des Generals von Kluck zwar bis zu den Vororten von Paris vorgedrungen, doch die gewaltige Marsch- und Kampfanstrengung ist an den Soldaten nicht spurlos vorübergegangen. Zudem ist der gesamte rechte Heeresflügel durch zurückbleibende Truppen, den Abzug von Soldaten für die Belagerung von Antwerpen und Maubeuge sowie einige Verlegungen an die Ostfront empfindlich geschwächt. Auch deshalb wird im Gegensatz zum ursprünglichen Operationsplan auf die Einkreisung von Paris verzichtet – dafür fehlen in der momentanen Situation schlicht die militärischen Mittel.[12]

Doch die Probleme sieht nur, wer sie auch sehen will. Ausgerechnet Generalstabschef von Moltke wirkt auf einmal »ernst und bedrückt«. Sicher, seine Armee hat Erfolge errungen, aber keine wirklichen Siege. Denn unter Siegen verstehe man doch wohl die

»Vernichtung der Widerstandskraft des Feindes«, und davon kann noch nicht die Rede sein. Wenn sich wie in diesem Fall Millionenheere gegenüberstehen, dann muss der Sieger in großer Zahl Gefangene machen, weiß Moltke. Doch »wo sind unsere Gefangenen?« Auch die verhältnismäßig geringe Zahl der erbeuteten Geschütze stimmt den General misstrauisch. All das »zeigt mir, daß die Franzosen sich planmäßig und in Ordnung zurückgezogen haben«. Damit, so ist später treffend beschrieben worden, spricht Helmuth von Moltke aus, was bei der Obersten Heeresleitung keiner denken darf.[13] Und mehr noch: »Das Schwerste steht uns noch bevor«, glaubt Moltke an diesem 4. September.[14]

Den Kaiser erreichen diese Bedenken zunächst nicht. Er erfreut sich – entsprechend informiert beziehungsweise desinformiert – an den vermeintlichen Erfolgen der deutschen Einheiten. Und erst mit Verspätung wird er einige Tage später erfahren, dass der alte General mit seinen pessimistischen Einschätzungen recht behält: Am 5. September beginnt mit einem Gegenangriff der französischen Armee die Marne-Schlacht. Noch wenige Tage zuvor wähnten sich die deutschen Armeen an der Westfront in einer Endschlacht, die an eine Treibjagd erinnerte.[15] Das ist plötzlich vorbei.

Und just in diesen Tagen legt die Reichsregierung erstmals ein sehr konkretes Konzept darüber vor, was man mit diesem Krieg erreichen will. Seit Anfang August stellt sich die deutsche Öffentlichkeit die Frage, welches Ziel das Deutsche Reich militärisch überhaupt verfolgt. Die Abwehr des russischen Despotismus reicht für eine emotionale Unterstützung vielleicht aus, aber ein konkretes strategisches und politisches Programm ist das nicht. Dieses wird jetzt nachgereicht. Am 9. September 1914 legt Reichskanzler Bethmann Hollweg ein förmliches Kriegszielprogramm vor.[16] Und dieses Programm war und ist schier unglaublich: unglaublich ausufernd, unglaublich anmaßend, unglaublich blauäugig und unglaublich unverantwortlich. Das Deutsche Reich nimmt sich das Recht heraus, sich zum Herrscher über den europäischen Kontinent aufzuschwingen. Gefordert werden unter anderem die dauerhafte Einschränkung der französischen und russischen Machtstellung, aber auch territoriale Expansionen auf Kosten Belgiens, Luxemburgs und Frankreichs bis hin zum Atlantik. Solche Auswüchse der Begehrlichkeiten treffen auf die Zustimmung der deutschen Industrie (der es vorrangig um die wirtschaftliche Vormachtstellung in Europa geht) ebenso wie des imperialistisch geprägten Alldeutschen Verbandes.

> »1. *Frankreich. Von den militärischen Stellen zu beurteilen, ob die Abtretung von Belfort, des Westabhangs der Vogesen, die Schleifung der Festungen und die Abtretung des Küstenstrichs von Dünkirchen bis Boulogne zu fordern ist. [...] Des weiteren: ein Handelsvertrag, der Frankreich in wirtschaftliche Anhängigkeit von Deutschland bringt, es zu unserem Exportland macht, und es ermöglicht, den englischen Handel in Frankreich auszuschalten. [...]*
> *2. Belgien. Angliederung von Lüttich und Verviers an Preußen, eines Grenzstriches der Provinz Luxemburg an Luxemburg. [...]*
> *3. Luxemburg. Wird deutscher Bundesstaat und erhält einen Streifen aus der jetzt belgischen Provinz Luxemburg und eventuell die Ecke von Longwy.«*
> (Auszug aus dem Septemberprogramm Bethmann Hollwegs)[17]

Die Umsetzung dieser und anderer Ziele hätte fraglos eine völlige Umwälzung der staatlichen und ökonomischen Verhältnisse in Europa zur Folge gehabt. Aber eines hätte dieses Programm bei seinem Erfolg wohl nicht erbracht: eine friedlichere Welt. Die bisherigen Großmächte Großbritannien, Frankreich und Russland sowie die kleineren Nationen hätten in einem so hohen Maße an Bewegungsfreiheit verloren, dass damit wohl fraglos die Grundlage für neue Konflikte gelegt worden wäre.[18]

Den unbedingten Wunsch nach europäisch-kontinentaler Hegemonie des Deutschen Reichs hegt auch ein Großteil der Deutschen. Diese Kriegsziele sind somit das Mindeste, was sich die Deutschen vom Krieg erhoffen. Später wird von einer »illusionären Überdehnung des deutschen Imperialismus« die Rede sein, der schon Jahre und Jahrzehnte vor Kriegsausbruch gepflegt worden sei und die kollektive Mentalität der Deutschen im Kaiserreich nachhaltig geprägt habe – mit Kaiser Wilhelm II. als seinem prominentesten Agenten. Tatsächlich hat er stets die preußisch-militärische Gesinnung mit romantischer Fantasterei verknüpft. Somit steht er als kaum zu überschätzendes Symbol für die überbordenden Kriegsziele der Deutschen und ihren Wunsch nach der Weltmacht, der in diesem Septemberprogramm wieder erkennbar wird.[19] Und doch hat der Kaiser selbst kein eigenständiges und beständig verfolgtes Kriegsziel (so wie er später keine Idee von einem gangbaren Weg zum Frieden haben wird). Das ist in zweifacher Hinsicht bezeichnend: zunächst für seine weitgehende politische Teilnahmslosigkeit als oberster Kriegsherr, sodann für seine so charakteristische Sprunghaftigkeit und Widersprüchlichkeit – seine entsprechenden Äußerungen schwanken je nach Kriegslage und sind in hohem Maß abhängig von flüchtigen Einflüssen.[20]

Doch die hochfliegenden Kriegsziele der Reichsregierung drohen bereits im Moment ihrer Formulierung gegenstandslos zu werden. Denn die Marne-Schlacht nimmt einen Verlauf, den die deutschen Militärs nicht erwartet haben. Die Franzosen sind nicht einfach nur vor ihnen geflüchtet, sondern haben sich geordnet zurückgezogen, um danach in die Offensive zu gehen. Damit hat sich das Blatt zugunsten der Alliierten gewendet: Während die deutschen Armeen ihre Verluste nicht ausgleichen können, ist die französische Infanterie sogar noch gestärkt worden. So stehen jetzt mehr als eine Million französische und britische nur rund 750 000 deutschen Infanteristen gegenüber. Die mehrtägige Schlacht tobt auf einer Länge von mehr als 300 Kilometern und bringt die beteiligten deutschen Armeen rasch in Bedrängnis. Moltke ist in seinem Hauptquartier in Luxemburg nur unzureichend über die Vorgänge informiert und schickt deshalb einen Oberstleutnant an Ort und Stelle, der die Gefahr für die deutschen Einheiten bestätigt. Die 1. und die 2. Armee müssen sich bald zurückziehen, und am 11. September ordnet Moltke auch den Rückzug der 3., 4. und 5. Armee an, um wieder eine einheitliche Kampflinie zu bilden. Die Verfolgung der sich zurückziehenden deutschen Truppen durch französische und britische Einheiten erfolgt jedoch nur zögerlich, die Truppen sind einfach zu erschöpft.[21]

»Die östlich Paris in der Verfolgung an und über die Marne vorgedrungenen Heeresteile sind aus Paris und zwischen Meaux und Montmirail von überlegenen Kräften angegriffen worden. Sie haben in schweren zweitägigen Kämpfen den Gegner aufgehalten und selbst Fortschritte gemacht. Als der Anmarsch neuer starker feindlicher Kolonnen gemeldet wurde, ist ihr Flügel zurückgenommen worden. Der Feind folgte an keiner Stelle. Als Siegesbeute dieser Kämpfe sind bisher fünfzig Geschütze und einige tausend Gefangene gemeldet.«
(deutscher Heeresbericht zum 10. September 1914)[22]

»Das war eine höfliche Form, dem deutschen Volk zu sagen, daß der große Plan gescheitert war. An dieselbe höfliche Tradition hielt die Oberste Heeresleitung sich noch während der nächsten vier Jahre.«
(Golo Mann über die offizielle Sprachregelung nach dem Scheitern des Schlieffen-Plans)[23]

Intern lesen sich die Ereignisse rund um die verlorene Marne-Schlacht deutlich anders. Die Heeresleitung, allen voran Moltke, ist nicht in der Lage, abweichend vom ursprünglichen großen Plan eigene Vorstellungen zu entwickeln und umzusetzen. Die gesamte Organisation ist deshalb unzureichend, und es gibt keine einheitlichen Operationen der einzelnen Armeen. So jedenfalls notiert es in diesen Tagen der spätere Vizeadmiral Albert Hopman: Der deutsche Vormarsch war nach seiner Einschätzung eher »ein ungestümes, unüberlegtes Hinterherrennen hinter dem mit bestimmter strategischer Absicht zurückweichenden und neu aufmarschierenden Gegner«. Hinzu kämen die mangelnde Kommunikation zwischen den einzelnen Armeen, unnötige Verluste, die Überanstrengung der eigenen Truppen und die Unmöglichkeit der Auffüllung durch Ersatzmannschaften. Das Schlimmste sei ja nicht das Geschehen selbst, sondern der Umstand, dass man es besser hätte wissen können und müssen: »Wissende Leute haben das alles kommen sehen«, aber Wilhelm II. habe eben bis zu diesem Zeitpunkt an Moltke festgehalten. Das sei der entscheidende Fehler gewesen.[24]

Generalstabschef Moltke steht in der Kritik. Dass man den marschierenden Flügel quasi auf der Schwelle des (angeblichen) Sieges zum Stehen bringt, erscheint etwa Kriegsminister General Falkenhayn geradezu als Verrücktheit: »Unser Generalstab hat vollständig den Kopf verloren. Schlieffens Aufzeichnungen sind jetzt keine Hilfe mehr, und so ist Moltke mit seinem Verstand am Ende.« Einerseits hat Falkenhayn recht: Der Schlieffen-Plan ist gut fünf Wochen nach Kriegsbeginn nicht mehr zu gebrauchen. Andererseits tut er dem Generalstabschef unrecht: Moltke ist nicht verrückt geworden, der rechtzeitige Rückzug macht Sinn, auch wenn er womöglich zu spät kommt.[25]

Moltke zieht sich auch das Missfallen des Kaisers zu. Der Generalstabschef hat nämlich bei seinem Befehl zum Rückzug nicht mehr die Genehmigung des Kaisers einholen können und handelt somit gegen den erklärten Willen des Monarchen. Der wiederum verhält sich in dieser Situation mehr wie ein engagierter militärischer Laie, ein Zurückweichen ist für ihn ein komplett unerträglicher Gedanke. Dies umso mehr, als in den vergangenen Wochen doch immer vorwärtsmarschiert wurde. Bei einer Lagebesprechung zeigt sich der Monarch entsprechend verärgert, wobei sein Auftreten für die Militärs wenig hilfreich ist:

> »S[eine] M[ajestät] nimmt diesen Vortrag ruhig entgegen, schlägt
> aber dann mit der Faust auf den Tisch und verbittet sich jedes weitere
> Zurückgehen. – Diese etwas laute Willenskundgebung war leider

nicht geeignet, auf die Anwesenden einen besonderen Eindruck zu machen, da wir – in der Defensive – nicht unabhängig vom Feinde sind.«

(Generaladjutant Hans von Plessen, Tagebucheintrag vom 12. September 1914)[26]

In dieser Situation dürfte auch Wilhelm II. klar sein, dass der Schlieffen-Plan, das Kernstück der deutschen Kriegsplanung im Westen, gescheitert ist. Von einer Umfassung und totalen Vernichtung der französischen Einheiten kann überhaupt nicht mehr die Rede sein, von einer anschließenden konzentrierten Aktion gegen die russischen Kräfte an der Ostfront ebenso wenig. Die Stimmung im Großen Hauptquartier ist gereizt. Und Wilhelm II. ist nicht der Einzige, der in dieser Situation Nerven zeigt. Wieder ist es Helmuth von Moltke, der der angespannten Situation kaum standhalten kann. Schon seit Kriegsbeginn gesundheitlich angeschlagen und außerordentlich reizbar, erleidet er während der aufregenden Tage der Marne-Schlacht einen Nervenzusammenbruch. Selbst Wilhelm kommt am 12. September nicht um die Einschätzung umhin, sein Generalstabschef »schiene etwas nervös«.[27] Am nächsten Tag wird ein General mit erneut schlechten Nachrichten von der Westfront zu Moltke geschickt, der findet ihn »sehr niedergebrochen« bei seiner Frau.[28] Die Stimmung im Großen Hauptquartier ist schlecht: Der Stabschef ist mit den Nerven runter, der Kaiser selbst auch nicht in der Verfassung, der Entwicklung eine entscheidende Wende zu geben, und die militärische Lage völlig unbefriedigend.

»Im Schulhaus zu Luxemburg ist es so still wie in einem Sterbehaus, man geht auf den Zehen, die Generalstabsoffiziere huschen mit gesenkten Augen an einem vorüber – nur nicht ansprechen, nicht fragen.«

(Bericht des bayerischen Militärbevollmächtigten im Großen Hauptquartier am 10. September 1914)[29]

Zumindest was den überforderten Moltke angeht, kann es so nicht mehr weitergehen. Es muss eine personelle Entscheidung getroffen werden. Verschiedene Mitglieder des Militärkabinetts versuchen Wilhelm II. davon zu überzeugen, dass der Generalstabschef unhaltbar geworden ist. Der Kaiser hat »den Kopf voll wegen des gänzlichen Versagens von Moltke«, notiert ein Beobachter.[30] Schließlich haben die Bitten aus dem Generalstab Erfolg: Am Abend des 14. September lässt der Kaiser Moltke sowie Kriegsminister Falkenhayn herbeirufen und eröffnet seinem überraschten Generalstabschef, dass dessen Nervenzustand unbedingt nach einer Ruhepause verlange. Er solle sich deshalb erst einmal für 14 Tage krankmelden. Moltke protestiert: Er habe nicht die Absicht, sich zurückzuziehen, er sei schließlich nicht krank. Wenn der Kaiser mit seinen militärischen Leistungen unzufrieden sei, solle er ihm das bitte schön direkt sagen, sonst bleibe er im Amt. Die nun einsetzende Diskussion ist ausgesprochen heftig. Bekannt wird später, dass Moriz von Lyncker als Chef des Militärkabinetts wohl sehr schroff in die Debatte eingreift und Moltkes sofortigen Abgang fordert. Mit Erfolg. Wilhelm II. überträgt am 15. September Falkenhayn die volle Verantwortung des Generalstabschefs, wobei er dieses Amt aber erst ab 1. November 1914 offiziell bekleiden soll. Moltke kann also bis dahin bleiben, damit lässt sich dieser Wechsel in der Heeresleitung besser verschleiern. Schließlich wäre sein Abgang zu diesem Zeitpunkt als Eingeständnis einer fatalen militärischen Niederlage verstanden worden.[31]

Zum 1. November verlässt Moltke endgültig das Große Hauptquartier, zwei Tage später wird Falkenhayn offiziell Chef des Generalstabs des Feldheeres.[32] Die deutsche Öffentlichkeit wird über die wahren Vorgänge belogen. Erst Wochen später vermelden die amtlichen Kriegsdepeschen, dass Moltke seinen Posten aufgeben muss. Dann ist von »Leber- und Gallenbeschwerden« die Rede, und obwohl diese Erkrankung eigentlich keinen Anlass zu Besorgnissen gebe, seien die Geschäfte des Generalstabschefs an Kriegsminister Falkenhayn übertragen worden.[33]

»Besonders bedauernswert ist der alte Moltke – er ist völlig erledigt,
kürzlich sagte er in Gegenwart von vielen Offizieren zum Kaiser:
›Majestät, man sagt mir überhaupt nichts mehr!‹ Der Kaiser sagte:
›Dann geht's Ihnen wie mir, mein Lieber!‹«

(Tagebuchnotiz des bayerischen Militärbevollmächtigten Wenninger
vom 21. September 1914)[34]

Der Kaiser schickt Moltke erst einmal auf eine Erkundungsreise
nach Namur, Brüssel und Maubeuge, »um sich zu erfrischen«, wie
Wilhelm II. es formuliert. Fraglos will der Monarch damit den
Konflikt zwischen Moltke und Falkenhayn beruhigen. Die ange-
ordnete Abwesenheit des abgesetzten Generalstabschefs scheint
ihm dafür eine geeignete Maßnahme zu sein.[35]

Die Entscheidung, den Oberbefehl auf General Erich von Falkenhayn zu übertragen, lenkt den Blick zurück auf die Stellung
des Kaisers innerhalb der militärischen Führung. Sicher, er hat
sich in den vergangenen Wochen vom tatsächlichen operativen
Geschäft zurückgezogen und wird auch weiterhin höchst selektiv
unterrichtet und grundsätzlich kritisch beäugt. Aber dass er ausschließlich ein »Gefangener seiner Generäle« sei, verkennt seine
trotz allem noch vorhandene Funktion. Wilhelm bleibt eine Figur
von entscheidender Bedeutung, nicht nur weil sein Einfluss auf die
Operationen der Kriegsmarine direkter ist als auf die der Landstreitmächte. Sondern auch vor allem, weil er das Recht hat, Offiziere und Beamte zu ernennen – und zu entlassen. Die Ablösung
Moltkes zeigt dies nicht so sehr wie die Ernennung Falkenhayns:
Bei dessen Ernennung setzt sich Wilhelm II. über die Wünsche
vieler hoher Militärs hinweg, weil er diesen General seit Langem
persönlich schätzt. Falkenhayn ist dabei eine überaus umstrittene
Wahl, aber die Entscheidung für ihn zeigt klar den verbliebenen
Einfluss des Kaisers. Er hat, wie sein Biograf Christopher Clark
feststellt, »weiterhin eine zentrale Stellung in der Machtstruktur
inne«.[36] Er trägt die Verantwortung, auch wenn er von den militärischen Operationen weitgehend ausgeschlossen ist.

Der Wechsel auf der obersten Kommandoebene kann die Stimmung im Hauptquartier nicht nachhaltig verbessern. Sie ist und bleibt nach der Marne-Schlacht schlecht. Selbstverständlich bemüht sich Falkenhayn darum, den deutschen Angriff an der Westfront wieder in Gang zu bringen – doch vergeblich. Einige Hellsichtige räumen ein, dass es neben strukturellen Schwächen auch personelle Fehlbesetzungen und individuelle Fehler, etwa in der konkreten Kriegführung, gibt. Der Marineoffizier Albert Hopman, der als rechte Hand des Großadmirals Alfred von Tirpitz gilt und seit Kriegsbeginn die Zeit im Großen Hauptquartier verbringt, schüttelt schon rund sechs Wochen nach Kriegsbeginn den Kopf über das augenscheinliche Versagen auf ganzer Linie. »Meine Auffassung der Gesamtsituation ist leider nicht günstig«, notiert er in sein Tagebuch. Wie vor dem Krieg herrsche auch in der Krise kein »einheitlicher Geist und Wille«, der das Ganze übersieht und beherrscht.[37] Der Blick auf das militärische Versagen wirke ernüchternd: Die »Zügel haben in letzter Zeit völlig am Boden geschleift, Zusammenhang der Armeen hat gefehlt, ein wildes Hin- und Herschieben hat stattgefunden, Moltke ist zu keinem Entschluß fähig gewesen«[38].

Und dann der Kaiser. Dieser Kaiser! Albert Hopman jedenfalls ist entsetzt über seinen Monarchen. Er beschreibt in seinem Tagebuch dessen Defizite und macht ihn für die missliche Lage mitverantwortlich. Wilhelm II. erfreue sich an Kleinigkeiten und Anekdoten. Den Ernst der Stunde, so der Vorwurf, versuche er gar nicht zu begreifen. Immerhin räumt der Militär ein, dass man ja im Grunde nicht so sehr überrascht sein dürfe von dem jetzigen Verhalten des obersten Kriegsherrn – denn seine schwache Persönlichkeit sei seinem Umfeld ja schon lange vor 1914 bestens bekannt gewesen:

»Es rächen sich die Sünden früherer Jahre; die Spielerei S[einer] M[ajestät], der mangelnde Ernst seiner ganzen Regierungs- und Lebensauffassung, sein Mystizismus, seine Abneigung gegen starke Persönlichkeiten und vieles andere.«[39]

Solche Ansichten finden sich nicht nur vereinzelt in Tagebüchern der engsten Umgebung des Kaisers, auch in Briefen tauchen solche Urteile vermehrt auf. So schreibt Hopman an Admiral von Capelle, den Staatssekretär im Reichsmarineamt, dass nach Einschätzung auch anderer Beobachter der Kaiser »dem Ernst der Situation innerlich fremd« gegenüberstehe. Immer wieder findet sich der Vorwurf, der Monarch sei unfähig, sich einen wirklichen Überblick zu verschaffen und selbst Führungskraft zu beweisen. Regelrecht peinlich berührt schreibt Hopman, dass Wilhelm unlängst sogar erklärt habe, »wenns schiefginge«, werde er sich persönlich mit der Standarte an die Spitze der Armee setzen, »das werde schon helfen«.[40]

Übrigens macht sich Albert Hopman schon jetzt keine Illusionen mehr, dass die deutsche Monarchie in der jetzigen Form den Krieg überstehen werde: Der »Geist der Nation«, den er als einzigen Lichtblick in dieser Krise entdeckt haben will, könne wohl trotz aller Niederlagen Bestand haben. Aber das habe seinen Preis. Dieser »Geist« sei wohl nur zu halten »durch weitgehendste Zugeständnisse an demokratische Richtungen«, sonst drohe zweifellos Revolution und Sturz der Dynastie.[41] Hopman notiert dies am 17. September 1914. Der Weltkrieg geht gerade einmal in seine siebte Woche. Aber der Marineoffizier erklärt einem Vertrauten, dass er eigentlich schon seit Jahren, »je mehr ich von unserer Regierung und namentlich von S[einer] M[ajestät] persönlich gehört hätte, das Gefühl gehabt hätte, wir gingen einem Abgrund entgegen und jetzt den Absturz vor mir sähe«[42].

Doch der Krieg muss weitergehen − und finanziert werden. In diesen Tagen, da die Westfront scheiternd zum Stehen kommt, geht es im Deutschen Reich um die »finanzielle Wehrpflicht«, wie es ein Beobachter nennt: Zum ersten Mal legt die Reichsbank eine Kriegsanleihe auf − zwischen dem 10. und dem 19. September sollen die Deutschen ihrer patriotischen Pflicht nachkommen und mit dem zu diesem Zeitpunkt üblichen Zinssatz von fünf Prozent ihr Geld zum Zwecke des Krieges zur Verfügung stellen.[43] Um dafür die Begeisterung im Volk zu wecken, veröffentlicht die Reichsbank einen Musteraufruf und schaltete Inserate in 2800 Zeitungen.[44] Der Erfolg des Aufrufs ist unerwartet hoch. Trotz der nur zehntägigen Zeichnungsfrist liegt das Ergebnis mit fast 1,2 Millionen Zeichnern schließlich bei einer Summe von fast 4,5 Milliarden Reichsmark.[45] Fraglos ein Erfolg für die deutsche Propaganda.

Dennoch mehren sich in diesem September die Fragen. Zwei sind zentral: *Wofür* führt Deutschland Krieg, und *wie* führt Deutschland diesen Krieg? Die erste Frage scheint durch die erwähnten Kriegszielbestimmungen der Reichsregierung beantwortet. Sie bringen den gewünschten Optimismus zum Ausdruck und kommen den Erwartungen einer breiten deutschen Öffentlichkeit entgegen, die sich von diesem Krieg gerade angesichts der erheblichen Verluste nach knapp zwei Kriegsmonaten noch einiges erträumt.

Die andere Frage ist, *wie* Deutschland diesen Krieg führt. Auch hier steht das Geschehen an der Westfront im Mittelpunkt. Die offizielle deutsche Propaganda prangert nämlich zunehmend die angebliche Grausamkeit an, die der Feind an den Tag lege. Wilhelm II. macht sich zum offiziellen Sprachrohr dieser Haltung, indem er öffentlich die vermeintlichen Verbrechen vor allem belgischer Zivilisten an deutschen Soldaten anprangert. Er richtet am 7. September 1914 ein Schreiben an den amerikanischen Präsidenten Woodrow Wilson »als den hervorragendsten Vertreter der Grundsätze der Menschlichkeit«, in dem er vor allem gegen Verbrechen der belgischen Zivilbevölkerung protestiert. Darin gibt der Kaiser den Ton der deutschen Kriegspropaganda vor:

»Die selbst von Frauen und Geistlichen in diesem Guerillakrieg begangenen Grausamkeiten, auch an verwundeten Soldaten, Ärztepersonal und Pflegerinnen (Ärzte wurden getötet, Lazarette durch Gewehrfeuer angegriffen), waren derartig, daß Meine Generale endlich gezwungen waren, die schärfsten Mittel zu ergreifen, um die Schuldigen zu bestrafen und die blutdürstige Bevölkerung von der Fortsetzung ihrer schimpflichen Mord- und Schandtaten abzuschrecken.«[46]

Damit greift Wilhelm eine erste Äußerung seines Reichskanzlers gegenüber der US-amerikanischen Presse auf, in welcher sich dieser zu der leicht durchschaubaren Obszönität verstieg, wonach unter anderem »belgische Mädchen wehrlosen Verwundeten auf dem Schlachtfelde die Augen ausgestochen haben«.[47] So wird von Reichskanzler Bethmann Hollweg und dem Kaiser eine Diskussion über die Wirklichkeit der Kriegführung eröffnet, die in den kommenden Wochen erheblich an Fahrt gewinnt. Es geht um die Frage, wer in diesem Krieg besonders grausam vorgeht, wer gegen die Regeln des Kriegsrechts verstößt und wer somit der wirkliche »Barbar« und Unmensch ist. Die Äußerungen dieser Wochen zeigen deutlich, dass sich zu der offiziellen und kollektiven Wahrnehmung von einem Angriffskrieg gegen Deutschland nun die Vorstellung von der illegitimen, hinterhältigen und feigen Bekämpfung durch die Gegner gesellt. Auf diese Weise kommt es zu einer doppelten Stilisierung als Opfer: Die Deutschen wurden angegriffen, und nachdem sie sich zur Wehr gesetzt haben, werden sie auch noch mit unmenschlichen Mitteln bekämpft.

So sehr diese Stilisierung nach innen wirkt, so wirkungslos bleibt sie nach außen. US-Präsident Wilson jedenfalls ist zurückhaltend, den deutschen Kaiser und seine Soldaten voreilig von Schuld freizusprechen: Es wäre zum jetzigen Zeitpunkt verfrüht, sowohl für eine mitkämpfende als auch eine neutrale Macht, »sich ein endgültiges Urteil zu bilden oder es zum Ausdruck zu bringen«, schreibt er an Wilhelm II. zurück. Nur eines ist nach Ansicht des amerikanischen Präsidenten jetzt schon sicher: Dass nach dem Krieg alle Vorgänge untersucht und gegebenenfalls gesühnt werden müssen, dass also »eine Abrechnung stattfinden muß«.[48] Das wiederum sind für die deutsche Führung keine guten Aussichten.

Als der Monat zu Ende geht, hat sich bei deutschen Militärs wie Politikern die Stimmung bereits eingetrübt. Kurt Riezler, Vertrauter und politischer Berater des Reichskanzlers Bethmann Hollweg, hält am 23. September fest, dass ein deutscher Sieg »ja ganz unwahrscheinlich ist«.[49] Und allen Anwesenden im Großen Hauptquartier ist klar, dass der Kaiser ein Problem ist. Generalleutnant Hans von Plessen bemüht sich wie andere um gute Stimmung, vor allem nachdem ihn der Generaloberarzt und spätere Leibarzt des Kaisers, Otto von Niedner, über den kaiserlichen Gemütszustand direkt informiert hat:

> »Niedner vertraut mir an, daß S[eine] M[ajestät] wieder sehr herunter mit den Nerven, ohne Zuversicht, ohne Selbstvertrauen! Ich gebe mir Mühe, beim Reiten die Stimmung zu heben, was auch leidlich gelingt, und mit der Nachricht von dem glänzenden Siege des Unterseebootes U 9 über drei große Panzerkreuzer der Engländer in höchstem Grade Erfolg hat.«[50]

Eine einzige Siegesmeldung rettet also zuweilen die Stimmung beim angeschlagenen Kaiser. Der Fortgang des Krieges wird davon allerdings nicht entscheidend geprägt. Dieser geht weiter, und Wilhelm II. ist weiterhin ratlos.

Alexander Cartellieri rühmt sich seines Glaubens an die gute Sache

> »Wie schon an anderer Stelle mitgeteilt, hatte sich gestern Abend aus Anlaß des großen Sieges in Frankreich eine so ungeheure Menschenmenge angesammelt, daß zeitweise der Verkehr vollständig stockte. Es wurde auch das ›Deutschland über alles‹, ›Ich hatt' einen Kameraden‹ und andere vaterländische Lieder gesungen, dann zog ein Teil nach dem Markt, wo schließlich wohl an zweitausend Leute sich zusammengefunden hatten und Oberbürgermeister Dr. Fuchs eine zündende Ansprache hielt.«

(aus einem Zeitungsbericht über die Stimmung auf den Straßen Jenas am 3. September 1914)[51]

Jena jubelt. Es ist der 2. September – der Sedan-Tag. Und die deutschen Truppen stehen vor Paris. So steht es in den Extrablättern, so verkünden es die Depeschen. Was für ein großartiger Sieg scheint sich da anzukündigen! Und Alexander Cartellieri? Der Gelehrte feiert mit, wenngleich der spontane Ausflug auf den Marktplatz und ein lautstarkes »Ich hatt' einen Kameraden« nicht seine patriotischen Mittel der Wahl sind. Er sieht sich auf seinem Posten in der Pflicht, und er hat ja bereits seine Verantwortung wahrgenommen: Als Prorektor der Universität Jena war er es, der die Studenten mit guten Worten und siegesgewisser Zuversicht geistig an die Front eskortiert hat. Cartellieri unterstützt den Krieg mit den viel zitierten »Waffen des Geistes« und begleitet den Lauf der Dinge als Intellektueller. Spärlich sind allerdings die verlässlichen Informationen über diesen Krieg. Darüber klagt er wiederholt, räumt aber zugleich ein, dass dies aus Sicherheitsgründen wohl bis zu einem gewissen Grad notwendig sei. Ansonsten versucht er, für sich und andere Klarheit in die Situation zu bringen. So findet er in diesen Tagen Zeit für eine Reflexion über den Begriff des »Imperialismus«. Das sei doch ein rechtes Modewort geworden, notiert Cartellieri in der ersten Septemberwoche, weshalb er sich hinsetzt und sich an einer Übersetzung von »Imperialismus« und »imperialistisch« versucht, mit der das angeblich machtlüsterne Verhalten der Feinde bezeichnet werden soll:

> *Weltstreben und weltstrebig. Weltherrschaft und weltherrschaftssüchtig würde besser treffen, ist aber schleppend, herrschsüchtig sagen wir nicht von Staaten, und es muss etwas von dem Streben nach einer möglichst allgemeinen Herrschaft hineinkommen. Weltherrschaftslustig klingt zu lustig. Weltherrlich? Weltherrlichkeit? Liegt darin auch Streben, nicht bloss Vorhandensein? Das letzte ist entschieden das beste, kurz und ausdrucksvoll.«*[52]

Der Historiker ist mit den Gedanken beim Krieg: Er informiert sich so gut wie möglich über den Verlauf der Schlachten und hält die wichtigsten Ereignisse in seinem Tagebuch fest. Selbst beim morgendlichen Blick zum Himmel muss er an die deutschen Soldaten denken: Als er am Sonntag, dem 6. September, das strahlende Wetter genießt, ist ihm bewusst, dass dieser Sommertag »kaum zur Kriegsstimmung passt«, aber zugleich freuten sich die Menschen in der Heimat doch darüber, »dass unsere Leute nicht in der Nässe zu liegen brauchen«. Und als er an diesem Tag mit Freunden im Wald spazieren geht, glaubt er erneut Glockengeläut zu vernehmen, weshalb er jetzt wieder auf einen neuen Sieg hofft – »aber es war doch nichts«.[53]

Zuweilen sitzt Cartellieri zu Hause und spielt – obgleich ihm als Ungedientem jegliche praktischen militärischen Kenntnisse fehlen – die strategischen Möglichkeiten der deutschen und verbündeten Armeen durch. Dabei fällt ihm ein populäres Buch über mögliche Ziele mitteleuropäischer Politik in die Hände, woraufhin ihm nun unmittelbar der Gedanke einleuchtet, »Ägypten zu Lande anzugreifen und damit Englands verwundbare Stellung zu treffen«. Der Gelehrte im vom Weltgeschehen fernen Jena notiert mit Blick auf die Strategien der deutschen Militärführung irritiert: »Ich wundere mich, dass man nicht so klug war, selbst darauf zu kommen.«[54]

An anderer Stelle glaubt der Historiker die richtigen militärischen Mittel gegen die russischen Armeen entdeckt zu haben: »Die Russen« seien ungeduldig in den Krieg gezogen (was übrigens eine eigentümliche Umdeutung der Tatsache ist, dass die russische Mobilmachung weitaus schneller gelang, als es die deutschen Militärs jemals geglaubt haben), aber es fehle ihnen grundsätzlich an Lebensmitteln und an der nötigen »Zucht«. »Sie bedürfen rascher Schläge, fortwährender Spannung, um ihre schwerfälligen Maschinen im Gang zu halten. Sonst kracht alles zusammen.«[55] Auch Gerüchte um neue, weitreichende deutsche Geschütze beschäftigen Cartellieri. Zuweilen wird spekuliert, diese reichten weiter als die der großen englischen Schlachtschiffe und man könne mit ihnen sogar über den Ärmelkanal hinweg britisches Territorium beschießen. »Das wäre zu schön, um ganz glaubhaft zu sein!«[56]

Im vergleichsweise kleinen Jena machen sich in diesen Wochen auch andere Professoren ihre Gedanken und richten sich dabei aber anders als Cartellieri gezielt an die internationale Öffentlichkeit. Die Universität Jena bleibt in diesen Tagen der Ort intellektueller Debatten um den Krieg, und es sind weiterhin Rudolf Eucken und Ernst Haeckel, die auch nach ihrer »Erklärung« vom 18. August 1914 öffentlich agitieren. Die beiden Professoren heben darauf ab, die Kriegsschuld vor aller Welt zu klären. Und zwar im Sinn der Deutschen: Frankreich und Russland seien die Schuldigen an diesem Krieg, und England trage die Verantwortung für dessen Ausweitung. In Deutschland glauben Eucken und Haeckel niemanden mehr von dieser Position überzeugen zu müssen, sie wenden sich deshalb an die maßgeblichen Stellen im neutralen Ausland, vor allem in den Vereinigten Staaten von Amerika. Dazu gehört ein Schreiben der beiden Gelehrten an die amerikanischen Universitäten, das auch in Jena von der örtlichen Presse prominent veröffentlicht wird:

> *»In einem Augenblick, wo die halbe Welt voll Haß und Neid auf Deutschland eindringt, ist es uns Deutschen ein wohltuender Gedanke, der freundschaftlichen Gesinnung der amerikanischen Universitäten gewiß zu sein; wenn irgendwo auf der Welt, so dürfen wir hier ein richtiges Verständnis für die gegenwärtige Lage und das gegenwärtige Verhalten Deutschlands erwarten. Denn zahlreiche amerikanische Forscher haben sich an unseren Universitäten gebildet und sich dabei von der Tüchtigkeit und dem friedlichen Sinne der deutschen Arbeit überzeugt, der Professoren-Austausch hat die gegenseitige Bekanntschaft vertieft, andauernde Verbindung der Forschung läßt uns als Glieder einer großen Gemeinde erscheinen.«[57]*

Die beiden hoffen auf Unterstützung, aber die ersten Reaktionen müssen sie enttäuschen. Zwar drucken und kommentieren auch bedeutende Zeitungen in den USA diesen Brief der beiden dort angesehenen Gelehrten. Doch trotz ihrer Reputation schließen sich nur sehr wenige amerikanische Intellektuelle ihrer Sicht auf den Weg in den Krieg an. Dieser mangelnde Zuspruch kann die beiden Jenaer Professoren indes nicht irritieren, zu sehr haben sie sich der Sache der öffentlichen »Richtigstellung« verschrieben. Längst haben sie auch den Hass und die Verschlagenheit der im Krieg bekämpften Nationen herausgestellt, als dass sie ihre Position ernsthaft revidieren könnten. Gerade England trifft ihre Polemik regelmäßig – und so erscheint es nur folgerichtig, dass sich Rudolf Eucken im September der Initiative Ernst Haeckels anschließt und alle vor dem Krieg erhaltenen britischen Auszeichnungen zurückgibt.[58]

Mit ihren Vorstößen stehen Haeckel und Eucken beispielhaft für die Vertreter der sogenannten »Ideen von 1914«, die sich aus einer eigentümlichen, in ihrer politischen wie mentalen Wirkung höchst fatalen Mischung aus nationalem Sendungsbewusstsein und missionarischer Aufbruchsstimmung speisen. Die kulturellen Eliten sind Träger dieser »Ideen«, das Gros der deutschen Professoren hat daran (auch wenn sie nicht so exponiert argumentieren wie Haeckel und Eucken) einen erheblichen Anteil. Es geht ihnen wie anderen Intellektuellen zunächst um die uneingeschränkte Rechtfertigung der deutschen Kriegspolitik und um die Verteidigung der so bezeichneten »deutschen Freiheit« und »deutschen Kultur« gegen die westliche »Zivilisation« einerseits und die russische »Barbarei« andererseits. Charakteristisch für diese »Ideen von 1914« sind das übergroße Selbstvertrauen, mit dem das Bildungsbürgertum diese vorträgt, und das Gefühl, der westlichen Welt (von Russland einmal ganz abgesehen) weit überlegen zu sein.[59]

Es sind nicht nur die Professoren, die sich in diesen Wochen an das Ausland wenden, um das vermeintlich so verleumderische Bild von ihrem Vaterland zu korrigieren, sondern auch die Vertreter der Kirchen. Rudolf Eucken etwa unterschreibt ebenfalls den Aufruf »An die evangelischen Christen im Auslande«, in dem es vor allem darum geht, eine deutsche Kriegsschuld zu verneinen und stattdessen die Schuld bei Russland, Frankreich und Großbritannien zu suchen.[60] Und auch die deutschen Katholiken unternehmen einen – wenngleich in der Form anderen, aber inhaltlich vergleichbaren – Vorstoß, indem sie am 2. September 1914 den in Rom zur Wahl eines neuen Papstes versammelten Kardinälen ein Memorandum zukommen lassen, in dem 60 prominente Vertreter des katholischen Lebens aus Deutschland »die volle Wahrheit über die Ursachen und die Entstehung des Krieges« darlegen – und Deutschland selbstverständlich nicht als Schuldigen akzeptieren können.[61]

Alexander Cartellieri nimmt sich nicht die Zeit, an öffentlichen Kundgebungen teilzunehmen. Denn trotz des Krieges geht für ihn die Arbeit als Hochschullehrer und Historiker weiter. Das bedeutet, dass er sich weiterhin Zeit für die Lektüre nimmt. So findet er Gelegenheit, sich in seinem Tagebuch ausführlich über den Mangel an Quellen des klassischen Altertums zu beklagen, die er beispielsweise für das Griechische unbedingt benötigt. Kein Wunder, dass »höchstens ein paar Gelehrte Quellen ansehen«. Die übrigen Kollegen beließen es zu seiner Missbilligung dabei, aus purer Bequemlichkeit auf spätere und einfacher zugängliche Autoren zurückzugreifen.[62] Cartellieri selbst studiert jetzt auch andere historische Werke, etwa die *Recollections of a diplomatist* des späteren britischen Botschafters in Deutschland, Sir Horace Rumbold (»viel Diplomatenkitsch ist darin«, »einiges über Bismarck in Frankfurt«).[63] Auch liest er Bücher über die Beziehung zwischen Großbritannien und Indien (»nichts ist heute aufregender als der Gedanke an Indien! Wenn diese Masse in Bewegung kommt!«)[64] sowie den Kriegsbeitrag *Warum es der deutsche Krieg ist* von Paul Rohrbach, einem der führenden Vertreter des deutschen Kulturimperialismus (»eine lebendig und eindringlich geschriebene Flugschrift«).[65]

Während der »Herr des Hauses« liest, macht sich Margarete

Cartellieri nützlich und verteilt beispielsweise am Bahnhof von Jena Erfrischungen an durchreisende Soldaten. Der erste Zug mit Verwundeten trifft hier am 2. September ein: rund 150 zumeist leicht verletzte Soldaten. Obwohl es bereits zwei Uhr in der Nacht ist, versammelt sich am Bahnhof eine größere Menschenmenge. Sie bekommt allerdings die Verwundeten nicht zu Gesicht, denn diese werden bis zum südlichen Ende des Bahnhofs gefahren und dort ausgeladen.[66] Als Cartellieris Frau in den folgenden Tagen wieder einmal am Bahnhof eintreffende Verwundete begrüßt, wird sie von ihrem Mann begleitet, der sich vor Ort ein Bild über die Kämpfer machen will. Hurra-Patriotismus kann er nicht erkennen, registriert aber, dass die Männer »einen ruhigen, kraftvollen Eindruck« erwecken, ihr Auftreten komme »ohne alle geschwollenen Gefühle oder hochtrabende Worte« daher. Sogar die Uniformen kann der Prorektor jetzt einmal aus der Nähe ansehen. Durch das Feldgrau sähen sie zwar selbst in unbenutztem Zustand schmutzig aus, sie »müssen aber riesig praktisch sein«, glaubt der ungediente Professor. Bei seinen Beobachtungen wird sich Cartellieri allerdings auch der Eigentümlichkeit dieser Fürsorgesituation bewusst:

> »Ich dachte mir, dass manche unter ihnen es merkwürdig empfinden müssen, bei der Durchfahrt durch die deutschen Lande so im Mittelpunkt der Aufmerksamkeit zu stehen, ein Mal im Leben, ehe viele totgeschossen werden. Sonst kräht kein Hahn nach ihnen! Wann werden brave Handwerker und Arbeiter von Damen der ›Gesellschaft‹ bedient und bewirtet?«[67]

Solche Begegnungen bleiben für Cartellieri nicht ohne Eindruck. Der Historiker macht jetzt selbst zunehmend mobil – mit etwas Verzögerung und ohne großen Hurra-Patriotismus, aber doch mit zunehmendem Bekenntnis zur Sache. »Es sind Tage ernster Spannung«, notiert er am 13. September 1914. »Das große Miterleben erdrückt den Zuschauer«, doch man dürfe in dieser Lage eben nicht Zuschauer bleiben. Gerade weil die ganze Welt ihr Bestes gebe, müsse jeder seinen Beitrag leisten.[68]

»Der Krieg hat mich mit Jena stärker verbunden als die zwölf Jahre vorher! Das gemeinsame Erleben des Ungeheuren schafft die Annäherung. Geht man über die sonnigen Hänge, die so friedlich daliegen, und überlegt sich, wie der Krieg sie verwüsten würde, so freut man sich in dankbarer Liebe über unser Heer, das die Grenzen schützt.«[69]

Für den Historiker ist der Weltkrieg schlicht »die hohe Zeit der Tat«. Für die Daheimgebliebenen gebe es auch reichlich Gelegenheiten dazu – »ich sehe es gerade jetzt wieder bei den Leistungen einzelner Kollegen im freiwilligen Hilfsdienst«. Cartellieri selbst muss sich allerdings zu der kleinen Minderheit jener rechnen, denen nur »das Wort und die Schrift« bleiben. Er sieht seine Aufgabe darin, die Taten seines Volkes als Gelehrter zu befördern. Als Schrift- und Wortgewaltiger müsse dies sein Beitrag zum Gelingen sein: »Wir haben uns immer wieder die ernste Aufgabe zu stellen, neue Taten aus williger Jugend entstehen zu lassen«, schreibt er und fühlt sich als Historiker umgehend an die Französische Revolution erinnert, während der »die Greise den ausziehenden Kämpfern durch das Lob der Vorfahren Mut« eingeflößt haben sollen.[70] Wer sich in diesen Tagen nicht energisch der Tat stellt, erntet Cartellieris Missfallen: »In den letzten Tagen gab es Flaumacher unter uns«, ärgert er sich in seinem Tagebuch. Ein Universitätskollege ist so voller Zweifel, dass er in den amtlichen Nachrichten stets »zwischen den günstigen Zeilen das verschwiegene Ungünstige« herausliest.[71] Cartellieri will an der Sache nicht zweifeln, mit Ernst und Entschlossenheit ist er in »seinen« Krieg eingetreten.

Wenn er an die großen Veränderungen denkt, die dieser Krieg aus seiner Sicht fraglos mit sich bringen wird, ergreift Cartellieri eine gewisse Unruhe. Durchgehend finden sich in seinen

Tagebuchaufzeichnungen Hinweise, wie sehr ihn die Zukunft in einem späteren Frieden beschäftigt. »Ich denke fortwährend nach über den Frieden, über die künftige Gestaltung Europas und Deutschlands.«[72] Aber er findet keine Antworten. Ringsumher sieht er nur »das weltweite Fragenmeer«, das vor den Zeitgenossen brandet und sie zu verschlingen droht: »Wo ist der sichere Hafen? Welches ist die richtige Auffassung? Was sollen wir hoffen, wünschen, fürchten, dulden? Wohin sollen wir Gefühle leiten?«[73] Und ebenso teilt der Gelehrte die herrschende Vorstellung von einer spezifischen Berufung des deutschen Volkes. Deshalb wähnt er das Deutsche Reich vor wirklich großen historischen Aufgaben:

»Die Deutschen strebten nach dem Höchsten, Grössten und Allgemeinsten, das es gab. Das war aber vor ihrem Auftreten in der Geschichte das römische Reich. Die anderen Völker, die davon ausgeschlossen waren, mussten notgedrungen sich auf ihr nationales Wesen beschränken und bildeten dementsprechend andere Eigenschaften stärker aus. In dem Augenblick aber, wo die Deutschen die Kraft haben, das Allgemeine in ihrem Sinne zum Besten ihrer Eigenart zu gestalten, sind sie die geborenen Führer der ganzen Welt. Vielleicht nähern wir uns in diesen Tagen, 19. September 1914, einem solchen Augenblicke.«[74]

Zugleich verspürt Cartellieri eine eigentümliche Vorstellung von einer »romanisch-germanischen Kulturgemeinschaft«, zu der er selbst eine starke Zugehörigkeit empfände, und dies trotz allem Trennenden der Gegenwart.[75] Andere Historiker teilen Cartellieris Zustimmung und Optimismus. So etwa der dem Block der Alldeutschen nahestehende Professor Karl Lamprecht[76], der im August 1914 bei einem Vortrag in Leipzig ein »neues Gemeinschaftsgefühl« der Deutschen begrüßt, das nur »aus der Gemeinsamkeit der Rasse oder der Kultur« erwachsen kann. Die Überlegenheit der Deutschen habe sich in den letzten Wochen deutlich gezeigt: »Wir sind heute die Trage der europäischen Gesittung«, deshalb werde nach den vermutlich noch ausstehenden blutigen Schlachten »unter dem Segen des neuen Friedens die Welt am deutschen Wesen wirklich genesen«[77].

Diese »Trage der europäischen Gesittung« hat allerdings zunehmend mit den Folgen der deutschen Kriegführung zu kämpfen, vor allem mit dem Auftreten der Soldaten gegenüber der belgischen Zivilbevölkerung. Die deutsche Kriegspropaganda ist in dieser Frage, wie bereits weiter oben erwähnt, längst zum Gegenangriff übergegangen und versorgt die Leser mit Berichten über angebliche alliierte Kriegsgräuel. Gerüchte und Nachrichten von regelrechten Massakern an Soldaten und Zivilisten machen die Runde. Dazu zählt die deutsche Vorstellung von der Existenz der sogenannten »Franktireure«, von Zivilisten, die als Schützen aus dem Hinterhalt auf deutsche Soldaten schießen. Diese Wahrnehmung geht auf den Deutsch-Französischen Krieg von 1870/71 zurück, als solche Freischärler als Mitglieder der freiwilligen französischen Verbände von den Deutschen als illegale Kämpfer bezeichnet wurden, weil sie keine kompletten Uniformen trugen. Gefangene Franktireure wurden in aller Regel exekutiert, auch wurden Kollektivstrafen gegen ganze Dörfer verhängt, die ihrer Unterstützung verdächtig schienen. Dieses Narrativ nehmen die deutschen Soldaten 1914 mit an die Westfront: Zwar gibt es dort in Wirklichkeit keine Franktireure – sie existieren nur in der Vorstellung der deutschen Truppen. Gleichwohl wird ihre angebliche Präsenz jetzt als Grund für massive Gewalttaten gegen wehrlose Zivilisten genutzt, etwa im belgischen Löwen oder im französischen Noményy. Die Alliierten sprechen von Kriegsgräueln, die Deutschen sehen darin ein gerechtfertigtes Vorgehen gegen einen illegalen Volkskrieg.[78] Früh richtet sich die veröffentlichte Meinung dabei gegen Belgien.

Auch an den deutschen Universitäten wird diese Denkfigur aufgegriffen. Wie der Krieg am deutschen Soldaten das Gute des Deutschen schlechthin deutlich gemacht habe, so habe der Krieg bei den Belgiern umgekehrt deren Niedrigkeit erwiesen: »Was ist herausgekommen aus der belgischen Seele?«, fragt in diesem Sinne der einflussreiche Altertumswissenschaftler Professor Ulrich von Wilamowitz-Moellendorff in einer Rede in Berlin. Sie habe sich offenbart »als eine Seele der Feigheit und des Meuchelmords«. Weil die Belgier keine sittlichen Kräfte hätten, griffen sie »zu der Brandfackel, zu dem Dolche«. Die deutsche Überlegenheit – und gemeint ist bei deutschen Professoren selbstverständlich zugleich die kulturelle – muss notgedrungen die Feigheit der Belgier aushalten.[79] Vom Professor bis zum Schulkind werden die Deutschen entsprechend verunsichert: »Schauergeschichten über Franktireurs!«, notiert beispielsweise ein zwölfjähriges Mädchen im September 1914 in ihr Tagebuch; die deutschen Soldaten nennen sie angeblich »Hyänen des Schlachtfelds«, und wo man sie anträfe, würden sie sofort erschossen.[80]

Alexander Cartellieri gehört zu den Beobachtern, die solchem und ähnlichem Vorgehen mit gewisser Skepsis gegenüberstehen. Im September macht er sich Gedanken über den Auftritt seines Landesherrn, der von Weimar nach Jena gekommen war, um verwundete Soldaten zu besuchen. Diesen sagte Großherzog Wilhelm Ernst von Sachsen-Weimar-Eisenach nach Cartellieris Erinnerung, dass die Russen so unmenschlich Krieg führten, dass man ihnen »kein Pardon geben« dürfe. Mit dem Hinweis auf das Völkerrecht, bei dem der Historiker wohl die Haager Landkriegsordnung im Sinn hat, kommentiert dies Cartellieri kurz: »Das war recht unklug.« Dieses Verhalten des Großfürsten ist nach Cartellieris Ansicht aber auch nicht weiter verwunderlich, schließlich sei der auch »im Privatleben grob und neigt zur Gewalttätigkeit«.[81]

Im Verlauf seiner Überlegungen zu den konkreten Schrecken des Krieges kommt Cartellieri zu der Einschätzung, dass der Kaiser »wahrscheinlich furchtbar unter den Greueln des Kriegs« leide.[82] In diesem Tagebucheintrag zeigt sich, wie sehr die Vorstellung von dem von Feinden aufgezwungenen Krieg und dem angeblich friedliebenden Kaiser auch bei Cartellieri die Oberhand gewonnen hat. Dass der Kaiser die Möglichkeit gehabt haben könnte, diesen Krieg zu verhindern, hat in der politischen Vorstellungswelt eines Alexander Cartellieri keinen Platz.

Immer wieder fragt er sich hingegen, was er nun als patriotischer Hochschullehrer zu diesem Krieg beitragen kann. Durch Jena geht in diesem Monat das Gerücht, ein Ordinarius der Universität habe zugunsten der Familien der zum Heer eingezogenen Familienväter für die Dauer des Krieges auf seine Besoldung verzichtet.[83] So fraglich es ist, dass einer der Jenaer Professoren diesen Weg wirklich durchhalten sollte, so sicher ist es für Alexander Cartellieri, dass für ihn ein solcher Schritt nicht infrage kommt. Er sucht andere alltagstaugliche Möglichkeiten, die auch, aber nicht nur symbolischen Charakter haben. So sagt er wegen des Krieges den alljährlich stattfindenden Prorektoratsball der Universität ab, ebenso wie die Geselligkeiten, wie es sie vor dem 1. August 1914 für gewöhnlich im Hause Cartellieri gegeben hat. Dort muss man sich jetzt auch mit einem etwas bescheideneren Lebensstil zufriedengeben, zunächst aus Gründen der Pietät, später dann wegen tatsächlichen Versorgungsmangels. So gehen monatliche Geldspenden an das Rote Kreuz, mittwochs wird ein fleischloses Mittagessen eingeführt, bald wird den Kindern nur noch an Siegtagen Süßes gereicht. Zudem versucht der Professor, mit einigen seiner Studenten brieflich Kontakt zu halten, die jetzt in den Schützengräben liegen – er verschickt Schokolade, Kekse, Zigarren und auch kleine Schriften. Zum Jahresende wird er zudem eine Paketsammlung initiieren, die als Weihnachtsgabe der Universität an die Front geht.[84]

Wer nicht selbst in den Krieg zieht, muss sich – so wie Alexander Cartellieri – fragen, wie er sich daheim verhält angesichts der Kämpfe draußen an der Front. Auch die *Jenaische Zeitung* nimmt solche Diskussionen auf und erklärt ihren Lesern im September beispielsweise, was in Zeiten wie diesen ein gesinnungsfester Theaterbesucher tun soll: Es sei aus patriotischer Perspektive völlig in Ordnung, weiterhin ins Theater zu gehen, schließlich würden ohnehin nur Stücke gegeben, die dem Anlass entsprächen. Und zuweilen darf es auch etwas Fröhliches sein: »Kriegstage sind Tage nationaler Erhebung und des Ernstes«, so heißt es weiter, »sie sind aber auch nicht Trauertage, vor allem nicht für uns, die wir stolz sein dürfen auf die Leistungen unserer braven Krieger im Felde.« Außerdem weist die Direktion des örtlichen Stadttheaters noch darauf hin, dass die Schauspieler auf die Eintrittsgelder angewiesen seien. Der Kunstgenuss sei also auch aus Gründen des Gemeinsinns unerlässlich. Und niemand müsse Sorge haben, dass er durch einen Theaterbesuch wichtige Neuigkeiten verpasse: Zwischen den Akten, so verspricht es die Theaterleitung mit Blick auf den Beginn der neuen Spielzeit am 27. September 1914, würden die neuesten Depeschen von den Kriegsschauplätzen, soweit sie abends eintreffen, dem Publikum verlesen.[85]

Professor Cartellieri jedenfalls tut, was er kann, um die deutschen Soldaten zu unterstützen. Zufrieden schaut er auf seine »stille innere Arbeit«.[86] Mit dieser Einschätzung beruhigt er auch ein wenig sein Gewissen, wenn er an einem Septembersonntag durch seinen Garten wandelt und die Schönheit der Natur genießt. Er kennt die Bäume rund ums Haus, genießt die Aussicht auf die Umgebung und weiß um die Nistkästen der Singvögel. Hier findet der Gelehrte Ruhe und Frieden. Doch dieser Sonntag ist zugleich auch ein alltäglicher Kriegstag, und so ist selbst Cartellieris Blick auf seinen Garten von einer gewissen Melancholie grundiert – vielleicht würde er selbst eher von »Ernst« sprechen:

> *»Nachmittags haben wir den üblichen Gang im Garten gemacht: da klärte es sich gerade auf, aber es wurde schon merklich kühl. Mit einer gewissen Wehmut nimmt [man] von all den Blumen, Sträuchern Abschied, die den Sommer verschön haben: wie man sie wieder finden wird, weiss man noch nicht. Und werden wir wiedergefunden werden, nach solch weltverändernden Schicksalen? Oder tauchen wir nach ungeheurem Erleben gleich wieder ins graue Allerlei?«[87]*

Der Krieg wird Deutschland und die Deutschen verändern. Und Cartellieri hofft, dass die Opfer nicht umsonst gewesen sein mögen. Das »ungeheure Erleben«, wie er es nennt, die unglaubliche Umwälzung des bisherigen Lebens, die er bereits erkennt, müssen einen Sinn für die Zukunft haben. Wie diese jedoch politisch und militärisch aussehen wird, das kann und mag der Historiker nicht beurteilen. Für den Moment sieht er es als seine Aufgabe, in vorbildlicher patriotischer Haltung auf seinem Posten zu bleiben:

> *»Ich bin dauernd Optimist und rühme mich meines Glaubens*
> *an unsere gute Sache. Tun kann ich nichts. Ich führe meine Amts-*
> *geschäfte nach bestem Wissen und bin immer zu haben. Meinetwegen*
> *braucht kein anderer sich nützlicheren Dingen zu entziehen.«[88]*

Wilhelm Eildermann. Was ist ein guter Sozialdemokrat?

Als der zweite Kriegsmonat beginnt, scheint die Sache an den Fronten durchaus voranzugehen. Die Menschen daheim jedenfalls werden mit entsprechenden Nachrichten versorgt, über mögliche Schwierigkeiten militärischer oder politischer Natur erfahren sie vorerst nichts. Am 1. September 1914 vermeldet auch die sozialdemokratische *Bremer Bürger-Zeitung*, dass die Armee jetzt keine Kriegsfreiwilligen mehr berücksichtigen werde, der Bedarf an Soldaten ist nämlich offensichtlich gedeckt.[89] Aber die deutschen Arbeiter und ihre Familien leiden bereits erkennbar unter den Folgen des Krieges: Arbeitslosigkeit, ausbleibende Familieneinkommen nach der Einberufung des Ernährers, zuweilen Obdachlosigkeit und Bettelei. All das ist gerade in Großstädten zu beobachten. Für erklärte Sozialisten wie Wilhelm Eildermann sind diese Phänomene weitere Argumente für eine strikte Ablehnung des Krieges und für die Hoffnung auf die Segnungen einer proletarischen Revolution. Jetzt heiße es Kurs halten, denn das Elend im Land ist groß. Sein Freund Gustav Seiter hält sich

Anfang September 1914 in Leipzig auf und berichtet Wilhelm in seinem Brief ausführlich, wie offensichtlich dort die Not der städtischen Arbeiterschaft ist:

> *Ich weiß und sehe mit Schaudern, wie eine Menge Arbeiter herumlungert und sich durchbettelt, wie sich Massen als Freiwillige andrängen. Ich hörte schon mehrmals Weiber klagen (eine mit Heulen), daß sie ihren Mann vom Militär wieder heimgeschickt haben und sie nun nicht die Militärunterstützung bekomme. Vor den Nachtasylen sieht man Scharen obdachloser Mädchen (neben den Massen Männer natürlich), und es ekelt mich an, wenn ich sehe, daß solche, die vorher gewiß stolz und fast zu spröde waren, die vorher ihre bloße Freundschaft nicht wegwarfen, nun bereit sind, für ein lächerliches Geld mit allen Gliedern zu arbeiten.*[90]

Gustav Seiter ärgern selbstverständlich jene Arbeiter, die seines Erachtens zu geringes politisches Interesse und keine Einsicht zeigen. Und sogar in der eigenen Familie muss er erleben, dass seine Argumente gegen den Krieg nicht jeden überzeugen. So berichtet er Wilhelm Eildermann von seinem 17-jährigen Bruder, der sich wenige Tage zuvor als arbeitslos gewordener Schlosser freiwillig zum Kriegsdienst gemeldet hat. Dafür macht Seiter in erster Linie den ökonomischen Druck auf den Jungen und seine Familie geltend. Dieser wolle aus eigener Kraft durchs Leben gehen und anderen nicht zur Last fallen. Dementsprechend lehnt er auch das finanzielle Hilfsangebot des Bruders ab, der solle das Geld lieber den hilfsbedürftigen Eltern geben. Gleichzeitig setzt sich der kleine Bruder gegen den politisch agitierenden Gustav Seiter auch mit dem unbequemen Argument eines vermeintlichen guten politischen Vorbilds zur Wehr:

> *Die Bedenken schlägt er dadurch nieder, daß er sich darauf beruft, daß viele Sozialdemokraten sich stellten, sogar Führer wie Dr. Frank.*[91]

Doch die Referenz ist denkbar schlecht gewählt. Der 40-jährige Reichstagsabgeordnete Ludwig Frank, der zu den entschiedenen Befürwortern der Burgfriedenspolitik zählt, hat sich tatsächlich mit Kriegsbeginn freiwillig gemeldet und ist im August umgehend an die Westfront verlegt worden. Er wisse freilich nicht, so schreibt er noch einem Freund, ob die französischen Kugeln seine parlamentarische Immunität achten.[92] Sie tun es nicht:

> »Am 31. August rückte Dr. Frank mit seinem Ersatzbataillon ins Feld. Am 3. September traf er an der Grenze Lothringens im Biwak ein und zwar bei Blâmont. Am 4. September kam das Regiment, dem Dr. Frank als Flügelmann der 1. Kompagnie angehörte, ins Gefecht. Nach zweistündigem Schießen kam um 2 Uhr nachmittags der Befehl zum Sturmangriff auf die feindliche Stellung. Dr. Frank eilte als Flügelmann seinem Zuge einige Schritte voraus und erhielt einen Schuß in die linke Schläfe. Eineinhalb Tage war es nicht möglich, die Leiche Dr. Franks aus der Schußlinie zu bergen.«[93]

In der Bremer Sozialdemokratie wird der Tod Ludwig Franks – er ist der erste Reichstagsabgeordnete, der in diesem Krieg fällt – noch lange diskutiert. Wilhelm Eildermann bleibt angesichts seiner ideologischen Differenzen mit dem Reichstagsabgeordneten und allen Befürwortern der Kriegskredite bei seiner rigorosen Haltung: Er ist der Meinung, dass Frank »kaum noch zur Sozialdemokratie zu rechnen« gewesen sei.[94] Bei anderen Genossen ist Eildermann ein wenig nachsichtiger. Wie im Fall des kleinen Bruders von Gustav Seiter meldet sich auch ein mit ihm befreundeter Bremer Junggardist zum Krieg. Er sei halt schon neun Wochen arbeitslos gewesen, kommentiert Eildermann diesen Schritt, »daher kommt's wohl. Aber es ist traurig.«[95]

Wilhelm Eildermann geht es nicht anders als der gesamten deutschen Sozialdemokratie; die Fragen nach dem richtigen politischen Verhalten angesichts des Krieges sind für sie kaum lösbar. Und hinter allem stehen die Erwägungen, wie es nach dem Krieg für die Sache der Arbeiter weitergehen soll. Die Differenzen über diese Frage spalten das sozialdemokratische Lager. Auch Eildermann und sein guter Freund Seiter sind sich nicht einig. Ersterer will keineswegs auf den Klassenkampf in ursprünglicher Form verzichten, und damit auch nicht auf einen in bewaffneter Form. Gustav Seiter will diesen Weg nicht mitgehen:

> *»Verschieden sind unsere Ansichten also darin, daß Du glaubst, daß die Arbeiterschaft fernerhin revolutionär im Sinne eines gewaltsamen Widerstandes gegen die Bürgerlichen sein soll, daß der Klassenkampf in der seitherigen Weise fortgeführt werden soll. Meine Ansicht ist die, daß der Gedanke eines gewaltsamen Widerstandes von unten gegen oben aufzugeben ist.«[96]*

Seiter versucht seinen revolutionären Freund davon zu überzeugen, dass es besser sei, wenn die Arbeiter durch gewerkschaftliche Errungenschaften und Bildungsarbeit ihre Lage verbessern und das pflegen, »was uns mit den anderen Klassen verbindet«. Durch eine solche Zusammenarbeit könne das Proletariat schließlich auch Einfluss auf die herrschenden Klassen selbst und auf die Auswahl ihrer Führer nehmen. Und gerade der Ausbruch des Krieges habe doch auch die von Eildermann gehegten Hoffnungen auf einen gewaltsamen Widerstand als Illusion entlarvt. »Du sagst nun aber«, hält ihm Seiter vor, »nach dem Krieg sei ein gewaltsamer Kampf aber bestimmt möglich.« Doch das sei unrealistisch: »Hast du auch bedacht, daß nach dem Krieg die Reihen des Proletariats vor allem geschwächt sind?« Überdies werde es fraglos eine wirtschaftliche Krise geben, in der die Arbeiter erst einmal wieder ihre alten Rechte und Möglichkeiten zurückerobern müssten. Nein, Eildermanns klassenkämpferischen Optimismus kann er nicht teilen:

> *»Daß die Lage der Arbeiterklasse sich nach dem Krieg sprungweise verbessern sollte, daß nun gar die soziale Revolution ein Schnell-*

zugtempo annehmen wird, ›rasend‹, wie Du sagst, diese Hoffnung
kann ich nicht daraus schöpfen. Das hieße, eine trügerische Illusion
mit einer anderen vertauschen.«[97]

Keine Illusionen machen sich Wilhelm Eildermann und die übrigen Bremer Genossen über den Schrecken des Krieges. Dass die Zahl der Getöteten immer größer wird, lässt sich allein schon daran ablesen, dass die Zeitungen selbst verkünden, die Verlustlisten nicht mehr in vollem Umfang abdrucken zu können.[98] Und wie traurig das Leben der Soldaten draußen im Felde ist, erfahren die Daheimgebliebenen in diesem zweiten Kriegsmonat schon recht genau. Innerhalb der Bremer Sozialdemokratie spielt dabei das Schicksal von Johann Knief eine wichtige Rolle. Der entschiedene Kritiker der Burgfriedenspolitik der SPD wurde im August 1914 als Reserveoffizier einberufen und wird Anfang September bei den Kämpfen in Nordfrankreich eingesetzt. Mit dem Redakteur zieht ein erklärter Kriegsgegner in den Krieg, der zumindest in den ersten Wochen aus der Ferner sowohl das Schicksal der deutschen (und Bremer) Sozialdemokratie als auch die Entwicklungen bei der *Bremer Bürger-Zeitung* verfolgt. Und er liest weiter deren Artikel, denn seine Frau kommt wie manch andere Bremer Soldatenfrau aus dem sozialdemokratischen Milieu dem Aufruf der *Bremer Bürger-Zeitung* nach und schickt dem Mann die Zeitung ins Feld.[99] Dass Alfred Henke in der Redaktion verzweifelt bemüht ist, den ursprünglichen oppositionellen Kurs der Zeitung beizubehalten und sich nicht von der Politik des Burgfriedens die Kritik verbieten zu lassen, nötigt dem einberufenen Knief großen Respekt ab: »Im Kampfe um die revolutionäre Taktik«, so schreibt er Anfang September aus dem Feld an Henke, »in diesem Kampfe um das Erbe von Karl Marx gelobe ich Ihnen treue Waffenbruderschaft.«[100]

Zugleich versorgt Johann Knief Ehefrau und Genossen in Bremen mit Informationen aus erster Hand über die Schrecken des Krieges. Es sind fraglos Berichte eines erklärten Kriegsgegners, die den politischen Mitstreitern daheim Mut machen sollen, ihren kritischen Kurs beizubehalten. Anfang September schildert er in einem Schreiben die nüchterne Stimmung bei der Truppe, in der sich jeder Soldat nach einem Friedensschluss sehnt. »Von Elan keine Spur. Geschimpft wird unter den Leuten furchtbar.« Immerhin hat Knief die Hoffnung, dass aus dieser Haltung unter den Bedingungen des Krieges eine revolutionäre Stimmung erwachse, die »uns einen bedeutsamen Schritt unserem Ziele näher bringen wird«.[101]

Johann Knief schildert das massenhafte Sterben in seinen Briefen: Schon bei seiner ersten Schlacht am 16. September 1914 erlebt er, wie deutsche Soldaten von französischer Artillerie »gleich zu Hunderten hingemäht« werden; später beschreibt er das massenhafte Sterben der Infanteristen bei den Sturmläufen auf die gegnerischen Stellungen. Ungeachtet der enormen Verluste würden die Einheiten immer tiefer in die Front des Gegners hineingetrieben – »es lässt sich kaum ein höherer Grad von Stumpfsinn ausdenken, als diese Art der Draufgängerei«. Knief prangert in seinen Briefen die ungeheure Vernichtungskraft der modernen Waffensysteme und die menschenverachtende Strategie der Armeeführer unmissverständlich an. Frau und Freunden sendet er seine Beobachtungen, damit sie diese sorgfältig aufbewahren und später zu einer wahrheitsgemäßen Berichterstattung über den Krieg beitragen.[102]

Mit Letzterer ist es in der Heimat schwierig geworden. Und das liegt nicht nur an den herrschenden Zensurbedingungen, die seit Kriegsbeginn gelten. In der *Bremer Bürger-Zeitung* halten die internen Auseinandersetzungen um den politischen Kurs an. Chefredakteur Alfred Henke kämpft seit Wochen um die kriegskritische Linie des Blattes. Doch innerhalb der Redaktion gibt es jetzt (nicht zuletzt, weil zwei Kollegen eingezogen worden sind) eine Mehrheit für die Befürworter der Kiegskreditbewilligung. Entscheidend geschwächt wird Henke indes durch die sogenannte »Preßkommission«, einem von den Parteimitgliedern eingesetzten Gremium, das nach den Statuten über die Zusammensetzung der Redaktion entscheiden kann. Auch hier gibt es eine Mehrheit für die Kreditbewilligung, die den Kurs des Chefredakteurs nicht mehr tolerieren will. Vermutlich Anfang September wird Alfred Henke die Chefredaktion entzogen und die Ressortredaktion eingeführt. Die *Bremer Bürger-Zeitung* als Parteiblatt spricht nicht mehr mit einheitlicher Stimme, die unterschiedlichen Positionen stehen sich in den einzelnen Redaktionen (und auf den Seiten) durchaus konkurrierend und unversöhnlich gegenüber. Immerhin hat Henke noch das politische Ressort inne, und zumindest hier versucht er die alte Linie der Zeitung fortzuführen.[103]

Damit erlebt die linke Opposition der Sozialdemokratie in Bremen das, was sich in diesen Wochen an vielen Orten im Deutschen Reich abspielt: den Kampf zwischen Mehrheit und Minderheit, der allerdings unter sehr ungleichen Bedingungen stattfindet. Denn die Parteirechte nutzt oft rigoros ihre organisatorischen Machtmittel und die Verfügungsgewalt über die lokalen Zeitungen, um die lästigen Kritiker in der eigenen Partei mundtot zu machen. Jetzt wendet sich das spezifisch sozialdemokratische Instrument der Disziplinierung, das ursprünglich die Solidarität und Geschlossenheit nach außen stärken sollte, erstmals massiv nach innen – und zwar gegen vermeintliche Abweichler.[104]

Wilhelm Eildermann steht fest auf der Seite Henkes und der linken Opposition. Seine innerredaktionellen und innerparteilichen Gegner nennt er schlicht »beschränkte Beamtenclique« und »Parteibeamte«. Der bisherige Chefredakteur hatte seine Machtstellung nach Ansicht Eildermanns vor allem der Unterstützung der Masse zu verdanken, doch die liege jetzt eben zum größten Teil schon auf den Schlachtfeldern. Umso bewundernswerter ist für den jungen Volontär der anhaltende Kampf Henkes um den Kurs der Zeitung:

»Wie erhebend wirkt es, wenn Henke sagt, die Presse müßte frei schreiben, so frei, wie es die augenblickliche Lage eben erlaube. Würde die Zeitung für eine Zeitlang verboten, so dürfte die Partei dieses Opfer nicht scheuen. Aber seine Redaktionskollegen: Um Gottes willen! Unsere Stellung! Wir könnten sie verlieren! Henke wandert von einer Distriktsversammlung in die andere. Er sammelt Anhang. Seine Kollegen – tun desgleichen. Kurz, es bereiten sich heftige Parteikämpfe vor.«[105]

Was ist ein Sozialdemokrat? Ein richtiger und guter Sozialdemokrat? Wilhelm Eildermann hat sich in der Frage der Kreditbewilligung durch Reichstag und SPD-Fraktion deutlich positioniert. So wie er den gefallenen Reichstagabgeordneten Ludwig Frank nun kaum noch zur Sozialdemokratie rechnen mag, so nehmen vor Ort – durchaus dem Kampf um den Kurs der *Bremer Bürger-Zeitung* entsprechend – die Spannungen mit anderen Genossen zu. Eildermann ereifert sich etwa über den Genossen Friedrich Stucke, den er »auf Seiten der Kriegskreditbewilliger« sieht.[106] Stucke, der sich nach Kriegsausbruch zunächst in Süddeutschland aufhält, schreibt seinem Freund in Bremen Postkarten, auf denen er sich in einem »Kulturkampf« als Kämpfer gegen die äußeren Feinde wähnt. »Ja, ja«, kommentiert Eildermann das in seinem Tagebuch, »ich werd's ihm heimzahlen, wenn er mir nur erst ausführlich seine Meinung schreiben wollte.« Aber das Urteil über den Genossen ist da schon längst gefällt: »Der Stucke ist ein lausiger Kerl.«[107]

Auch andere Nachrichten aus der deutschen Sozialdemokratie dürften für Wilhelm Eildermann und seine kritischen Genossen in Bremen bedenklich klingen. Etwa der publizistische Einsatz des SPD-Parteivorstands, sich Anfang September den Versuchen von Kaiser, Regierung und Armeeführung anzuschließen und die deutschen Soldaten vor dem Vorwurf in Schutz zu nehmen, sie verübten in den Kämpfen Gräueltaten. Die SPD weist dies erbost zurück, und zwar ausgerechnet gegenüber dem Internatio-

nalen Sozialistischen Bureau. Dessen Exekutivkomitee hat nämlich – ohne sich vorher mit der SPD in Verbindung gesetzt zu
haben – gemeinsam mit der französischen sozialdemokratischen
Partei einen »Aufruf an das deutsche Volk« formuliert, in dem
die Gründe für den Kriegsausbruch im Sinne der französischen
Regierung geschildert werden. Und als kurz darauf die in Paris
erscheinende Zeitung *L'Humanité* als Zentralorgan der französischen Sozialisten erklärt, das Internationale Bureau werde die
Welt bald auch über die »Greueltaten der Deutschen« informieren, reicht es der SPD: Sie nimmt die deutschen Soldaten öffentlich in Schutz, weil es für Übergriffe keine ausreichenden Belege gebe. Und wo andere Deutsche mit Goethe und Schiller,
mit Anstand und Moral, mit Zivilisiertheit und Menschlichkeit
argumentieren, greift die SPD zu eigenen Werten und Traditionen, um die Vorwürfe des Auslandes unglaubwürdig erscheinen
zu lassen:

> *»Wir fühlen uns aber verpflichtet, festzustellen, daß die deutschen*
> *Soldaten, die zu Millionen durch die Schule der Partei und Gewerk-*
> *schaft gegangen sind, keine Barbaren sind und an Bildung des*
> *Geistes und Herzens hinter den Soldaten keines Volkes der Welt*
> *zurückstehen.«*
> (Erklärung des SPD-Vorstands im *Vorwärts* am 9. September 1914)[108]

Die deutsche Sozialdemokratie hält die patriotischen Reihen fest
geschlossen, sie nimmt für sich in Anspruch, eine gute Schule der
Nation zu sein: Gute Sozialdemokraten und gute Gewerkschaf-
ter stünden im Kampf, gute Deutsche eben. Diese nationale Haltung wird der Partei und ihren Anhängern nach ihrer Zustimmung zu den Kriegskrediten auch von gegnerischer Seite zugute
gehalten: Der »Reichsverband gegen die Sozialdemokratie«, der
zehn Jahre zuvor als nationalistischer Kampfverband gegründet
wurde, um den weiteren Aufstieg der SPD zu verhindern (und
dafür zwischenzeitlich immerhin rund 220 000 direkte und kor-

porative Mitglieder gefunden hatte), stellt seine Tätigkeit ein.[109] Der Vorstand des Kampfbundes hofft zugleich, dass auch »späterhin eine politische Bekämpfung der Sozialdemokratie nicht mehr erforderlich sein möge«.[110] Wenn man so will, bekommt die einst so gefährlich erscheinende sozialdemokratische Bewegung damit von ihrem erklärten Gegner eine politische Beerdigung erster Klasse.

Zuweilen schließen Sozialdemokraten in diesen Wochen auch einen Pakt mit dem herrschenden System, um interner Opposition zu begegnen. Das erfährt beispielsweise die sozialdemokratische Arbeiterjugend in Hamburg. Wie in Bremen hat sich bei den Jugendlichen eine ablehnende Haltung zu Kriegskrediten und Krieg etabliert. Während die Arbeiterjugend sich noch mitten in ihrer Aufklärungsarbeit befindet und die offizielle Version eines Verteidigungskrieges verwirft, treffen Hamburger Partei- und Gewerkschaftsführer mit dem stellvertretenden Generalkommando für die Hansestadt eine völlig unerwartete Übereinkunft: Hinter dem Rücken der Jugendlichen beschließen Genossen und Militärs, dass die Arbeiterjugend zusammen mit den bürgerlichen Jugendvereinen ab sofort in die vormilitärische Erziehung einbezogen werden soll. Eine eigene Jugendwehr im Bereich des IX. Armeekorps soll aufgestellt werden, um Jugendliche ab 16 Jahre zu erfassen und für den Kriegsdienst vorzubereiten. Doch die Hamburger Arbeiterjugend protestiert umgehend und heftig. Nachdem sich einige Parteiversammlungen ebenfalls den Protesten anschließen, sieht sich die zuständige Zentralkommission für das Arbeiterbildungswesen im Oktober schließlich gezwungen, sich öffentlich von der Beteiligung der Arbeiterjugend an der neuartigen Jugendwehr zu distanzieren. Auch wenn sich die Jugendlichen diesmal erfolgreich zur Wehr setzen können, bleibt das Verhältnis zwischen Jugendorganisation und Mutterpartei nach solchen Erfahrungen gespannt.[111]

In Bremen muss Wilhelm Eildermann trotz der heftig geführten Kontroverse zwischen Parteilinken und -rechten nicht fürchten, zu irgendeiner Jugendwehr eingezogen zu werden. Doch auch in seiner Heimatstadt finden sich zahlreiche Sozialdemokraten, die die sogenannte »Wehrhaftmachung« und damit eine besondere militärische Ausbildung der Jugend im Deutschen Reich begrüßen und zugleich eine Teilnahme der sozialdemokratisch gesinnten Arbeiterjugend an dieser Mobilisierung fordern. Nachdem der Bremer Senat beschlossen hat, auch in der Hansestadt diese militärische Ertüchtigung abzuhalten und mit der Organisation die örtliche Geschäftsstelle des »Jungdeutschlandbundes« zu beauftragen, wehrt sich die *Bremer Bürger-Zeitung* gegen diesen Schritt. Dem Jungdeutschlandbund, in dem sich vor allem die mehr oder weniger paramilitärischen Jugendorganisationen des Kaiserreichs zusammengefunden haben, will die Bremer SPD nicht das Feld überlassen, sie verlangt auch für die Arbeiterjugend das Recht auf Teilhabe an der Organisation. »Niemand hat das Recht, an unserer Vaterlandsliebe zu zweifeln« oder daran, dass diese Jugend zu »echter Vaterlandsliebe« erzogen wird. Man wolle als Arbeiterjugend nicht diskriminiert werden, wenn es darum gehe, diese Vaterlandsliebe auch unter Beweis zu stellen. Würde in Bremen tatsächlich eine Jugendwehr aufgestellt, so erwarte die Partei, dass die Arbeiterjugend und damit ihre Arbeit, die sie »im Dienste der Wehrhaftmachung geleistet hat«, nicht übergangen, sondern genauso wertgeschätzt werden wie etwa die Arbeit des Jungdeutschlandbundes. Man lasse sich nicht das Verdienst nehmen, einen angemessenen Beitrag zur »Wehrhaftmachung unserer Jugend im Dienste der Verteidigung des Vaterlandes« zu leisten.[112] In Bremen und auch in der *Bremer Bürger-Zeitung* beeilen sich manche Genossen, ihre Vaterlandsliebe, ihren sozialdemokratischen »Willen zum Sieg« aufgrund einer spezifischen »moralischen Überlegenheit« besonders hervorzuheben:

»Jetzt, wo man also im bürgerlichen Lager auch einmal einen Willen zum Siege, einen Glauben an den Sieg des ethischen Werthes in sich fühlt, wird man wohl auch ein wenig mehr Verständnis besitzen

für die gewaltige [...] Kraft, die in uns, in der sozialdemokratischen Bewegung steckt. Ein hohes ethisches Moment ist es, das auch uns erfüllt, ja, es ist das unwiderstehliche Verlangen nach einem Leben in höchster Sittlichkeit; denn wir wollen doch die Liebe zum Siege führen; die Liebe des Menschen zum Menschen soll das Leben lenken. Kann es ein höheres sittliches Ziel geben? Wahrhaftig nicht, und darum gibt es auch keinen höheren Willen zum Siege, als er in unserer Bewegung lebt.«[113]

Wer nicht gerade eine moralische Überlegenheit der deutschen Sozialdemokraten als Zeichen eines besonders ausgeprägten Willens zum Sieg akzeptieren will, kann zumindest den Krieg als traurige Bestätigung der spezifisch sozialdemokratischen Ideologie interpretieren. Man habe die Partei verlacht, wenn sie in den Jahren zuvor immer erklärt hat, dass die Gegensätze der kapitalistischen Gesellschaft zunächst in das Wettrüsten und schließlich notwendigerweise in einen Weltkrieg münden würden. Jetzt ist es genauso gekommen, nun ist für die Sozialdemokraten »der Krieg unser Zeuge«:

»Jetzt, wo die Kriegsfurie alte Kulturstätten vernichtet, den Menschen ohne Unterschied die Waffen in die Hand drückt, den Haß sät; jetzt, wo der Weltenbrand die Früchte unserer, der sozialdemokratischen, fünfzigjährigen Arbeit bedroht, ist es kein Flennen und kein ohnmächtiges Händeringen, wenn wir den Völkern zurufen: sehet und lernet! Der Krieg zeugt für die Richtigkeit alles dessen, was wir Socialdemokraten jahrzehntelang behauptet haben.«[114]

Doch auch wenn die Sozialdemokraten besonders gute Deutsche sein wollen, der »Burgfrieden« zeigt längst Risse: Am 22. September wird der *Vorwärts* für drei Tage verboten, weil die Zeitung einen Brief eines Frontsoldaten abgedruckt hat. Zudem wird in Stuttgart eine sozialdemokratische Versammlung verboten, auf der Liebknecht »Gegen die Annexionshetze« sprechen wollte.[115]

Die innerparteilichen Auseinandersetzungen nehmen zu. Außerdem haben Militär und Behörden mit dem seit Kriegsbeginn herrschenden »Belagerungszustand« – der massive Einschränkungen des Vereins- und Versammlungsrechts beinhaltet – und den Möglichkeiten der Pressezensur effektive Instrumente gegen unliebsame Sozialdemokraten in Händen. Wenngleich die Militärbefehlshaber in den einzelnen Korpsbezirken damit unterschiedlich umgehen, so richten sich die Repressionen vor allem gegen die linken Kritiker innerhalb der SPD. Deren innerparteiliche Gegner wiederum finden sich in der Rolle des umworbenen Partners der Zivil- und Militärbehörden wieder: Sie gehorchen den Direktiven und bleiben ungeschoren.[116] Das Beispiel der Hamburger Arbeiterjugend hat zudem gezeigt, dass die Mutterpartei durchaus auf die Behörden zurückgreift, um eine unliebsame Opposition im eigenen Lager auszuschalten.

Wird der Burgfrieden halten? Ein politischer Beobachter notiert Ende September: »Die guten Keime der Sozialdemokratie hat man nicht gepflegt und die bösen erst geduldet und dann (vermutlich ohne erst zu mahnen und eine gütliche Einwirkung zu versuchen) verboten. Hoffentlich wird ein Bruch vermieden.«[117] Schon einige Wochen zuvor hatte ein führender Wirtschaftsvertreter befürchtet, dass trotz aller Vorteile des Belagerungszustandes »das Potemkinsche Dorf der Einstimmigkeit« einstürzen werde, wenn erst einmal »Not und Niederlagen« kämen. Solche und andere Äußerungen zeigen, dass die Idee eines Burgfriedens bis zu einem gewissen Grad auf einer pragmatischen Fiktion beruht: Die politischen Gegensätze lassen sich in einem Krieg nicht einfach ausschalten, besonders dann nicht, wenn die gesellschaftlichen Spannungen und zudem Auseinandersetzungen innerhalb der Sozialdemokratie an Schärfe zunehmen.[118]

Wilhelm Eildermann jedenfalls geht den Weg des Burgfriedens nicht mit. Wie auf dem gesamten linken Flügel der Partei ist auch bei ihm die Enttäuschung über die Zustimmung zu den Kriegskrediten und den Umgang der Parteirechten mit den Kritikern zu groß. Eildermann hat seinen Burgfrieden weder mit der Regierung noch mit seiner Partei gemacht. Was ist ein guter Sozialdemokrat? Für ihn fraglos jener, der den Kriegskurs der Mutterpartei nicht mitgeht.

Gertrud Schädla: »Unser einziger Gedanke ist Krieg«

»Unser einziger Gedanke ist Krieg! U. es ist gut, daß sich bis jetzt ›Sieg‹ darauf reimt.«[119]

In Verden an der Aller kann Gertrud Schädla an kaum etwas anderes denken als an den Krieg. Vor allem die Sorgen um ihre Brüder, von denen sie und die Mutter noch immer nichts gehört haben, beschäftigen sie. Was geschieht draußen an der Front? Gewissenhaft studiert sie die Zeitungen und Extrablätter und ist bei ihrer Suche nach Neuigkeiten auch auf den Straßen Verdens unterwegs. Dieser Krieg ist überall. Mit dem friedlichen Leben ist es vorbei, »es sind unruhige Tage« geworden, auch für die Zivilisten. In ihrem Haus ziehen in diesen Tagen Soldaten ein:

»Gestern bekam unser Haus Einquartierung, 4 Mann, die wir auf die verschiedenen Bewohner verteilten. Wir bekamen einen recht netten Maurer aus der Osnabrücker Gegend, 31 Jahre und hat 5 Kinder. Er gehört zum Landsturm und wird hier eingekleidet und bekommt ein Pferd. Er sagt, daß hier ein ganz neues Regiment gebildet werden soll. Wieviel sind wohl noch nötig für diesen entsetzlichen Krieg!«[120]

Familie Schädla kann ansonsten nur auf hoffentlich gute Nachrichten der »Feldpost« warten. Von Kriegsbeginn an versucht die Militärführung, mit diesem Dienst eine permanente Verbindung zwischen den Soldaten und ihren Familien zu ermöglichen und diese auch zu kontrollieren. Den größten Teil der Sendungen bilden die portofreien Postkarten und Briefe. Die Soldaten und ihre

Angehörigen nutzen allerdings dieses Kommunikationsmittel so intensiv, dass es bereits im Sommer 1914 immer wieder Probleme bei der Beförderung und Zustellung gibt. Die Gebührenfreiheit ist nur ein Grund für die exzessive Nutzung des Postwegs; hinzu kommen die zahlreichen Pakete mit den sogenannten »Liebesgaben« aus der Heimat (oft genug höchst praktische Dinge wie Pulswärmer und warme Unterwäsche oder Süßigkeiten und Zigarren) sowie auf dem umgekehrten Weg jene »Beutewaren«, die die Männer von der Front nach Hause schicken.[121]

Das immense Briefaufkommen lässt aus der Warte der militärischen Führung rasch ein Kontrollproblem entstehen. Die Überwachung und gegebenenfalls die Zensur der Korrespondenz können bald nur noch stichprobenartig erfolgen. Dass Soldaten ihre Briefe zum Teil offen abgeben müssen, um die Kontrolle zu erleichtern, führt immer wieder zu Unmut und Beschwerden. Das will man unbedingt vermeiden, denn die ideologische Bedeutung der Feldpost ist für das Militär außerordentlich groß. Die massenhafte Mobilisierung von Soldaten für den Krieg macht schließlich auch deren mentale Mobilisierung nötig. Und diese ist ohne die permanente und funktionierende Kommunikation zwischen Front und Heimat nicht möglich.[122]

Dabei kommt es immer wieder zu Verzögerungen oder Unterbrechungen, auf welche die Angehörigen in der Heimat zunehmend ungehalten reagieren. Wenn sie nach ihrem Empfinden zu lange auf ein Lebenszeichen warten müssen, trösten sie sich damit, dass außergewöhnliche Vorfälle beim Transport der Feldpost für die Verzögerung verantwortlich sind. Umgekehrt befürchten sie, dass ihre Schreiben an die Soldaten nicht ankommen könnten: »Heute stand in der Zeitung, daß zwei Autos mit Postsachen in Brand geraten seien«, notiert Gertrud Schädla und macht sich Sorgen, dass Sendungen an ihren Bruder Ludwig dabei gewesen sein könnten.[123] Von einem besonders spektakulären Fall missglückter Briefzustellung erfährt sie ebenfalls aus der Zeitung: Ein Eisenbahnwaggon, der Post für die Soldaten an die Westfront transportiert, wird dort nicht ausgeladen, sondern versehentlich zurück nach Leipzig geschickt. Dort finden Bahnangestellte die schon gut einen Monat alten Sendungen, die jetzt erneut nach Westen geschickt werden.[124] Auf die wachsende Unzufriedenheit reagiert schließlich sogar das Kriegsministerium. Es unterbreitet in diesem September nicht nur neue Vorschläge, künftig das zulässige Gewicht der Pakete zu erhöhen und somit vor allem die problemlose Verschickung der benötigten wärmenden Kleidungsstücke zu ermöglichen, sondern schlägt auch Maßnahmen vor, wie die Beförderung der Feldpostsendungen »erheblich beschleunigt« werden soll. Das *Verdener Anzeigenblatt* kommentiert dies angesichts der herrschenden Zensur erstaunlich bissig: »Es wird aber auch Zeit dazu!«[125]

Es ist ausgerechnet der Sedan-Tag, der 2. September, an dem Gertrud Schädla endlich Nachricht von ihren beiden Brüdern erhält. Dieser Tag wird in Verden vergleichsweise bescheiden gefeiert – »dem Ernst der Zeit entsprechend«, heißt es offiziell. Die Schulen sind zwar beflaggt, zumeist aber belässt man es bei kurzen feierlichen Ansprachen.[126] Wieder daheim, kann Gertrud die Briefe ihrer Brüder öffnen:

»Endlich! Wir freuten uns unsagbar, denn man kann sich nicht vorstellen, ehe man es selbst erlebt hat, welche Qual in diesem fruchtlosen Warten von Tag zu Tag liegt.«[127]

Von Ludwig erfahren Schwester und Mutter lediglich, dass er am 21. August noch am Leben war. Er schreibt an diesem Tag die Karte, die nun in Verden eintrifft. Leider trägt sie keine Ortsangabe, weshalb die Familie nicht weiß, wo er sich zu diesem Zeitpunkt aufhält. Aber gleichwohl: Es geht ihm gut, schreibt Gertrud erleichtert in ihr Tagebuch, wenngleich sie wahrnimmt, dass den Leser solcher Karten auch immer »das entsetzte und verwundete Herz über all das Elend« ansieht. Und sie macht sich Gedanken, wie der Krieg die Überlebenden prägen wird und wie die

Anblicke eines Schlachtfeldes »auch allen, die unversehrt geblieben sind, ins Herz schneiden«.[128]

Konkretere Informationen erhalten Gertrud und ihre Mutter von Gottfried: Sie erfahren, dass er am 22. August eine Schlacht bei Tamines – westlich von Namur – mitgemacht und überstanden hat. Aber seine Einheit hat viele Verluste zu beklagen. Trotzdem klingen Gottfrieds Worte optimistisch, was Schwester und Mutter besonders erfreut: Sie haben stets gefürchtet, »dass er den seelischen Anforderungen nicht gewachsen wäre«. Wie erleichternd sind da seine offensichtliche Zuversicht und Zufriedenheit!

»Wie herrlich, solch eine große Zeit mitzumachen, trotz allem
Schweren. […] Gestern haben wir d. franz. Grenze überschritten,
hurra! Hoffentlich ziehen unsere siegreichen Truppen bald in Paris
ein u. bleiben wir Dir (Mutter) u. den Schwestern erhalten.«
(Gertruds Bruder Gottfried in einem Feldpostbrief vom 27. August
1914)[129]

Gertrud registriert den Mut des Bruders als weiteren Beleg für Gottes Parteinahme für die »richtige«, die eigene Sache. Gott gebe dem »lieben Friedel« weiter Mut und Kraft, bittet sie. Für Schädla steht außer Frage, dass Gottes Güte fraglos »sichtbar mit uns« ist. Als konkreten Beleg notiert sie in ihrem Tagebuch die offiziellen Meldungen über die aktuellen Siege der deutschen Armeen. Gleichwohl ist sie beunruhigt über die hohe Zahl der Soldaten, die in diesen Krieg ziehen. Immer wieder finden sich in ihrem Tagebuch Hinweise auf die regelrechten »Menschenmassen«, die in die Kämpfe geworfen werden. So seien allein zur Unterstützung der Einheiten an der Ostfront »164 Züge mit Soldaten« nach Ostpreußen gefahren. »Gott sei Dank, daß wir die Leute entbehren können«, schreibt sie in ihrem Tagebuch, verbunden mit der bevölkerungspolitischen Hoffnung, dass »unser Volk auch nach dem Kriege so reich an Kindern bleiben« möge.[130]

An anderer Stelle bemerkt Gertrud Schädla, dass man sich

doch wundern müsse,»wo unsere Heeresleitung immer diese ungeheuren Menschenmassen noch herkriegt«. Wobei Schädla nicht nur die Massen an Soldaten wahrnimmt, die an die Fronten ziehen, sondern auch das massenhafte Sterben:»Diese tausende von Opfern!«, schreibt sie Anfang September 1914, als sie an»unsere armen Kämpfer« denkt. Wie schrecklich müssen die Schlachtfelder aussehen!¹³¹ Aber die junge Lehrerin hält weiter an ihrem Bekenntnis zum Krieg fest. Wenn sie in den Zeitungen ein erbauliches Gedicht findet, dass sie bestärkt, überträgt sie es rasch in ihr Tagebuch. Und Gedichte finden sie in diesen Tagen und Wochen reichlich. Das Deutsche Reich erlebt geradezu eine»poetische Mobilmachung«: Rund 50 000 Kriegsgedichte werden jetzt angeblich täglich an deutsche Zeitungen und Zeitschriften geschickt, wobei diese zumeist nicht von professionellen Schriftstellern, sondern von Laien und Dilettanten verfasst sind. Diese Flut von literarischen Versuchen ist fraglos auch ein Akt der psychischen Entlastung, ein Versuch, angesichts der beunruhigenden Kriegsereignisse Sinn zu stiften.¹³² Gertrud Schädla jedenfalls nimmt dies wahr und zieht Kraft aus solchen Gedichten. So etwa aus den Zeilen einer Ausgabe der Zeitschrift *Kladderadatsch*:

»Sollen wir klagen, sollen wir zagen?
Nein! Wir wissen aus herrlichen Tagen,
wie sich die großen Väter geschlagen,
wir auch, wir auch werden es wagen.
Ja, wir fühlen des Erben Würde,
ließen die Heimat, ließen die Hürde,
ließen das Haus und den heiligen Herd,
*faßten das Schwert!«*¹³³

Schon bald kommt wieder eine Karte vom Bruder Ludwig, von dem Schwester und Mutter nun erfahren, dass er glücklich eine Schlacht nahe dem belgischen Charleroi überstanden hat –»also kann er gar nicht weit von Gottfried entfernt gewesen sein«, notiert Gertrud. Aber die Nachricht, dass die Brüder jetzt weiter Richtung französische Grenze ziehen, ängstigt sie, weil es dann auf das französische Sperrfort Maubeuge zuginge, das schon seit einigen Tagen von Deutschen belagert wird.[134]

»Aber wenn man bedenkt wofür wir es tun, geht es wieder weiter u. Mut u. Gottvertrauen kehren zurück.«

(Ludwig Schädla in einem Feldpostbrief an seine Familie, der am 7. September 1914 in Verden eintrifft)[135]

Zu diesem Zeitpunkt sorgen sich jedoch nicht nur Mutter und Geschwister um Ludwig. Nach dem Kriegsausbruch meldet sich eine junge Frau namens Magdalena aus Steimbke bei Nienburg bei der Familie Schädla. Es stellt sich heraus, dass sie die Freundin des Bruders Ludwig ist. »Wir ahnten wohl, daß Ludwig sie gern hatte«, so notiert Gertrud, »wußten aber nicht, wie das Verhältnis zwischen ihnen war.« So besucht sie nun die Familie ihres Zukünftigen. Schließlich ist schon an eine Heirat gedacht, wenn das Mädchen zu Ostern des folgenden Jahres »ihr Abiturium bestanden« haben wird. Gertrud freut sich jedenfalls über die Liebe und die Wahl ihres Bruders: »Ein so liebes, frisches Mädchen, 19 Jahre alt, klug und tüchtig, von reinem, aufrichtigem Herzen.«[136]

Familie Schädla spürt die Belastung des Krieges immer deutlicher. In der zweiten Septemberwoche mehren sich die Tagebucheinträge, in denen Gertrud von der Erschöpfung bei ihr und der Mutter berichtet: »Wir sind alle überanstrengt.« Die viele Arbeit und zugleich die ständige Spannung, ob es Ludwig und Gottfried gut geht – das »macht einen ganz kaputt«.[137] Deprimierend sei auch die steigende Zahl der Todesanzeigen aus Verden und der Umgebung, die täglich in den Zeitungen zu lesen sind. Außerdem gebe es nun lange, Tausende von Namen umfassende Verlustlisten. Die Lehrerin liest diese aber nicht, weil sie sich »nicht stark genug dazu« fühlt.[138] In anderen Familien sind bereits Nachrichten von gefallenen Brüdern, Ehemännern oder

Vätern eingetroffen, auch einige Bekannte der Familie Schädla sind darunter. So bleibt für Gertrud nur Hoffen. »Wir freuen uns über jeden Sieg«, beschwört sie in ihrem Tagebuch, »aber wir freuen uns zitternd.«[139] Auch in Verden feiert man die Siege öffentlich, indem viele Häuser beflaggt werden. Doch von offizieller Seite macht man sich Gedanken, wie dies in angemessener Form zu geschehen habe, von der örtlichen Tageszeitung gibt es entsprechende Hinweise:

>*»Schön und lobenswert ist die Sitte, die Kunde von deutschen Siegen durch Beflaggung zu feiern, aber viele unserer Landsleute sind, wie in diesen Wochen zu beobachten war, mit dem Flaggengebrauch nicht ganz vertraut. Die Flagge weht nur über Tag, und ist des Abends, wenn die Sonne untergeht, einzuziehen. Zudem soll eine Siegeskunde auch nur einen Tag lang durch Beflaggung gefeiert, und dann die Flagge wieder eingezogen werden, um hoffentlich recht bald, bei neuen glücklichen Nachrichten, wieder zu erscheinen. Setzt sich aber die Beflaggung ohne Unterbrechung fort, so verliert sie an Wert und Bedeutung.«[140]*

Was an den Fronten geschieht, registriert Gertrud Schädla so genau wie möglich: Dass die Lage im Westen allgemein unverändert sei, ein deutscher Angriff gegen die starken, oft »in mehreren Linien hintereinanderstehenden Stellungen« nur sehr langsam vor sich gehen könne oder sich die deutschen Einheiten im Elsass »längs der Grenze den französischen Kräften dicht gegenüber« stünden.[141] Über den Wahrheitsgehalt solcher Meldungen lässt sich streiten. Schädla hofft, in solchen Nachrichten etwas über die Situation ihrer beiden Brüder zu entdecken. Aber sie weiß, dass die Meldungen zensiert sind: Schon am 31. Juli 1914 wird der Presse untersagt, über Truppenbewegungen, den Kurs von Kriegsschiffen oder den Transport von Waffen und Munition zu berichten. Bei Kriegsbeginn ist das preußische Gesetz über den Belagerungszustand in Kraft getreten, mit dem das Recht auf freie Meinungsäußerung aufgehoben wird. Seit der Verhängung des Kriegszustandes am 4. August sind die militärischen Befehlshaber als Inhaber der vollziehenden Gewalt auch für die Zensur zuständig.[142]

Manche Beobachter ärgern sich längst über den geringen Informationsgehalt der offiziellen Meldungen, welche die eigenen Erfolge immer groß herausstellen, während über Rückschläge an der Front »nur tropfenweise« berichtet würde.[143] Die deutsche Öffentlichkeit ist und bleibt unzureichend über die wahren Vorgänge an den Fronten unterrichtet. So bleibt auch die Dramatik der Marne-Schlacht in diesen Tagen weithin verborgen. Die örtlichen Zeitungen können nur die zensierten Nachrichten abdrucken. Gibt es auf dem Land mehr als eine Zeitung vor Ort – wie etwa in Verden –, führt das zuweilen zu bizarren Konkurrenzkämpfen. So sieht sich das *Verdener Kreisblatt* bereits Anfang September »wiederholten« geschäftsschädigenden Angriffen ausgesetzt. Ein Anlass dafür ist eine Meldung in einem Extrablatt über die Kämpfe an der Westfront. Wenige Stunden später wird am Haus des konkurrierenden *Verdener Anzeigenblatts* ein Anschlag angebracht, wonach diese Meldung des *Kreisblatts* von keinen Quellen gedeckt und deshalb als grober Unfug zu bezeichnen sei. Deren Redaktion wiederum wehrt sich öffentlich und gibt damit einen Blick auf die Praxis der Zensur frei:

»*Die Nachrichten der Telegraphen-Union werden sämtlich dem Oberkommando in Berlin zur Zensur unterbreitet und es erübrigt sich wohl zu sagen, daß das Oberkommando keine Nachricht, speziell militärischer Natur, zur Veröffentlichung genehmigen würde, die nicht den Tatsachen entspricht.*«

(Extrablatt zum *Verdener Kreisblatt* am 5. September 1914)[144]

Die Folgen der offiziellen Informationspolitik – wohl besser: Desinformationspolitik – sind eklatant: Breite Kreise der Bevölkerung machen sich bereits in diesen Wochen keine Illusionen mehr über die wahre militärische Lage Deutschlands.[145] Es gibt andere, allerdings auch nur ausschnitthafte Informationsquellen, allen voran die Feldpost von der Front, die daheim weitererzählten Erlebnisse oder schlicht Gerüchte. Auch für Gertrud Schädla setzte sich so in Umrissen ein furchtbares, aber nicht zu verifizierendes Bild vom Krieg zusammen – »von den belgischen Greueltaten u. dem furchtbaren Krieg. Oh, es ist schrecklich!«[146] Der Schrecken des Krieges wird immer evidenter. Gertrud Schädla muss sich nicht einfach nur vorstellen, dass dem massenhaften Auszug der Soldaten auch massenhafter Tod auf den Schlachtfeldern folgt, für ihr Entsetzen reichen auch die detaillierten Berichte ihrer Brüder von der Front. Gottfried schreibt in einem langen Brief ausführlich über die Schlachten und die »entsetzlichen Verluste«, die sein Regiment erlitten habe, von dem nur noch die Hälfte der Männer lebe. Ihm selbst sei es angesichts der immerwährenden Todesgefahr schier unbegreiflich, wie er bislang diesen Gefahren immer wieder entkommen sei. »Ihr könnt euch gar nicht denken«, schreibt er Mutter und Schwester, »wie entsetzlich es ist, in einem solch rasenden Artilleriefeuer zu liegen.« Da könne man nur ganz stillliegen, beten und sein Leben in Gottes Hände legen. »Der arme Junge hat viel, viel durchgemacht«, klagt seine Schwester in ihrem Tagebuch.[147]

Gertrud Schädla ist andererseits froh darüber, dass ihr Bruder trotz dieser Erlebnisse von seinem Mut und seinem Gottvertrauen schreibt. Letzteres ist auch für sie seit Wochen Quelle des Trostes und der Hoffnung. Gleichwohl kann das Gottvertrauen das Entsetzen nicht aus der Welt schaffen. Gertrud Schädla und ihre Mutter bekommen den Horror des Krieges nicht nur in schriftlicher Form geschildert, sondern erfahren ihn auch im Medium der Botschaft erschreckend konkret:

> *»Geschrieben war der Brief auf Briefpapier, das er einem toten Franzosen aus dem Tornister genommen. Ein entsetzlicher Gedanke für uns hier in der Heimat und doch freut man sich für die Jungen, daß sie sich so rasch an das Schreckliche gewöhnen.«*[148]

Die beiden Brüder stehen in diesen Tagen mitten in den heftigen Kämpfen in Nordfrankreich. Wo genau sie sich befinden, an welchen Schlachten sie teilnehmen, ob sie in unmittelbarer Gefahr sind, ob sie an einen anderen Kriegsschauplatz verlegt werden – all das kann die Familie nur schlecht und allenfalls mit Verzögerung nachvollziehen. »Wir vermuten, daß sie beide schon mit in der Schlacht, die vor einigen Tagen zwischen Meaux u. Montmirail gewesen ist, gekämpft haben.« Der Ort, aus dem Ludwig unlängst geschrieben hat, dürfte doch nicht weit entfernt sein vom letzten Aufenthaltsort Gottfrieds. »Wir würden uns freuen, wenn sich die beiden einmal träfen!«, notiert die Schwester.[149] Doch davon ist in den Briefen von der Front nicht die Rede.

Gertrud Schädla interpretiert die Situation als göttliche Prüfung, in der Verzagtheit und Zweifel keinen Platz haben. In der Heimat ließe sich doch alles ertragen, wenn die Männer an der Front doch nur unbeschadet davonkämen. Auch wenn sie Gott für die Siege der Deutschen und den Schutz der beiden Brüder dankbar ist, so konstatiert sie zu ihrem Missfallen, dass es nach fast zwei Monaten Krieg bereits »Nörgler« gebe, die mit »Wenn und Aber« kommen und die »alles durch die schwarze Brille sehen«. Heute sei sie ganz ärgerlich geworden, notiert sie am 17. September in ihr Tagebuch, als sie wieder so »Nörgler« traf: »Ist das nicht eine Undankbarkeit gegen Gott und unsere Heeresleitung und Regierung?«, fragt sie sich entrüstet. Solche Unbotmäßigkeit fällt nach ihrer Ansicht nur auf den Nörgler zurück: »Ein kleiner Mensch bleibt auch in großen Zeiten klein«, es könne halt niemand aus seiner Haut.[150]

Auch die deutsche Propaganda beschäftigt sich in diesem zweiten Kriegsmonat mit der Haltung der Bevölkerung zum Krieg. Immer wieder, so heißt es, würden aus dem Ausland Meldungen lanciert, nach denen die Deutschen eben nicht die Begeisterung aufbringen, die für einen solchen Krieg eigentlich notwendig sei. Das Volk sei aber keineswegs »kampfesmüde«, ereifert sich Mitte September etwa die *Norddeutsche Allgemeine Zeitung*. Vielmehr werde es »in dem ihm ruchlos aufgezwungenen Kampf die Waffen nicht eher niederlegen [...] bis die für seine Zukunft in der Welt erforderlichen Sicherheiten erstritten sind«.[151]

Dass es sich um einen aufgezwungenen Kampf handelt, davon geht auch Gertrud Schädla selbstverständlich aus. Und in dieser Position sieht sie sich gestärkt von ihrer Kirche und deren Vertretern. Diese wollen das nun der ganzen Welt noch einmal vor Augen halten: Ein regelrechtes Lügengebilde habe sich etabliert, demzufolge dem deutschen Volk und seiner Regierung die Schuld am Ausbruch des Krieges zugeschrieben und dem Kaiser das Recht abgesprochen werde, für diesen Krieg den Beistand Gottes zu erbitten. Das sei nicht hinzunehmen, heißt es in dem Aufruf »An die evangelischen Christen im Auslande«. Schließlich habe das deutsche Volk sich seit Jahrzehnten als ausgesprochen friedlich erwiesen, und sein Kaiser habe im Moment der Krise vom Juli 1914 doch alles getan, um einen Krieg zu verhindern. Die Wahrheit sei doch vielmehr, dass Russland »wortbrüchig« die Grenze zum Deutschen Reich überschritten und somit die deutsche Regierung gezwungen habe, »unser Land gegen Verwüstung durch asiatische Barbarei zu schützen«. Überhaupt stelle das Zarenreich aus evangelisch-kirchlicher Perspektive eine doppelte Gefahr dar. Es gilt nämlich nicht nur als Hort der Barbarei, sondern auch als jene Macht, die sich ausdrücklich zum Entscheidungskampf gegen das Germanentum und den Protestantismus entschieden habe:

> *»Gerade weil dieser Krieg unserem Volke freventlich aufgezwungen wurde, trifft er uns als ein einiges Volk, in dem die Unterschiede der Stämme und Stände, der Parteien und der Konfessionen verschwunden sind. In heiliger Begeisterung, Kampf und Tod nicht scheuend, sind wir alle im Aufblick zu Gott einmütig und freudig bereit, auch unser Letztes für unser Land und unsere Freiheit einzusetzen. [...] Darin aber wissen wir uns mit allen Christen unseres Volkes einig, daß wir die Verantwortung für das furchtbare Verbrechen dieses Krieges und alle seine Folgen für die Entwicklung des Reiches Gottes auf*

Erden von unserm Volk und seiner Regierung abweisen dürfen und
müssen. Aus tiefster Ueberzeugung müssen wir sie denen zuschieben,
die das Netz der Kriegsverschwörung gegen Deutschland seit lan-
gem im Verborgenen arglistig gesponnen und jetzt über uns geworfen
haben, um uns zu ersticken.«[152]

Bei ihrer Empörung über die angeblichen Kriegsverursacher kann Gertrud Schädla auf die protestantische Kriegstheologie und -propaganda zurückgreifen. Gott steht hier ganz auf der Seite der gerechten deutschen Sache. So war es landauf, landab von den Kanzeln zu hören, und diese Einsicht prägt sowohl das religiöse als auch das politische Bewusstsein. Soweit nationale Ziele und göttlicher Wille in Übereinstimmung gebracht werden, entsteht notwendigerweise ein Dogmatismus, eine Position der völligen Intoleranz gegenüber anderen Meinungen.»Wer anders denkt«, so ist diese Haltung rückblickend einmal treffend beschrieben worden, »steht auf der Seite der Lüge.«[153]

Gertrud Schädla weiß sich im Kampf für die gute Sache, wenn sie daheim die Soldaten auf ihre Weise unterstützt. Ihr Engagement gilt nicht nur ihren Brüdern, denen die Familie Pakete ins Feld schickt, um sie mit Kleidungsstücken (von der Unterhose bis zum warmen Pullover) zu versorgen. In ihrer Schule wird beschlossen, dass die Schülerinnen in den Handarbeitsstunden »Liebesgaben« für die Soldaten herstellen: Strümpfe, Leibbinden, Knie- oder Pulswärmer.[154] Die örtliche Zeitung ermutigt die Bevölkerung, dabei auch unkonventionelle Wege zu gehen. In vielen Familien gebe es beutelweise ausgediente Kinderstrümpfe. Diese könnten mit wenigen geschickten Handgriffen so umgearbeitet werden, dass daraus »die schönsten Pulswärmer für unsere lieben Vaterlandsverteidiger« würden.[155] Doch auch die Verdener Bevölkerung muss bei den »Liebesgaben« die Realität des Krieges bedenken. Diese werden zwar mit viel gutem Willen, aber oft aus falschen Materialien hergestellt. Deshalb findet sich bald in der Zeitung eine entsprechende Warnung:

»Feldgrau soll die Losung auch beim Stricken von Handschuhen und Pulswärmern sein. Schwarz oder gar eine andere Farbe wird zu weit gesehen und ist die Ursache von Handschüssen unserer Soldaten.«[156]

Während die Frauen in der Heimat stricken, nähen und Pakete schicken, haben sie stets Angst davor, dass eines Tage eine solche Feldpostsendung mit dem Vermerk »verwundet« oder »tot« zurückkommt. Die Post selbst versucht die Menschen in der Heimat zu beruhigen: Selbst wenn sie eine solche Rücksendung erhielten, hieße das noch lange nicht, dass diese Meldung auch zutreffend sei. Immer wieder müssten Nachrichten aus dem Felde über Verwundungen und den Tod von Soldaten revidiert werden. Besonders wird davor gewarnt, den Angaben von Verwundeten zu glauben, wonach dieser oder jener Kamerad gefallen sei; oft käme es hier zu fatalen Irrtümern. Sogar die amtlichen Verlustlisten, so kann man jetzt in den Zeitungen lesen, müssten nachträglich berichtigt werden, weil als tot Gemeldete nur verwundet seien oder Vermisste sich mit Verzögerung doch wieder bei ihren Truppenteilen eingefunden hätten.[157] Als beste Möglichkeit, nach Angehörigen zu suchen, wird deshalb offiziell eine Anfrage mit den inzwischen in Umlauf gebrachten Postkarten empfohlen. Es gibt sie in Hellrot (für Angehörige der Armee) und in Blau (für Soldaten in der Marine). Mit diesen Postkarten sollen sich besorgte Familien an die militärischen Nachweisbüros wenden, aber nur in dringenden Fällen, da die zuständigen Stellen bereits nach den ersten Kriegswochen sehr in Anspruch genommen sind.[158]

Solche Anweisungen zeigen, wie strapaziert die Nerven der Familien in der Heimat sind. Und für zusätzliche Belastung sorgen Gerüchte, die angesichts der zuweilen dürftigen Informationslage weiterhin kursieren. Dabei geht es nicht nur um die allgemeine Lage an den Fronten, sondern wohl auch um Einzelschicksale. So prangert der *Verdener Tagesanzeiger* in diesem Monat Fälle an, in denen »die wackeren Krieger unserer Bekanntschaft einfach totgesagt werden«. Eine Mutter beklagt beispielsweise, dass sie schon seit Wochen keine Feldpost mehr von ihrem an der Front stehenden Sohn erhalten habe. Ein Nachbar folgert daraus kurzerhand, dass der Sohn wohl tot sei, ein anderer spekuliert sogar über ein Telegramm mit der Todesnachricht, das der Familie schon zugestellt worden sei. Ein solches Verhalten sei in diesen schweren Zeiten schlicht unverzeihlich, moniert die Zeitung, und fügt hinzu: »Wie leicht kann eine Mutter oder Frau durch solche Alarmnachrichten krank werden!«[159] Nur den amtlichen Mitteilungen solle man vertrauen und hinter allem anderen ein Fragezeichen setzen. Man solle nichts glauben, ehe man nicht einen sicheren Beweis für die Wahrheit einer Nachricht habe. »Schont eure Nerven«, empfiehlt das *Verdener Anzeigenblatt*, »ihr werdet sie noch brauchen!«[160]

Für Familie Schädla kommt die erschütternde Nachricht ausgerechnet an einem Sonntag. Am 27. September wird Gertrud Schädla vom Superintendenten angesprochen. Die örtliche Post hat ihn eingeschaltet, weil die Briefe an den jüngeren Bruder Ludwig Schädla mit dem Vermerk zurückgekommen sind: »Tot 4.9.« Der Postdirektor von Verden bittet nun den Geistlichen, der der Familie freundschaftlich verbunden ist, Mutter und Schwester die schmerzliche Nachricht zu überbringen. Ludwig Schädla soll gefallen sein.

> »Worte sind zu schwach, zu beschreiben, was durch unsere Seele ging. Unser herrlicher, jugendfrischer Ludwig, der uns nie den geringsten Kummer gemacht, der beste von uns allen, soll dahin sein, man kann es noch immer nicht fassen. Ja, er war nicht nur der begabteste u. talentvollste, sondern vor allem der reinste und treueste von uns Geschwistern.«[161]

Zu Ludwig hat Gertrud Schädla in den vergangenen Jahren eine besondere Beziehung gehabt. In den Ferien hatten sie stets möglichst viel Zeit miteinander verbracht, die gemeinsamen Interessen banden sie aneinander: das Geigenspiel und das Malen, die Liebe zur Natur und zur Kunst. Gertrud glaubte bei ihm als angehendem Pastor ein besonders »reiches, tiefes Innenleben« entdeckt zu haben. Und er war nie untätig – sogar das Schlafen und Essen sei ihm zuweilen als Zeitverschwendung erschienen. Die Mutter hatte ihn deshalb wohl mehrfach bremsen wollen: »Dein Leben fängt ja erst an.« Dieser Ausspruch hat für Gertrud jetzt eine besondere Tragik: »Ja, was ist unser Leben? Wie Gott will.«[162]

Als Mutter und Schwester am Nachmittag dieses Sonntags ein wenig zur Ruhe kommen, quälen sie sich mit Spekulationen darüber, wie Ludwig wohl getötet wurde. Über die näheren Umstände wissen sie im Moment kaum etwas. Für den angeblichen Todestag, Freitag, den 4. September 1914, wurden von offizieller Seite über den Kriegsschauplatz in Nordfrankreich nur sehr allgemeine und selbstredend positive Informationen verbreitet: Nach dem Fall von Reims, so heißt es zu diesem Tag in den *Kriegs-Depeschen*, werde erst nach und nach deutlich, welch große Kriegsbeute die Deutschen in diesem Feldzug machten, doch »die Truppen können sich bei ihrem schnellen Vormarsch wenig darum kümmern«. Von außergewöhnlichen Gefechten oder etwaigen schweren Verlusten wird nichts gemeldet.[163] Die deutschen Armeen rückten in den ersten Tagen des Septembers über den Fluss Aisne in Richtung Marne weiter. Daran war auch Ludwigs Reserve-Infanterie-Regiment beteiligt. Wenn die Angaben der Feldpost über das Todesdatum des Bruders richtig sind, so rechnet Gertrud Schädla nach, ist Ludwig an genau jenem Tag gefallen, an dem er seiner Familie noch eine Karte geschickt hat. Er befand sich nahe des Örtchens Jaulgonne an der Aisne wenige Kilometer südwestlich der kurz zuvor eingenommenen Stadt Reims. Nur wenige Tage zuvor hat er noch schwere Gefechte durchstehen müssen, so schrieb er nach Hause, aber immerhin hätten er und seine Kameraden am 31. August endlich wieder einmal einen Ruhetag erhalten.[164] Unmittelbar nach seinem Kartengruß muss Ludwig wohl wieder in den Kampf gezogen und getötet worden sein. Schwester und Mutter versuchen sich vorzustellen, wie ein Soldat, wie Ludwig Schädla stirbt:

»Ist es ein Überfall gewesen, der das Regiment getroffen, ist es viel-
leicht ein Schuß gewesen, der ihn einsam, auf Posten stehend, in
finsterer Nacht getroffen? Wir wissen bisher nichts Näheres. Gebe
Gott, daß er ein leichtes, rasches Ende gehabt hat. Wir wollen nicht
klagen, wenn Gott ihm das beschert hat, gibt es doch tausendmal viel
schrecklichere Ereignisse auf den Schlachtfeldern.«[165]

Für Gertrud Schädla gibt es in der Tat Schrecklicheres als ein
»rasches« und damit ein vermeintlich »leichtes« Ende« auf dem
Schlachtfeld. Denn sie hat in den vergangenen Wochen viel gelesen »von den entsetzlichen Grausamkeiten der Feinde«. Fraglos
folgt sie darin der offiziellen Kriegspropaganda von den Kriegsgräueln, darunter auch Verbrechen gegen verwundete Soldaten.
»Hat Jesus eigentlich nie die Geschichte vom barmherzigen Samariter erzählt?«, fragt sie sich in ihrem Tagebuch. Sie fragt sich
aber nicht, ob die Berichte von diesen Grausamkeiten der Wahrheit entsprechen oder wie sich beispielsweise deutsche Soldaten
im Feld verhalten. Dass diese immer untadelig seien und selbst im
Krieg dem barmherzigen Samariter noch am nächsten kommen,
davon ist Gertrud Schädla überzeugt.[166] Und sie hofft, dass die
deutschen Soldaten irgendwie »gut« behandelt werden. Sie muss
es hoffen, gerade nach dem Tod Ludwigs. Denn nun bleibt für sie
und ihre Mutter die umso quälendere Sorge um Gottfried, den
jüngsten Bruder. Wo ist er? Und: Lebt er noch?

Ernst Stadler. Hexensabbat

Es ist erst einen Monat her, dass Ernst Stadler mit Freunden und
Studenten der Straßburger Universität gemütlich beisammensaß,
in einem badischen Wirtshaus im Licht einer Feuerzangenbowle.
Jetzt, Anfang September 1914, ist der Kontrast zu jener Zusammenkunft denkbar scharf: Stadler hat gerade mit seinem Regiment Stellung in dem französischen Ort Latrouche bezogen, die

Offiziere werden eine bevorzugte Unterkunft bekommen: Sie schlafen und essen in der Sakristei der örtlichen Kirche –»die beiden großen 7armigen Leuchter brennen bei unserer Mahlzeit«.[167] Die Situation ist skurril, die Gefahr für Leib und Leben allgegenwärtig und die Hoffnung auf Frieden groß. Ernst Stadler spricht nicht nur einmal mit einem anderen Offizier über »unseren Wunsch eines baldigen Endes«[168]. Doch dieser ist mehr Hoffnung denn reale Erwartung. Unterdessen geht der Kriegsalltag weiter. Die häufigen Stellungswechsel seiner Artillerieeinheit gehen einher mit langen Wartezeiten. Plötzliche Aufbrüche können Tag wie Nacht befohlen werden. Immer wieder werden Stadler und seine Kameraden selbst angegriffen, in aller Regel ebenfalls mit Artilleriegeschossen, seltener – wie in diesem Fall – durch ein feindliches Flugzeug:

»Wir sehen ihn in der Ferne sich uns nähern, heftig beschossen von unserer Ballonabwehrkanone. Die blauen Rauchwölkchen in der Luft. Er kommt immer näher auf uns zu. Wir sehen, wie er eine Bombe auswirft, die als trübe grauschwarze Wolke in der Luft zerplatzt. Dann steht er direkt über uns. Wir werfen uns auf die Erde. Wieder kracht eine Bombe. Die Sprengteile prasseln zur Erde, ohne uns zu schaden. Der Hauptmann hebt nachher eines auf.«[169]

Der Tod und das Töten sind für Ernst Stadler in den vergangen Wochen nicht zu einer Selbstverständlichkeit geworden, aber beides prägt längst seinen Alltag. Er teilt die Erfahrungen vieler Männer an der Front, die eine Gewalt erleben, die sie sich vorher nicht haben ausmalen können. Von Tod und Verletzung werden in diesen ersten Wochen vor allem die jüngeren Soldaten betroffen – sie sind innerhalb der Infanterie an den intensivsten Kämpfen beteiligt und deshalb der kriegerischen Gewalt weitaus mehr ausgesetzt als die älteren Soldaten. Dabei wird schnell erkennbar, dass jenes »Töten als Handarbeit« – das später in Kriegsromanen oder anderen Schriften immer wieder zitierte Heranstürmen an den Feind und dessen Tötung etwa durch das Bajonett – auf den Hauptschauplätzen dieses Krieges eher die Ausnahme ist.[170]

Die größte Zerstörungs- und Tötungskraft geht von der Artillerie aus, die für die Mehrzahl der Todesfälle und Verletzungen verantwortlich ist. Die Artillerie steht für eine neue und moderne Waffentechnik, die nicht mehr »Aug' in Aug'« mit dem Feind, sondern weit entfernt von ihm eingesetzt wird und deren verheerende Folgen erst mit zeitlichem und räumlichem Abstand sichtbar werden.[171] Die Waffe ist angsteinflößend, sie zerstört sowohl den Körper als auch die Seele der Beschossenen.

»Wo die Geschosse niedergehen, ist der Krach extrem: ein Gewitter dumpfer Schläge, kreischendes Pfeifen, ein stetiges Gellen und Heulen, dazwischen das Zwitschern der umherfliegenden Zünder, das scharfe Zischen der Splitter, zerplatzende Schrapnells, das Flattern der Minen [...] Unter den Füßen dröhnt und bebt die Erde, Fontänen wirbeln auf, die Druckwelle schleudert Menschenkörper gegen die Grabenwand, der Lunge fehlt die Atemluft. Das Krepieren einer Granate überwältigt alle Sinne gleichzeitig. Im Augenblick der Detonation schlägt ein Knall ins Ohr, schneidet ein Blitz ins Auge, dringen die Pulvergase in die Nase. Geistesgegenwärtig muß sich der Soldat in den Schlamm werfen, sein Mund ist voll Dreck.«
(der Gewaltforscher Wolfgang Sofsky über den Artilleriebeschuss als »Angriff auf die Sinne«)[172]

Ernst Stadler bringt seine Erfahrungen mit dem Töten in der ersten Septemberwoche auf den Begriff, als er von einem regelrechten »Hexensabbat« spricht. Es ist der 5. September. Er verlässt mitten in der Nacht mit den übrigen Soldaten die Stellung in der Nähe von Coinche und Fonduzol und positioniert sich auf einer Anhöhe neu. Um vier Uhr morgens sind die Geschütze bereit, um sieben Uhr wird »ein mörderisches Artilleriefeuer« auf die Franzosen eröffnet. Als die feindlichen Einheiten dem Feuer schließlich entfliehen und sich zurückziehen, setzen die deutschen Soldaten nach. Auch Stadler und sein Regiment beteiligen sich an der Verfolgung samt Geschützen und Munitionswagen. Mit Erfolg, wie Stadler den Angriff zufrieden in seinem Tagebuch bewertet – der Feind hat sich zurückgezogen. Doch die deutschen Kanonen feuern weiter:

»Die Franzosen sind auf der ganzen Linie geflohen. Sie haben sich in die Häuser und in den Wald zurückgezogen. Die Häuser werden in Brand geschossen, der Waldrand wird unter Feuer genommen. Wo sich einer zeigt, kriegt er ein Schrapnel nachgeschickt. Der Major trinkt Rotwein dabei, die Zugführer rauchen. Wir haben keine gegnerische Artillerie zu fürchten und können unser Zerstörungswerk in aller Ruhe tun. Überall rauchen und brennen die Häuser. Ein Hexensabbath.«[173]

Der Vergleich ist fraglos drastisch: Die deutschen Artilleriestellungen ähneln einem Hexensabbat, bei dem sich in der traditionellen Welt des Aberglaubens Hexen mit Teufeln treffen, um zu tanzen, zu feiern und ihre schauerlichen Rituale zu praktizieren. Ein Major trinkt Rotwein, während seine Geschosse feindliche Soldaten zerfetzen, andere rauchen genüsslich – Ernst Stadler fühlt sich an die Legenden von den Hexentreffen erinnert, bei denen es angeblich in jeder Hinsicht wild zuging und hinter lautem Vergnügen mit Tanz, Gelagen und sexuellen Ausschweifungen das Dämonische lauerte, oft genug Tod und Verderben.[174]

Zwei Tage nach diesem Angriff zieht Stadlers Regiment vom bisherigen Kriegsschauplatz in den Vogesen ab. Der Plan der Obersten Heeresleitung, einen Durchbruch am Angelpunkt Metz zu schaffen, ist zu diesem Zeitpunkt bereits gescheitert. Nun besinnt man sich auf den eigentlichen Kern des Schlieffen-Plans und will eine große Umfassung der französischen Einheiten von Norden vornehmen.[175] Auch für Ernst Stadler bedeutet dies den Aufbruch zu einer neuen Front. Zunächst geht es zurück über die französisch-deutsche Grenze in die alte Heimat. Der Weg führt durch das deutsche Grenzörtchen Saales. Dort scheinen sich die Soldaten in einer anderen Welt wiederzufinden. »Alles hier ist intakt«, hält Stadler in seinen Aufzeichnungen fest, man merke kaum etwas vom Krieg. An diesem wundervollen Spätsommertag sehen die Soldaten die Bauern des Dorfes und der Umgebung auf den Feldern arbeiten.[176] Eine überraschende Normalität zeigt sich den Kriegern. Tatsächlich wirkt die kurze Reise durch die Heimat auf dem Weg zum nächsten Fronteinsatz wie ein Ausflug in die Normalität – eine Normalität indes, die nur so wirken kann, weil es für die Soldaten längst keine Normalität mehr gibt.

Stadler freut sich beispielsweise über ein richtiges Bett als Nachtlager. Am Abend des 8. September kehrt er mit Kameraden im Städtchen Schirmeck (rund 40 Kilometer westlich von Straßburg) zum Abendessen in ein Hotel ein. Vorher hat er zudem die Möglichkeit genutzt, mit seinem Bruder Herbert zu telefonieren, der weiterhin seinen Dienst als Kreisdirektor in Gebweiler versieht. Und am nächsten Morgen steht der Bruder dann überraschend vor ihm. Er ist mit dem Auto gekommen, bringt Nachrichten von zu Hause (vor allem von der Mutter, die mit Ernst bislang keine telefonische Verbindung aufnehmen konnte) und nimmt sich Zeit für gemeinsame Einkäufe. Dann isst Ernst noch mit seinem Bruder und den Kameraden zu Mittag und wartet das weitere Abrücken der Einheit ab. Für sie geht es nun Richtung Straßburg. Aber schon auf halber Strecke, in dem Städtchen Molsheim, ist der besorgte Bruder noch einmal an der Bahn und reicht Ernst und den anderen Wein und Birnen.[177]

Auf der Fahrt sieht Stadler »wieder einmal Leute, andere Gesichter als Soldaten«, wie er zufrieden notiert. Auf dem Bahnhof von Straßburg reichen freundliche Mädchen den Soldaten Erfrischungen. Zudem trifft Stadler bei seinem kurzen Aufenthalt zufällig Professor August Sartorius von Waltershausen wieder. Der Nationalökonom hat einen Lehrstuhl an der Straßburger Universität inne, doch an diesem Mittwoch leistet er gerade seinen freiwilligen Bahnhofsdienst zur Unterstützung der deutschen Soldaten ab.[178]

Am Abend des 9. September geht die Fahrt für das Feld-artillerie-Regiment weiter Richtung Norden: Immer wieder unterbrochen durch kurze Aufenthalte samt der Darreichung von Erfrischungen und Proviant, geht es über Saarbrücken und Trier durch die Eifel schließlich ins besetzte Belgien. Nach einem kurzen Zwischenaufenthalt in Tirlemont erreicht Stadlers Regiment schließlich das bereits zerstörte Löwen. Stadler weiß um die kulturelle Bedeutung dieser Stadt, und die Folgen der deutschen Bombardierungen bedrücken ihn. Gerade bei Nacht mache die einst so stolze Stadt »einen gespensterhaften Eindruck«, ganze Straßenreihen seien dem Erdboden gleichgemacht[179]:

> »Ich mache am frühen Morgen [...] einen Gang bis zum Markt-platz. Das Rathaus steht. Der Turm der Kathedrale zerstört. Auch in der Straße, die vom Bahnhof zum Marktplatz führt, fast alle Häuser niedergebrannt. Man sieht durch die Fensterhöhlungen in die schönen Hintergärten. Allerhand Kerls treiben sich auf d. Straßen herum und wühlen im Schutt.«[180]

Stadlers Eindrücke widersprechen der offiziellen deutschen Propaganda erkennbar:

> »Der Sonderberichterstatter der ›Frankfurter Zeitung‹ meldet aus Aachen: Bei eingehender Besichtigung Löwens konnte ich mich überzeugen, daß die Stadt zu vier Fünfteln unversehrt ist. Die Anzahl der zerstörten Häuser überschreitet schwerlich einhundertundfünf-zig. [...] Man sieht überall, daß es sich nur um die Häuser handelte, aus denen geschossen wurde. Denn in jeder Straße blieben Häuser stehen.«

(aus den amtlichen *Kriegs-Depeschen*, 8. September 1914)[181]

Zwischen dem 10. und dem 13. September 1914 nimmt Stadlers Regiment an vergleichsweise harmlosen Scharmützeln mit belgischen Einheiten vor Tirlemont und Löwen teil, danach führt

der Weg über Brüssel und Mons an die Marne. Das bald anbre-
chende dreiwöchige Gefecht um den Bois de Beau Marais (vom
19. September bis zum 11. Oktober) macht bereits die Wende
vom offensiven Feldzug zum Stellungskrieg deutlich.[182] Schon
am 23. September vermerkt Ernst Stadler, dass seine Einheit die
bezogene Stellung (in der Nähe des Örtchens Corbeny) nur halten soll, während die beiden Flügel vorrücken – doch das könne
wohl noch bis zu zwei Wochen dauern.[183] In den kleinen Orten
und an den Stellungen sammeln sich die verschiedensten Einheiten, Infanteristen und Artilleristen vor allem. Aber Ernst Stadler
entdeckt zu seinem Erstaunen auch einen »Mitstreiter«, den er
offensichtlich hier nicht erwartet hat:

*»Ich treffe einen 15jährigen Pfadfinder aus Düsseldorf, einen gewissen
Ernst [Kneip], Sohn eines Zugführers. Er hat eine Art Infanterieuni-
form an, ist der 5. Batterie unseres Regiments zugeteilt. War schon
bei Sennheim mit dabei. S. Vater hat ihm ausdrücklich die Erlaubnis
bescheinigt, sich auch im Ausland als Pfadfinder zu betätigen. Er ist
Quartaner. Die ganze Quarta und Untertertia sei mit. Er suche Verwundete, sammle Waffen, beseitige Drahthindernisse.«*[184]

Die Marne-Schlacht tobt auf einer Gesamtlänge von mehr als 300
Kilometern von der Stadt Meaux nordöstlich von Paris bis zur
Region um Verdun an der Maas. Die deutsche Armeeführung hat
bereits ihr ursprüngliches Ziel, Paris einzukreisen, aufgeben müssen und sieht die deutschen Einheiten einer verstärkten französischen Gegenwehr gegenüber: Mehr als eine Million französische
Infanteristen stehen nur noch rund 750000 deutschen Infanteristen gegenüber, als die große Schlacht beginnt. Besonders im östlichen Frontverlauf, in der Umgebung von Verdun, finden äußerst
blutige Gefechte statt.[185] In diesem Frontabschnitt sind nicht nur
für die deutschen Truppen die höchsten monatlichen Verlustraten
zu verzeichnen, auch die der Franzosen erreichen mit 238000 in
diesem September 1914 die höchste Zahl im gesamten Krieg.[186]

Die meisten Toten und Verwundeten gibt es bei der Infanterie. Hier bewahrheitet sich der Befund, dass die besten Aussichten auf ein Überleben in diesen Wochen ein Soldat dort hat, wo ihn die Granaten der Artillerie nicht erreichen. Die Infanteristen befinden sich hingegen stets im Visier der feindlichen Kanonen und werden in den ersten Wochen des Krieges außerdem zu geradezu selbstmörderischen Angriffen angetrieben. Auch in einem Gelände ohne jegliche Deckung gilt nämlich den Armeeführungen ein Sturmlauf der Infanteristen als probates Mittel des militärischen Erfolgs. Da aber alle beteiligten Armeen schon zu diesem Zeitpunkt über schwere Maschinengewehre verfügen, sind die Verluste gerade bei diesen Sturmangriffen dramatisch hoch. Was dabei geschieht, wird später auch Eingang in die Literatur finden – wie bei Ernst Jandl:

[…]
schtzngrmm
tsssssssssssss
grrt
grrrrrt
grrrrrrrrrt
scht
scht
t–t–t–t–t–t–t–t–t
scht
tzngrmm
tzngrmm
[…]
(aus Ernst Jandls Gedicht »schtzngrmm«)[187]

Soldaten sind nicht unsterblich. Soldaten sind nicht unsterblich? Erstaunlich oft finden sich in Feldpostbriefen Hinweise darauf, dass sich viele junge Männer tatsächlich anfangs für unverwundbar halten. Ein eigentümliches Sicherheitsgefühl umweht manchen, der eine oder andere mag sich in Gottes Händen gut aufgehoben und beschützt fühlen. Aber die Kriegsrealität lässt sich nicht leugnen. De facto sehen die Soldaten fast täglich, wie Kameraden und Feinde getötet und verwundet werden. Und gerade die Verwundung ist für viele ein Schrecken. Sicherlich gibt es Soldaten, die auf denkbar leichte Verletzungen spekulieren, die im Frontjargon »Heimatschuss« oder »Tangoschuss« genannt werden, weil sie keine größeren und erst recht keine bleibenden Schmerzen bedeuten, wohl aber die zumindest zeitweise Abwesenheit vom tatsächlichen Kampfgeschehen.[188]

»Als ich einen Kameraden hinfallen sah, kam mir der Gedanke, jetzt kriegst du auch gleich deinen Teil. In meiner größten Seelenangst rief ich Gott an: ›O du lieber Gott, hilf bloß, hilf, rette mich, sei gnädig mit dem Schuß, den ich bekomme.‹ Einen Arm will ich opfern, ein Bein auch, einen Brustschuß nehme ich auch hin. Bei der Erwägung eines Bauchschusses kam mir der Gedanke, ob meine Gedärme voll waren, ob ich in letzter Zeit viel gegessen hatte. Bei der Erwägung eines Kopfschusses sagte ich mir wieder, daß solche meist tödlich sind. Wird die Halsschlagader getroffen, dann kannst du verbluten. Ganz plötzlich dachte ich an meine Augen. Nur nicht blind werden.«
(aus dem Feldpostbrief eines Studenten)[189]

Der deutsche Angriff an der Marne scheitert im September 1914. Der mit hohen Erwartungen verbundene Schlieffen-Plan erweist sich als undurchführbar, aus dem Bewegungskrieg der ersten Wochen wird nach und nach ein Stellungskrieg. Jetzt werden keine großen Siege mehr errungen, von denen die deutsche Propaganda daheim künden könnte. Stattdessen werden die Verlustlisten in den Zeitungen länger. Immer häufiger tragen die Briefträger die traurigste aller Botschaften zu den Angehörigen. Viele der Männer, die noch vor Wochen siegesgewiss in die Kämpfe gezogen sind, kehren jetzt grässlich verstümmelt heim, als Verwundete, als Invaliden und Krüppel.[190]

Ernst Stadler erlebt, wie die Kämpfe an Heftigkeit zunehmen. Wiederholt gerät er mit seinen Kameraden in feindliches Artilleriefeuer. Und immer grauenhafter sind die Folgen des Krieges um ihn herum. Am 26. September – auch seine Einheit ist an dem seit Tagen erfolglosen Beschuss des Bois de Beau Marais beteiligt – hat er die Möglichkeit, unter ständigem feindlichen Beschuss das Los der Verwundeten zu betrachten:

>»Wir gehen ins Zimmer des Verbandplatzes. Gespräch mit den Ärzten. Die Verwundeten werden in den Keller getragen, wo aus den Häusern Decken, Matrazen aufgestapelt sind. Ein improvisierter Operationstisch. Immer neue Verwundete kommen an. Artillerie- und schwere Infanterieverletzungen. Einer, dessen Gehirn ganz bloß liegt. Er lebt noch. Man trägt ihn gar nicht mehr zur Verwundetenstelle, sondern in ein gegenüberliegendes Haus: er hat doch nur noch ein paar Augenblicke zu leben. Das Grauenvolle des Krieges. Ich fühle mich schlecht.«[191]

Es ist Ende September. Eigentlich hätte Ernst Stadler in diesen Tagen seine Tätigkeit als Gastprofessor in Toronto antreten sollen. Doch statt sich Studien zu widmen und vor Studenten zu sprechen, hockt der hochbegabte Literat und Wissenschaftler im Keller eines zerschossenen Hauses am Rand des winzigen französischen Dorfes Craonne nordwestlich von Reims. Seine erste Nacht im Keller vermerkt er in seinem Tagebuch für den 28. September:

>»Der Keller wird häuslich eingerichtet: Geschirr, Lampe, Handtücher, Matrazen, Decken. Sogar Teppiche. [...] Eine Treppe führt hinunter in unseren Keller: Länglich, gewölbt, wie die Londoner Tubes. Licht nur von der Treppe her, so daß wir den ganzen Tag die Lampe brennen. Ein Ofen ist auch gefunden, der zugleich als Herd dient. Er brennt den ganzen Tag, da Boden und Wände doch feucht sind. Der Rauch zieht durch eine offene Röhre über die Treppe hinauf.«[192]

Stadler und seine Batterie werden einem Infanterieregiment unterstellt, um mit den Kanonen bei der Abwehr feindlicher Angriffe zu helfen. Damit rückt diese Einheit weiter an die Front heran und wird fortan sehr viel häufiger in Infanteriegefechte verwickelt. In und um Craonne werden die Geschütze nun entsprechend verteilt, versteckt im Hof von Häusern, wobei die Geschützbedienungen zuweilen in Kellern untergebracht werden. Stadler muss wie seine Kameraden auf das nächste Infanteriegefecht warten – und dies zuweilen in einer befremdlichen Sicherheit vor den Granaten der großkalibrigen Kanonen: »Ich warte auf der Straße«, beschreibt er am 28. September 1914 die Ruhe vor dem nächsten Angriff, »überflogen von unseren u. feindlichen Artilleriegeschossen.«[193]

Die Keller des Dorfes werden in den folgenden Tagen die Welt des Artillerieoffiziers Stadler sein. Zwischen den Gefechten hat er immer wieder die Möglichkeit, andere Offiziere in ihren Kellern zu besuchen und diese Unterkünfte genauer zu erkunden. Er selbst teilt seinen Keller mit fünf anderen Soldaten, die er mit ihrem Rang beschreibt: einem Hauptmann, einem Serganten, einem Trompeter, einem Fahnenjunker sowie einem »Radfahrer«, der als Melder allerdings meistens unterwegs ist.[194] Der Brigadekommandeur der 82. Brigade teilt sich seinen Keller indes nur mit seinem Adjutanten. Seine Unterkunft hat er nach Stadlers Eindruck eher wie einen Salon hergerichtet: mit Teppichen, Polstersessel und kleinen Tischen, also mit allem, was das kleine Dorf an guten Einrichtungsstücken hergegeben hat. Stadlers Kompanieführer muss sich dagegen bescheiden: Er teilt sich seinen Keller mit zwei weiteren Offizieren. Wegen der erhöhten Alarmbereitschaft muss Stadler einmal dort übernachten, auf einer Matratze, die mit einem Perserteppich zugedeckt ist. Aber: »Von der Decke tropft es herab.«[195] Und immer wieder ist die Verpflegung ein zentrales Thema: Stadler schreibt stolz, dass er eines Tages vier Hammel »requiriert« habe, oder er freut sich, dass seine Einheit eine Kuh »findet«. Seine Tagebuchaufzeichnungen deuten Engpässe bei der Verpflegung an: Jetzt gebe es nicht nur täglich frische Milch, auch »4 Kaninchen und ein Meerschweinchen« warteten auf die hungrigen Soldaten.[196]

Im fernen Kanada hat man zu diesem Zeitpunkt keine genaue Vorstellung davon, wo sich Ernst Stadler aufhält. An der Universität von Toronto erscheint stattdessen in diesen Tagen die Ankündigung seiner Berufung. Dass sie durch die Kriegsereignisse überholt ist, ist wohl noch nicht bekannt:

> »*Dr. E. Stadler is now an Associate Professor in German.*«
> (Meldung in der Studentenzeitung *The Varsity*, Toronto, am
> 30. September 1914)[197]

Wird Ernst Stadler noch nach Toronto reisen? Es ist wohl weniger die Frage, ob der Krieg bald beendet sein wird, denn danach sieht es nach gut zwei Monaten nicht aus. Es stellt sich vielmehr die Frage, welche Aussichten ein Offizier hat, die Kämpfe an der Westfront zu überleben. Die Opferzahlen sind immens: Im August 1914 betragen die Verluste der deutschen Truppen an der Westfront 12,4 Prozent, im September 1914 sind es 16,8 Prozent. Während der ersten drei Monate des Krieges verzeichnet die deutsche Armee Verlustraten, die im gesamten Kriegsverlauf nicht mehr erreicht werden sollten.[198] Ernst Stadler hat Glück. Er sieht und erlebt die Schrecken des Krieges und wähnt sich dabei in einem wahren Hexensabbat. Aber er lebt.

Oktober 1914 – Immer mehr Tote müssen betrauert werden

Kaiser Wilhelm II.: »Wir müssen mit Anstand untergehen«

Der Oktober 1914 beginnt für Wilhelm II. in Frankreich. In der beschlagnahmten Villa eines Industriellen hat er es sich in der Stadt Charleville so gemütlich wie möglich gemacht. Ein kleiner öffentlicher Park trennt das Gebäude vom Bahnhof, einige Mitglieder der militärischen Führung wohnen in derselben Straße. Doch die schöne Gegend – die Stadt liegt direkt an der Maas, kurz vor deren Durchbruch durch die Ardennen – und die gute Unterbringung können nicht darüber hinwegtäuschen, dass sich dieser Ort in Feindesland befindet. Der Kaiser hat hier weniger Bewegungsfreiheit als gewohnt, und ein Mitglied seiner engsten Umgebung hat deshalb sogar Mitleid mit dem Monarchen, der für die nötige Bewegung nur »hin und wieder Spaziergänge außerhalb der Ortschaften« unternehmen kann.[1]

Hier besucht ihn auch sein zweiter Sohn, Prinz Eitel Fritz von Preußen. Der kämpft unweit an der Westfront als Kommandeur eines Garde-Regiments und kommt jetzt nach Charleville, um sich »bei Vatern« von »der Nervenanspannung der fortdauernden Gefechte und von einer leichten Knieverrenkung« zu erholen. Dass der Herr Papa ihn vor Zeugen angesichts jüngster Gefechte zum »Helden von St.-Quentin« hochjubelt, ist dem Prinzen augenscheinlich eher peinlich. Da mag es ihn besänftigen, dass Wilhelm ihm zu Ehren nicht nur Sekt, sondern auch Milchreis servieren lässt, den Eitel augenscheinlich besonders schätzt.[2] Weder Sekt noch Milchreis hält Wilhelm dagegen für die Bevölkerung in der Stadt seines neuen Hauptquartiers bereit. So verlangt er Anfang des Monats, dass alle arbeitsfähigen Männer von Charleville zwischen 18 und 46 Jahren inhaftiert und anschließend als Arbeitskräfte nach Deutschland deportiert werden. 306 Franzosen werden daraufhin ins Deutsche Reich verschleppt. Selbst Wilhelms Generaladjutant Hans von Plessen hält dies für »eine grausame Massregel«.[3]

Der Alltag des deutschen Kaisers ist noch immer geprägt durch seine Anwesenheit im Großen Hauptquartier. Dessen Mitglieder machen es sich an diesem Ort so bequem wie möglich: Die Unterkünfte sind durchaus ansprechend und bequem, denn für diese Zwecke haben die Deutschen die besseren Wohnhäuser der Stadt beschlagnahmt. Einige Mitglieder des Großen Hauptquartiers versuchen sich Zerstreuung zu verschaffen, etwa durch ausführliches Tagebuchschreiben oder die Pflege der Korrespondenz. Zuweilen werden Ausritte unternommen, »Bierabende« veranstaltet oder touristische Ausflüge in die Region organisiert. Oder man findet Ablenkung und Erbauung bei den allsonntäglichen Gottesdiensten der Militärpfarrer.[4]

Was die Stellung des Kaisers innerhalb des Großen Hauptquartiers und den Umgang seiner Mitglieder mit ihm als formell oberstem Kriegsherrn angeht, hat sich auch nach dem Umzug von Luxemburg nach Charleville nichts Wesentliches geändert. Wilhelm bleibt weiterhin von den eigentlichen militärischen Entscheidungsprozessen ausgeschlossen. »Wenn man sich in Deutschland einbildet, daß ich das Heer führe, so irrt man sich sehr«, wird Wilhelm kurze Zeit später äußern. Er müsse sich regelrecht die Zeit vertreiben, und er erfahre nur »von Zeit zu Zeit, das und das ist gemacht, ganz wie es den Herren beliebt«.[5] Auch von den innen- und parteipolitischen Entwicklungen, von der Stimmung seines Volkes oder im Reichstag ist er fernab der Hauptstadt gänzlich isoliert. Aber das ist im Grunde kein Novum seiner Herrschaft und kann auch keineswegs auf »die Herren« geschoben werden, denn für diese Themen interessiert sich der Monarch schon lange nicht mehr.[6]

Zugleich wird das generelle Strukturproblem der deutschen Führung sichtbar. Die zivile und die militärische Sphäre sind institutionell kaum miteinander verbunden. So besitzt der Reichskanzler keinen direkten Einfluss auf die militärische Kriegführung. Deshalb käme es eigentlich genau jetzt maßgeblich auf den Kaiser an. Ihm fällt im Grunde die Aufgabe zu, die gesamten Kriegsanstrengungen des Reichs aufeinander abzustimmen: die Aspekte der Innen- und der Außenpolitik, die Vorgabe der Kriegsziele, die Frage von Kriegswirtschaft und Versorgung der Bevölkerung sowie die Planung und Genehmigung der militärischen Operationen. Fraglos eine Herkulesaufgabe, die jeden Staatsmann in höchstem Maße gefordert hätte. Wilhelm II. scheint jedoch diesen wesentlichen Aspekt seiner Stellung als oberster Kriegsherr nicht einmal erkannt zu haben.[7] Stellvertretend für andere zeigt sich der Chef des Marinekabinetts, Admiral von Müller, entsetzt vom Durcheinander:

»Der Reichskanzler und der Staatssekretär des Auswärtigen v. Jagow ergeben ein trauriges Bild von Unentschlossenheit und Pessimismus. Sie sind sehr schlecht über die allgemeine Kriegslage orientiert [...] Es fehlt alles Zusammenarbeiten. Der Kaiser versagt völlig in dieser Beziehung.«[8]

Auch innerhalb des Militärs gibt es handfeste Kommunikationsprobleme. Sie werden durch die räumlichen Bedingungen in Charleville sogar noch verstärkt: So fühlen sich beispielsweise die Vertreter der Marine von den wichtigen Vorgängen weitgehend ausgeschlossen. Noch in Koblenz und in Luxemburg waren sie etwa mit den Vertretern der Armee, des Kriegsministeriums und des Militärkabinetts gemeinsam in einem Hotel untergebracht, jetzt nehmen sie separat in ihrem Quartier die Mahlzeiten ein, was nur ein Indiz für die mangelnde Unterrichtung und Beteiligung an den militärischen Entscheidungen ist. Nur durch diese Trennung ist etwa erklärbar, weshalb die Marineführung über die laufenden Aktionen der Armee – ganz zu schweigen von deren Planungen – nur wenig mehr erfährt als die Öffentlichkeit durch die *Amtlichen Kriegs-Depeschen*.[9] Und die Anwesenheit des Kaisers ist hier keine Hilfe, sondern scheint für viele eine Quelle von Anspannung, Langeweile und Ärger zu sein:

> *»Diese Abende in der Kaiser-Villa waren einfach entsetzlich. Bald nach der Aufhebung der Tafel begab sich die Gesellschaft, durchschnittlich 12 Personen, in den an das Eßzimmer angrenzenden Wintergarten – von uns ›Terrarium‹ genannt. Alles müde und abgespannt, der Kaiser meist jedes Unterhaltungsthema ablehnend. So schleppten sich die Stunden mühsam hin. Das in einer Zeit, wo es für uns, wenigstens die Kabinettschefs, reichlich zu tun gab.«*
> (Admiral von Müller über den Kaiser in Charleville)[10]

An anderer Stelle spricht der Chef des Marinekabinetts vom »Stumpfsinn des Terrariums«.[11] Der Kaiser will von seiner Umgebung beim gemeinsamen Abendessen unterhalten werden, ist aber augenscheinlich nicht leicht zufriedenzustellen. Gerade wenn die Stimmung schlecht ist, fällt es den anderen schwer, das richtige Thema und den richtigen Ton zu treffen. Wenn ein neuer Gast in die Runde kommt, bedeutet das »für die übrige Gesellschaft eine Entlastung«, so Admiral von Müller, denn dann spricht der Kaiser fast den ganzen Abend alleine.[12] So sind diese »Kaisereinladungen« im Großen Hauptquartier nicht eben beliebt, vielen der Militärs ist es einfach zu öde, sich an den »nebensächlichen anekdotischen« Erzählungen Wilhelms zu ergötzen.[13]

Keine zusätzliche Motivation braucht Wilhelm II. dagegen, wenn es um die zunehmende internationale Kritik an deutschen Kriegsgräueln geht. So gilt etwa die Zerstörung von Löwen mitsamt seiner bedeutsamen Universitätsbibliothek als Symbol deutscher Unmenschlichkeit und Kulturlosigkeit. Der Vorwurf der

Barbarei trifft ihn als Kaiser politisch und persönlich. Noch nach Ende des Krieges wird er sich rechtfertigen, schließlich habe er persönlich nach dem Einrücken deutscher Soldaten in Nordfrankreich umgehend den Schutz der Kunstdenkmäler befohlen. Er habe den einzelnen Armeen angeblich Kunsthistoriker und Professoren zur Seite gestellt, die wertvolle Gebäude und Sammlungen besichtigt und katalogisiert hätten. Seine Soldaten seien keine Barbaren gewesen, heißt es in seiner Rechtfertigungsschrift, und er selbstverständlich auch nicht:

> »Durch meine Fürsorge und die aufopfernde Arbeit der deutschen Kunstgelehrten und Soldaten – teilweise unter Gefahr für ihr Leben – sind den französischen Besitzern und den französischen Städten Kunstschätze im Werte von Milliarden erhalten worden. Das taten die Hunnen, die Boches!«[14]

Aber aus Belgien kommen für den Kaiser und die Heeresleitung in diesem Monat auch gute Nachrichten, wie beispielsweise der Fall von Antwerpen. Stadt und Festung wurden zuvor von der belgischen Regierung zu einer »Auffangstellung der Nation« erklärt und erbittert verteidigt. Letztlich erfolglos, denn am 10. Oktober bietet der Bürgermeister den Deutschen die Kapitulation der Stadt an. Eine in Teilen chaotische militärische Evakuierung der Stadt ist vorausgegangen, die belgische Regierung flieht ins französische Exil nach Le Havre.[15] In der deutschen Öffentlichkeit wird der Fall von Antwerpen als militärisches Großereignis gefeiert. Vor allem die Kriegsbeute stößt auf Begeisterung: Mindestens 500 Geschütze und eine Unmenge an Munition werden erbeutet, vermelden die amtlichen Kriegsdepeschen, des Weiteren viele Lokomotiven und Eisenbahnwaggons, »sehr viel Sanitätsmaterial«, große Viehbestände, mehrere gefüllte Verpflegungszüge, Kupfer, Silber, »für 10 Millionen Mark Wolle«, große Mengen an Mehl, Kohle, Flachs und auch noch »4 000 000 kg Getreide«.[16]
Doch die Freude über den Fall Antwerpens kann nicht darüber

hinwegtäuschen, dass der Glaube, Großbritannien und Frankreich militärisch schnell niederringen zu können, bereits massiv leidet. Hans von Plessen als Kommandant des kaiserlichen Hauptquartiers notiert:»Die Gesamtsituation fängt an sehr kritisch zu werden.« Dabei geht es auch um Nachrichten von der Ostfront: Während sich die Lage in Ostpreußen stabilisiert hat, scheinen sich in der Region um Warschau starke russische Verbände zu sammeln, die mittels rasch errichteter Behelfsbrücken über die Weichsel gen Westen vorrücken. Schließlich wendet sich General Hindenburg persönlich an den Kaiser als obersten Kriegsherrn und bittet ihn, dass zur besseren Koordination der Abwehr auch die dort kämpfende österreichische Armee seinem Kommando unterstellt werde. Im Hauptquartier nimmt man dieses Telegramm so ernst, dass der Monarch nachts geweckt wird und man diese Nachricht umgehend nach Wien weiterleitet – doch Kaiser Franz Joseph kommt dieser Bitte um strategische Bündelung der Kräfte nicht nach. Es zeigt sich, dass der deutsche Kaiser dem Verbündeten gegenüber nicht den Einfluss hat, den sich wohl nicht nur Hindenburg wünscht. Was bleibt, sind die Versuche, den Kaiser weiterhin zu trösten:

»S[eine] M[ajestät] sind durch die schwierige Lage im Osten sehr gedrückt. Beim Frühstück kommt mir die Gelegenheit Ihm Mut zuzusprechen, was er gnädig annimmt.«
(Generalleutnant von Plessen, Tagebucheintrag vom 18. Oktober 1914)[17]

Von der Ostfront kommen weitere schlechte Nachrichten. Nach schweren Verlusten und einem Rückzug der österreichischen Armee unter General Dankl bei Iwangorod muss auch die 9. deutsche Armee zurückweichen. Man befürchtet im Hauptquartier in Charleville, dass die russischen Einheiten mit einem starken Vorstoß entscheidend vorrücken könnten. Schlesien und sogar Berlin scheinen in diesem Moment militärisch bedroht. Dass die Russen diese Chance nicht ergreifen werden und diese Sorge deshalb unbegründet bleibt, ist in diesem Moment noch nicht absehbar.[18] Im Westen dagegen scheint die Front fast stillzustehen;»es geht verzweifelt langsam«, notiert Hans von Plessen,»und die Anstrengung für die Truppe ist enorm«[19]. Es bedarf zusätzlicher Motivation, und so sucht Wilhelm II. zuweilen geschichtlichen Trost und versucht sich in der Tradition einer siegreichen preußisch-deutschen Kriegsgeschichte zu exponieren. Deshalb begibt er sich am 21. Oktober 1914 zum Schlachtfeld von Gravelotte, um eine Parade neu gebildeter Regimenter an dem Ort abzunehmen, an dem die preußische Armee 1870 einen bedeutsamen Sieg über die französischen Truppen errang. Wilhelm II. will sich bei dieser Parade so positioniert haben, dass er angeblich – wie der deutschen Öffentlichkeit später mitgeteilt wird –»an derselben Stelle« gestanden habe,»von der aus Kaiser Wilhelm I. am 18. August 1870 die Schlacht leitete«[20]. Wie später noch oft in der preußisch-deutschen Geschichte, muss jetzt die Erinnerung an Friedrich den Großen und seine militärischen Erfolge herhalten.[21] Wilhelm II. hat schon bei anderer Gelegenheit die Schlacht von Leuthen zitiert, in der die Preußen das österreichische Heer 1757 schlugen.[22] Am 26. Oktober erinnert er ein brandenburgisches Regiment daran, dass schon »Friedrich der Große seine Kriege hauptsächlich mit den Märkern führen mußte«, die bekanntermaßen als besonders verlässliche Soldaten Preußens überall bis zum Äußersten entschlossen ihre Pflicht täten.[23]

Doch solche Auftritte können auch Wilhelm II. selbst nicht davon überzeugen, dass die militärische Lage günstig sei. Sein Umfeld erlebt ihn als»nervös, dass es nicht vorwärts geht«[24], als »sehr ungehalten, dass die Operationen nicht schneller und entscheidender verlaufen«[25]. Man gesteht sich zunehmend ein, dass der oberste Befehlshaber»den furchtbaren Ernst der Situation nicht erfaßt hat«.[26] Manchem scheint diese Situation fast schon peinlich.»Du willst etwas vom Kaiser hören?«, fragte Moriz von Lyncker, immerhin einer der engsten Mitarbeiter Wilhelms II., in einem Brief seine Frau. »Es ist besser, wenn ich nichts darüber schreibe.« So nimmt er es sich vor, aber kommt dann wenige Absätze später doch auf den Monarchen zu sprechen, wenn es ihm um die »Greuel und Schauergeschichten« geht, die auf deutscher Seite über den Krieg verbreitet werden. Auch hier gehe der Kaiser leider mit wenig gutem Beispiel voran. »Er glaubt jede Mordsgeschichte, und erzählt sie zehnfach vergrößert weiter«, was jedoch nichts anderes als »ein Ausdruck seiner Nervosität« sei.[27]

Kritik gibt es durchaus auch an dem Lieblingsprojekt des Kaisers: der Marine. Hier entscheidet er nämlich doch als Oberbefehlshaber, und zwar zunächst im Sinne einer Strategie der Vorsicht. Die deutsche Flotte wird in diesen Wochen zurückgehalten, eine Haltung, die der Kaiser wiederholt in seinem Umfeld »auf's Schärfste betont«.[28] Und weiter heißt es nach einer Besprechung: Der Kaiser »bleibt bei seinem starren Standpunkt, daß Flotte nur bei unmittelbaren günstigen Aussichten auf Schlachterfolg auslaufen solle«.[29] Tatsächlich hatte sich für die deutsche Marine der Krieg schon in den ersten Wochen rasch als Desaster erwiesen. Der Verlust des Kreuzers »Magdeburg« in der Ostsee und die Versenkung dreier Kreuzer durch britische Schiffe vor Helgoland bereits im August waren dafür ein Symptom. Entscheidender war indes, dass die Marine in diesen Wochen in den politischen und militärischen Planungen vollends in den Hintergrund rückte.[30]

Auch ein Frontbesuch heitert den Kaiser Ende Oktober nicht nachhaltig auf. Dabei dankt er den Soldaten des Grenadier-Regiments Prinz Karl von Preußen für ihren Dienst und fügt abschließend hinzu: »Ich hoffe, daß wir uns am Schlusse des Feldzugs wiedersehen und dann der Feind niedergerungen sein wird.«[31] Es ist der 26. Oktober 1914. Doch seine Umgebung hat den Monarchen in den Tagen zuvor wieder in der üblich schlechten Stimmung erlebt. »Er war sehr niedergedrückt«, notiert Admiral von Müller über den Monarchen am 22. Oktober, dem Geburtstag der Kaiserin. Am 25. Oktober fügt er hinzu: »Er war in letzter Zeit sehr nervös«, und Müller wertet es als weiteren »Ausdruck seiner Nervosität«, dass Wilhelm II. in Gesprächen anderen nicht zuhören kann, sondern das Bedürfnis hat, selbst zu sprechen.[32] Immerhin muss man dem Kaiser zugutehalten, dass er augenscheinlich nicht der Einzige ist, der in diesen spannungsreichen Tagen mit den Nerven zu kämpfen hat. So geraten auch andere Anwesende im Hauptquartier zuweilen schlagartig in Verzweiflung, etwa Hugo von Pohl, der Chef des Admiralstabs, der ansonsten als sehr optimistisch gilt. Als Pohl in diesen Tagen von Rückschlägen an der Ostfront erfährt, sieht er plötzlich sehr schwarz. Er meint, dass Hindenburg einen sehr verlustreichen Rückzug vor sich habe und dass vermutlich Ostpreußen »nicht zu halten« sein werde.[33]

Anderen geht es noch schlechter, etwa dem alten Moltke. Müller besucht ihn am 27. Oktober und notiert in seinem Tagebuch: »Einen gebrochenen Mann vorgefunden, körperlich wie seelisch.«[34] Auch andere Mitglieder des Hauptquartiers sind erschreckt über seinen Zustand, aber wohl noch erschreckter über seine Absicht, »am liebsten die Geschäfte« wieder zu übernehmen. Seine Besucher am Krankenbett versuchen fortgesetzt, ihm dieses Vorhaben auszureden.[35] Erst am Ende des Monats nimmt der alte General dann seinen Abschied aus dem Hauptquartier. Nun wird die Nachricht von Helmuth Moltkes angeblich nur körperlicher Erkrankung auch offiziell verbreitet – eine Meldung, mit der Zweifel an der Handlungsfähigkeit des Generals wie an der gesamten Heeresleitung vertuscht werden sollen:

> »*Wie aus dem Großen Hauptquartier mitgeteilt wird, ist General v. Moltke an Leber- und Gallenbeschwerden erkrankt; die Krankheit gibt keinen Anlaß zu Besorgnissen. General v. Moltke befindet sich in guter ärztlicher Pflege im Großen Hauptquartier: In seinem Zustand ist bereits eine wesentliche Besserung eingetreten. Seine Geschäfte sind dem Kriegsminister General v. Falkenhayn übertragen.«*
>
> (*Amtliche Kriegs-Depeschen*, 25. Oktober 1914)[36]

Den ausgemusterten General von Moltke kann jetzt kaum noch etwas aufheitern, für den Kaiser im Großen Hauptquartier hingegen gibt es dafür ein probates Mittel: ein ordentliches Gefecht, ein konkretes Kampfgeschehen oder auch nur zünftige Geschichten von Tod und Sterben – das ist ganz nach seiner Fasson. Als er in Charleville Besuch vom König von Sachsen bekommt, berichtet ein Beteiligter von einer »Tischunterhaltung auf dem Niveau der ödesten Kriegs-Mordgeschichten«. Auch ein Frontbesuch heitert ihn auf. Er spricht mit zahlreichen Generälen und glaubt Offiziere und Mannschaften in »kampfeslustiger« Stimmung anzutreffen. Er sieht sogar deutsche Soldaten in einem Schützengraben, dies allerdings auf tausend Meter Entfernung, wie ein Beobachter kommentiert. Doch der oberste Kriegsherr hat dabei ohne Zweifel das Gefühl großer Unmittelbarkeit, jedenfalls hat er untrüglich »das Gefühl, in der Kampflinie gewesen zu sein«. Zwei Tage später mokiert man sich im Hauptquartier über seine aufschneiderische Bemerkung über ein »Gefecht, das ich neulich mitgemacht habe«.[37] Aber immerhin: Der Kaiser hat sich an der Front gut unterhalten und wirkt für kurze Zeit »sehr erfrischt«.[38]

Aber was ist eigentlich noch der Kaiser, als der Oktober 1914 zu Ende geht? Eine Witzfigur, eine Marionette des Militärs, eine tragische Figur? Ein »oberster Kriegsherr«, der – wie es ein Historiker später einmal zugespitzt formulieren sollte – aufgrund seiner gepflegten Untätigkeit zutreffender als »oberster Teetrinker« zu bezeichnen ist?[39] Fraglos gibt es Männer in seiner Umgebung, die sich über ihn regelrecht lustig machen. Admiral von Müller, in dessen Tagebuch sich zahlreiche kritische Einträge finden, scheint sich innerlich zu schütteln, wenn der Monarch wieder einen seiner peinlichen Auftritte hat. Er scheint ihn für komplett ungeeignet für die Führung eines Landes in diesem Krieg zu halten:

»Der Kaiser fährt zur Armeeabteilung v. Strantz bei Metz. Abends zurück. Der Hausmarschall v. Gontard, der mitgewesen ist, erzählte mit Entsetzen von einer Rede, die der Kaiser den Offizieren einer

Division gehalten hatte – gewürzt mit allerhand Döhnchen (Hoch-
halten eines Spatens aus dem Schützengraben als Anzeige der
Absicht des Austretens), aber auch mit der Aufforderung, keine
Gefangenen zu machen. [...] Was hat der Deutsche Kaiser dem
Volke schon geschadet?«

(Tagebucheintrag vom 14. Oktober 1914)[40]

In der unmittelbaren Umgebung des Kaisers scheinen solche ver-
nichtenden Urteile an der Tagesordnung zu sein. Der Marineoffizier Albert Hopman etwa führt die angespannte Lage nicht nur
auf individuelle militärische Fehler oder mangelnde Organisation
und Abstimmung von Politik und Militär zurück, sondern macht
auch den Monarchen als obersten Befehlsherrn des Machtappa-
rates direkt für die Krise verantwortlich. Eine Krise, die seiner
Ansicht nach (und hier trifft er sich im Urteil mit Admiral von
Müller) schon langfristig angelegt und durch die Persönlichkeit
Wilhelms II. maßgeblich verursacht ist. »Dem gewaltigen und in
vielen seiner Glieder so gesunden und starken Körper unserer
Nation fehlt der klar denkende Kopf«, notiert Hopman verzweifelt in sein Tagebuch, »das Gehirn, das uns leitet, ist überspannt
und matt, es hat keinen Sinn für Realitäten.«[41]

So vernichtend das Urteil über Wilhelm II. ausfällt, so klar ist
der spätere Vizeadmiral in seiner Analyse der augenblicklichen
Lage und ihrer Entstehung: Dieser Krieg, das sei schon im dritten
Monat der Kämpfe deutlich zu erkennen, sei für Deutschland ein
großes Unglück, »er wird und kann nicht so enden, wie man es
sich bei Beginn vorstellte und sich heute der größte Teil der Nation noch vorstellt«. Es sei schlicht unmöglich, gegen eine ganze
Welt in Waffen zu bestehen. Und diese isolierte Position gegenüber den anderen Nationen führt Albert Hopman auch auf die
dem Krieg vorangegangene Diplomatie des Kaisers zurück. Dieser habe doch in den Jahren zuvor keine wirklichen Koalitionen
geschaffen, sondern »bald den einen, bald den anderen vor die
Schienbeine gestoßen«.[42]

»Ich kann mich auch des Schicksals nicht erwehren, daß es mit dem
Regieren und Leiten auch in dieser tiefernsten, schicksalsschweren
Zeit nicht besser geworden ist. Es fehlt an einem einheitlichen,
klaren festen Willen, sowohl in der Politik wie in der Kriegsführung.
Wir haben keinen Staatsmann, der das Ziel des Krieges bestimmt
hat und noch bestimmt, keinen Feldherrn, dessen Wille zum Sieg
das ganze Heer mit seinem Geist durchsetzt, keinen Flottenführer,
der die Bedeutung und die Aufgabe unserer Flotte in diesem
Existenzkampfe Deutschlands erkannt hat. S[eine] M[ajestät],
von Schwächlingen umgeben, fühlt sich immer als suprema lex und
redet dazwischen, meist nur aus persönlichen Gründen oder klein-
lichen Gesichtspunkten und hat für die großen Fragen der Zeit kein
Empfinden.«

(Tagebucheintrag vom 19. Oktober 1914)[43]

Bei den Eliten des Kaiserreichs funktioniert das eingeübte monarchische Prinzip allerdings noch. Am 22. Oktober 1914 kommt
das Preußische Abgeordnetenhaus zu Beratungen über die Reaktion auf die finanziellen Herausforderungen des Krieges zusammen. Die Sitzung endet mit dem obligatorischen »Hoch« auf die
preußische Majestät, dem der Präsident des Abgeordnetenhauses
die größten Verdienste bei der Kriegführung zugesteht: Neben
»unserer glänzenden Heeresführung, die von neuem die Welt in
Staunen setzt«, sei vor allem Wilhelm II. zu nennen, der an der
Spitze dieser Heeresführung stehe und »dem wir – bei all seiner
Friedensliebe – doch in erster Linie die Schärfe unserer Waffen
zu Wasser und zu Lande danken«.[44]

Diese Huldigung an den König und Kaiser ist durchaus typisch für eine noch immer weit verbreitete Vorstellung im Land,
Wilhelm sei ein friedliebender Monarch – ganz im Sinne seiner
Selbststilisierung als »Friedenskaiser« greift hier die frühe Propaganda vom aufgezwungenen Verteidigungskrieg. Auch wird
ihm persönlich die vor dem Krieg betriebene Aufrüstungspolitik zugutegehalten. Er repräsentiert jene Haltung, wonach man

etwa England »totrüsten« müsse. Gleichwohl irrt der Präsident des Preußischen Abgeordnetenhauses an einem zentralen Punkt: Kaiser Wilhelm II. steht zu diesem Zeitpunkt schon längst nicht mehr an der Spitze der so hochgerühmten Heeresführung. Dass er seit Wochen nur noch nach außen als oberster Kriegsherr firmiert, während er von vielen wichtigen Informationen abgeschnitten und damit an zahlreichen Entscheidungen gar nicht beteiligt ist – das ist den Abgeordneten in Berlin und der überwiegenden Mehrheit der Deutschen gar nicht bewusst. Wenn man so will, steht nur noch die Fassade: Wilhelm gilt den Deutschen nach wie vor als ihr oberster Führer. Und er selbst versucht, diesem Bild zu entsprechen und wenn irgend möglich dabei eine gute Figur zu machen. Nicht ohne Stolz legt er sich selbst das Eiserne Kreuz II. und I. Klasse an. Da diese Auszeichnung nur der Kaiser selbst vornehmen darf, lässt er sich von seinen Bundesfürsten dafür vorschlagen, den drei Königen von Bayern, Württemberg und Sachsen.[45] Aber auch Orden helfen jetzt nicht mehr weiter – sie sind kein probates Mittel gegen den ungünstigen Kriegsverlauf, und nicht einmal gegen die Niedergeschlagenheit des Monarchen. Der bleibt deprimiert. Am 28. Oktober 1914, in Charleville regnet es, vertraut er sich seiner Umgebung wieder einmal an:

»Es kommt uns niemand zu Hilfe. Wir stehen ganz allein und müssen eben mit Anstand untergehen.«

(Admiral von Müller über eine Äußerung Wilhelms II. am 28. Oktober 1914)[46]

Der dritte Kriegsmonat geht zu Ende. Dieser Zeitpunkt ist einerseits geprägt von der Tatsache, dass das Deutsche Reich angesichts einer desaströsen Politik seit den ersten Augusttagen militärisch weitgehend isoliert einer großen Zahl von Gegnern gegenübersteht. Und andererseits greift bei immer mehr Menschen die Angst um sich, dass die Deutschen in diesem Krieg untergehen könnten. Dass die Deutschen einen solchen Untergang mit Anstand vollziehen werden, sollte eine unerfüllte Hoffnung bleiben. Und das gilt zuvorderst für ihren Kaiser Wilhelm II. Mit Anstand wird er seine Rolle auch in der verbleibenden Zeit nicht ausfüllen. Aber das ist bei dieser Persönlichkeit auch nicht zu erwarten.

Alexander Cartellieri bleibt auf Kriegskurs

»Während des Krieges muss jeder Zweifel auslaufen in festen Glauben an unser Heer! Während des Friedens muss jeder Glaube auslaufen in einen Zweifel, ob auch alles in Ordnung ist! Darin liegt das Geheimnis des Staates und die Aussicht auf den endgültigen Sieg.«
(Tagebucheintrag vom 4. Oktober 1914)[47]

Professor Cartellieri ärgert sich über einige seiner Kollegen. Das tun Hochschullehrer zwar ohnehin gern einmal, aber in diesem Fall geht es immerhin um den Krieg, genau genommen um die angebliche Besserwisserei mancher Gelehrter. Sie wüssten nach der Lektüre der neuesten Frontberichte schon immer genau, was jetzt zu tun sei und welche Strategie aus welchen Gründen die richtige sei. »In diesem Kriege vor allem wissen wir nichts«, wendet er in seinem Tagebuch ein, »rein gar nichts.« Damit verweist er nicht nur, wie schon mehrfach zuvor, darauf, dass die Öffentlichkeit nur eingeschränkt über den Kriegsverlauf informiert wird. Er mahnt darüber hinaus auch zur Zurückhaltung der schlecht informierten Daheimgebliebenen: »Unsereiner, der hier bequem und gefahrlos theoretisiert, hat, auch unter guten Bekannten, die Pflicht, sein Urteil scharf zu zügeln.« Und genau das tun einige seiner Kollegen nicht.[48]

»Es ist selbstverständlich, dass man das in den Blättern Gelesene fortwährend erörtert und immer darauf spannt, jemanden zu finden, der eigene, vollere Kunde hat. Es ist erklärlich, dass man im Inners-

ten bewegt ist, wenn man liest, wie unsere Truppen weit zurück-
weichen mussten, und sich fragt, ob das nicht zu einer Niederlage
führen müsse. Aber sobald die Gedanken sich zum Worte formen,
müssen sie schon durch das Sieb der Überlegung gegangen und des
gröbsten Unsinns entkleidet worden sein. Äussert man kritische
Zweifel, ernste Besorgnisse, so darf man das nicht rechthaberisch
tun.«[49]

Verärgert zeigt sich der Prorektor nicht nur wegen Disziplinlosig-
keiten im eigenen Land. Ebenso schmerzt ihn Kritik von außen.
Das gilt vor allem für die Vorwürfe einer »barbarischen« Kriegsführung der Deutschen. Darüber ist Cartellieri erbost, vor allem
auch, weil ein enger Bekannter aus der Vorkriegszeit, der französische Philosoph Emile Boutroux, in diese Kritik einstimmt. Noch
im Mai 1914 hatte Cartellieri für den Kollegen von der Sorbonne
einen feierlichen Empfang ausgerichtet, und selbst der nun vollends in Kriegsrhetorik aufgegangene Rudolf Eucken hatte ihn
bei dieser Gelegenheit als Freund der Deutschen bezeichnet. Nun
nimmt auch Boutroux die Zerstörungen von Löwen und Reims
zum Anlass, auf die Überheblichkeit der deutschen Kultur hinzuweisen und eine »barbarie savante« auszumachen.[50]
    Schmerzhaft sind auch die Vorwürfe, die von englischer Seite
erhoben werden. Britische Intellektuelle haben am 18. September 1914 in der *Times* und der *New York Times* unter dem Titel
»Britain's Destiny and Duty« eine Erklärung für den »righteous
war« veröffentlicht, den gerechten Krieg gegen das Deutsche
Reich. Unterzeichnet ist der Aufruf von der Crème de la Crème
der britischen Literatur (darunter Arnold Bennett, Arthur Conan
Doyle, John Galsworthy, Thomas Hardy, Rudyard Kipling, H.G.
Wells) – fraglos ein großer Schmerz für die deutschen Intellektuellen.[51] Und zum Vorwurf der Barbarei kommt im Oktober 1914
die Anklage hinzu, Kriegsverbrechen begangen zu haben. In
einer britischen Zeitschrift erscheint ein namentlich nicht gekenn-
zeichneter Beitrag, in dem der deutsche Überfall auf das neutrale

Belgien nicht als bloße Kriegshandlung, sondern als Kriegsverbrechen dargestellt wird. Dafür, so heißt es, gehörten die Verantwortlichen vor Gericht gestellt und verurteilt.[52] Die verbale Auseinandersetzung wird schärfer. Jena war der Ort, wo sich in Gestalt von Rudolf Eucken und Ernst Haeckel erstmals deutsche Universitätsprofessoren zustimmend zum Weltkrieg geäußert haben[53], jetzt schließen sich reichsweit die professoralen Anhänger der »Ideen von 1914« zusammen, um die »deutsche Kultur«, die deutschen Soldaten und überhaupt das Reich gegen jegliche Kritik von außen in Schutz zu nehmen und umgekehrt die Schuld am Geschehen den anderen Mächten zuzuschieben.

Das Ergebnis erscheint am 4. Oktober 1914 in den wichtigsten deutschen Tageszeitungen als Aufruf »An die Kulturwelt!«. 93 Persönlichkeiten aus Kultur und Wissenschaft teilen darin der internationalen Öffentlichkeit mit, dass sie sich nicht nur mit dem deutschen Militarismus identifizieren, sondern auch die Missachtung der Neutralität Belgiens gutheißen. Zu den unterzeichnenden Persönlichkeiten zählen neben Haeckel und Eucken unter anderen Peter Behrens, Lujo Brentano, Richard Dehmel, Paul Ehrlich, Fritz Haber, Gerhart Hauptmann, Adolf von Harnack, Karl Lamprecht, Friedrich Naumann, Max Planck, Wilhelm Röntgen, Franz von Stuck, Ulrich von Wilamowitz-Moellendorff und Wilhelm Wundt.[54] Mit diesem Dokument bekommt der »Schreib- und Redekrieg der Professoren«, mit dem sie den Schlachtenlärm der zurückliegenden Wochen eher schmückend begleitet haben, eine neue Qualität. Es ist ein offensiver Schritt mit dem Ziel der moralischen Aufrüstung der Bevölkerung und der propagandistischen Unterstützung der »deutschen Sache« im Ausland – auch wenn bei dieser Sache belgische Zivilisten sterben mussten, was allerdings schlicht negiert wird.[55]

»Wir können die vergiftete Waffe der Lüge unseren Feinden nicht entwinden. Wir können nur in alle Welt hinausrufen, daß sie falsches Zeugnis ablegen wider uns. Euch, die ihr uns kennt, die ihr bisher

*gemeinsam mit uns den höchsten Besitz der Menschheit gehütet
habt, euch rufen wir zu: Glaubt uns!* Glaubt, daß wir diesen Kampf
zu Ende kämpfen werden als ein Kulturvolk, dem das Vermächtnis
eines Goethe, eines Beethoven, eines Kant ebenso heilig ist wie sein
Herd und seine Scholle.«[56]

Die Intellektuellen lehnen sich hier publizistisch sehr weit aus dem
Fenster: Sie folgen einerseits blauäugig der offiziellen Kriegspropaganda zu den Vorgängen in Belgien und geben andererseits einen
tiefen Einblick in den weit verbreiteten Rassismus der bildungsbürgerlichen Elite, die die deutsche Kultur durch minderwertige
Völker bedroht sieht. Wie könnten sich Länder wie Großbritannien oder Frankreich zu Verteidigern der europäischen Zivilisation erheben, wo sie sich doch selbst mit Russland und Serbien
verbündet haben und damit »Mongolen und Neger auf die weiße
Rasse hetzen«?[57] Es ist besonders die Legitimation des deutschen
Vorgehens in Belgien, das diesem Aufruf viele negative Reaktionen einbringt, vor allem in den Vereinigten Staaten von Amerika.
Bei aller Empörung wollte man einigen Gelehrten – so vor allem
dem hoch geschätzten Philosophen Ernst Haeckel – immerhin
zugutehalten, dass sie da etwas unterschrieben haben, ohne vorher
den Wahrheitsgehalt der Behauptungen geprüft zu haben.[58]

Tatsächlich ist im Deutschen Reich kaum jemandem der intellektuelle und politische Sündenfall der deutschen Intelligenz
peinlich. Die 93 Persönlichkeiten sprechen für die meisten deutschen Professoren – aber eben doch nicht für alle. Wenn auch
spärlich, so gibt es doch Widerspruch. Es entsteht ein alternati-
ves Dokument zu diesem »Aufruf«, das der Arzt und Physiologe
Georg Friedrich Nicolai, außerplanmäßiger Professor an der Berliner Universität, initiiert. Gerade die Achtung vor der deutschen
Kultur verpflichte ihn zu einem Gegenentwurf. Diesen legt er
seinem Freund Albert Einstein vor, der zu diesem Zeitpunkt bereits Mitglied der Preußischen Akademie der Wissenschaften ist.
Gemeinsam sitzen sie an einem Text, den sie dem »unwürdigen«

Aufruf der 93 entgegensetzen wollen. Das Ergebnis ist ein »Aufruf an die Europäer«, der vergleichsweise moderat an alle Gebildeten guten Willens gerichtet ist und pragmatisch zumindest den Verzicht auf Annexionen und die Schaffung einer dauerhaften europäischen Friedensordnung fordert. Ab Mitte Oktober 1914 zirkuliert das Papier in Berliner Universitätskreisen, findet nach Ansicht der Verfasser auch durchaus »freundliche Zustimmung«, aber keine Unterschriften. Nur zwei Unterstützer melden sich, darunter der greise Astronom Wilhelm Foerster, der zuvor beim Aufruf der 93 dabei war und der seine Unterschrift inzwischen offenkundig bedauert. Nicolai und Einstein jedenfalls müssen das Scheitern ihrer Bemühungen eingestehen. »Tief bekümmert«, so notiert der Arzt später, »erkannten wir unsere Einsamkeit.«[59]

Der Widerspruch gegen die geistige Mobilmachung der Professoren ist also gering, aber der Fall von Nicolai und Einstein zeigt, dass er unter den herrschenden Bedingungen zumindest möglich ist. Es besteht in diesen Wochen durchaus Spielraum, wenn es um die propagandistische Eskortierung der deutschen Soldaten geht. Wer will, kann als deutscher Professor zurückhaltend sein, wer will, kann rhetorisch schrankenlos aufrüsten. Auch an der Universität Jena offenbart sich dieser Spielraum. Dort toben nicht nur die Auseinandersetzungen der Intellektuellen über die Bewertung des Krieges, sondern zugleich jener »Bilderstreit von Jena«, der auch den Prorektor beschäftigt. Es geht um das bereits erwähnte Gemälde »Der Auszug deutscher Studenten in den Freiheitskrieg von 1813« des schweizerischen Malers Ferdinand Hodler. Dieser hat nämlich den sogenannten Genfer Protest gegen die Beschießung und weitgehende Zerstörung der Kathedrale von Reims durch deutsche Artillerie unterschrieben, wodurch er sich den Zorn der deutschen »Kulturwelt« zugezogen hat. In Deutschland versteht man diese Unterschrift als Untat und Verrat: Hodler wird aus fast allen Künstlervereinigungen ausgeschlossen, weil er es gewagt hat, den Beschuss von Reims als Akt der »Barbarei« zu verurteilen.

Der Vorwurf schmerzt. Ferdinand Hodler und sein Bild scheinen nun für die Universität Jena nicht mehr tragbar zu sein. Er gilt im »vaterländisch gesinnten« Milieu der Hochschule als »undeutsch« und als unwürdig, das große geistige Motiv der deutschen Freiheitskriege darzustellen, in denen patriotische deutsche Studenten den Waffenrock anziehen, um das Vaterland gegen die Feinde zu verteidigen.[60] Es ist der berühmte Ernst Haeckel, der den Maler öffentlich attackiert. Er attestiert ihm nicht nur mangelnde Urteilskraft über das tatsächlich Geschehene, sondern sieht auch Hodlers deutschfeindliche Gesinnung als erwiesen an. Für den 80-jährigen Haeckel, der sich als »Senior« der Universität versteht, ist es deshalb naheliegend, dass ein Gemälde aus Hodlers Hand in der Hochschule nicht mehr geduldet werden könne. Er schlägt deshalb vor, das Gemälde zu verkaufen und den Erlös dem Roten Kreuz zukommen zu lassen. So könne zumindest ein kleiner Teil der Not gelindert werden, den dieser Krieg – Haeckel nennt ihn ausdrücklich »das größte Verbrechen der ganzen Weltgeschichte« – über die Deutschen gebracht habe. Bis Ende November, so schließt der Professor seinen »Offenen Brief«, würden Angebote zum Verkauf angenommen.[61]

»Mit tiefstem Bedauern haben wir in Jena Ihren Namen unter dem lügenhaften Protest gelesen, welchen haßerfüllte Feinde Deutschlands in Genf gegen unsere angebliche Barbarei gerichtet haben und in welchem die ganze Menschheit zum Kampfe gegen uns herausgefordert wird. Sie haben durch diese gehässige und verleumderische Erklärung nicht nur unser nationales Ehrgefühl verletzt, sondern sich auch selbst ins Gesicht geschlagen.«[62]

Prorektor Alexander Cartellieri wird von Rudolf Eucken schriftlich dazu aufgefordert, das Hodler-Bild aus der Universität zu entfernen.[63] In einer Sitzung des Verwaltungsausschusses wird darüber diskutiert. Daraufhin bespricht Cartellieri die Angelegenheit mit dem Kurator der Universität, der das Gemälde nun zumindest unsichtbar machen soll.[64] Den Vorschlag Haeckels, das Bild abzuhängen und zu verkaufen, lehnt Cartellieri jedoch ab. Dies jedoch nicht aus inhaltlichen Erwägungen oder gar grundsätzlichen Bedenken, sondern aus formalen juristischen Gründen und mit Verweis auf das Universitätsstatut, das ein solches Vorgehen unmöglich mache.[65] Aber die Ansicht, dass Hodlers Bild nach den jüngsten Äußerungen des Malers für die Universität nicht mehr tragbar ist, teilt auch der Prorektor. Und so ist er maßgeblich daran beteiligt, dass es unsichtbar gemacht wird – das Bild wird sozusagen kurzerhand in »Schutzhaft« genommen:

> *»Der Verwaltungsausschuss des Senats hat einstimmig beschlossen, mich zu ersuchen, das Hodlersche Bild im Universitätsgebäude schleunigst ›in Schutzhaft zu nehmen‹, da die fortgesetzte Hetze in den hiesigen und auswärtigen Blättern und zahlreiche bei dem Prorektor eingegangene und noch eingehende Zuschriften allerdings die Befürchtung rechtfertigen, daß, wenn nichts geschieht, sich Studierende oder auch andere Personen an dem Bilde, dessen dauernde Bewachung nicht möglich ist, vergreifen könnten, habe ich das Bild durch einen dauerhaften Bretterverschlag abschließen und diesen – der Farbe der Wände entsprechend – mit weißem Nessel überziehen lassen. Die Kosten werden etwa 30 M betragen.«*
> (Bericht des Universitätskurators am 16. Oktober 1914)[66]

Die Hochschullehrer in Jena sind nicht zuletzt wegen dieser emotionalen Auseinandersetzungen bereit, sich öffentlich für die patriotische Sache einzusetzen. Und doch liegt der Politisierungsgrad der Professorenschaft in der kleinen Universität unter dem Reichsdurchschnitt, zumindest wenn man die Unterstützung für die »Erklärung der Hochschullehrer des Deutschen Reiches« im Oktober 1914 als Maßstab nimmt. Dieser Aufruf wird nur knapp zwei Wochen nach dem »Manifest der 93« am 16. Oktober veröffentlicht, unterzeichnet von über 3000 deutschen Hochschullehrern. Der Anteil der Unterzeichner liegt für ganz Deutschland bei 67,6 Prozent, in Jena nur bei 59,5 Prozent.[67] Gleichwohl sind die bedeutenden Professoren darunter. Auch Cartellieri unterschreibt und wehrt sich somit erstmals auch auf diese Art öffentlich gegen den Vorwurf der Barbarei.

>*Wir Lehrer an Deutschlands Universitäten und Hochschulen dienen der Wissenschaft und treiben ein Werk des Friedens. Aber es erfüllt uns mit Entrüstung, daß die Feinde Deutschlands, England an der Spitze, angeblich zu unsern Gunsten einen Gegensatz machen wollen zwischen dem Geiste der deutschen Wissenschaft und dem, was sie den preußischen Militarismus nennen. In dem deutschen Heere ist kein anderer Geist als in dem deutschen Volke, denn beide sind eins, und wir gehören auch dazu.*<*

(aus der »Erklärung der Hochschullehrer des Deutschen Reiches« vom 16. Oktober 1914)[68]

Als Verfasser dieser Erklärung fungiert der damals bekannte und einflussreiche, politisch streng konservative Berliner Altphilologe Ulrich von Wilamowitz-Moellendorff (ein Schwiegersohn von Theodor Mommsen), der wie Cartellieri 1913 am internationalen Historikerkongress in London teilgenommen hat – fraglos dürften sich die beiden Kollegen dort begrüßt haben. Den Beginn des Weltkrieges hat Wilamowitz-Moellendorff mit flammendem Patriotismus und zahlreichen Vorträgen begleitet. Sein selbstbewusstes Bekenntnis zum »deutschen Wesen« und der segensreichen Wirkung des militärischen Kampfes für eine vermeintlich gute Sache findet sich auch in der »Erklärung der Hochschullehrer« wieder. Für die unterzeichnenden Professoren ist es keine Frage, dass ganz Europa von diesem spezifisch deutschen Geist profitieren werde. Dabei postulieren sie einen kulturellen Überlegenheitsanspruch, der für andere Länder in der augenblicklichen Kriegssituation und angesichts der Vorgänge in Löwen oder Reims kaum hinnehmbar ist:

»Jetzt steht unser Heer im Kampfe für Deutschlands Freiheit und
damit für alle Güter des Friedens und der Gesittung nicht nur in
Deutschland. Unser Glaube ist, daß für die ganze Kultur Europas
das Heil an dem Siege hängt, den der deutsche ›Militarismus‹
erkämpfen wird, die Manneszucht, die Treue, der Opfermut des
einträchtigen freien deutschen Volkes.«

(aus der »Erklärung der Hochschullehrer des Deutschen Reiches«
vom 16. Oktober 1914)[69]

Trotz seines flammenden Engagements für die deutsche Sache
berührt es Cartellieri doch tief, dass die schlimmsten Kämpfe und
Verwüstungen die Regionen zwischen Schelde und Somme in
Flandern und im Artois betreffen, deren Erforschung so lange den
Schwerpunkt seiner Arbeit bildete. Kirchen und Herrschaftssitze
werden zerstört, die er vor dem Krieg selbst besucht hat, er kennt
anders als die meisten Deutschen das betroffene Land sehr genau.
Und er weiß als Mediävist nur zu gut, welch kulturellen Verlust
die Zerstörung der Universitätsbibliothek von Löwen und ihrer
mittelalterlichen Handschriftensammlung bedeutet. Aber Cartellieri legt keinen Widerspruch ein. Er hat sich in diesen »Verstandeskrieg« gefügt, er hat ihn akzeptiert, und er verteidigt ihn. Die
Verwüstungen im Westen trägt er mit. »An der Notwendigkeit all
dessen zu zweifeln«, so wird sein späterer Biograf über diesen Lebensabschnitt Cartellieris einmal urteilen, »verbietet ihm hingegen sein nationales Pflichtgefühl als deutscher Professor.« Längst
habe sich »der patriotische Schleier auch über seine sonst so wa-
chen Augen« gelegt, Zensur und offizielle Kriegspropaganda hätten ein Übriges getan.[70]

Abgesehen von solchen »großen« Themen des Weltgeschehens
muss sich Cartellieri als Prorektor der Universität Jena aber auch
um die Belange vor Ort sorgen. So setzt er sich mit den wiederkehrenden Gerüchten auseinander, wonach die Universität während des Wintersemesters ganz oder teilweise geschlossen werde.
Da bekanntermaßen einige Dozenten in den Krieg gezogen sind,

treten die Fakultäten zusammen, um den Lehrplan neu zu organisieren. Manche Fächer, so kann die Universität verkünden, bleiben in vollem Umfang erhalten, in anderen werden Vertretungen angeboten.[71]

So hat sich zu Beginn des Wintersemesters 1914/15 das Bild der Universität Jena völlig verändert. Es sieht »öd und traurig« dort aus, schreibt die örtliche Presse, weil sich in der gesamten ersten Woche nur vereinzelt Studenten als Hörer eingetragen hätten. Das muntere Gedränge der Vorkriegszeit fehle völlig, wenngleich mit einiger Verspätung doch zumindest von einem »ansehnlichen« Besuch gesprochen werden dürfe. Diejenigen, die sich nun hier einfinden, empfänden angeblich ein Defizit. Sie hätten eben nicht die Ehre, dem Vaterland draußen im Felde zu dienen – das Wort von den »Reichskrüppeln« macht sarkastisch die Runde.

»Aber wir wissen, daß eine heilige Begeisterung und Kriegsfreudig-keit durch jedes Studentenherz zog, daß jeder bereit war, sein Blut auf dem Altar des Vaterlandes zu opfern, aber zunächst konnten nicht alle von den 61 000 deutschen Studenten zum Kriegsdienst auserwählt werden. Und dem ist gut so. Denn während draußen Deutschlands Macht und Ansehen vor aller Welt durch Blut und Schwert von neuem bekräftigt wird, soll indes daheim die deutsche Wissenschaft [...] im Stillen weitergepflegt werden.«
(das Jenaer Volksblatt zum Beginn des Wintersemesters 1914/15)[72]

Anfang des Wintersemesters haben sich die Hörsäle deutlich geleert, die Hälfte der Studenten fehlt: Von 1749 Immatrikulierten befinden sich jetzt 955 im Heeres- oder Sanitätsdienst.[73] Doch nicht nur die geringere Zahl der Studenten prägt das Bild einer Universität im Krieg, auch die Gebäude dienen zuweilen anderen Zwecken. Die Häuser der Studentenverbindungen sind verwaist, oft genug wehen an ihnen nicht mehr die stolzen Verbindungsfahnen, sondern die weiße Fahne mit dem roten Kreuz.

Wo einst trunkene Geselligkeit herrschte, werden nun verletzte Soldaten gepflegt. Die bunten Mützen der Verbindungen sind weitgehend aus dem Stadtbild verschwunden. Wer sie noch trägt, schleicht »gleichsam verstohlen« durch die Gassen und wird bestaunt. Längst scheint diese Kopfbedeckung ihre ursprüngliche Bedeutung verloren zu haben, und eine neue ist an ihre Stelle getreten: »Die Mützen werden das Zeichen der Trauer beständig zeigen«, heißt es im *Jenaer Volksblatt*, denn mehr oder weniger groß ist die Zahl derer aus den Verbindungen, die den sogenannten »Heldentod fürs Vaterland« gestorben sind.[74] Der Krieg hält auch thematisch Einzug in die Universität. So kündigt etwa der Physiker Felix Auerbach für das Wintersemester eine Vorlesung über »Die Physik im Kriege« an, mit der er eine physikalisch grundlegende Einführung in die moderne Kriegstechnik bietet und damit große öffentliche Aufmerksamkeit findet. Der Psychiater Otto Binswanger setzt sich mit den »seelischen Wirkungen des Krieges« auseinander. Dabei trägt er seine These vor, wonach dasjenige Land in diesem Krieg den Sieg davontragen werde, »dessen Soldaten die besseren Nerven haben«.[75]

Alexander Cartellieri liest passend zu den Herausforderungen der Gegenwart über die Geschichte der deutschen Kaiser seit dem Mittelalter. So arbeitet er sich wieder in die Person Friedrich I. ein, die er einst bei seiner öffentlichen Antrittsvorlesung in Heidelberg zum Thema gewählt hatte. Cartellieri versucht sich wieder an seiner historischen Arbeit, aber er findet nicht mehr das Vergnügen daran, welches er noch zu Friedenszeiten verspürt hat. Er scheint manchmal an der Sinnhaftigkeit der Historiografie zu zweifeln. Sogar seine große Darstellung über den französischen König Philipp II. August erscheint ihm inmitten des Krieges zwischen Deutschland und Frankreich als »einigermaßen unzeitgemäß«. Unsicherheit erfasst ihn nicht nur bei seinem Hauptwerk, der Krieg scheint in seiner Wissenschaftswelt auch ein anderes Projekt scheitern zu lassen: seine zwei Beiträge für die renommierte *Cambridge Medieval History* werden nicht erscheinen. Der britisch-deutsche Krieg hat die Zusammenarbeit zerstört, und er trifft den Historiker insoweit auch in fachlicher Hinsicht:

> *»Ich bin wirklich ein Leidtragender des Kriegsjahres wie wenig andere Kollegen! An deutsch-französische Freundschaft habe ich nie geglaubt, aber meine Lebensarbeit beruhte auf der romanisch-germanischen Einheit, wie Ranke sie betätigt hat. Jetzt soll das alles zu Ende sein?«*
> (Tagebucheintrag vom 14. Oktober 1914)[76]

Cartellieri befindet sich in echter wissenschaftlicher Verlegenheit. War es überhaupt richtig, in Jena und bei seinen angestammten Themen zu bleiben? »Ob ich die besten Jahre meines Lebens vergeudet habe, weil ich wie ein Soldat an dem einmal eingenommenen Posten blieb?« Er stellt sich angesichts der Erschütterung seines bisherigen (internationalen) Gelehrtenlebens zumindest die Frage, ob er diese Schwierigkeiten nicht als Anlass »zum Übergang in ganz andersartige Studien« nutzen sollte. »Grosse Neigung hätte ich zur neusten Zeit«, gesteht sich der Mittelalterexperte ein, »besonders unter dem Gesichtspunkt der auswärtigen Politik, von der man bei uns so wenig weiss, sobald man über Bismarck hinausgeht.«[77] Was ist in diesen Tagen schon die mittelalterliche oder alte Geschichte wert? Wozu in diesen Tagen überhaupt noch Geschichtsschreibung?

> *»Wie rasch veralten in diesen Tagen grosse berühmte Geschichtswerke! Man sieht die Tatsachen wie durch einen Nebel von Ansichten, die nicht mehr richtig sind!«*[78]

Trost findet der Historiker dann in seiner Bibliothek: »Heute Nachmittag bin ich wieder in meiner Bibliothek gereist!« In manchen Momenten staunt er selbst über die schönen Bücher, die er im Laufe der Jahre zusammengetragen hat. Vor allem erfreut er sich an den vielen Quellensammlungen und damit an jenen Texten, die angesichts der bedrohlichen Zerfallserscheinungen von moderner Geschichtsschreibung doch von bleibendem Wert sein werden. Aber sein Hin- und Hergerissensein zwischen den Aufgaben des Historikers und den Anforderungen der Gegenwart bleibt. Cartellieri verspürt einen inneren Aufbruch, seine bisherige Arbeit kann ihn nicht zufriedenstellen. »Die Zeit ist zum Umdenken geeignet«, notiert er, doch wo »soll ich die Kraft hernehmen, die gräulich scheingelehrte Art der Historiker zu bemeistern?«

»Mir wird es immer lästiger, über die Vergangenheit zu lesen und ich möchte sie immer leidenschaftlicher fassen in ihren eigenen Zeugnissen, in den Werken der wirklich Grossen. Ich suche solche in diesen Zeiten, wo der Blick sich weiten muss, um das Spiel der Kräfte auf einmal zu übersehen. Von Japan bis England, von der Ostsee bis zum Kapland! Ich brauche die ›Correspondance de Napoléon‹: da wird man nicht lange nach Anknüpfungen suchen. Auch bei Friedrich dem Grossen findet sich manches.«[79]

Unterdessen schlagen die Kriegserfolge Cartellieri auch im Oktober 1914 weiter in den Bann: »Belgien ist unser«, begeistert er sich am 18. Oktober in seinem Tagebuch. Er nimmt diese Nachricht zum Anlass, einmal im Großen und Ganzen mögliche deutsche Gebietsgewinne in diesem Krieg in den Blick zu nehmen: »Sollte nicht allmählich wieder alles an uns kommen, was einst zum alten Reiche gehört?« Damit nimmt der Historiker das 1806 untergegangene Heilige Römische Reich Deutscher Nation in den Blick, zu dessen imposanten Herrschaftsgebiet auch jene Region gehörte, die nun Belgien ist. Überhaupt und immer wieder Belgien: Cartellieri betrachtet das Land als legitime Beute, an deren Besitz sich das Deutsche Reich erfreuen und bereichern dürfe. »Hauptsache ist, dass unserem Volksempfinden genügt werden muss«, notiert er. »Nach solchen Opfern kann nicht bloss Berechnung entscheiden.« Auf keinen Fall dürfe eine »aufsässige Bevölkerung« hingenommen werden, die es den neuen deutschen Herren vielleicht noch schwerer mache, als es die Bewohner von Elsass-Lothringen nach dem Krieg von 1870/71 taten.[80] Dass es den Menschen in Belgien indes nicht einleuchtet, ihr Land nach der militärischen Niederlage einfach preiszugeben und den Deutschen als willfährige Vasallen zu dienen – dieser Gedanke scheint Alexander Cartellieri im fernen Jena allerdings nicht zu belästigen.

Stattdessen beschäftigt sich der Gelehrte in diesen Tagen mit höheren Zielen, vor allem einem Sieg gegen Großbritannien. Wenn doch nur bald ausreichend Geschützstellungen am Ärmelkanal aufgestellt würden, schreibt er in sein Tagebuch. Dann könnten die deutschen U-Boote dort Schutz finden und »sich zu neuen kühnen Taten rüsten«. Die englischen Kriegsschiffe schwebten dann in immerwährender Gefahr, und die englischen Handelsschiffe würden sich einfach nicht mehr »herauswagen«. »Das wird die Zufuhr nach der Insel unendlich erschweren«, freut sich Cartellieri bereits jetzt, »und die Furcht vor dem Aushungern steigern.« Überhaupt werde deutsche Technik sicher den Erfolg bringen – der Historiker denkt dabei vor allem an die U-Boote und die Luftschiffe (und freut sich, dass die Zeiss-Werke in Jena mit ihren optischen Geräten dazu anscheinend einen wichtigen Beitrag leisten). England dürfe sich nicht beklagen, wenn Deutschland ihm so zusetze: »Seine Macht ruhte nicht auf der Kraft des Volkes, sondern auf der Zahl und der Leistung der Schiffe, also auf einem technischen Vorteil.« Den werde das Deutsche Reich ihm jetzt nehmen.[81]

Ob Alexander Cartellieri am letzten Tag des Oktobers 1914, einem Sonnabend, die örtliche *Jenaische Zeitung* zur Hand nimmt, ist ungewiss. Im Prinzip bevorzugt er überregionale Blätter, aber sicherlich schaut er bei Gelegenheit auch in eine der beiden vor Ort erscheinenden Tageszeitungen hinein. Täte er es an diesem Tag, so hielte er den Auszug aus einem Feldpostbrief eines Jenaer Studenten in Händen, der gerade an der Ostfront kämpft. Ob der junge Mann zu denen zählt, denen der Prorektor beim Abschied persönlich die Hand reichen konnte? Oder hat er zumindest den Anschlag Cartellieris vom 31. Juli 1914 gelesen, in dem er sich im Namen aller akademischen Lehrer erfreut darüber zeigt, dass die Studenten mit ruhiger Entschlossenheit ihre Pflicht tun? Es lässt sich nicht rekonstruieren, denn der Auszug aus dem Feldpostbrief erscheint anonym. Er hat die Hürden der Zensur genommen und den Weg in die Heimatzeitung gefunden, weil er nur ahnen lässt, was der Krieg da draußen für die ehemaligen Studenten bedeutet:

»Die Universitätsferien standen im Zeichen des Mars und auch das Wintersemester wird durch den Krieg für mich verloren sein. Nach einer Ausbildung von 5 Wochen sind wir schon herausgekommen in die Reihen der aktiven Regimenter. Die erste Schlacht habe ich mit schlagen helfen und in der zweiten sind wir mitten drin. [...] Es war doch eine schöne Zeit, die ich in Jena verleben durfte. Damals gab es alles, was das Herz begehrte, und jetzt wäre man froh, zum trockenen Kommißbrot etwas Wurst zu haben oder auf Wache Schokolade lutschen zu können. [...] Ich werde aber später in der Heimat nicht versäumen, recht viel davon zu genießen.«[82]

An diesem 31. Oktober 1914 nimmt der Prorektor wieder seine universitätspolitische Funktion wahr und spricht zum Abschluss des Monats vor den Studenten. Er hat als Prorektor eingeladen und notiert anschließend zufrieden, dass »die Aula einen gefüllten Eindruck machte«.[83] Offensichtlich will der Historiker etwas zur aktuellen Lage sagen, er fühlt sich augenscheinlich verpflichtet, als Vertreter der Universität seine Einschätzung öffentlich zu machen. Alexander Cartellieri heißt an diesem Sonnabend, dem 31. Oktober, den Krieg gut. Hierfür greift er auf seine Aufzeichnungen zurück, in denen er bereits Anfang August seine persönliche Beurteilung des Krieges festgehalten hat, und daran hat sich auch »jetzt nicht viel geändert«.[84] Cartellieri legt damit eine Art persönliches und öffentliches Vermächtnis des Sommers 1914 vor.

Auffallend in seiner Rede ist die scharfe Abrechnung mit Frankreich. Möge der äußere Kriegsanlass die Treue zu Österreich-Ungarn gewesen sein, so müsse man die tiefere Ursache »bei jedem unserer Feinde an anderer Stelle suchen«. Frankreich? Das habe Deutschland seit Jahrhunderten den Erfolg geneidet und mehr oder weniger den Krieg gesucht. Cartellieri zeichnet ein gnadenloses Bild des Erzfeindes:

>*»Seit 600 Jahren oder mehr sucht Frankreich unsere Weltstellung bei jeder günstigen Gelegenheit zu untergraben, um unter dem Scheine des Gleichgewichts sein eigenes Uebergewicht um so sicherer zu befestigen. Nur allzu oft ist es ihm dank unserer eigenen Zerrissenheit im Laufe der Geschichte gelungen. Nie hat es uns die Siege der Befreiungskriege verziehen und von da an mit immer wachem Argwohn betrachtet, wie der Reichsgedanke Fortschritte machte.«[85]*

Cartellieri trägt nun mit eigenen Impulsen zur geistigen Mobilmachung bei. »Auch als Denker«, so bekennt er vor den Studenten, »ziehen wir unsere beste Kraft aus dem Boden des Vaterlandes, auch als Denker weihen wir ihm unsere Arbeit.« Cartellieri will als Intellektueller den Zusammenhang mit »unseren Kriegern« herausstellen: »Auch wir wollen kämpfen.«[86] Dass der Krieg verlustreich ist, dass er sogar verlustreicher ist, als man es geahnt hat – das kann auch ihn in diesem Moment nicht irritieren. Drei Monate nach Beginn der Kämpfe hat er sich die offizielle Durchhalterhetorik zu eigen gemacht:

>*»Furchtbare Opfer hat der Kampf unser deutsches Volk gekostet, an edlem Blut und sauer erworbenem Gut, aber wohin man auch schaut, erblickt man nur Zuversicht, wohin man horcht, hört man nur das eine Wort: Durchhalten! Herrliche Siege sind erfochten, kühne Taten auf der Erden und über der Erde, auf dem Wasser und unter Wasser gehen von Mund zu Mund.«[87]*

Alexander Cartellieri hält Kurs. Kriegskurs. Er tut dies aus Überzeugung. Es sei halt Krieg, und es gälten deshalb andere Gesetze: Jetzt lernten die Menschen eben notgedrungen wieder die notwendige Achtung vor dem »Zwang« und vor dem »Muss«. Die Menschen hätten sich an so vieles in den guten Jahren gewöhnt, jetzt werde man in schwierigeren Zeiten leben und sich eben klaglos zurechtfinden müssen. Die Zeiten der Freiheit und des vergleichsweise leichten Lebens seien vorbei. Alexander Cartellieri meint, dass der Frieden und auch die Freiheit vielen Menschen in Deutschland einfach nur den Kopf verdreht hätten. Jetzt werde alles anders: »Keiner wollte müssen«, so notiert er in seinem letzten Tagebucheintrag des Oktober 1914, »und jetzt muss er doch, auch in den Tod gehen.«[88] Und das, so drückt es der ganze Auftritt des Professors aus, sei auch richtig so.

Wilhelm Eildermann hofft auf die Niederlage

Als der Oktober 1914 beginnt, mehren sich in sozialdemokratischen Zeitungen die Klagen über die Praxis der Zensur, die von den Militärbehörden vor allem gegenüber den Blättern der eigenen Partei ausgeübt wird. Das wiederholte Verbot des *Vorwärts* sowie Verfahren gegen vereinzelte Redakteure provozieren nicht nur bei der *Bremer Bürger-Zeitung* die Frage, ob dies wirklich nützliche Instrumente seien, »einen siegreichen Verlauf des Krieges zu sichern«.[89] Denn das sei doch der Sinn dieser Zensur im Kriegsfall. Begeisterung für die Sache, die ohnehin in diesen Kreisen nur schwach vorhanden zu sein scheint, könne man so jedenfalls nicht wecken:

»Die eigentliche Begeisterung – ich möchte sagen, die akademische Begeisterung, wie sie sich der Gebildete leisten kann, der nicht unmittelbare Nahrungssorgen hat, scheint mir doch zu fehlen. Das Volk denkt doch sehr real, und die Not liegt schwer auf den Menschen.

In den großen Fabriken wird freilich noch gearbeitet, meist jetzt für
das Heer, daher haben noch viele Männer Arbeit – Frauen sind aber
massenhaft brotlos geworden.«

(Bericht eines Pfarrers aus dem Berliner Arbeiterviertel Moabit)[90]

Zudem sind es die sozialen Folgen des Krieges, die die Arbeiter
und auch die Redaktion der *Bremer Bürger-Zeitung* beschäftigen.
Immer wieder geht es um Fragen von Arbeitslosigkeit, von Zahlungsschwierigkeiten bei Mieten oder Preissteigerungen von Lebensmitteln. Gerade gegen Wucher bei Grundnahrungsmitteln
werden Artikel geschrieben. Als Ende Oktober Höchstpreise für
Getreide festgelegt werden, findet das die ausdrückliche Zustimmung des SPD-Blattes. Doch die Schwierigkeiten solcher Preisbindung werden in der Arbeiterpresse kontinuierlich thematisiert.
So hätten vereinzelte Kommandeure, auf die die öffentliche Gewalt übergegangen ist, durch Festlegung von Höchstpreisen für
den Ladenverkauf dem Lebensmittelwucher vorzubeugen versucht – allerdings auch mit dem Ergebnis, dass diese Höchstpreise
bald darauf zu Mindestpreisen geworden seien. In anderen Fällen
hätten Gemeinden größere Mengen von Lebensmitteln aufgekauft und eingelagert, was aber bei nur kurzfristigem Erfolg dazu
geführt habe, dass die Kommunen als Käufer mit den militärischen Proviantämtern konkurrierten, wodurch die Preise noch
weiter in die Höhe getrieben würden.[91]
Tatsächlich löst die Festlegung von Getreidehöchstpreisen
durch den Bundesrat in diesem Monat nicht das Problem. Vielmehr reagieren viele Landwirte auf diese einschneidenden Maßnahme, indem sie Felder zu Weideland machen, Getreide illegal
verkaufen, es kurzerhand an das Vieh verfüttern oder es in Erwartung steigender Preise vom Markt zurückhalten. So kann das
Ziel der Regierung in Berlin – für die Verbraucher Brot in ausreichender Menge zu bezahlbaren Preisen zur Verfügung zu stellen – nicht erreicht werden, weshalb sie kurze Zeit später zur
radikaleren Lösung greift: Das Getreide wird rationiert und spä

ter von einer eigens gegründeten »Kriegsgetreidegesellschaft« im ganzen Reich zu festgelegten Preisen aufgekauft.[92]

Die staatliche Unterstützung wird immer nötiger: Ende Oktober 1914 veröffentlicht die *Bremer Bürger-Zeitung* eine Erhebung über die Entwicklung der Arbeitslosigkeit seit der Mobilmachung. Diese habe inzwischen ein »erschreckendes Maß« angenommen, und die betroffenen Familien seien auf zusätzliche Hilfen dringend angewiesen. Der Staat müsse diese durch den Krieg entstandene Not lindern, fordert die Zeitung:

»Da gilt es endlich auch in Bremen eine staatliche Unterstützung der Arbeitslosen einzuführen, die insbesondere der organisierten bremischen Arbeiterschaft, die des von ihr zu bringenden Kriegstributs, die ihres hohen Wertes für unser gesamtes Wirtschaftsleben wahrhaft würdig ist! Wann werden die maßgebenden Kriegshilfsinstanzen mit einer solchen Arbeitslosenfürsorge endlich an die Öffentlichkeit treten?«[93]

Der 17-jährige Wilhelm Eildermann bleibt skeptisch. Ob Höchstpreise für Getreide in der jetzigen Situation eine Linderung der sozialen Not bringen, scheint ihm fast zweitrangig zu sein angesichts der ernsthaften Not und der großen Auseinandersetzungen, die er kommen sieht:

»Wie wird's nach dem Kriege werden? Das ist die große Frage. Werden die Nationen, die sich jetzt zerfleischen und gegenseitig auffressen, eine allgemeine imperialistische Allianz schließen? Nicht unmöglich. Daß es überhaupt dazu kommt, ist sogar sehr wahrscheinlich. Aber möglich, daß vorher noch die durch den Krieg geschaffenen neuen Gegensätze ausgetragen werden müssen. Diese Gegensätze und neue blutige Kämpfe würde gerade ein übermächtiges imperialistisches Deutschland heraufbeschwören.«

(Tagebucheintrag vom 15. Oktober 1914)[94]

Mit großer Anteilnahme verfolgt Wilhelm Eildermann in diesen Tagen das Schicksal von Johann Knief, der als einer der führenden Köpfe der linksradikalen Bremer Sozialdemokratie auch für den Junggardisten eine prägende Figur ist. Knief ist unmittelbar bei Kriegsbeginn eingezogen worden; jetzt erfahren die Freunde in Bremen von seinem traurigen Schicksal, das er an der Westfront erlitten hat. Er habe gesehen,»wie die zerschossenen Menschenleiber eingegraben wurden, die Zerstückelten, Zerstampften, Zerrissenen«, berichtet ein Genosse. Und Eildermann notiert in seinem Tagebuch:»Knief sah all das grauenhafte Elend« – und habe das nicht ausgehalten:»Er brach zusammen. Nervenkrank.«[95] Tatsächlich wird der ehemalige Redakteur der *Bremer Bürger-Zeitung* mit einem schweren Nervenzusammenbruch in die Heimat zurücktransportiert und am 24. Oktober 1914 in ein Bremer Krankenhaus eingeliefert. Er ist das typische Beispiel eines psychisch erkrankten Kriegsopfers:»Sie kennen ihn nicht wieder«, schreibt seine Frau in diesen Tagen von einem Besuch am Krankenbett.»Da saß er teilnahmslos, ließ den Kopf hängen und weinte immer. Jedes kleine Geräusch machte ihn hochfahren, und fortwährend wollte er Maschinengewehre hören.«[96]

Das Schicksal Johann Kniefs schürt sicherlich auch Eildermanns Sorge um seinen Freund Gustav Seiter. Der erklärte Kriegsgegner hat sich nach Kriegsbeginn zunächst bei seinen Eltern in Stuttgart aufgehalten und sich schließlich der Einsicht gestellt, dass er sich dem Kriegsdienst nicht entziehen kann. Deprimiert schreibt er seinem Freund Wilhelm, dass es ihm doch nur als Feigheit ausgelegt würde, wenn er der Einberufung nicht folge. So kehrt er Anfang Oktober nach Bremen zurück, wo er erwartungsgemäß umgehend eingezogen wird. Er habe sich entschlossen, dieses Schicksal anzunehmen oder – wie er es Wilhelm Eildermann gegenüber nennt –»die elende Lotterie doch mitzumachen«.[97]

Gustav Seiter wird einem Infanterie-Regiment zugeteilt. Im Oktober 1914 hat Eildermann mehrfach Gelegenheit, mit ihm zu sprechen. Es geht dabei um die große Politik, aber auch um den Alltag eines Einberufenen. »Die Soldaten werden zur Maschine erniedrigt, zum Zubehör«, notiert Eildermann in seinem Tagebuch, und sein Genosse Gustav habe sich vorgenommen, möglichst wenig aufzufallen, um nicht von Vorgesetzten schikaniert zu werden.[98] Wilhelm hofft in diesem Oktober, dass der Freund vielleicht gar nicht zum Fronteinsatz kommt – das Land brauche nach einem Krieg ein stehendes Heer, vielleicht blieben ihm deshalb die Gräuel des Krieges erspart. Gustav Seiter ist da deutlich skeptischer, und sein Freund dokumentiert dessen nüchternen Blick auf die Zukunft als deutscher Soldat:

>*War eben bei Gustav. Die Zukunft zeigt ihm verschiedene Wege. 1. Er kommt lebend durch den Krieg – nicht das Beste nach seiner Meinung, dann muß er ein paar Jahre den militärischen Drill über sich ergehen lassen. 2. Er wird schwer verwundet, dann ist er ein Krüppel. 3. Er stirbt – nicht das Schlechteste nach seiner Meinung. Alle drei Wege sind unangenehm. Oder gibt es noch angenehmere? Das Schicksal packt hart zu!«*

(Tagebucheintrag vom 15. Oktober 1914)[99]

Die politische Arbeit der sozialistischen Jugend in Bremen geht weiter. Auch Wilhelm Eildermann nimmt an den regelmäßigen Treffen der Jungen Garde teil. Die Arbeiterjugend erscheint ihm äußerlich gestärkt, als er Mitte des Monats »merkwürdigerweise« eine höhere Beteiligung der Jugendlichen an einem solchen Treffen registriert, als dies noch vor Kriegsbeginn der Fall war. Eher ernüchtert vermutet er, dass dies vor allem aus dem Umstand resultiere, dass die Tanzsäle der Stadt weitgehend geschlossen sind und sich kaum noch Versammlungs- und Freizeitangebote für Jugendliche finden. Für Eildermann kein Grund zum Jubeln, denn »die Quantität soll die Qualität verschlechtert haben«.[100]

Ansonsten treibt Eildermann weiterhin seine persönliche Bildungsarbeit voran. Er besucht Vorträge und Veranstaltungen, die über den engen Rahmen einer parteipolitischen Schulung hinausgehen; die Junge Garde bietet dafür weiterhin ein breites Programm. Am 19. Oktober 1914 findet ein künstlerischer Abend statt, den Emil Sonnemann, Feuilletonredakteur der *Bremer Bürger-Zeitung* leitet. Dessen Tochter spielt am Klavier (dem jungen Wilhelm gefallen besonders eine Beethoven-Sonate und eine Mazurka), aber danach wird es politisch. Sonnemann spricht über den Krieg und wendet sich dabei besonders an die versammelte Jugend. Ihr ruft er zu, dass sie mehr denn je an ihrer Bildung arbeiten solle. Der künstlerische Abend der Jungen Garde endet mit einigen Häppchen Literatur und mit Rezitationen, beispielsweise aus Ferdinand Freiligraths »Die Trompete von Gravelotte«, mit dem die Schrecken des Deutsch-Französischen Krieges von 1870/71 in Erinnerung gerufen werden.[101]

Zu den ungewöhnlichen Seiten der persönliche Weiterbildung Eildermanns zählt sein Eifer beim Erwerb einer Fremdsprache. Seit Längerem hat er sich bereits vorgenommen, Englisch zu lernen. Dreimal in der Woche will er fortan mit einem Freund zum Unterricht. In einer öffentlichen Lesehalle hängt zu diesem Zeitpunkt noch die britische Zeitung *The Times* aus – für Eildermann ein besonderer Reiz, sich das internationale Geschehen aus einer anderen Perspektive zu erschließen: »Welch ein Fortschritt für mich, wenn ich sie lesen könnte.«[102]

Wilhelm Eildermann bereitet sich zudem gewissenhaft auf seine journalistische Zukunft vor. Er arbeitet etwa fleißig ein über tausendseitiges Werk über die Geschichte, Kultur und Politik Chinas durch. In seinem Tagebuch beschreibt er, welche Regionen der Welt ihn interessieren und seine aktuelle Neugier wecken: Bislang habe er sich eher für die »Arbeiterfrage in den Kolonien« interessiert, dann habe er sich über Afrika informiert und augenblicklich eben über Asien, speziell über Ostasien. »Neuerdings ist es der Orient, der meine Aufmerksamkeit auf sich zieht«, schreibt Eildermann weiter, »Balkanstaaten, Ägypten, Persien, Arabien, Indien usw.« Sein Bemühen um Wissen und Überblick zahlen sich nach seiner Einschätzung allmählich aus: »So vergrößert sich mein weltpolitischer Horizont.« Er hofft, bald auch sein Wissen über die europäischen Mächte so zu vervollständigen, dass er auch »über europäische Politik schreiben« kann.[103] Immerhin hat es der 17-Jährige bereits geschafft, in einer anderen Publikation als der *Bremer Bürger-Zeitung* als Autor in Erscheinung zu treten. Schon ein gutes Jahr zuvor hatte er den Aufsatz »Zu den Kämpfen in Neukamerun« verfasst, den sein großer Bruder Heinrich umfangreich bearbeitet hatte und der daraufhin in der sozialdemokratischen Zeitung *Schwäbische Tagwacht* aus Stuttgart veröffentlicht wurde. In diesem Beitrag beschreibt er den Zusammenhang zwischen dem Eindringen des Kapitalismus in die Gebiete Zentralafrikas und den daraus resultierenden Erhebungen der dortigen Bevölkerung. Auch andere Parteiblätter – in Hamburg oder in Erfurt – drucken zuweilen Betrachtungen von Wilhelm Eildermann ab, die durchaus spezielles Wissen voraussetzen, so beispielsweise, wenn er über »Die Kautschukkapitalisten in Not« schreibt.[104]

Doch was nützt Eildermann sein Wissen, wenn er es nicht anbringen kann? Es ist schmerzhaft für ihn, mit seinen journalistischen Versuchen an der herrschenden Zensur zu scheitern. Noch schlimmer ist es allerdings, wenn auch bei sozialdemokratischen Zeitungen aufgrund der »Schere im Kopf« seine Kommentare zur Weltlage empfindlich gekürzt werden. So reicht er etwa bei der *Schwäbischen Tagwacht* einen Artikel über die »Mobilisierung des Islam« ein. Doch die dortigen Genossen hätten – ein Skandal sei das – gerade die wirkungsvollsten Stellen gestrichen. Dass die kriegführenden Staaten »geschwächt, aus tausend Wunden blutend« aus diesem Kampf hervorgehen würden und dass gerade bei einem Sieg Deutschlands und Österreichs die Orientstaaten »emporkommen werden« und dadurch die »Plünderungsgebiete des internationalen Kapitals« eingeschränkt würden – solche Passagen seien völlig unverständlicherweise weggefallen. »Vorzensur!«, schimpft Eildermann in seinem Tagebuch und rechnet zumindest dort mit den Stuttgarter Genossen ab:»Ein Arbeiterredakteur, der solche doch immerhin zahmen Bemerkungen streicht, handelt feige und unwürdig.«[105]

Die Zeiten sind schwer für den 17-Jährigen, verwirrend die politischen Vorgänge im Land und traurig das Schicksal eigener Angehöriger. Es verwundert deshalb nicht, dass er manchmal seine Zuversicht verliert, wenn es um den Sozialismus in Europa geht. Mitte Oktober muss er konstatieren, dass der Krieg nicht schnell enden wird. Friedensverhandlungen seien überhaupt nicht abzusehen, stattdessen schlachteten sich die Völker ab, »all das frische, junge Blut tränkt den Boden«.

»Man haßt, haßt, man merkt nur Haß! Und das Tragischste ist, daß sich die Sozialisten aller meinungsführenden Länder auch hassen müssen. Wohlgemerkt: müssen! Hassen müssen, bis in den Tod.«[106]

Die Lage ist zum Verzweifeln. Wilhelm Eildermann registriert die vielen Kriegsopfer und bangt um seine beiden einberufenen Brüder. Die Auswirkungen des Krieges auf den Alltag in der Heimat werden immer dramatischer: »Das Elend im Lande wächst«, notiert er in seinem Tagebuch, »die Arbeitslosigkeit nimmt zu. Die Lebensmittel werden noch teurer werden.«[107]

Hinzu kommt die politische Verunsicherung, die den 17-Jährigen längst erfasst hat. Die Debatten um den richtigen Kurs der Sozialdemokratie werden weiterhin kontrovers geführt, wofür die heftigen Auseinandersetzungen innerhalb der *Bremer Bürger-Zeitung* exemplarisch sind. Vermag Eildermann an seinen Vorstellungen festzuhalten? An der Verurteilung der SPD-Zustimmung zu den Kriegskrediten im Reichstag? An der Ablehnung eines von kapitalistischen Kriegshetzern angezettelten Massenmordens, an dem sich die Arbeiter nicht beteiligen sollten? An der Einschätzung, dass das Deutsche Reich die Hauptschuld an diesem Krieg trägt? An der Hoffnung, dass dem Krieg unmittelbar die Revolution folgen werde? Wie gut, dass ihm Ende Oktober Alfred

Henke, der geschasste Chefredakteur der *Bremer Bürger-Zeitung*, Mut machen kann:

»Welch ein Glück, daß ich gestern abend die Distriktsversammlung der Partei für Westend besucht habe, wo Henke sprach. Ich komme mir vor wie einer, der lange im Wasser schwamm und nun plötzlich festen Boden unter den Füßen fühlt.«

(Tagebucheintrag vom 31. Oktober 1914)[108]

Eildermann ist von Henkes Ausführungen derart beeindruckt, dass er sie umfangreich in seinem Tagebuch dokumentiert. Über mehrere Seiten fasst er die politische Analyse zusammen, die Alfred Henke den Genossen liefert. Es sind die vertrauten Einschätzungen, die dem Junggardisten wieder Halt geben: Die Sozialdemokraten, so schreibt er, dürften niemals aus dem Blick verlieren, dass es die kapitalistische Produktionsweise ist, die diesen Krieg geboren habe. Und die politische Schuld treffe vor allem das Deutsche Reich und Österreich, die beide den Kriegsbeginn unnötig beschleunigt hätten. »Die Geschichte wird ergeben«, so notiert Eildermann: »Dieser Krieg ist ein Angriff Deutschlands und Österreichs [...] Alle sind am Krieg schuldig, aber Deutschland-Österreich am schuldigsten.«[109]

Schonungslos rechnet Alfred Henke nach diesen Notizen mit der sozialdemokratischen Presse im Land ab, was Wilhelm Eildermann zustimmend registriert. Einige Parteizeitungen benähmen sich einfach blamabel. Viel mehr als die herrschende Zensur führe die Angst der Redakteure dazu, dass das Volk nicht aufgeklärt und »aufgerührt« werde. Schließlich sei die SPD eine starke Partei und ihre Parteipresse durchaus eine Macht; wenn »in allen Blättern am selben Tage ein mannhafter Artikel erscheinen würde«, dann würde dies nicht ohne politische Wirkung bleiben. Stattdessen seien die SPD-Blätter aber so zahm geworden, dass sie sogar in den Kasernen verteilt werden dürften. Das müsse sich ändern, nach dem Krieg müsse die Partei wieder »einen anderen Ton« anschlagen:»Wir müssen doch wieder Sozialisten werden!«[110]

Bereits jetzt zieht sich ein tiefer Graben durch die SPD – die mitgliederstärkste Partei des Kaiserreichs droht an der Frage der Kriegskredite und des sogenannten Burgfriedens zu zerbrechen. Der Burgfrieden ist für die Öffentlichkeit zum festen Bestandteil der propagandistischen Kriegführung geworden: Wer diesen »Frieden« zu gefährden scheint, steht unter dem Verdacht, die an der Front stehenden Soldaten in ihrem Kampf zu schwächen. Hier zeichnet sich mentalitätsgeschichtlich bereits die Dolchstoßlegende ab, die das innenpolitische Klima in Deutschland nach dem Weltkrieg so nachhaltig vergiften sollte. Die linken Sozialdemokraten in Bremen haben ihre Schwierigkeiten mit diesem Burgfrieden, sie machen über die *Bürger-Zeitung* darauf aufmerksam, dass zwar von den Sozialdemokraten friedliches Verhalten verlangt werde, diese selbst aber – etwa durch Zensurmaßnahmen – weiter eingeschränkt würden.

Andere politische Kräfte dürften diesen Burgfrieden sehr wohl stören, die Sozialdemokraten aber nicht. Ein konkretes Beispiel macht die Zeitung Ende Oktober aus, als im Königreich Bayern Gemeindewahlen angekündigt werden. Diese könnte man doch ohne große Schwierigkeiten auf die Zeit nach dem Ende des Krieges verschieben – dass aber gerade die bayerische Zentrumspartei die Abhaltung der Wahl in diesem Moment fordert, sei ein Anschlag auf diesen Burgfrieden. Die SPD werde nämlich bewusst benachteiligt, weil viele ihrer Parteigenossen im Felde stünden und somit in ihrem aktiven und passiven Wahlrecht eingeschränkt seien.[111]

Zum Kriegsalltag im Oktober 1914 gehört für Wilhelm Eildermann und seine Familie die Sorge um die beiden eingezogenen Brüder Friedrich und Louis. Zuweilen treffen bei der Mutter in Bremen Nachrichten ein, doch wenigstens eine seiner Schwestern ist von der Kommunikation kriegsbedingt zu einem Gutteil ausgeschlossen. Luise Eildermann hatte vor Kriegsbeginn als

Stewardess auf der »Cap Arcona« angeheuert, einem Postdampfer der Hamburg-Südamerikanischen Dampfschifffahrts-Gesellschaft. Das Schiff war erst sieben Jahre im Dienst und ist Anfang August 1914 im spanischen Hafen Villagarcia vom Kriegsbeginn überrascht worden und dort vor Anker geblieben.[112] Luise Eildermann berichtet nach Bremen, dass die männliche Besatzung der »Cap Arcona« in den zurückliegenden Wochen versucht habe, über den Landweg nach Deutschland zurückzukehren, aber nur bis Barcelona gekommen sei. Dort ist man auf die Unterbringung von 143 deutschen Seefahrern nicht vorbereitet – dies auch deshalb, weil in der Stadt bereits »sehr viele deutsche Flüchtlinge aus Frankreich und Belgien« gestrandet sind. Die Besatzung kehrt deshalb unverrichteter Dinge wieder auf ihr Schiff zurück.

Die Sorge der jungen Frau gilt auch in der Ferne den beiden Brüdern: »Habt Ihr keine Ahnung, wo Loui und Fritz jetzt sind?«, fragt sie in dem Brief an die Mutter und Wilhelm. »Hoffentlich kommen sie heil und gesund zurück.« Luise selbst kann zu diesem Zeitpunkt noch nicht absehen, wann und auf welchem Weg sie nach Bremen heimkehren kann. Seit Anfang des Krieges ist sie ohne Nachricht aus der Heimat, erst an diesem 18. Oktober trifft eine Nachricht aus Bremen auf der »Cap Arcona« ein. Zunächst überlegt sie, ihre ganzen Ersparnisse für die Passage mit einem holländischen Schiff nach Bremen auszugeben. Dann aber will sie doch in Spanien ausharren und das weitere Geschehen abwarten. Ihren Bruder Wilhelm bittet sie deshalb, ihr dringend Zeitungen und Berichte über den Krieg zu schicken. Die wenigen Blätter, die aus Hamburg an Bord des Schiffes kämen, seien unter den Deutschen sehr begehrt. Die spanischen Darstellungen sind nach ihrer Einschätzung dagegen sehr von der englischen und französischen Sicht der Dinge geprägt – da könne »man auch nicht alles glauben, was drinsteht«. Und: »Unsere drahtlose Telegraphie darf nicht mehr funktionieren.« Aber lange, so glaubt Luise, kann es mit dem Krieg doch nicht mehr dauern. Oder? »Hoffentlich bin ich Weihnachten bei Euch«, schreibt sie am Ende ihres Briefes.[113]

Wilhelm Eildermann hat in diesen Wochen nur selten die Gelegenheit, aus Bremen herauszukommen und etwas anderes zu sehen. Diese Chance bietet sich dann Mitte Oktober, als er seine vierjährige Nichte von einem Aufenthalt bei den Großeltern nach Bremen zurückholt. Dabei findet er die Zeit, sich in Hamburg und Altona ein wenig umzuschauen. Es schauert ihn erst beim Anblick des Bismarck-Denkmals in St. Pauli (»klobig und brutal, den stumpfsinnigen Militarismus verkörpernd«), er freut sich dann aber über seinen Besuch im Tierpark Hagenbeck:

»Das Hauptgebäude mit den Elefanten, Tigern, Löwen, Bären und kleineren Raubtieren. Das sog. Tierparadies. See mit unzähligen Wasservögeln, kurz- wie langbeinigen. Löwenschlucht. Eisbären. Seelöwen und -hunde. Rentiere und Giraffen. Einzig ist der Affenfelsen mit den Mantelpavianen, Insekten- und Reptilienhaus. Vorweltlandschaft. Eine unerschöpfliche Fülle. Auch einige Neger aus dem Sudan, die mit weißen Mädchen poussierten.«[114]

Von diesem Ausflug nach Hamburg abgesehen, hält sich Wilhelm Eildermann nur zu Hause in Bremen auf. Er wünscht den Deutschen aus tiefstem Herzen die Niederlage. Damit gehört der 17-Jährige ohne Zweifel zu einer verschwindend kleinen Minderheit im Deutschen Reich, erst recht mit diesen Hoffnungen und Wünschen:

»In Stuttgart soll man schon den Kanonendonner hören. Kämen die Franzosen doch näher, ich wollt's. Die Deutschen werden zu frech, zu übermütig. Sie sollten den Krieg in ihrem eigenen Lande spüren, das wäre zweifellos heilsam.«
(Tagebucheintrag vom 26. Oktober 1914)[115]

Wilhelm Eildermann hat politisch Kurs gehalten. Er hat früh den Krieg verurteilt, er hat im Juli 1914 den flammenden Reden gegen den drohenden Weltkrieg gelauscht, er hat in Bremen junge

Männer ins Feld ziehen und ihre Familien weinen sehen, er hat sich von der sozialdemokratischen Wende hin zur Bewilligung von Kriegskrediten und dem sogenannten Burgfrieden nicht verleiten lassen. Und die politische Befreiung, da ist er sich sicher, kann nur der verlorene Weltkrieg bringen:

>*Die preußische Militärmacht ist der größte Feind der Arbeiterklasse, ihre Niederlage kann ich nur begrüßen.*«
(Tagebucheintrag vom 29. Oktober 1914)[116]

Eildermann hofft auf die Niederlage und die Revolution in Deutschland. Der Junggardist kann nicht wissen, dass beide Ereignisse tatsächlich eintreten werden. Aber er ist mit dieser Hoffnung dem historischen Geschehen um Jahre voraus.

Gertrud Schädla: »Und wie sehnen sich alle, alle nach Frieden«

Der Oktober beginnt für Gertrud Schädla mit einem Gefühl der Erleichterung: Endlich erhält sie am Donnerstag, dem 1. Oktober, Nachricht von ihrem Bruder Gottfried. Wie groß sind die Sorgen gewesen, die sich Schwester und Mutter nach der Todesnachricht über Ludwig um den zweiten Bruder gemacht haben! Jetzt kommen in Verden gleich drei Karten aus dem Felde an, die beiden letzten sind schon über eine Woche alt. So sind es zwar nicht die neuesten Nachrichten, aber immerhin erreicht die Familie endlich wieder ein Lebenszeichen. Um Gottfried, der gut zwei Monate zuvor noch von der Mutter besucht und aufgemuntert worden war, bis er endlich bereit war, notfalls auch sein junges Leben fürs Vaterland zu opfern – um diesen widerstrebenden Gottfried sorgt sich die Familie mehr denn je. »Unser armer, kleiner Friedel, was muß er alles durchmachen!«, gesteht sich Gertrud Schädla ein:

»Er klagt auf der letzten Karte nur über Mattigkeit, aber wir lesen auch zwischen den Zeilen von anderen Leiden. Kälte und Nässe, unruhige Tage durch die nun schon fast 14 Tage tobende Schlacht sind über unseren tapferen Jungen gekommen. Ach, könnte man ihnen doch helfen! Die eine einzige Freude haben wir aber wenigstens gehabt, daß er schreibt, er habe nach etwa 14tägiger Abgeschlossenheit von der Post haufenweise etwas von uns bekommen: Hemd, Unterzeug, Taschentücher, Strümpfe, Schokolade, Zigarren etc. Und er bedankt sich so rührend für alles. Ach, Gott erhalte ihn uns!«[117]

Gottfried steht zu dieser Zeit in der Nähe von Reims, und Familie Schädla weiß, wie erbittert und verlustreich die Kämpfe an diesem Frontabschnitt sind. Dass Reims von deutschen Geschützen bombardiert wird, erfahren die Menschen in der Heimat am 21. September. Nach den offiziellen Informationen hätten die Deutschen keineswegs gezielt die historische Kathedrale der Stadt beschossen.[118] Tatsächlich jedoch haben die Deutschen ein verheerendes Feuer an dem gotischen Prachtbau verursacht. Die französische Regierung spricht umgehend von einem »verabscheuungswürdigen Akt von Vandalismus«.[119] Reims ist für lange Zeit Kampfbereich, schon Anfang September hatten deutsche Einheiten die Stadt für einige Tage besetzt; im Oktober ist sie wieder in der Hand der Franzosen. Die Kämpfe sind für beide Seiten verlustreich, aber in der deutschen Öffentlichkeit wird Optimismus verbreitet. Die deutsche Hauptstreitmacht dränge weiter tief in das feindliche Frankreich ein, meldet am 1. Oktober 1914 ein Extrablatt auch in Verden, »ein neuer großer Sieg steht uns dort bevor«.[120] Gertrud Schädla und ihre Familie machen sich gleichwohl keine Illusionen, was die Verluste der deutschen Seite angeht, denn der noch lebende Bruder informiert sie per Feldpost am 6. Oktober: »Wir sind nur noch 1/3 des Regiments von denen, die ausgezogen sind.«[121]

Gertrud Schädla trauert um ihren Bruder Ludwig und tröstet sich, dass »Gott uns bis jetzt noch unseren Friedel gelassen hat«.

Bis jetzt noch. Viel mehr kann die Familie nicht erwarten angesichts der verlustreichen Kämpfe an diesem Frontabschnitt und der schlechten Verfassung, in der sich Gottfried augenscheinlich befindet. Am 8. Oktober trifft wieder eine Karte von ihm ein, wieder einmal »im Schützengraben liegend geschrieben«. Erneut klagt er über »Mattigkeit« und darüber, wie sehr er unter den kalten Nächten in Nordfrankreich leidet. Die Schwester handelt sofort und kauft ihm noch am selben Tag einen wollenen Sweater. So soll es Gottfried warm haben nachts im Schützengraben. Ob es hilft? Gertrud Schädla weiß zumindest, dass das Bangen wohl noch länger anhalten wird. Es ist »noch kein Ende des Kampfes abzusehen«.[122]

Hat das Sterben an den Fronten einen Sinn? Schädla will es glauben. Sie hat einen Bruder verloren, und der darf nicht umsonst gefallen sein. Unsere Zeit und auch unsere Nachkommen, so schreibt sie in ihr Tagebuch, dürften Opfer wie das Ludwigs niemals vergessen. Die jungen Männer hätten schließlich ihr Leben für die Heimat, für die Überlebenden gegeben. Als Gertrud in der Zeitung ein Gedicht eines Schülers liest, das dieser anlässlich einer Berliner Schulfeier für die gefallenen Lehrer geschrieben hat, fühlt sie sich in ihrem Wunsch unmittelbar angesprochen:

»Für uns!

Fern, ferne im Osten, da gähnt ein Grab,
Da senkt man zu Tausend die Toten hinab.
Für uns!
Im Westen da ragt manch' Kreuz schlicht und klein,
Da liegen sie stumm in langen Reihn.
Für uns!«[123]

Noch fehlt es Gertrud Schädla an sicheren Informationen über die Details des Todes von Ludwig. Nähere Auskünfte über das

Schlachtgeschehen oder die Umstände seiner Beisetzung erhalten sie und ihre Mutter von offizieller Seite nicht. Dieses fehlende Wissen quält die Frauen, sie wollen endlich »Gewißheit« haben über sein Ende; doch sie bekommen sie vorerst nicht und müssen sich »aufraffen zum ruhigen Tragen« des Schicksals.[124] Schließlich wendet sich Familie Schädla – und das tun in diesen Wochen viele Angehörige in der Heimat – an Familien, deren Söhne oder Brüder in derselben Einheit gedient haben. Gertrud etwa schreibt an eine Familie, deren Sohn als Leutnant in Ludwigs Regiment stand und der – das hat die Lehrerin aus der Zeitung erfahren – ebenfalls am 4. September gefallen ist. Von dieser Familie erhält sie tatsächlich erstmals konkretere Auskünfte. Demnach habe an jenem Tag südlich von Orbais »ein furchtbares Gefecht« stattgefunden, zu dem aus Ludwigs Kompanie morgens 206 Soldaten ausgerückt und abends nur noch 80 zurückgekehrt seien. Das Schlachtfeld sei in deutscher Hand geblieben, und die Toten seien nahe des Dorffriedhofs bestattet worden. Unter ihnen wohl auch Gertruds Bruder – »möge er sanft ruhen in französischer Erde, Gott ist ja überall«.[125]

»Sie haben am anderen Morgen die Toten bestattet. 120 Mann in drei großen Gräben mit Feldblumen geschmückt, nahe dem Friedhof eines franz. Dörfchens.«[126]

Ein Massengrab also. Wenn Ludwig Schädla tatsächlich zu den deutschen Soldaten zählt, die nach ihrer Tötung beigesetzt wurden, dann kann sich die Familie glücklich schätzen. Später wird man wissen, dass wohl die Hälfte der Gefallenen dieses Kriegs nicht bestattet wurden. Sie bleiben in der Kampfzone liegen, oder sie sind einfach nicht mehr zu bestatten, weil sie von Granaten zerrissen oder unter eingestürzten Unterständen verschüttet wurden.[127] Wenn eine Beisetzung stattfindet, dann gewöhnlich direkt auf dem Schlachtfeld. Dort werden die Stellen mit einem einfachen Holzkreuz markiert und auf Landkarten verzeichnet.[128] Indes sind diese Gräber keine Orte, wo die Toten tatsächlich ihre Ruhe finden. Zur Logik des Krieges zählt auch der Umstand, dass selbst die Gräber immer wieder zum Kampfort werden. Für die Angehörigen ist es in diesen Wochen eine schwer erträgliche Vorstellung, dass die Gräber ihrer Lieben nach erneuten Kämpfen wieder in die Hände des Feindes fallen, wie auch im Falle Ludwig Schädlas. Seine Schwester muss sich im Herbst eingestehen, dass der Teil der nordfranzösischen Provinz Aisne, in dem der Bruder bestattet ist, inzwischen wieder »verloren gegangen« ist. »Wie mag es auf Ludwigs Grab aussehen?«[129]

Dass die Familie Schädla von offizieller Seite zunächst kaum etwas erfährt, erklärt sich Gertrud mit den »furchtbaren Verlusten« des Regiments. Sie wendet sich an die entsprechenden Stellen, aber noch Mitte Oktober erhält sie die Auskunft: »Bisher noch keine Meldung eingelaufen.«[130] Die offizielle »Verwaltung« der Toten und Verwundeten kommt dem tatsächlichen Kriegsgeschehen nur mit erheblicher Verzögerung hinterher. Im Fall Ludwig Schädlas sollte es noch über einen Monat dauern, ehe die Familie schließlich mit der offiziellen Verabschiedung aus der Armee die Habseligkeiten Ludwigs in Händen hält: »Uhr, Portemoney mit 18 M. u. 20 Frcs, belgischem Geld, dann sein kleines Instament mit Briefen von uns und anderen Bekannten.«[131]

»Und wie sehnen sich alle, alle nach Frieden«[132] – der Friedenswunsch wächst bei Gertrud Schädla ebenso wie bei anderen Angehörigen in der Heimat. Oft genug sind es die Feldpostbriefe, die ihn von der Front nach Hause befördern. In ihnen schildern die Soldaten den Schrecken ihres Alltags, oft die großen und kleinen errungenen Erfolge, aber auch immer öfter den Wunsch, dass das Kämpfen bald ein Ende haben möge. »Wer für den Krieg weiter ist, der ist überhaupt kein Mensch mehr«, heißt es Mitte Oktober 1914 in einem Feldpostbrief. Und weiter bittet der Autor: »Seid alle draußen nur recht für den Frieden!« Die Soldaten selbst wollen keine Beute in Form von erbeuteten Ländern, sie wollen einfach nur unbeschadet überleben und Frau und Kinder wiedersehen.[133]

Im Deutschen Reich macht man sich zunehmend Gedanken darüber, was die in der Heimat zurückgelassenen Frauen in diesen Kriegsmonaten zu tun oder zu lassen haben. Vor allem sollen sie den Soldaten an der Front nicht mit unangenehmen Fragen oder gar mit dem Klagen über die Zustände in der Heimat zur Last fallen. In den Tageszeitungen finden sich nun Hinweise, was die Frauen ins Feld schreiben sollen und wie sie den Kämpfenden gegenüber Zuversicht und Hoffnung ausstrahlen können:»Schreibt eurem Manne nichts von Sorgen, beweist ihm eure Liebe, indem ihr ihm zeigt, daß ihr die Lasten des Daseins auch allein auf euren Schultern tragen könnt.«[134] Diese Sorgen sind begründet, denn viele Angehörige denken keineswegs daran, den tatsächlichen oder angeblich vorhandenen Kampfeswillen der Soldaten mit Durchhalteparolen in der Feldpost zu unterstützen. Tatsächlich berichten sie von den Sorgen daheim, von ihren Ängsten und den alltäglichen Schwierigkeiten. So schreibt eine 22-jährige Hamburgerin, die schwanger ist und mit einem einjährigen Kind zu Hause sitzt, ihrem Mann fast spöttisch, dass sein Patriotismus und sein unerschütterlicher Mut angesichts des Krieges »ja sehr, sehr lobenswert« seien, »nur denke auch ein klein wenig an Weib und Kind«.[135]

Von den Frauen erwartet man selbstverständlich, dass sie im Alltag dort einspringen, wo die Männer durch ihre Einberufung eine Lücke hinterlassen haben. Das verändert das Leben in der Heimat. Durch Verden fahren jetzt vermehrt Pferdefuhrwerke, die von Frauen gelenkt werden. Das findet in der örtlichen Presse allerdings nur Erwähnung, wenn es wieder einmal zu Unfällen mit solchen Gefährten kommt, weil die Lenkerinnen angeblich zu wenig Erfahrung an den Zügeln haben.[136] Der neue Platz der Frauen in der dörflichen Gesellschaft ist nicht einfach zu erringen und zu behaupten. Sie müssen oft ohne männliche Unterstützung die häuslichen und betrieblichen Geschäfte weiterführen. Jetzt steht noch die Ernte vor der Tür, die in weiten Teilen in beschwerlicher Handarbeit eingebracht werden muss. Erschwerend kommt für die Frauen hinzu, dass sie in ländlichen Regionen bei der Bewältigung von Aufgaben, die traditionell von Männern erledigt werden, nicht als vollwertiger Ersatz wahrgenommen werden, sei es beim Lenken von Pferdefuhrwerken, sei es bei der Durchsetzung wirtschaftlicher und finanzieller Ansprüche.[137] Gertrud Schädla sucht und findet in diesen schweren Tagen Trost in ihrem Glauben. Nicht nur das Gebet, sondern auch Kirchbesuch und Predigt sind ihr ein Halt. Mit der 19-jährigen Magdalena, die ebenfalls um den geliebten Ludwig trauert, hört sie »eine köstliche Predigt« eines Geistlichen aus Hannover – ganz nach ihrem Geschmack. Der evangelische Gottesmann scheint gänzlich beseelt von einer spezifisch theologisch-nationalen Kriegsbegeisterung, deren Opfer nicht umsonst, weil gottgefällig sind.

»Das Schlachtfeld – ein Feld der Ehre, nicht weil es äußeren Ruhm u. großen Namen bringt, sondern weil es uns vergönnt ist, uns dort für andere zu opfern, in Jesu Fußstapfen zu treten, seinen Kelch zu trinken und mit seiner Taufe getauft zu werden. Dieser Gedanke gibt Kraft und Trost, jetzt besonders, wo wir um Ludwig trauern.«[138]

Sorgen machen sich viele Daheimgebliebene zugleich um jene Soldaten, die zwar nicht getötet, aber verletzt worden sind. Gerüchte um sogenannte »Geheimlazarette«, in denen angeblich schwer verstümmelte Soldaten vor den Angehörigen versteckt gehalten werden, machen die Runde. Hintergrund dieser Spekulationen sind vermutlich die tatsächlich eingerichteten Speziallazarette für die Opfer von Artilleriegeschossen. Sie sind oft grauenhaft entstellt, haben entsetzliche Verstümmelungen des Gesichts erlitten oder beide Arme und Beine verloren. In solchen Fällen kommt es vor, dass die Verletzten jeglichen Kontakt mit den Angehörigen abbrechen.[139]

In Verden an der Aller weiß man erst Mitte Oktober, wie die Verwundeten dieses Krieges aussehen. In der Stadt ist ein Reservelazarett eingerichtet worden, in dem über 700 Soldaten gepflegt werden. Die Verletzten treffen mit Lazarettzügen am Bahnhof ein, wo sie von freiwilligen Helfern der örtlichen »Krieger-Sanitäts-Kolonne« empfangen und in das Reservelazarett transportiert werden. Die Verwundeten des Krieges sind damit also eine öffentliche und kollektive Erfahrung in dem Städtchen – wenngleich die Menschen wissen, dass das Los der Verwundeten an den Fronten noch schlimmer ist. In der Heimat sind die Lazarettzüge anfangs eine echte Attraktion. Wer nicht selbst rechtzeitig den Weg zum Bahnhof geschafft hat, kann sich anschließend in der örtlichen Zeitung detailliert über das Geschehen informieren. Nachdem am 12. Oktober der erste Transport in Verden eingetroffen ist, der verwundete französische Soldaten in die Stadt bringt, beschreibt die Zeitung ausführlich die Atmosphäre der Ankunft und die Details, als die Soldaten auf zum Teil provisorische Wagen verladen werden – »einige scheinen nur wenig Schmerzen zu leiden, aber es sind auch solche darunter, die das Wimmern nicht unterdrücken können«.[140] Einige der französischen Soldaten sind so schwer verletzt, dass sie in Verden sterben. Erstaunlich offen und demonstrativ nimmt die Stadtbevölkerung auf dem Militärfriedhof Abschied:

»Der erste Verwundete, der in dem neuen Reserve-Lazarett an der Lindhooper Landstraße gestorben ist, der Franzose Jan, wurde mit militärischen Ehren beigesetzt. Den Leichenzug eröffneten der Krieger- und der Kampfgenossen-Verein mit einer Gewehrabteilung. Der auf dem Leichenwagen befindliche Sarg war mit Blumen, mit dem Käppi des Verstorbenen und der französischen Trikolore geschmückt. Dem Sarge folgte der Garnisons-Kommandant mit einer Anzahl Infanteristen. Nach der Beisetzung wurden drei Ehrensalven über das Grab abgefeuert, und der katholische Geistliche Dechant Bram hielt dann eine ergreifende Grabrede, der er das Gleichnis vom barmherzigen Samariter zugrunde legte. Das Käppi und die Trikolore wurden mit in die Gruft gegeben.«[141]

Bald treffen auch verwundete deutsche Soldaten in Verden ein. Ihnen bringt die Bevölkerung großes Interesse entgegen, der Weg vom Bahnhof zum Lazarett ist mit Hunderten von Zuschauern gesäumt. Jetzt muss die örtliche Zeitung um mehr Zurückhaltung bitten, denn den »armen Verwundeten würde es allerdings lieber sein, wenn keine Zuschauer anwesend wären«.[142] An anderer Stelle beschweren sich Bürger über die große Zahl der Neugierigen, die auch in den folgenden Tagen das Verladen der Verwundeten betrachten. Es zerreiße einem schlicht das Herz, so klagt ein Augenzeuge, und es sei darüber hinaus unglaublich, dass es Leute gebe, »die sich an dem Elend dieser Ärmsten weiden können und aus Neugierde stundenlang am Bahnhof stehen, um das gesamte Trauerspiel an ihren Augen vorüberziehen zu lassen«.[143] Aber wer – sei es nach langem Warten oder zufällig in diesem Moment – auf die Verwundeten trifft, der soll nach Vorschlag der Tageszeitung zumindest eine neue Form von Ehrbezeugung nicht missen lassen:

»Als auf einer Nachbarstation letzthin Verwundete eingebracht wurden, nahmen die die Straßen umsäumenden männlichen Personen beim Passieren jedes Verwundeten die Kopfbedeckung ab. Dieser stille würdige Willkommengruß würde offenbar auch den nach Verden kommenden Kriegern eine Freude machen.«[144]

Ob Gertrud Schädla und ihre Mutter auch zur Begrüßung der Verwundeten zum nahen Bahnhof gegangen sind? In ihren Tagebüchern verzeichnet die Lehrerin nichts darüber, aber fraglos teilen die beiden Frauen die große Sorge aller Angehörigen um ihren Mann, Bruder oder Sohn. Gertrud notiert in diesem Monat in ihrem Tagebuch, dass die ersten Verlustlisten zwei Seiten lang gewesen seien, nun aber schon 40 bis 50 Seiten.[145] So bleibt die Hoffnung, dass der eigene Angehörige »nur« verletzt werden möge.

Während in Verden die ersten Verwundeten zur Versorgung

in das Lazarett gebracht werden, erfährt Gertrud Schädla von der Verwundung ihres Bruders Gottfried. Die Briefe an ihn kommen zurück und sind mit dem Vermerk versehen: »Verwundet, Aufenthalt unbekannt!« Auf den ersten Schreck folgt die Hoffnung, der Bruder möge nur leicht verletzt sein. Dann würde auch er bald nach Verden transportiert, damit er von seiner Familie gesund gepflegt werden kann. Gertrud hat die Hoffnung, dass diese Möglichkeit ihr und ihrer Mutter über die Trauer um den bereits gefallenen Ludwig hinweghelfen könne.[146] Aber noch ist es nicht so weit: »Wo mag unser Junge sein?«, schreibt sie verzweifelt in ihr Tagebuch. Und umgehend schickt sie drei Briefe ins Feld, um genauere Informationen über Verbleib und Gesundheitszustand Gottfrieds zu erhalten. Große Sorgen macht sie sich um die medizinische Versorgung des Bruders. Schließlich, so weiß Gertrud, »soll dort in den Grenzlazaretten jetzt eine furchtbare Überfüllung herrschen«. Oder ist Gottfried gar gefallen? Schließlich ist die Stadt Antwerpen erst vor wenigen Tagen unter großen Kraftanstrengungen der deutschen Einheiten gefallen, die Schlachten an der Schelde sollen »unsagbare Opfer gefordert« haben. Gertrud Schädla bekommt Angst.[147]

Die Schwester kann nicht wissen, dass ihr Hoffen und Bangen vergebens ist. Der Oktober neigt sich dem Ende zu, als Gertrud Schädla und ihre Mutter die offizielle Nachricht vom Tod des 21-jährigen Gottfried erhalten. Bereits am 27. September 1914 sei er besinnungslos in das Lazarett von Bourgogne bei Reims eingeliefert worden. Er sei nicht mehr aufgewacht, wird der Familie in einem offiziellen Schreiben des Lazaretts mitgeteilt, und am 5. Oktober 1914 »sanft entschlafen«.

»Wo soll ich Worte hernehmen, das Leid zu beschreiben, das uns getroffen hat? So voll Leid ist unser Herz, wie eine große tiefe Wunde kommt es mir oft vor, ach, in dieser Kriegszeit habe ich das Wort ›Wunde‹ und ›verwundet‹ verstehen gelernt […] So haben wir auch ihn verloren, unseren Jüngsten, unseren Sonnenschein! Tot, Du bist

bitter! Womit sollen wir uns trösten, ja, wir haben uns bemüht, das
Danken nicht zu vergessen, es ist ja noch immer soviel zu danken,
vor allem dafür, daß beide Brüder nicht soviel gelitten haben.«¹⁴⁸

Womit soll man sich in dieser Zeit trösten, fragt sich Gertrud.
Dass die beiden Brüder nicht so viel gelitten haben, kann sie nur
eher vermuten als wissen, vor allem wenn man den gut einwö-
chigen Aufenthalt des schwer verwundeten Gottfried in einem
Lazarett bedenkt. Auch jetzt helfen ihr der Glaube und die Botschaft, die die protestantischen Kriegspredigten seit Wochen
durch das Land tragen: Ludwig und Gottfried haben in dieser
Logik als Lohn für den Soldatentod das ewige Leben erhalten.
Jesus erscheint als heldenhaftes Vorbild für das Ertragen des (sol-
datischen) Leidens. Jesu Heldentum soll Kraft für das eigene Heldentum geben, weshalb der sterbende Soldat stets auf die Gerech-
tigkeit Gottes vertrauen kann: Man kann getrost sterben, weil am
Ende doch der Sieg stehen wird.¹⁴⁹

»Nun sind wir befreit von allem Schrecken und aller Furchtbarkeit
des Krieges, sie dürfen Gott schauen! Das ist ja unser aller Ziel,
man vergißt es nur zuweilen, wenn es einem gut geht. Wohl bäumt
sich das Herz erst auf gegen Gottes Fügung, die armen, tränen-
vollen Augen sehen ja nicht Gottes dunkle Wege, aber die noch an
die Erde gefesselte Seele fühlt doch, hinter allem steht Gottes Liebe.
Oh, unsere lieben Jungen! Diese Einsamkeit, diese Lücken, die der
Krieg in unser Leben gerissen! Aber sollen wir sie zurückwünschen
in dies Leben, in diesen, nicht enden wollenden, entsetzlichen Krieg?
[…] Oh, nein, Herr, behalte unsere lieben Jungen bei Dir. Sie haben
ausgekämpft, sie haben den Siegeskranz ergriffen, wir wollen sie nicht
zurückwünschen.«¹⁵⁰

Als Gottfried im August in den Krieg ziehen musste, versuchte
er seine Familie noch zu trösten. Er sah wohl eine realistische
Gefahr, dass er und sein Bruder Ludwig in diesem Krieg fal-

len könnten. Seiner Schwägerin erklärte er im Moment des Abschieds am Bahnhof, dass es ja nicht schlimm sei, wenn sie beide stürben, denn sie hätten als junge Leute ohne Familie ja noch nichts zu verlieren. Sollte es wirklich so kommen, dann tue ihm nur die Mutter leid, die dann zwei Söhne verlöre. Aber diese habe mit Adolf ja noch einen dritten Sohn, der als Ehemann und Pastor nicht eingezogen worden sei. Sein Weiterleben werde der Mutter doch immer ein Trost sein.[151]

Diese Familie ist jetzt zerstört und doch letztmalig vereint in der Traueranzeige der Angehörigen in der örtlichen Zeitung:

»Es hat Gott gefallen, meine beiden lieben Söhne, unsere treuen Brüder,
den Kandidaten der Theologie Ludwig Schädla
und den Einjährig-Freiwilligen Gottfried Schädla
zu sich zu rufen.

Sie starben für unser Vaterland, der ältere im 25. Lebensjahr am
4. September 1914 auf dem Schlachtfelde von Le Breuil (Prov. Aisne)
als Unteroffizier der Reserve im Reserve-Infanterie-Regiment Nr. 77,
der jüngere im 23. Lebensjahre am 5. Oktober 1914 im Lazarett
von Bourgogne bei Reims als Unteroffizier im Infanterie-Regiment
Nr. 77.[152]

Gertrud Schädla weiß wenig über den Tod ihrer Brüder. Sie weiß nichts über deren Leiden in den letzten Stunden ihres Lebens. Und sie weiß so gut wie gar nichts über deren Beisetzung. Nur eines glaubt sie genau zu wissen: Alles Geschehen liegt in Gottes Hand, Leben und Tod und auch das Schicksal ihrer beiden Brüder. Ludwig und Gottfried sind für sie fraglos aufgefahren in das himmlische Reich. Sie haben zuvor ihre gleichermaßen gottgefällige wie patriotisch notwendige Pflicht getan, den Heldentod erlitten und den »Siegeskranz« ergriffen. Beide haben den Tod überwunden und sind in das ewige Leben eingetreten. So haben es die Pastoren in den Wochen zuvor immer wieder von den Kanzeln gepredigt, und so glaubt es auch die fromme und kirchentreue Protestantin Gertrud Schädla. Sie trauert, aber in das Kriegsgetümmel auf Erden will sie ihre Brüder aus der himmlischen Welt nicht mehr zurückwünschen. Dieser Glaube hilft ihr in diesen traurigen Stunden nicht immer, vielleicht droht er sie in einigen Momenten sogar ganz zu verlassen – aber letztlich stabilisiert sie ihr Glauben auch in dieser Situation. Trost und Schmerz haben in diesem Glauben gleichermaßen ihren Platz. Nach drei Monaten Krieg sieht sich Gertrud Schädla gequält von Schmerzen, doch getröstet von ihrem Gott.

»Wie glücklich sind nun wohl unsere beiden Helden, immer wieder ist das ein Trost, wenn ich in stummer Qual stöhne über all dies Elend.«[153]

Ernst Stadler. Im Westen nichts Neues

»Unser gewöhnliches Kellerleben, unterbrochen durch kleine Spaziergänge ins Dorf, in das die Franzosen von Zeit zu Zeit mit Artillerie hereinschießen. Nacht s c h w e r e s Artilleriefeuer in den Ort: es saust u. pfeift, als riefe man in der Ferne Hurrah. Wir glauben zuerst an einen Sturmangriff der Franzosen. Dann wird es ruhig. Wir schlafen weiter.«[154]

Den Beginn des Oktobers 1914 erlebt Ernst Stadler in der behelfsmäßigen Kellerwohnung eines zerschossenen Hauses beim französischen Dörfchen Craonne nahe des Flusses Aisne in der Picardie. Die letzten zwei Tage sind vergleichsweise ruhig geblieben. Wenn Stadler zu den anderen Geschützen geht oder die übrigen deutschen Verbände rund um das Dorf besucht, pfeifen zwischendurch, so notiert er, lediglich die Infanteriekugeln. Er unternimmt am 1. Oktober zunächst einige Streifzüge durch das

Dorf. »Stöbern in den zerschossenen Häusern« nennt er das in seinem Kriegstagebuch. Es bleibt sogar Zeit, einen alten Bekannten aus dem Elsass erneut zu treffen – »zum 5 Uhr Tee«. Und anschließend gibt es eine angenehme Überraschung, nachdem sein Hauptmann von einem Soldaten zwei kleine blaue Päckchen überreicht bekommen und sie umgehend an Stadler weitergereicht hat:[155]

»Ich denke, es sei unser Oktobergehalt. Es ist das Eiserne Kreuz. Ich bin verwundert und beglückt zugleich. Habe es wohl kaum verdient: meine militärischen Qualitäten sind ja nicht exorbitant. Ich danke es wesentlich der Güte des Hauptmanns.«[156]

Ob Stadler die Auszeichnung wirklich als eine solche versteht? Einem Freund schreibt er einige Tage später, er trage nun seit einer Woche »das eherne Kreuzzeichen«.[157] Immerhin versäumt er es nicht, den Orden in seinen Briefen von der Front in diesen ersten Oktobertagen zu erwähnen. Ansonsten? »Nichts Neues.«[158]

In den Ruinen des Dorfes und der Umgebung begeben sich die Soldaten wie erwähnt immer wieder auf die Suche nach Brauchbarem. Und das kann in diesem Kriegsalltag alles Mögliche sein: ein Perserteppich, der als Schlafunterlage dient, eine Kuh, die für frische Milch sorgt, und immer wieder vor allem Wein, vereinzelt sogar Champagner. Als in einem Stall fünf Kühe von einer Granate getötet werden, werden diese später an die Soldaten als willkommene Fleischration ausgegeben. Große Freude bereiten Ernst Stadler aber auch Herrenoberhemden, deren er eines Tages habhaft wird – »so daß wir die Möglichkeit haben, endlich wieder waschen zu lassen und die Wäsche zu wechseln«.[159] Und als er mit seinem Hauptmann wieder einmal in den zerschossenen Häusern stöbert, entdecken sie im Haus des Dorfarztes dessen kleine Bibliothek. Sie versorgen sich: »Wir entnehmen Balzac, Cousine Bette u. Eugénie Grandet.«[160] Die beiden Romane des großen französischen Schriftstellers erscheinen Stadler als für die ruhigen Stunden seines Frontalltags geeignet. Am nächsten Tag betritt er erneut die verlassene Privatbibliothek, diesmal in Begleitung eines befreundeten Arztes, der sich die *Illusions Perdues* sichert, ebenfalls aus der Feder Honoré de Balzacs.[161] Aber solche Schätze sind Zufallsfunde, die wirklich benötigten Dinge des Soldatenalltags befinden sich in der Regel nicht darunter. Und so freut sich Ernst Stadler besonders über Pakete aus der Heimat, die ihn mit Annehmlichkeiten versorgen, die auf normalem Weg nicht oder nur schwer zu erhalten sind. Neben den fast immer erwähnten Zigaretten sind dies etwa Puls- und Kniewärmer, die ihm seine Cousine Marta Stadler strickt und schickt. Sie leisten Stadler gute Dienste, da ihn inzwischen »ein klein wenig rheumatische Schmerzen« plagen.[162] Aber noch mehr plagt ihn das Schicksal: Er will nicht Soldat sein, und er will sich nicht für das Vaterland »opfern«.

»Schließlich ist man doch zu sehr Nervenmensch, um die Soldatentugenden zu besitzen, die der populären Convention als selbstverständlich gelten und die es vielleicht auch einmal da gibt. Oder sehe ich nur die Dinge anders, weil mir diese Art der Bravour abgeht und ich mir schließlich noch eine andere Aufgabe im Leben denke und wünsche, als mich von einer Granate in Stücke reißen zu lassen.«[163]

Die Empfängerin dieser Zeilen, Thea Sternheim, ist von dieser Darstellung tief erschüttert. Dass »geistig bedeutende Männer« ein jämmerliches Dasein in Kälte, Regen und Schmutz führen müssen, sei ein trauriges Schicksal, klagt sie. Und sie macht sich Sorgen um Ernst Stadler: »Wie zittere ich, auch er wird in diesem mörderischen Krieg seinem Schicksal nicht entgehen.«[164] Stadler selbst scheint aber nicht nur an Krieg denken zu wollen – die Welt der Literatur beschäftigt ihn auch in diesen Augenblicken. Er macht sogar Zukunftspläne: Eine Übersetzung der Gedichte des französischen Schriftstellers Paul Verlaine beschäftigt ihn so sehr, dass er von der Front Stefan Zweig eine Feldpostkarte schickt, auf der er ihm verspricht, eine Übersetzung für die von Zweig geplante Gesamtausgabe von Verlaine zu liefern. Dabei ist weniger der Umstand atemberaubend, dass ein deutscher Leutnant mitten im Krieg Pläne für literarische Übersetzungen schmiedet, sondern dass hier ein deutscher Soldat die Literatur des eigenhändig bekämpften Feindes für die eigene Sprache und das eigene Land zugänglich machen will. Stefan Zweig zieht dieses Ansinnen Stadlers – das fraglos ein Einzelfall ist – übrigens seinerseits leichthin als Beleg dafür heran, dass die deutschen Soldaten gar nicht die Barbaren sein können, als welche die Alliierten sie immer darstellten. Wie anders sei es denn zu erklären, dass Soldaten wie Stadler, während sie ins Feld ziehen, noch gleichzeitig daran denken können, »die Kultur des Feindes Deutschland zu übermitteln«?[165]

Zum Alltag an der Front gehört in diesem Herbst auch, dass der viel beschworenen Kameradschaft unter den deutschen Soldaten in der Praxis zuweilen enge Grenzen gesetzt sind. Das spüren vor allem die deutschen Juden, die noch im August dem Aufruf jüdischer Organisationen gefolgt sind, Deutschland in der Stunde der Bedrohung ihre Treue zu bekunden und sich freiwillig an die Waffe zu melden. Über 10 000 deutsche Juden folgten dem patriotischen Aufruf. Doch der Antisemitismus der wilhelminischen Gesellschaft hat sich keineswegs verflüchtigt, er ist real und kommt auch im Kriegsalltag zum Vorschein. So auch an der Front. »Seit einiger Zeit kann ich es ja mit Händen greifen, daß man mich als Juden scheel ansieht«, schreibt ein Unteroffizier im Oktober. Habe es bei Kriegsbeginn noch geheißen, es gebe nur noch Deutsche, höre man jetzt wieder »die alten verhaßten Redensarten«. Und tatsächlich gehört es in manchen Offizierskasinos wieder zum guten Ton, diffamierende Judenwitze zu erzählen.[166]

Vielen enttäuschten Soldaten wäre es wohl am liebsten, dass der Krieg schon jetzt zu Ende ginge und sie endlich wieder nach Hause gehen könnten. Doch ist der Zeitpunkt wirklich schon gekommen? Ernst Stadler ist skeptisch:

»Wir fragen uns hier oft, wie lange dieser Krieg wohl noch dauern wird, und kommen meist zu dem resignierten Schluß, daß einstweilen wenigstens keine Hoffnung auf baldige Beendigung besteht. Dazu ist der Druck der Engländer zu stark: mit den Franzosen u. schließlich auch den Russen allein wäre wohl eher fertig zu werden. Die einzige Gewähr für eine nicht allzu lange Dauer des Krieges bieten die wirtschaftlichen Störungen, unter denen doch alle Nationen gleichmäßig leiden, und die ungeheuren Verluste auf allen Seiten.«[167]

An dieser Stelle ist deutlich zu erkennen, wie tief auch Ernst Stadler von der deutschen Kriegspropaganda geprägt ist: Dass man mit »den Franzosen« und »den Russen« fraglos »fertig« werden würde, scheint für ihn festzustehen. Allein das britische Engagement stehe einem Sieg im Weg, weshalb sich auch bei Stadler immer wieder erboste Kommentare über das britische Eingreifen in den Krieg finden. Zutreffend sind hingegen Stadlers Hinweise auf die enormen Verluste an der Westfront. So schreibt er in einem Brief an seine Cousine Marta Stadler, »unser 15. Corps ist ganz kolossal dezimiert«. So habe die deutsche Offensivtaktik der ersten Kriegswochen zwar auch Erfolge gebracht, sei aber für die großen Verluste auf deutscher Seite mehr als mitverantwortlich.[168]

Stadler erlebt die Verluste in diesen Tagen vor allem in dem kleinen Dorf Craonne, in dem er sich verschanzt hat. Immer wieder wird der Ort gezielt von feindlicher Artillerie und Infanterie angegriffen. Am 12. Oktober 1914 dauert ein Beschuss fast den ganzen Tag an. Er beginnt am frühen Morgen, am Nachmittag wird das Feuer noch intensiver. Stadler erlebt den Angriff in seinem Keller mit. Doch auch dort sind die Deutschen längst nicht mehr sicher. Aber einen anderen Schutz haben die Soldaten nicht.

»Gegen 4 plötzlich auch starkes Infanterie- und Maschinengewehrfeuer. Ein Jäger alarmiert: ›Die Franzosen greifen an.‹ Ich stürze zum 3. Zug, in den anderen Teil des Dorfes, während rings an der

Straße die Granaten der schweren Artillerie in die Häuser schlagen.
Einmal stehe ich ein paar Augenblicke in einem Keller unter. Es sind
ein paar Jäger drin mit ganz berußten Gesichtern und Verletzungen:
sie sind verschüttet worden, als eine Granate ins Haus schlug und
das Kellergewölbe durchbrach. Ihre Kameraden liegen zum Teil noch
unter den Trümmern.«[169]

Ernst Stadler eilt weiter durch das Dorf und sieht die Auswirkungen des Angriffs. Auch in die Schützengräben am Rand des Dorfes sind Granaten eingeschlagen, Tote und Verwundete sind zu sehen, Soldaten eilen mit Hacken und Spaten herbei, um die Verschütteten noch rechtzeitig auszugraben. Die Dorfstraße ist von den Trümmern der Häuser versperrt. Stadler erreicht unversehrt das Haus, in dem sein Zug einquartiert ist. Es brennt, eine Granate hat das Dach getroffen, die Sprengstücke sind bis in den Keller vorgedrungen. Seine Soldaten findet Stadler in einem Keller auf der anderen Straßenseite; er lässt sie antreten und die Geschütze in Stellung bringen. Doch zunächst robbt er sich vorsichtig und nur schlecht gedeckt so weit wie möglich in Richtung feindliche Linien, um sich einen Überblick über die Lage zu verschaffen. Stadler kann ein weites Tal überschauen, und er sieht, dass aus dem gegenüberliegenden Beau Marais die französische Infanterie auf die deutschen Stellungen vorgeht. Stadler und die Artillerie haben den Befehl, erst zu schießen, wenn die französischen Fußtruppen auf 800 Meter herangekommen sind. Also wartet er mit seinem Befehl zum Feuern:

»Über den Acker, an einer langgezogenen Baumgruppe vorbei, sieht
man die Franzosen in lang auseinandergezogenen Schützenlinien
vorgehen. Offenbar werden sie von unserer Artillerie nicht eingesehen,
jedenfalls nicht beschossen. Wir lassen auf Entfernung 800 feuern.
Zu kurz. 1100. Noch immer zu kurz. 1400. Die Jäger eröffnen ein
heftiges Feuer auf die Franzosen. Es scheint, daß der Infanterieangriff
zum Stehen kommt.«[170]

Aber die Gefahr ist noch nicht gebannt. Wenig später fahren die Franzosen vor dem Waldrand von Beau Marais Geschütze auf. Stadler gibt die Beobachtung an seinen Hauptmann weiter, der lässt gezielt feuern. Die feindlichen Geschütze, so notiert Stadler, werden »zum Schweigen gebracht«. Dennoch schlagen »über uns und neben uns« permanent Granaten ein.[171] Das Dorf Craonne gleicht nach tagelangem Beschuss längst einer Ruinenlandschaft. Am stärksten beschossen wurde das Schloss, von den Häusern stehen zuweilen nur noch kahle Mauergerippe, nahe der Kirche registriert Stadler den »wüst zerschossenen Friedhof«.[172]

Vom steten »Höllenlärm von Craonne« schreibt Stadler in seinem Tagebuch – und inmitten dieser Hölle erhält er in diesen Tagen ein kleines Paket von einer langjährigen Freundin namens Fanny. »Wie aus einer fernen, wundervollen Welt« kommt ihm diese Sendung vor, die er eines Nachts zwischen vereinzelten Angriffen und in »erhöhter Alarmbereitschaft« öffnet. Er findet darin ein kleines Merkbüchlein für den Monat Oktober mit Tagessprüchen von Angelus Silesius, einem katholischen Mystiker und Lyriker des 17. Jahrhunderts. Fanny – deren Nachname nie ermittelt wird, die aber mit Ernst Stadler einige Jahre vor Kriegsbeginn wohl enger befreundet war – hat augenscheinlich einen starken Bezug zum katholischen Glauben. Sie hat nicht nur gerade dieses Büchlein des entschiedenen Kämpfers der Gegenreformation als Gabe an den Frontsoldaten ausgesucht, sondern auf der Rückseite des Umschlags auch ein Bild von Madonna mit dem Jesuskind aufgeklebt.[173] Es soll den Freund in der Not beschützen.

Ernst Stadler, in dessen Tagebuch sich ansonsten keinerlei religiöse Bezüge finden lassen, ist von diesem kleinen Geschenk geradezu elektrisiert. »Das Buch ist mir wie ein Amulett.« Er liest zunächst nur das erste kleine Sprüchlein: »Mensch, geh nur in dich selbst, denn nach dem Stein der Weisen darf man nicht allererst in fremde Lande reisen.« Stadler reagiert »nervös erregt«, wie er notiert. Zuerst kann er den Sinn dieser Worte kaum fassen, und erst als er wieder ruhiger geworden ist, kann er sich schließlich fragen, weshalb Fanny gerade ihm diese Verse ausgesucht hat.[174]

Endlich können Leutnant Stadler und seine Leute das umkämpfte Dorf Craonne verlassen. Die Einheit wird in eine neue, etwas weiter zurückliegende Stellung südöstlich von Corbeny verlegt. Stadler genießt hier für wenige Tage die Stille und den Frieden des Ortes. Er findet sogar Zeit und Muße, den einige Tage zuvor gefundenen Balzac-Roman *Cousine Bette* zu Ende zu lesen und am 17. Oktober in einem kurzen Kommentar über das Werk festzuhalten:»Auffallend, wie eigentlich keine Gestalt, kein bestimmtes Schicksal stark herausgehoben, sondern alles in die Vielfältigkeit des großen Lebens hineingestellt ist.«[175]

Ernst Stadler genießt die Ruhe nach den Artilleriestürmen; seine Liebe zur Literatur und ein geraubtes Balzac-Buch helfen ihm dabei. Andere Soldaten haben keinen solchen mentalen Halt. Sie werden an der Kriegswirklichkeit verrückt. Ernst Stadler spricht von Soldaten,»deren Nerven durch das Gefecht so angespannt werden, daß sie irrsinnig werden«. Im Kreis der Offiziere und Soldaten kursieren zahlreiche Geschichten und Anekdoten, in denen dieser Irrsinn thematisiert wird. So soll ein französischer Offizier wahnsinnig geworden sein,»als Nachts in dem Dorf, wo er lag, bald hier, bald dort, unsichtbar aus der Dunkelheit geschleudert, die schweren Granaten einschlugen«. In einem anderen Fall soll ein Unteroffizier mitten im Gefecht aus dem Schützengraben herausgesprungen und auf die feindlichen Linien zugelaufen sein — »er wird natürlich zusammengeschossen«.[176]

Solche und andere Kriegsneurosen nehmen mit Kriegsbeginn ein Ausmaß und eine Intensität an, dass die damit befassten Ärzte zunächst überrascht sind. Schon bei den ersten großen Märschen in Belgien kommt es bei Soldaten zu Krampfanfällen und traumatischen Psychosen aufgrund »seelischer Erschütterung«. Die Patienten dieser höchst unterschiedlichen Kriegsneurosen werden umgangssprachlich als »Kriegszitterer« oder »Schüttler« bezeichnet. Sie tragen mit ihrem Leiden den Schrecken der Front bald auch in die Heimat. Dort werden sie zu einem grausigen Straßenschauspiel, das die Bevölkerung fast noch mehr erschüttert als der Anblick der nun immer häufiger zu sehenden Amputierten und Blinden.[177]

In den ersten Kriegswochen lohnt es übrigens zuweilen, den »Kriegszitterer« zu mimen: So kann man sich mit Glück geschickt dem weiteren Fronteinsatz entziehen, ohne zur Selbstverstümmelung schreiten zu müssen. Doch nur anfangs reagiert man auf die Kriegsneurosen vergleichsweise mild und ermöglicht den Betroffenen frontferne Ruhepausen oder gleich Dienstbefreiungen.[178] Als die Zahl der »Kriegszitterer« weiter steigt, reagieren Armeeleitung und Ärzte nicht zimperlich, wenn sie die Kranken entweder »therapieren« oder als vermeintliche Simulanten entlarven wollen. Zu den brutalen Methoden gehören die Anwendung von Elektroschocks, die manchmal tödlich sind, oder die Einführung von Sonden in den Kehlkopf. Damit soll bei stumm gewordenen Soldaten die Stimme wiedererweckt werden; oft genug führt das jedoch zu Erstickungsanfällen der »Behandelten«.[179]

Aber auch bei vielen Menschen in der Heimat versagen nach einigen Wochen Krieg die Nerven. Über einige besonders spektakuläre Fälle kann man Einzelheiten in den Zeitungen lesen. Etwa über den Fall des österreichischen Schauspielers Victor Arnold, der in Berlin zum Ensemble Max Reinhardts gehört. Öffentlich wird berichtet, wie Arnold der Annahme verfällt, er müsse angesichts des Krieges verhungern, und deshalb einen Nervenzusammenbruch erleidet. Schließlich bricht er auf der Bühne zusammen und begeht später Selbstmord. Der Krieg kostet auch weitab der Front Menschenleben. So nimmt sich eine Frau in Berlin das Leben, weil sie unter der Vorstellung leidet, die Russen stünden bereits kurz vor der Stadt und könnten jeden Tag mordsengend einmarschieren.[180]

Die Militärführung mag sich zwischenzeitlich damit trösten, dass solche Phänomene eigentlich nichts Neues darstellen. Schon im Deutsch-Französischen Krieg von 1870/71 habe es viele Nervenzusammenbrüche von Offizieren gegeben, erinnert sich der Chef des Marinekabinetts in seinem Tagebuch. Doch das tröstet nur wenig, wenn es wieder einmal einen spektakulären Einzelfall gibt, wie den des Königlich Preußischen Oberstallmeisters, der sich eines Morgens »in einem Anfall nervösen Zusammenbruchs« erschießt. Dieser Selbstmord ist wiederum nicht gut für die psychische Verfassung der Menschen in seinem Umfeld, zu dem auch der Kaiser zählt, der auf diese Nachricht mit der ihm eigenen Niedergeschlagenheit reagiert.[181]

Zu den Schrecken des Krieges gehört die Ungewissheit – in der Heimat im Hinblick auf die tatsächlichen Bedrohungen und Gefahren für die eigenen Soldaten, an der Front mit Bezug auf die kommenden Gefechte. Für Ernst Stadler und die anderen Soldaten resultiert die Ungewissheit aus den regelmäßig vorgenommenen Truppenverlegungen, die von Gerüchten und plötzlichen Aufbrüchen geprägt sind. So notiert Stadler am 19. Oktober, dass zunächst über eine Verlegung seiner Einheit von der Front weiter ins Hinterland gemutmaßt wird; abends trifft dann tatsächlich der Befehl zum Abrücken ein. »Wohin weiß wieder kein Mensch«, schreibt er über den nächtlichen Aufbruch. In Stockdunkelheit ziehen die Soldaten los, auf glitschigen Hohlwegen, über Äcker und an Wäldern entlang, ehe der Marsch – nur von einer kurzen Schlafpause unterbrochen, die Stadler in einer Erdhöhle verbringt – in dem Dorf Festieux zwischen Laon und Corbeny endet. Es ist sechs Uhr morgens, noch ist es dunkel. Als es Tag wird, kommt es Stadler fast wie Erholung in fast friedlicher Atmosphäre vor:

»*Im Dorf reges Leben. Civilbewohner, die man in den letzten Wochen nirgends mehr gesehen hatte. Begräbnis eines verunglückten Menschen. Ich treffe Lt. Schnitger und ten Brink. Wir frühstücken in e. Haus, wo ein deutscher Unterarzt liegt. Bei ihm alles im Überfluß: Cognak, Wein, Hummerkonserven, Butter, Weißbrot. Dazu lassen wir uns e. Wildente braten.*«[182]

Das Wetter ist trüb und regnerisch, was den Marsch durch die Dörfer unangenehm macht. Doch die Soldaten ziehen weiter, an diesem Tag noch bis in das Dorf Eppes. Hier endet der Marsch am Dienstag, den 20. Oktober 1914, mit einem großzügigen Umtrunk – bei Stadlers Hauptmann »brauen wir Grogk und tun des Guten fast zu viel«. Die Gespräche der Soldaten werden existenziell, sie kreisen um Themen wie »Fortleben« und »Unsterblichkeit«.[183] Der Abend bleibt nicht ohne Folgen: Als Stadler am nächsten Morgen um sechs Uhr weitermarschieren muss, plagen ihn Kopfschmerzen. Es ist Mittwoch, der 21. Oktober. Die Artillerieeinheit rückt durch kleine Dörfer nach Norden vor, immer weiter Richtung Saint-Quentin. Zwischendurch treffen sie auf andere deutsche Truppenteile, mit denen sie zusammen weiterziehen. Für die Soldaten wird langsam erkennbar, dass sie sich auf eine größere Schlacht einstellen müssen.

Das Marschieren ist strapaziös – jedenfalls für die einfachen Soldaten. Ernst Stadler hat als Offizier der Artillerie den Vorzug, die Strecken auf dem Pferd zurücklegen zu können. So finden sich in seinem Tagebuch auch an diesem Tag Schilderungen über das Leid des militärischen Fußvolks. In einem der passierten Dörfer beobachtet er, wie sich die französischen (!) Bewohner »um die Infanteristen bemühen, die ›schlappgemacht‹ haben, ihnen Wein einflößen«. Auch Stadler wird versorgt – beziehungsweise er versorgt sich wie gewohnt bei der Bevölkerung, indem seine Einheit wieder einmal drei Hühner requiriert und verspeist. Da er gesundheitlich angeschlagen wirkt (und das scheint nicht mehr am vielen Grog des Vortages zu liegen), kümmern sich die Kameraden in besonderer Weise um ihn: Sie versorgen ihn mit einer Extraportion Eier und machen für ihn sogar Feuer, damit er sich aufwärmen kann. Doch das ist seiner Meinung nach besser gemeint, als dass es gut für ihn ist – »ich wache in der Nacht mit scheußlichen Kopfschmerzen auf, die ich auch am Morgen beim Aufstehen habe«.[184]

Es ist Donnerstag, der 22. Oktober 1914, als Ernst Stadler sich mit Kopfschmerzen erhebt. Es mag ein kleiner Trost sein, dass es heute etwas später losgeht als noch am Tag zuvor. Fraglos freut er sich mit den anderen, dass heute der Regen ausbleibt. Wenn man nicht wüsste, dass Krieg ist, könnte man die Landschaft der Picardie hier im Nordwesten Frankreichs regelrecht genießen. Zum Landschaftsbild gehört auch der Canal de Saint-Quentin, der die Flüsse Oise und Schelde miteinander verbindet und Teil jenes Netzes an Schifffahrtswegen ist, die Belgien mit Nordwestfrankreich und schließlich dem Großraum Paris verbinden.

»Nach dem trüben, regnerischen Wetter der letzten Tage heller, fast heiterer Tag. Um 8.20 rücken wir ab. Wundervolle Herbstlandschaft mit Wasser, dem Oise Kanal, hellen Wiesengründen mit gelbgefärbten Baumgruppen. Manche sind in der Krone schon ganz kahl. Einmal niedere Kastaniensträucher, rotgelb, vor gelblich grünen Linden. Später wird es trüber.«[185]

Zur Mittagszeit treffen Stadler und seine Truppe in dem Dörfchen Castres nahe der Stadt Saint-Quentin ein, in unmittelbarer Nähe zum beschriebenen Kanal. Hier quartieren sie sich ein, was nicht leicht ist, schließlich ist das Dorf viel zu klein für Truppen auf der Suche nach Unterkunft. Links und rechts der zentralen Dorfstraße gibt es einige Häuser, aber viel Komfort, gar Betten, können die Soldaten nicht erwarten. Stadler ist froh, dass er sich mit zwei Kameraden beim Hauptmann »auf Stroh« einquartieren kann.[186] Das notiert er an diesem Donnerstag, den 22. Oktober 1914, noch in sein Tagebuch. Es wird sein letzter Eintrag sein. In den folgenden Tagen kommt er nicht mehr dazu, Aufzeichnungen zu machen. Das 3. Ober-Elsässische Feldartillerie-Regiment 80 zieht rasch weiter nach Norden und erreicht schließlich seinen Bestimmungsort: die belgische Stadt Ypern in Westflandern.

»Die Kämpfe am Yser-Ypern-Kanal-Abschnitt sind außerordentlich hartnäckig. Im Norden gelang es uns, mit erheblichen Kräften den Kanal zu überschreiten. Östlich Ypern und südwestlich Lille drangen unsere Truppen in heftigen Kämpfen langsam weiter vor.«

(Meldung aus dem Großen Hauptquartier vom 24. Oktober 1914)[187]

In Flandern bahnt sich in diesem Monat eine große Schlacht zwischen deutschen Einheiten und französischen sowie britischen an, die später als sogenannte Erste Flandernschlacht berühmt-berüchtigt wird. Diese Kämpfe resultieren vor allem aus dem Versuch des deutschen Oberkommandos, vor Weihnachten doch noch einen entscheidenden Sieg im Westen zu erringen. Diese Schlacht ist der letzte Versuch, das bei Kriegsbeginn vorgegebene militärische Ziel zumindest noch teilweise zu erreichen. Die Kämpfe selbst konzentrieren sich auf taktisch wichtige Positionen wie die flache Hügelkette und die Plateaus um Ypern, wo auch Ernst Stadler mit seinem Artillerie-Regiment eintrifft. Kennzeichnend für die Kämpfe ist, dass beide Seiten in diesen Tagen frische Einheiten ins Gefecht werfen, sobald diese auf dem Schlachtfeld ankommen.[188]

»Die Kämpfe am Abschnitt des Yser-Ypern-Kanals, bei Ypern und südwestlich Lille, werden mit gleicher Hartnäckigkeit fortgesetzt.«

(Meldung aus dem Großen Hauptquartier vom 27. Oktober 1914)[189]

Ernst Stadler trifft mit seiner Artillerie-Einheit schließlich vor dem belgischen Ort Zandvoorde ein, der wenige Kilometer südöstlich von Ypern liegt. Zandvoorde selbst wird von britischen Soldaten gehalten. Am Freitag, dem 30. Oktober 1914, soll es von den Deutschen gestürmt werden. Am frühen Morgen macht sich Stadler auf den Weg zu seiner Stellung, als ihn mitten im hektischen Treiben vor dem Angriff unerwartet ein alter Freund aus Straßburger Zeiten entdeckt: Hans Koch, inzwischen als Arzt ins Feld eingezogen. Die Umstände kurz vor Beginn der Schlacht sind unangenehm,»die kleinen Feldkanonen ratterten verdrossen hinter den trottenden Gäulen, in der Gosse standen dampfend einige Husarenfähnlein. Flüche, Spritzer, verärgertes Gemaule« – aber Hans Koch lacht vor Freude laut auf. Und sein Freund Stadler?»Er war unfroh. Ich munterte ihn auf.«[190]

>»Und wir schwatzten von unserm Elsaß, von den Freunden und Dingen des Herzens [...] Ihm war etwa also: dieser Krieg ist eine Narretei und widerlich obendrein. Und wer vorangestellt ist, wie unsereins, hat verdammt nichts zu lachen! [...] Wieder gaben wir uns die Hand und einigten uns auf weitere ›Feste der Jugend‹ nach diesem verruchten Kriege. Parbleu! Er machte eine Sauerampfergrimasse dazu, und da er regungslos weiterritt, hat mich die Bangigkeit an der Kehle gepackt, jäh, blöd: Wirst du ihn je wiederschaun?«*

(Hans Koch über seine Begegnung mit Ernst Stadler am 30. Oktober 1914)[191]

Um acht Uhr morgens beginnt das Feuer auf den Ort Zandvoorde, der von den britischen Verteidigern in den Tagen zuvor stark befestigt worden ist. Über eine Stunde belegen die deutschen Kanonen das Dorf mit starkem Artilleriefeuer, gegen 9.30 Uhr stürmen dann deutsche Infanterieeinheiten los. Nach rund einstündigem Kampf haben sie sich an die ersten Häuser herangekämpft. Jetzt setzt auch die deutsche Artillerie nach. Im nördlichen Teil des inzwischen stark zerstörten Dorfes wird noch, so heißt es in der Geschichte von Stadlers Feldartillerie-Regiment,»Haus für Haus mit den Engländern im Handgemenge gekämpft«, da rollen die deutschen Kanonen schon an die vorderste Kampflinie. Im Galopp geht es auf den von Granattrichtern zerrissenen Straßen durch das brennende Dorf. Am Nordwestausgang des Ortes kommen die Geschütze zum Stehen. Sie sind so weit nach vorne geprescht, dass sie zunächst sogar vor der eigenen Infanterie stehen und schon bald das Feuer auf den Feind eröffnen.[192]
Das plötzliche Erscheinen der deutschen Artillerie ruft bei den

Engländern tatsächlich zunächst größte Verwirrung hervor. Eine Stunde braucht die englische Artillerie, um sich zu orientieren und zurückzuschießen. Es ist Mittag. Schweres und »schwerstes« Feuer, so heißt es in der Regimentsgeschichte später, geht nun auf Zandvoorde und die deutschen Soldaten nieder. Und Stadlers 3. Ober-Elsässisches Feldartillerie-Regiment Nr. 80 findet sich genau in diesem Feuer wieder. Hat die Abteilung bei ihrem Überraschungsvorstoß noch kaum Verluste erlitten, so sind diese jetzt verheerend. Auch Ernst Stadler ist dem Granatenhagel ausgesetzt. Ein anderer Offizier aus seiner Batterie sieht ihn in diesen Minuten – und schildert, was geschieht:

»Es war ein Grauen damals. Schwerste Granaten stoben wie ein Sternschnuppenfall. Die Batterien waren eben ganz vorn in Stellung gegangen. Schon brachten wir die ersten Zünder heraus. Doch ihn – er hielt sich knapp dahinter, er setzte vor einem anspringenden satanischen Gesumme durch eine offne Haustür, der eiserne Höllenschreck tatzte hinterdrein, legte dem Ärmsten das Kleinhirn auf, setzte ihm den Vorderarm ab und schlug seinen Körper in die Düsternis eines offenen Kellerlochs.«[193]

Ernst Stadler wird von einer Granate getroffen und zerrissen. Er stirbt im Alter von 31 Jahren. Es ist Freitag, der 30. Oktober 1914. In der amtlichen *Kriegs-Depesche* heißt es zu diesem Tag von der Front:»Im übrigen ist im Westen und ebenso auf dem östlichen Kriegsschauplatz die Lage unverändert.«[194]

Nachtrag

Einige Tage nach Ernst Stadlers Tod erreicht das Feldartillerie-Regiment 80 noch ein Paket mit den viel zitierten »Liebesgaben« von Stadlers Cousine Marta. Sie werden nicht nach Freiburg zurückgeschickt, weil sie an der Front begehrt sind – andere Kameraden können sie sehr gut gebrauchen. Stadlers Batteriechef nimmt sich die Zeit, der Cousine noch eine kurze Nachricht per Feldpostkarte zukommen zu lassen[195]:

»Im Felde, 16. XI. 1914

Ihre an den leider gefallenen Leutnant Ernst Stadler gerichtete Paket-Sendung habe ich mir erlaubt im Sinne des Verstorbenen zu Gunsten meiner Batterie, bei der er den Feldzug mitmachte, zu verwenden. Mit vorzüglichster Hochachtung u. herzl. Dank der Empfänger

Langrock
Hauptmann u. Batteriechef 2. Bttr.
F.A.R. 80«

Herbert Stadler fährt einige Zeit später mit dem Auto nach Zandvoorde, holt die sterblichen Überreste seines Bruders ab und bringt sie nach Straßburg. Im Familiengrab auf dem Friedhof des Straßburger Vorortes Ruprechtsau wird Ernst Stadler am Samstag, dem 12. Dezember 1914, an der Seite seines Vaters beigesetzt.[196] In zahlreichen Nachrufen drücken Freunde und Kollegen ihre Erschütterung über seinen Tod aus. Von einem »stimmungsvollen Begräbnis«, bei dem auch zahlreiche Wissenschaftler, Schriftsteller und Soldaten anwesend sind, berichtet schließlich die örtliche Tageszeitung *Der Elsässer:*

»Bürgermeister, Bezirkspräsident, Professorenkollegium der Universität, Kameraden aus dem Regiment und zahlreiche Freunde folgten dem mit herrlichen Kranzspenden bedeckten Leichenwagen. Das einfache, rohgezimmerte Holzkreuz, das schon das erste provisorische Grab in der fremden Erde zierte und von einem Soldaten vorangetragen wurde, und ein schlichter Kranz von Tannenreis und herbstgelben letzten Waldesblättern, den die Soldaten ihrem Reserveleutnant noch gewunden hatten, machten einen tiefen Eindruck.«[197]

Ein Blick zurück – Was möglich ist im Sommer 1914

Ernst Stadler ist tot. Damit teilt er das traurige Schicksal von vermutlich zwei Millionen deutschen Soldaten, die insgesamt in diesem Krieg getötet werden. Weltweit sterben zwischen 1914 und 1918 nahezu neun Millionen Soldaten, hinzu kommen bis zu sechs Millionen Zivilisten, die mittelbar durch die Kämpfe sterben, das heißt bei Vertreibungen ums Leben kommen, von Epidemien hingerafft werden oder verhungern.[198] Die vier anderen Protagonisten dieses Buches haben den Oktober 1914 überlebt. Und nicht nur dies: Wilhelm II., Alexander Cartellieri, Wilhelm Eildermann und Gertrud Schädla werden auch die folgenden vier Jahre des Ersten Weltkrieges überstehen. Was dann folgt – vor allem die militärische Niederlage, die deutsche Kapitulation und die Revolution –, wird für sie in unterschiedlichem Maße von Bedeutung sein.

Am unmittelbarsten betroffen von den Geschehnissen des Winters 1918/19 ist wohl Kaiser Wilhelm II. Er verliert seinen Thron – wie auch die übrigen zu diesem Zeitpunkt noch gekrönten Häupter im Deutschen Reich – und flüchtet sich vor Verantwortung und möglicher juristischer Verfolgung in die benachbarten Niederlande. Fraglos eine kluge Entscheidung, denn daheim will man ihn nicht mehr, und die Siegermächte sind denkbar schlecht auf den Monarchen mit den großen Worten und gewaltigen Weltherrschaftsplänen zu sprechen:

»Ich bin dafür, den Kaiser zu hängen.«

(der britische Labour-Abgeordnete George Barnes im November 1918)[199]

Wilhelm richtet es sich fortan im »Huis Doorn« ein, einem kleinen Schlösschen in der Provinz Utrecht. Da seine von den alliierten Siegermächten bald offiziell verlangte Auslieferung von den Niederlanden abgelehnt wird, kann er es sich mit den Jahren in seinem Exil relativ behaglich einrichten. Er pflegt in Grenzen sogar Reste des alten höfischen Lebens, widmet sich der Lektüre vor allem populärwissenschaftlicher Bücher und zeigt sich gerne beim Holzsägen. Auf gestellten Fotos dieser Jahre wirkt er ein wenig wie ein gemütlicher Großvater, der in die Jahre gekommen ist und in Gesellschaft gutwilliger Menschen die verdiente Altersruhe genießt.

Um sich für die Nachwelt in ein günstiges Licht zu rücken, arbeitet er fleißig an der Legende seines Lebens, wozu vor allem das Verfassen seiner Memoiren gehört. Darin fällt sein Blick selbstverständlich auch auf das Jahr 1914 und den Ausbruch des Ersten Weltkrieges. Woran sich Wilhelm dabei erinnert, zeigt nur zu gut, dass sich der von den Geschehnissen des Sommer 1914 politisch, diplomatisch und militärisch vollkommen überforderte Monarch seine Verantwortung für die Katastrophe nicht eingestehen kann – und auch nicht will. »Ich glaube an das deutsche Volk«, tönt er in den 1922 in Deutschland erscheinenden Erinnerungen, »und an die Fortsetzung seiner friedlichen Mission auf der Welt, die durch einen furchtbaren Krieg unterbrochen wurde, den Deutschland nicht gewollt, also auch nicht verschuldet hat.«[200] Das ist nicht nur hartnäckig uneinsichtig, sondern zu allem Überfluss auch noch schlecht gelogen. Deutschland und sein Kaiser haben an der Entstehung und Ausweitung des Konflikts eine erhebliche, sogar eine entscheidende Mitschuld, und den deutschen Militärs bot der Weltkrieg darüber hinaus sogar eine willkommene Chance, endlich die lang gehegten Eroberungswünsche und -pläne in die Tat umzusetzen. Von »friedlicher Mission« kann nicht die Rede sein. Die Chance zum Krieg wird von ihnen ebenso gern wie erschreckend ahnungslos ergriffen.

Wilhelms Leben im niederländischen Exil verläuft in den folgenden Jahren eintönig, aber geordnet. Und so kann der bei seiner Flucht gerade einmal 59-Jährige die Geschehnisse in seiner deutschen Heimat noch lange betrachten: die guten und die schlechten Jahre der Weimarer Republik, schließlich auch noch das »Dritte Reich«. Für die nationalsozialistische Bewegung kann sich der abgesetzte Kaiser zwar nie so recht begeistern, doch beim Eintreffen der Wehrmacht in seiner neuen Heimat nach dem Überfall auf die Niederlande jubelt er und zeigt sich vom bald darauf gefeierten Sieg über Frankreich tief gerührt.[201] Aber er bleibt weiterhin im Exil, insgesamt über 22 Jahre. Er stirbt am 4. Juni 1941 im Alter von 82 Jahren und wird in Doorn beigesetzt. Eine Umbettung seiner Gebeine in deutsche Erde sollte nach seinem Willen erst stattfinden, wenn in Deutschland die Monarchie wiedereingeführt wurde. Dieser Wunsch blieb bekanntlich unerfüllt.

Professor Alexander Cartellieri kann nach dem Ersten Weltkrieg und dem Ende der Monarchie seine berufliche Karriere fortsetzen: Er bleibt Hochschullehrer an der thüringischen Landesuniversität in Jena. In den Anfangsjahren der Weimarer Republik ist der Gelehrte zwar gezwungen, immer wieder Teile seiner Privatbibliothek zu verkaufen, um wachsenden finanziellen Nöten zu begegnen oder sich mit seiner Frau einmal einen Urlaub in den geliebten Südtiroler Bergen leisten zu können. Inhaltlich hat ihn der Erste Weltkrieg zu einer Neuausrichtung bewegt; er will den engen Rahmen seiner bisherigen Forschungen endgültig verlassen, um nun das Ganze der Geschichte in den Blick zu nehmen. Bereits 1919 legt er ein Buch mit Betrachtungen zur Weltgeschichte vor. Cartellieri selbst spricht von einer unmittelbaren Reaktion auf die Geschehnisse der Jahre 1914 bis 1918:

»Der Gedanke, Hörern aller Fakultäten einige Andeutungen über den Gang der Weltgeschichte zu geben, drängte sich mir während des Weltkrieges auf, und ich habe zweimal eine einstündige Vorlesung darüber gehalten. Jetzt kehren unsere jungen Schüler und Freunde

aus dem Felde zurück und eilen zu ihren Büchern. Ihnen wird ein Hilfsmittel willkommen sein, das die wichtigsten Tatsachen in großen Übersichten bietet. Der Weltkrieg hat auch die Widerstrebenden gezwungen, weltpolitisch zu denken.«[202]

Cartellieri macht sich nun an sein letztes großes wissenschaftliches Projekt: *Weltgeschichte als Machtgeschichte*. Das Werk erscheint schließlich in vier Bänden in den Jahren 1927 bis 1941. Der Titel trägt ihm einen zweifelhaften Ruf ein und schreckt manchen ab, wie sein Biograf später bemerken sollte. Doch dem Gelehrten geht es keineswegs um eine wie auch immer geartete historische Legitimation deutschen Weltmachtstrebens, und das Werk ist auch keine Hymne an die Macht. Vielmehr ist Macht für den Historiker eine historische Kategorie, um die Zeitläufte sinnhaft zu ordnen und darzustellen.[203] Cartellieri hebt stets hervor, dass Macht für ihn niemals ein Selbstzweck, sondern immer nur Mittel zum Zweck sein darf – und dass der auf Macht fest gegründete Staat mit ihr für die »dauernde Wohlfahrt seiner Bürger« zu arbeiten habe.[204]

Keineswegs für die Wohlfahrt der Bürger hat bekanntlich der NS-Staat gesorgt, dem Alexander Cartellieri bis zuletzt loyal folgt. Obgleich kein erklärter Nationalsozialist, bleibt er bis zu seiner altersbedingten Emeritierung 1935 ohne Schwierigkeiten im Amt und lässt sich noch in den folgenden Jahren vom Regime hofieren: Er erhält die von Hitler verliehene »Goethe-Medaille« und wird in den *Nationalsozialistischen Monatsheften* gewürdigt. Diktatur und Zweiten Weltkrieg übersteht Cartellieri in Jena, auch sein Haus und seine geliebte Bibliothek bleiben unversehrt. Wohl auch wegen seiner geliebten Bücher zieht es den fast 80-Jährigen nicht in den Westen, er bleibt in Jena. Cartellieri wird DDR-Bürger – und er wird nicht glücklich dabei. Ohne ausreichende Rente und ohne Anerkennung durch das neue Regime ist der Greis wieder gezwungen, Teile seiner Bibliothek abzugeben, diesmal im Tausch gegen Lebensmittel. Am 16. Januar 1955 stirbt

Alexander Cartellieri im Alter von 87 Jahren. Nur wenige Bekannte und Angehörige geben ihm auf dem Jenaer Nordfriedhof das letzte Geleit, und die warmherzige Trauerrede eines Kollegen kann nicht darüber hinwegtäuschen, dass »hier einer schon fast vergessen« ist.[205] Wenn in einer Würdigung der westdeutschen *Historischen Zeitschrift* schließlich versprochen wird, dass man »seinen Namen in der Wissenschaft immer lebendig halten« werde, so ist das wohl mehr der fromme Wunsch eines gutmeinenden Kollegen.[206] Cartellieris Werk ist inzwischen weitgehend vergessen, seine historischen Bücher sind heute ausschließlich antiquarisch erhältlich.[207]

In der Hansestadt Bremen hat der Junggardist Wilhelm Eildermann das Ende des Ersten Weltkrieges früh und mit großen politischen Erwartungen herbeigesehnt. Doch auch er wird zunächst den unmittelbaren Gefahren des Krieges ausgesetzt: Im Sommer 1916 zu einer Infanteriedivision eingezogen, kämpft Eildermann ab Jahresbeginn 1917 bis Mitte 1918 an der Westfront in Flandern (zwischenzeitlich nahe der Stadt Zandvoorde, wo Ernst Stadler gefallen ist). Nach eineinhalb Jahren Fronteinsatz wird er wegen, wie er es später nennt, »allgemeiner Körperschwäche« nach Deutschland zurückbefördert und nach einem Aufenthalt in einem Erholungsheim schließlich einer sogenannten Genesenen-Kompanie in Lübeck zugeteilt.

»In Lübeck erlebte ich den Ausbruch der Novemberrevolution, besser gesagt, ich erlebte die Geschichte nicht nur, sondern beteiligte mich so intensiv wie möglich an der großen Bewegung für den sofortigen Frieden, für die Beseitigung des Kriegsregimes, des Militarismus und der Monarchie, für eine sozialistische Umgestaltung Deutschlands.«[208]

Eildermann ahnt die historische Stunde und schlägt sich nun energisch auf die Seite derer, die für eine gerechtere Ordnung in Deutschland antreten. Er engagiert sich in der neu gegründeten KPD, tritt als kommunistischer Wanderredner auf und glänzt als Parteijournalist. Während der Weimarer Republik steigt er zum Redakteur und Chefredakteur verschiedener KPD-Zeitungen auf. Vom NS-Regime 1933 wegen »Hochverrats« verhaftet, gelingt ihm 1937 die Emigration. Über viele Stationen gelangt er in die UdSSR, wird Mitarbeiter der Redaktion »Freies Deutschland« des »Nationalkomitees Freies Deutschland« und kehrt nach dem Krieg in die Sowjetische Besatzungszone zurück. Eildermann wird SED-Mitglied und leitet bald die Redaktion des Pressedienstes der Partei, wird Professor für »Methodik der journalistischen Praxis« an der Universität Leipzig und schließlich Mitarbeiter des Instituts für Marxismus-Leninismus beim ZK der SED.[209] Versehen mit zahlreichen hohen Auszeichnungen der DDR-Staats- und Parteiführung stirbt Professor Dr. h.c. Wilhelm Eildermann am 16. Oktober 1988 im Alter von 91 Jahren.

Gertrud Schädla verliert in diesem Weltkrieg zwei Brüder, sie lebt weiterhin mit ihrer Mutter in Verden an der Aller, geht ihrem Beruf als Lehrerin nach und muss in den Kriegszeiten mit der mangelnden Versorgung der Bevölkerung zurechtkommen. Immer wieder sorgt sie sich um ausreichend Lebensmittel, fortlaufend notiert sie in ihrem Tagebuch ihren Wunsch nach Frieden. Und in der Familienerinnerung sind die gefallenen Brüder Ludwig und Gottfried stets präsent. Für Schädla war die wilhelminische Gesellschaft mit dem geliebten Kaiser an der Spitze samt ihres festen protestantischen Glaubens die Grundfeste ihres Lebens. Das Kriegsende bringt ihr eine denkbar massive Erschütterung: Revolution und Flucht des Monarchen ins Exil. Für Schädla scheint alles Vertraute zusammenzubrechen:

»11. November 1918
Heute muß ich einmal wieder schreiben, wenn ich auch nicht weiß,
wo anfangen und wo enden. Wir leben in einer wahnsinnigen, furcht-
baren Zeit, so furchtbar, wie wir sie noch nicht erlebt haben, und
doch waren die vier Kriegsjahre schrecklich genug! Wie soll das nur
enden!!«[210]

Gertrud Schädla bleibt in Verden und lebt dort »als angesehene und geachtete Lehrerin«, wie es später im örtlichen Heimatkalender heißt. Ihre Tagebücher enden mit dem Tod der Mutter im Jahr 1929. Nach diesem Verlust sieht sie keinen Grund mehr, ihre Aufzeichnungen weiterzuführen.[211] Sie selbst stirbt am 20. Oktober 1972 im hohen Alter von 95 Jahren. Erst 26 Jahre später wird wieder von Gertrud Schädla die Rede sein: Im Jahr 1998 klopft ein älterer Herr an die Türen des Verdener Stadtarchivs und übergibt in seiner Funktion als Testamentsvollstrecker aus einer Haushaltsauflösung vier Bücher in nicht allzu gutem Zustand – die Tagebücher von Gertrud Schädla, in der sie ihre Eindrücke zwischen 1913 und 1929 notiert hat. Ein Teil dieser Aufzeichnungen, die den Zeitraum des Ersten Weltkrieges umfassen, werden einige Zeit später ausgewertet und schließlich im Jahr 2000 in weitgehend originaler Fassung abgedruckt, die Tagebücher ab 1919 sind bis heute unveröffentlicht.[212]

Es sind Dokumente wie Gertrud Schädlas Tagebuch, die uns Nachgeborenen heute die Chance eröffnen, sich in den Sommer 1914 verstehend zurückzuversetzen. Sie waren auch mit der Anlass für das vorliegende Buch, das mit seinem historischen Blick auf fünf sehr unterschiedliche Menschen die Wahrnehmungen der Zeitgenossen in den Fokus rückt, ihre Erwartungen und Hoffnungen, ihre Wünsche und Ängste. Rasch zeigte sich, dass für die Beschreibung der damaligen kollektiven Wahrnehmung und des kollektiven Verhaltens der Deutschen das Bild einer allgemeinen Kriegsbegeisterung, wie es gemeinhin überliefert wird, unzutreffend ist. Zwar gibt es vor allem in den Städten eine Begeisterung der ersten Tage, am stärksten ausgeprägt in den bürgerlichen, akademischen Kreisen, die sich überschwänglich der Sache verpflichtet fühlen. Doch daraus kann nicht auf eine allgemeine Kriegsbejahung oder gar -begeisterung geschlossen werden.

Zugleich muss konstatiert werden, dass sich aus dem Blick zurück auf den Sommer 1914 keine eindeutigen Botschaften ableiten lassen. Stattdessen verweisen die geschilderten Erlebnisse unserer fünf Protagonisten auf eine differenzierte und komplizierte Gemengelage höchst unterschiedlicher Gefühle und Erwartungen. Es gab keine dominierende Stimmung, diese Wochen waren vielmehr von Ambivalenzen geprägt. Zwiespältig und zerrissen waren die Gefühle der Deutschen, widersprüchlich, oft sprunghaft und zuweilen unberechenbar. Die Menschen konnten in dieser außergewöhnlichen Situation alles sein, und das gleichzeitig oder nacheinander: patriotisch, enthusiastisch und ausgelassen, aber auch laut, gewalttätig, still, ernst, traurig, ängstlich oder sogar panisch. Sie sangen auf den Straßen, pöbelten in den Gasthäusern, randalierten in Cafés, betranken sich, verprügelten angebliche Spione, schossen auf »Goldautos«, spekulierten mit Getreide und wurden krank beim Gedanken an den Frontdienst. Sie begingen Selbstmord, meldeten sich freiwillig zum Kriegsdienst, fielen auf Gerüchte herein, weinten beim Abschied der Soldaten am Bahnhof, machten sich Sorgen um die Ernte auf den Feldern und hassten die Belgier, Engländer und Russen. Sie ließen den Kaiser hochleben oder warteten auf seinen Sturz und das tröstende Morgenrot der sozialistischen Revolution. Das alles war möglich in diesem Sommer 1914. Es war nicht nur ein Sommer der Extreme, es waren zugleich Wochen und Monate voller Zwiespältigkeiten und Widersprüche.

Dass die Reaktionen der Menschen auf den Kriegsbeginn vielfältig sind, ist die eine Erkenntnis dieses Buches. Doch diese provoziert eine weiterführende Frage: Wenn viele Menschen zumindest skeptisch gegenüber diesem Weltkrieg sind, wo bleibt dann die Kritik? Sicherlich, es gibt sie: Man registriert mit Erschrecken die immer länger werdenden Listen der Gefallenen; auch eine Gertrud Schädla oder ein Alexander Cartellieri tun dies. Aber sie werden deshalb auf ihrem persönlichen Kriegskurs nicht wanken. Der Professor schickt weiter Briefe und Liebesgaben an seine Studenten ins Feld, die junge Lehrerin verliert binnen Wochen zwei ihrer geliebten Brüder, doch auch die Extreme bewirken bei ihnen keinen Zweifel. Der nationale Interpretationsrahmen gibt Halt, der Kaiser und das Vaterland sind unhinterfragte Größen, für deren Schutz und Erhalt jetzt fast jedes Opfer sinnvoll und notwendig erscheint. Alexander Cartellieri, ein Mann von Welt und Bildung, mit guten persönlichen Verbindungen etwa nach Frankreich, sitzt abends wie ein Feldherr über seinem Tagebuch und überlegt sich, welche Annexionen das Deutsche Reich am besten machen sollte. Die Sinnfrage des Krieges stellt sich ihm schlicht nicht – weil er sie nicht denken will und nicht zu denken vermag.

Bei Gertrud Schädla wird dieser nationale und obrigkeitshörige Interpretationsrahmen zusätzlich stabilisiert durch ihren schier unerschütterlichen protestantischen Glauben. Aus heutiger Perspektive für viele kaum noch nachvollziehbar, findet sie hier Halt, Trost und Deutungsangebote, die selbst den gewaltsamen Tod ihrer Brüder Ludwig und Gottfried in einem göttlichen Weltenplan wieder als sinnhaft erscheinen lassen. Ein Aufschrei des Protestes, weil die beiden jungen Männer in einem irrwitzigen Waffengang völlig sinnlos verheizt werden, findet sich bei der Schwester im Sommer 1914 nicht. Ihr Herz scheint angesichts des tief empfundenen persönlichen Schmerzes schier zu brechen, gleichwohl ist es für sie unvorstellbar, sich gegen den Krieg und damit gegen Kaiser und Vaterland zu stellen. Was würde die Gemeinde, was der Pfarrer sagen, wenn sie jetzt ihren Glauben an den Sieg und damit an ihren Gott infrage stellte, weil sie am Sinn des Krieges zweifelt?

Die wirklichen Kriegsgegner haben es denkbar schwer. Ernst Stadler singt mit seinen Freunden unmittelbar vor seiner Einberufung noch die Marseillaise – doch das bewahrt ihn selbstverständlich nicht vor dem Kriegsdienst und dem Kampf ausgerechnet auf französischem Boden. Andere Kritiker werden allein gelassen: Wilhelm Eildermann ist fassungslos, dass die Mehrheit seiner SPD den bisherigen Antikriegskurs verlassen hat. Die Zustimmung zu den Kriegskrediten hat auch ihm gezeigt, dass die vermeintliche patriotische Pflicht (oder was die anderen Genossen eben dafür halten) letztlich die sozialistischen Ideen in die zweite Reihe verweist. Der 17-jährige Junggardist aber bleibt seiner Linie treu. Und er fragt sich, wer eigentlich noch ein guter Sozialdemokrat ist. Er setzt seine Hoffnungen auf die spezifisch sozialistische Weltdeutung: Der Krieg ist notwendigerweise ein Produkt des Kapitalismus – und dieser wird zwangsläufig mit dem Krieg untergehen, da an dessen Ende die Revolution steht. Das ist in der Tat eine Hoffnung, die Wilhelm Eildermann Orientierung bietet.

Der Jungsozialist hat also eine Idee von der Zukunft. Von ihr war ja auch in dem eingangs des Buchs zitierten Artikel im *Schöneberger Tageblatt* vom 7. August 1914 die Rede: Die Menschen, so heißt es dort, stünden jetzt noch »vor der geschlossenen Pforte der Zukunft«, und erst die Kinder und Enkel würden einst auf die Zeit von 1914 zurückblicken und dann »die ungeheure Größe dieser Zeitenwende« begreifen. Aber ist es wirklich so, dass die Zukunft in diesen Wochen und Monaten durch eine »geschlossene Pforte« abgeschottet ist? Der Blick auf die fünf Protagonisten dieses Buchs macht da skeptisch – an ihnen hat sich vielmehr gezeigt, dass es sehr verschiedenen Arten gibt, Zukunft überhaupt zu denken. Das Bild von der »geschlossenen Pforte« suggeriert, dass hinter ihr etwas auf die Menschen wartet, auf das sie aber in der Gegenwart keinen Einfluss haben. Dass es in Wirklichkeit die eigenen Erfahrungen sind, die einen Möglichkeitshorizont eröffnen – all dies scheint dieses Bild nicht zuzulassen. Die Zukunft präsentiert sich da als geradezu unhinterfragbar.

Die Beispiele von Gertrud Schädla und Alexander Cartellieri – und durchaus auch das von Wilhelm II. – belegen diese Unhinterfragbarkeit der Zukunft eindrucksvoll. Sie machen in diesem Sommer zwar neue Erfahrungen, diese scheinen aber kaum Einfluss auf ihre Erwartungen an die Zukunft zu nehmen. Deutschland, die Nation, der Kaiser und die Monarchie, die bürgerliche Welt und der liebe Gott, den der deutsche Protestantismus sich geformt hat – diese Grundfesten sind unerschütterlich. Jetzt und auch in der Zukunft. Diese liegt deshalb auch für Schädla und Cartellieri eigentlich nicht hinter einer Pforte, sondern hinter einer dicken Mauer. Was kommt? Das wollen sie nicht wissen – im Prinzip soll alles so bleiben, wie es ist, die bestehenden Autoritäten und Werte werden nicht infrage gestellt.

Nur wer dem Kriegsbeginn mit Skepsis oder gar Kritik begegnet, dem eröffnet sich in diesem Sommer 1914 ein neuer Möglichkeitshorizont. Erst wer die Gegenwart kritisch hinterfragt, für den ist auch die Zukunft hinterfragbar und damit gestaltbar. Genau dies tut Wilhelm Eildermann – ihn trennen von seiner wie der deutschen Zukunft weder »Pforte« noch »Mauer«. Auch wenn seine Vorstellung vom Kommenden hermetisch wirkt (weil ideologisch fest vorgegeben), so sieht er fraglos nicht nur Möglichkeiten, sondern auch Notwendigkeiten von Veränderungen.

Von den fünf hier vorgestellten Protagonisten ist wohl nur bei Ernst Stadler die Zukunft wirklich offen: Ihm versperrt keine Mauer den Blick auf das Kommende, und keine Ideologie reduziert seinen Möglichkeitshorizont auf das politisch Wünschbare. Er hinterfragt permanent, er hat sich die Fähigkeit zur persönlichen Irritation wie zur eigenen Meinung selbst als Soldat, fest eingebunden in das Kriegsgeschehen, erhalten. Dass gerade der Intellektuelle Ernst Stadler indes mit einer finsteren Vorahnung in den Krieg zieht, weil ihm eine Wahrsagerin einige Wochen zuvor den gewaltsamen Tod vorausgesagt hat, das allerdings engt seinen persönlichen Zukunftshorizont auf bedrückende Weise wieder ein.

Dass also die Zukunft im Sommer 1914 hinter einer geschlossenen Pforte liegt und die Menschen wie Unwissende das Geschehen erleben, kann letztlich nicht überzeugen. Ebnet eine solche Formulierung nicht zugleich einer wohlfeilen kollektiven Ausrede den Weg? Dass die Menschen damals nicht wussten, was kommt? Der Historiker ist skeptisch. Bis zum Kriegsbeginn gab es offene Kritik, und im Sommer 1914 wäre Widerspruch angebracht gewesen, bei den Militärs, in den Parteien und übrigens auch bei den Kirchen. Er wurde nicht laut. Es war ein institutionelles moralisches Versagen, das sich aber auch im Einzelfall immer wieder bestätigte: Als Gottfried Schädla nicht in den Krieg ziehen wollte, bestärkten ihn Mutter und Schwester, dass er es mit Gottes Hilfe doch tun soll – wenig später war er tot. Ein Alexander Cartellieri meinte einen »Verstandeskrieg« ausgemacht zu haben und begleitete seine Studenten mental mit an die Front – und damit in den sinnlosen Tod. Die Menschen konnten sich im Sommer 1914 wirklich kein Bild machen von dem, was kommen wird? Sie hätten es wenigstens versuchen können.

Anmerkungen

Vorwort

1 Zit. n. Berliner Geschichtswerkstatt, *August 1914*, S. 7.
2 Ullrich, *Kriegsbegeisterung*, S. 630.
3 Zur Widerlegung einer allgemeinen Kriegsbegeisterung vgl. allen voran Verhey, *Geist von 1914*.
4 Damit unterscheidet sich dieses Buch von dem Vorhaben Peter Englunds, der unlängst die Geschichte des Ersten Weltkriegs in 19 Einzelschicksalen über den gesamten Zeitraum des Krieges erzählte, um das »Wie« dieses Krieges zu dokumentieren (Englund, *Schönheit und Schrecken*, S. 7).
5 Diese Überlegungen basieren auf den geschichtstheoretischen Arbeiten von Lucian Hölscher, der sie vor einigen Jahren unter dem Begriff der »Neuen Annalistik« zusammenfassend vorgestellt hat (Hölscher, *Neue Annalistik*).
6 Der Jenaer Historiker Matthias Steinbach hat diesen Gelehrten »wiederentdeckt«: Erst mit seiner Biografie aus dem Jahr 2001 (Steinbach, *Biograph*) wurde Cartellieris Leben einer breiteren Öffentlichkeit zugänglich. Auf dieses Werk stützt sich auch die Darstellung Cartellieris in diesem Buch maßgeblich; überdies konnte der Autor auf die überaus freundliche Unterstützung Steinbachs und seiner Mitarbeiter zurückgreifen.
7 Es ist das Verdienst des Verdener Stadtarchivars Björn Emigholz, der Person Gertrud Schädla Konturen verliehen zu haben: 1998 erhielt er aus einer Testamentsvollstreckung die Tagebücher der Lehrerin, die zwischen 1913 und Ende 1918 geführt wurden, und legte sie nach mühevoller Transkription der Öffentlichkeit vor. Das Ergebnis – eine ebenso beeindruckende wie seltene Dokumentation ländlicher Kriegserfahrungen – ist ein Beispiel dafür, wie sehr Geschichtsforschung und -schreibung von solchen Archivprojekten immer wieder profitieren können.

1 Vgl. »Zur Pathologie eines Armes«: Röhl, *Wilhelm II. (1859–1888)*, S. 38–43.
2 Clark, *Wilhelm II.*, S. 72.
3 Ebd., S. 125.
4 Röhl, *Wilhelm II. (1900–1941)*, S. 929.
5 Clark, *Wilhelm II.*, S. 219 f.
6 Marschall, *Reisen*, S. 22–25.
7 Art. »Vom Tage«, in: *Simplicissimus* 1911 (Jg. 15), Heft 47, S. 811.
8 Marschall, *Reisen*, S. 31 f.
9 Krockow, *Unser Kaiser*, S. 112.
10 Ebd., S. 25. Zu Wilhelms Friedrich-Verehrung: Bendikowski, *Friedrich*, S. 182–185.
11 Clark, *Wilhelm II.*, S. 175–181.
12 Nipperdey, *Deutsche Geschichte 1866–1918*, Bd. 2, S. 671.
13 Zit. n. Röhl, *Wilhelm II. (1900–1941)*, S. 51.
14 Ebd., S. 1013–1016.
15 So Reichstagspräsident Johannes Kaempf zum 25. Thronjubiläum 1913; zit. n. Mommsen, *Der Kaiser*, S. 208.
16 Sundhaussen, *Geschichte Serbiens*, S. 210 f.
17 Ullrich, *Nervöse Großmacht*, S. 401.
18 Schreiben Levin Ludwig Schückings an Börries von Münchhausen vom 27. Juni 1913, in: Walther, *Endzeit Europas*, S. 9 f., hier S. 10.
19 Mommsen, *Der Kaiser*, S. 210.
20 Mommsen, *Deutschland*, S. 15.
21 Tuchman, *August 1914*, S. 35.
22 Zit. n. Mommsen, *Der Kaiser*, S. 210.
23 Clark, *Wilhelm II.*, S. 259.
24 Mommsen, *Der Kaiser*, S. 209.
25 Ebd., S. 263.
26 Vgl. ebd., S. 212.
27 Röhl, *Wilhelm II. (1900–1941)*, S. 752 f.
28 Stellvertretend der Art. »Marinestaatssekretär und Erzherzog-Thronfolger«, in: *Bonner Zeitung*, 7. Juni 1914, S. 1 f., hier S. 2.
29 Art. »Konopischt«, in: *Bonner Zeitung*, 11. Juni 1914, S. 1.
30 Strachan, *Der Erste Weltkrieg*, S. 25.
31 Clark, *Wilhelm II.*, S. 262.
32 Vgl. entsprechende Meldungen aus der *Bonner Zeitung* vom 15. Juni 1914 (S. 2), 17. Juni 1914 (S. 1) und 18. Juni 1914 (S. 2).
33 *Jenaische Zeitung*, 21. Juni 1914, II. Blatt, S. 1.
34 *Bonner Zeitung*, 21. Juni 1914, S. 2.
35 Art. »Der neue Riesendampfer ›Bismarck‹«, in: *Coburger Zeitung* Nr. 144, 23. Juni 1914, S. 3.

36 Vgl. *Bonner Zeitung*, 22. Juni 1914, S. 1, sowie 23. Juni 1914, S. 2.

37 Mommsen, *Der Kaiser*, S. 212.

38 Vgl. *Coburger Zeitung*, 24. Juni 1914, S. 3.

39 Salewski, »Kieler Woche«, S. 229.

40 Malinowski, *Vom König zum Führer*, S. 136 f.

41 Sombart, *Wilhelm II.*, S. 124.

42 Clark, *Wilhelm II.*, S. 271.

43 Salewski, »Kieler Woche«, S. 229 f.

44 Jagow, *Schicksalstag*, S. 130 f.

45 Ebd., S. 131.

46 *Jenaische Zeitung*, 30. Juni 1914, S. 1.

47 Salewski, *Der Erste Weltkrieg*, S. 89.

48 Jagow, »Schicksalstag«, S. 132. Zu dieser Darstellung gibt es indes abweichende Berichte; so heißt es an anderer Stelle etwa, der Admiral habe dem Kaiser »durch Zuruf« mitgeteilt, was geschehen sei (Fromkin, *Europas letzter Sommer*, S. 174).

49 Zit. n. Jagow, »Schicksalstag«, S. 132.

50 Strachan, *Der Erste Weltkrieg*, S. 19.

51 Röhl, *Wilhelm II. (1900–1941)*, S. 169 f.

52 Vgl. Art. »Ein mißglückter Anschlag auf das Zarenpaar«, in: *Bonner Zeitung*, 19. Juni 1914, S. 1.

53 Strachan, *Der Erste Weltkrieg*, S. 26.

54 *Wiener Zeitung*, 29. Juni 1914, S. 2.

55 Geiss, *Julikrise*, Bd. I, S. 55.

56 Mommsen, *Deutschland*, S. 16.

57 Zweig, *Die Welt von gestern*, S. 253 f.

58 Geiss, *Julikrise*, Bd. I, S. 55.

59 Steinbach, *Biograph*, S. 118.

60 Ebd., S. 18–22.

61 Ebd., S. 27–32.

62 Zit. n. Steinbach, »Die Welt Cartellieris«, S. 250 f.

63 Zit. n. Steinbach, *Biograph*, S. 274.

64 Ullrich, *Nervöse Großmacht*, S. 350.

65 Geschichte der Universität Jena, Bd. I, S. 464 f.

66 Steinbach, *Biograph*, S. 80.

67 Steinbach, »Die Welt Cartellieris«, S. 253–255. Die kritische Edition der Tagebücher (Steinbach/Dathe, *Alexander Cartellieri*) erscheint 2014. Für die Arbeit an dem vorliegenden Buch haben die Herausgeber die vorläufigen Manuskripte der Edition dem Verfasser zugänglich gemacht – eine vorbildliche kollegiale Unterstützung, für die an dieser Stelle noch einmal gedankt sei. Die im Folgenden zitierten Stellen aus Cartellieris Tagebuch sind jeweils mit dem Datum versehen – in der kritischen Edition sind die Stellen also mühelos wiederzufinden.

68 Traditionen – Brüche – Wandlungen, S. 135.
69 Steinbach, Biograph, S. 4.
70 Vgl. auch Kienast:»Nekrolog«.
71 Steinbach, Biograph, S. 81 f.
72 Steinbach,»Leidtragender des Krieges«, S. 26.
73 Müller,»Cartellieri«, S. 341.
74 Steinbach,»Leidtragender des Krieges«, S. 25.
75 Pester, Minerva, S. 90. Im Wintersemester 1913/14 sind 1883 Immatrikulierte und 102 Hörer verzeichnet; vgl. Art.»Chronik der Universität Jena«, in: Jenaische Zeitung, 21. Juni 1914, Bl. III., S. 1.
76 Wehler, Gesellschaftsgeschichte, Bd. 3, S. 1209–1213.
77 Nipperdey, Deutsche Geschichte 1866–1918, Bd. 1, S. 568.
78 Ebd., S. 576–578.
79 Steinbach, Biograph, S. 71.
80 Steinbach,»Leidtragender des Krieges«, S. 25 f.
81 Steinbach, Biograph, S. 94.
82 Ebd., S. 99 f.
83 Ebd., S. 103 f.
84 Zit. n. Wachinger, Bernhart, S. 64.
85 Steinbach, Biograph, S. 110–112.
86 Zit. n. ebd., S. 111.
87 Pester, Minerva, S. 95 f.
88 Titel des Gemäldes nach Auskunft der Universität Jena; in der Literatur wird dagegen oft vom Auszug »Jenenser Studenten« gesprochen (vgl. etwa Flasch, Geistige Mobilmachung, S. 17).
89 Flasch, Geistige Mobilmachung, S. 16.
90 Nipperdey, Deutsche Geschichte 1866–1918, Bd. 1, S. 579 f.
91 Ebd., S. 583.
92 Zit. n. Walther, Endzeit Europa, S. 14.
93 Biastoch,»Studenten«, S. 20.
94 Zit. n. Winkler, Westen, Bd. 1, S. 325.
95 Cartellieri,»Weimar und Jena«, S. 1.
96 Ebd., S. 6.
97 Ebd., S. 19.
98 Ebd., S. 1.
99 Cartellieri, Tagebuch (19. März 1914).
100 Ebd. (11. Januar 1914).
101 Ebd. (9. August 1914).
102 Art.»Akademische Preisverleihung«, in: Jenaische Zeitung, 21. Juni 1914, Bl. II., S. 1.
103 Cartellieri,»Deutschland und Frankreich«, S. 1.
104 Coburger Zeitung, 24. Juni 1914, S. 2.
105 Cartellieri, Tagebuch (9. August 1914).

106 Cartellieri,»Deutschland und Frankreich«, S. 16.
107 Ebd., S. 15.
108 Ebd., S. 16.
109 Ebd., S. 17.
110 Ebd., S. 17.
111 Vgl. *Jenaische Zeitung*, 30. Juni 1914, S. 2.
112 Steinbach, *Biograph*, S. 123.
113 Zu dieser unterschiedlichen Bewertung des Treffens in Groningen: Steinbach,»Leidtragender des Krieges«, S. 28.
114 Eildermann, *Jugend*, S. 58. Wilhelm Eildermann führt zu diesem Zeitpunkt ein Tagebuch, das 1972 in der DDR gedruckt wurde. Diese Drucklegung wird im Folgenden genutzt, wenngleich sie zum Original immer wieder kleinere Abweichungen aufweist. Deshalb wird hier nach Abgleich der zitierten Textstellen zuweilen doch auf das Original zurückgegriffen, das sich heute im Bundesarchiv in Berlin befindet: Wilhelm Eildermann: Tagebuchaufzeichungen; BA Berlin, NY 4251/5.
115 Eildermann, *Jugend*, S. 18.
116 Behrens,»Mehr wissen«, S. 73 f.
117 Art.»Wilhelm Eildermann«, S. 158. An anderer Stelle wird der Vater als Küper bezeichnet, der für die Lager im Hafenbetrieb zuständig ist.
118 Eildermann, *Jugend*, o. S. (Bildteil).
119 Ebd., S. 17.
120 Sommer,»SPD-Fraktion«, S. 2
121 Nipperdey, *Deutsche Geschichte 1866–1918*, S. 2, S. 568–571.
122 Sommer,»SPD-Fraktion«, S. 1.
123 Moring, *Die Sozialdemokratische Partei*, S. 11.
124 Conert, *Reformismus*, S. 217.
125 Nipperdey, *Deutsche Geschichte 1866–1918*, Bd. 2, S. 555.
126 Conert, *Reformismus*, S. 161 f.
127 Zur Rolle der Zeitung im Prozess der Radikalisierung der Partei vgl. ebd., S. 162–179.
128 Ebd., S. 162.
129 Moring, *Die Sozialdemokratische Partei*, S. 222.
130 Nipperdey, *Deutsche Geschichte 1866–1918*, Bd. 2, S. 561 f.
131 Eppe,»Sozialistische Jugend«, S. 51.
132 Nipperdey, *Deutsche Geschichte 1866–1918*, Bd. 2, S. 562.
133 Eildermann, *Jugend*, S. 46.
134 Nipperdey, *Deutsche Geschichte 1866–1918*, Bd. 1, S. 122 f.
135 Eildermann, *Jugend*, S. 42.
136 Ebd., S. 37 f.
137 Ebd., S. 26.
138 Ebd., S. 27.
139 Ebd., S. 31.

140 Ebd., S. 32.
141 Ebd., S. 28.
142 Ebd., S. 21.
143 Ritter, *Die Bremer*, S. 284.
144 Eildermann, *Jugend*, S. 47.
145 Moring, *Die Sozialdemokratische Partei*, S. 168–176.
146 Eildermann, *Jugend*, S. 28 f.
147 Ebd., S. 48.
148 Ebd., S. 46.
149 Art. »Der österreichische Thronfolger und seine Frau erschossen!«, in: *Vorwärts*, 29. Juni 1914, S. 1.
150 Art. »Die bürgerliche Presse und das Attentat«, in: *Bremer Bürger-Zeitung*, 1. Juli 1914, S. 1.
151 Ebd.
152 Mommsen, »Deutschland«, S. 15.
153 Eildermann, *Jugend*, S. 34 f.
154 Ebd., S. 35.
155 Ritter, *Die Bremer*, S. 285.
156 Schädla, Tagebuch (6. Februar 1914), S. 19.
157 Ebd. (15. Juli 1914), S. 28.
158 Ebd. (19. Januar 1914), S. 19.
159 Ebd. (17. Dezember 1913), S. 17.
160 Siemers, *Die Stadt Verden*, S. 61.
161 Nerger, *Geschichte der Stadt Verden*, S. 205.
162 Siemers, *Die Stadt Verden*, S. 34–40.
163 Schädla, Tagebuch (2. März 1914), S. 21.
164 Ebd. (8. Juni 1914), S. 26.
165 Ebd. (15. November 1913), S. 15.
166 Ebd. (12. April 1914), S. 22 f.
167 Ebd. (15. Mai 1914), S. 24.
168 Ebd. (8. Juni 1914), S. 26.
169 Ebd. (21. April 1914), S. 23.
170 Ebd. (6. Januar 1914), S. 18.
171 Nipperdey, *Deutsche Geschichte 1866–1918*, Bd. I, S. 543.
172 Schädla, Tagebuch (14. Februar 1914), S. 20.
173 Ebd. (16. März 1914), S. 22.
174 Ebd. (21. Mai 1914), S. 25.
175 Ebd. (2. März 1914), S. 21.
176 Ebd. (15. November 1913), S. 15.
177 Ebd. (12. November 1913), S. 15.
178 Nipperdey, *Deutsche Geschichte 1866–1918*, Bd. I, S. 487.
179 Greschat, »Begleitung und Deutung«, S. 497.
180 Zit. n. Greschat, »Begleitung und Deutung«, S. 499.

181 Nipperdey, *Deutsche Geschichte 1866–1918*, Bd. I, S. 529.
182 Hölscher, *Datenatlas*, Bd. 1, S. 97.
183 Schädla, Tagebuch (26. November 1913), S. 16.
184 Ebd. (9. März 1914), S. 22.
185 Van Laak, Über alles, S. 91.
186 Schädla, Tagebuch (18. Mai 1914), S. 25.
187 Ebd. (21. Mai 1914), S. 25.
188 So etwa in den Romanen *Hilligenlei* und *Jörn Uhl*.
189 Schädla, Tagebuch (21. Mai 1914), S. 25.
190 Ebd. (22. Dezember 1913), S. 18.
191 Ebd. (15. Juni 1914), S. 26 f.
192 Ebd. (26. November 1913), S. 16.
193 Ebd. (28. Juni 1914), S. 27.
194 Vgl. biografische Zeittafel, in: Hurlebusch/Schneider: *Stadler*. S. 814 f.
195 Schneider, *Stadler*, S. 16–18.
196 Noss, Art. »Stadler«, Sp. 1090.
197 Schneider, »Die Dichtungen«, S. 851.
198 Hurlebusch/Schneider, *Stadler*, S. 9.
199 Schneider, »Die Dichtungen«, S. 852 f.
200 Ebd, S. 852 f.
201 Zit. n. Schneider, *Stadler*, S. 50.
202 Nipperdey, *Deutsche Geschichte 1866–1918*, Bd. 2, S. 282–286.
203 Schneider, *Stadler*, S. 40.
204 Ebd., S. 44 f.
205 Ebd., S. 74 f.
206 Noss, Art. »Stadler«, Sp. 1093 f.
207 Vgl. die Erinnerungen von Julien Kuypers, zit. n. Schneider, *Stadler*, S. 135.
208 Schreiben Stadlers an Erwin Wissmann vom 18. Juni 1914, in: Hurlebusch/Scheider, *Stadler*, S. 518.
209 Schneider, *Stadler*, S. 98.
210 So Noss, Art. »Stadler«, Sp. 1094.
211 Hurlebusch/Schneider, *Stadler*, S. 166.
212 Ebd., S. 173.
213 Art. »Ernst Stadler«, in: *Kindlers Neues Literatur Lexikon*, S. 860.
214 Ullrich, *Nervöse Großmacht*, S. 366 f.
215 Piper, »Das kulturelle Leben«, S. 93.
216 Thea Sternheim, Tagebucheintrag vom 26. November 1913, zit. n. Schneider, *Stadler*, S. 139.
217 Schreiben Stadlers an Hans Koch vom 14. Februar 1914, in: Hurlebusch/Schneider, *Stadler*, S. 510 f, hier S. 510.
218 Hurlebusch/Schneider, *Stadler*, S. 777 f.
219 Ebd., S. 777.
220 Rollmann, »Die Berufung«, S. 87.

221 Hurlebusch/Schneider, *Stadler*, S. 525.

222 Schneider, *Stadler*, S. 136.

223 Schreiben Stadler an Carl Sternheim im Mai 1914, in: Hurlebusch/ Schneider, *Stadler*, S. 516 f, hier S. 517.

224 Noss, Art. »Stadler«, Sp. 1096.

225 Vgl. Übersetzungen aus dem *Journal de Bruxelles* vom 5. April 1914, in: Schneider, *Stadler*, S. 226–228.

226 Schreiben Stadler an Schickele vom 24. April 1914, in: ebd., S. 512 f., hier S. 512.

227 Ebd., S. 512 f.

228 Mommsen, *Der Kaiser*, S. 203 f.

229 Ebd., S. 206 f.

230 Wehler, *Deutsche Gesellschaftsgeschichte*, Bd. 3, S. 1127.

231 Noss, Art. »Stadler«, Sp. 1096.

232 Vgl. u.a. dazu Schreiben Stadler an Wolff vom 14. Mai 1914, in: Hurlebusch/Schneider, *Stadler*, S. 515 f.

233 Zit. n. Rollmann, *Die Berufung*, S. 112.

234 Ebd., S. 88.

Juli 1914 – Fast alle sind im Urlaub

1 »Der Generalkonsul in Sarajevo an das Auswärtige Amt« (1. Juli 1914), in: *Die deutschen Dokumente*, Bd. 1, S. 9.

2 Vgl. dazu auch »Der Reichskanzler an den Botschafter in Wien« (2. Juli 1914), in: ebd., S. 9 f. Gegenüber der deutschen Öffentlichkeit werde man, so der Reichskanzler in diesem Telegramm, die Ausrede einer »körperlichen Indisposition« des Kaisers nutzen (S. 10).

3 Vgl. *Jenaische Zeitung* vom 3. Juli 1914, Bl. II, S. 2.

4 Vgl. etwa Art. »Die Leichenfeier«, in: *Jenaische Zeitung*, 2. Juli 1914, Bl. II, S. 1.

5 »Der Botschafter in Wien an den Reichskanzler« (30. Juni 1914), in: *Die deutschen Dokumente*, Bd. 1, S. 10 f.

6 Vgl. Randbemerkungen Wilhelm II., ebd., S. 11.

7 Röhl, *Wilhelm II. (1900–1941)*, S. 1082.

8 *Die deutschen Dokumente*, Bd. 1, S. XIV.

9 Ullrich, *Nervöse Großmacht*, S. 255 f.

10 Röhl, *Wilhelm II. (1900–1941)*, S. 1089.

11 Rürup, »Kriegsbegeisterung«, S. 181.

12 Marschall, *Reisen*, S. 169.

13 Mommsen, *Der Kaiser*, S. 215–217.

14 Marschall, *Reisen*, S. 169.

15 Röhl, *Wilhelm II. (1900–1941)*, S. 1087.

16 Marschall, *Reisen*, S. 169.

17 Röhl, *Wilhelm II. (1900–1941)*, S. 1088. Gegen die Annahme, dass die Reise des Kaisers vor allem nach außen den Anschein von Friedfertigkeit demonstrieren sollte, hat sich unlängst Christopher Clark (*Schlafwandler,* S. 660) gewandt. Seine generelle Argumentation, die deutsche Führung habe die internationale Situation zu diesem Zeitpunkt für nicht besonders bedrohlich gehalten, dürfte aber wohl verkennen, dass die Möglichkeit eines Krieges und auch eine Ausweitung zum Weltkrieg durchaus deutsches Kalkül waren.

18 Mommsen, *Der Kaiser*, S. 216f.

19 Zit. n. Marschall, *Reisen*, S. 169f.

20 Clark, *Wilhelm II.,* S, 271.

21 Sombart, *Wilhelm II.,* S. 124.

22 Röhl, *Wilhelm II. (1900–1941)*, S. 1090.

23 So bei Mommsen, *Der Kaiser*, S. 217.

24 Röhl, *Wilhelm II. (1900–1941)*, S. 1090f.

25 Telegramm »Der Kaiser an das Auswärtige Amt«, 26. Juli 1914, in: *Die deutschen Dokumente*, Bd. 1, S. 226f., hier S. 226.

26 Marschall, *Reisen*, S. 179.

27 Ullrich, *Nervöse Großmacht*, S. 257f.

28 »Der Botschafter in Wien an das Auswärtige Amt« (Wien, den 10. Juli 1914), in: *Die deutschen Dokumente*, Bd. 1, S. 49f., hier S. 50.

29 Schreiben Lyncker an seine Frau vom 21. Juli 1914 sowie vom 22. Juli 1914, in: Afflerbach, *Kaiser Wilhelm II.,* S. 125–127.

30 Strachan, *Der Erste Weltkrieg*, S. 35.

31 In: *Die deutschen Dokumente*, Bd. 1, S. 172.

32 Telegramm »Der Kaiser an das Auswärtige Amt«, in: ebd., S. 226f., hier S. 227.

33 Röhl, *Wilhelm II. (1900–1941)*, S. 1104.

34 Schreiben Lyncker an seine Frau vom 25. Juli 1914, in: *Kaiser Wilhelm II.,* S. 129–131, hier S. 129.

35 Vgl. »Der Kaiser an den Staatssekretär des Auswärtigen« (28. Juli 1914), in: *Die deutschen Dokumente*, Bd. 2, S. 18f., hier S. 18.

36 Ullrich, *Nervöse Großmacht*, S. 258.

37 Obst, *Einer nur ist Herr im Reiche*, S. 347.

38 Kurt Riezler, Tagebuch (27. Juli 1914), in: Walter, *Endzeit Europa*, S. 19f., hier S. 20.

39 Röhl, *Wilhelm II. (1900–1941)*, S. 1176.

40 Verhey, *Geist von 1914*, S. 374.

41 Ebd., S. 54–62.

42 Ebd., S. 70.

43 Ebd., S. 58–63, zum Münchner Zwischenfall: Weber, *Hitlers erster Krieg*, S. 29.

44 Zit. n. Verhey, *Geist von 1914*, S. 61. Der vollständige Beitrag stammt aus der *Calwerschen Korrespondenz* und wurde sowohl in der *Berliner Volkszeitung* als auch im *Hamburger Echo* abgedruckt.

45 Vgl. Telegramm »Der Zar an den Kaiser«, in: *Die deutschen Dokumente*, Bd. 2, S. 48 f., hier S. 49.

46 In: Walter, *Endzeit Europa*, S. 19 f, hier S. 20.

47 Verhey, *Geist von 1914*, S. 82.

48 Ebd.

49 Zit. n. Verhey, *Geist von 1914*, S. 63.

50 Mommsen, *Der Kaiser*, S. 217.

51 Ebd., S. 209.

52 Röhl, *Wilhelm II. (1900–1941)*, S. 1150.

53 Zit. n. Förster, »Vom europäischen Krieg«, S. 242.

54 Verhey, *Geist von 1914*, S. 85.

55 Art. »Ernste Tage«, in: *Frankfurter Zeitung*, 31. Juli 1914 (Abend), S. 3; zit. n. Verhey, *Geist von 1914*, S. 86.

56 Art. »Darmstadt. Die Kriegserklärung«, in: *Darmstädter Zeitung*, 29. Juli 1914, S. 4; zit. n. Verhey, *Geist von 1914*, S. 84.

57 Mühlhausen/Papke, *Kommunalpolitik*, S. 41.

58 Röhl, *Wilhelm II. (1900–1941)*, S. 1152.

59 Zit. n. ebd., S. 1152.

60 Lyncker, Tagebucheintrag vom 31. Juli 1914, in: Afflerbach, *Kaiser Wilhelm II.*, S. 131 f., hier S. 131.

61 Ullrich, *Nervöse Großmacht*, S. 259.

62 Nach einem Privattelegramm der *Frankfurter Zeitung* vom 1. August, in: Johann: *Reden des Kaisers*, S. 125 f., hier S. 125.

63 In: Obst, *Reden*, S. 362.

64 Röhl, *Wilhelm II. (1900–1941)*, S. 1155.

65 Obst, *Einer nur ist der Herr im Reiche*, S. 349 f.

66 Vgl. einführend Bendikowski, »Öffentliches Singen als politisches Ereignis«.

67 Obst, *Einer nur ist Herr im Reiche*, S. 348.

68 Large, *Berlin*, S. 127.

69 *Jenaische Zeitung*, 5. Juli 1914, Bl. II., S. 2.

70 *Jenaische Zeitung*, 11. Juli 1914, Bl. II, S. 2.

71 *Jenaische Zeitung*, 2. Juli 1914, Bl. I., S. 1.

72 *Jenaische Zeitung*, 3. Juli 1914, Bl. I., S. 2.

73 *Bonner Zeitung*, 4. Juli 1914, S. 2.

74 Vgl. *Jenaische Zeitung*, 2. Juli 1914, Bl. II., S. 1.

75 *Jenaische Zeitung*, 7. Juli 1914, Bl. II., S. 2.

76 Dazu Art. »Der Krieg und die wissenschaftliche Arbeit. Rede S. Magnifizenz des Prorektors Geh. Hofrats Prof. Dr. Cartellieri, gehalten […] am 31. Oktober 1914«, in: *Jenaische Zeitung*, 4. November 1914, Bl. II, S. 3.

77 Vgl. *Jenaische Zeitung*, 1. Juli 1914, Bl. II, S. 2.

78 Vgl. Anzeige in der *Jenaischen Zeitung* vom 1. Juli 1914, Bl. II., S. 4.

79 *Jenaische Zeitung*, 11. Juli 1914, Bl. I., S. 1.

80 Art. »Erstes Akademisches Sportfest der Universität Jena«, in: *Jenaische Zeitung*, 11. Juli 1914, Bl. II., S. 2.

81 *Jenaische Zeitung*, 2. Juli 1914, Bl. II., S. 2.

82 *Jenaische Zeitung*, 11. Juli 1914, Bl. I., S. 1.

83 Steinbach, *Biograph*, S. 118.

84 Art. »Die Friedenspappel«, in: *Jenaische Zeitung*, 25. Juli 1914, Bl. II., S. 2.

85 Art. »Die stille Stadt«, in: *Jenaische Zeitung*, 24. Juli 1914, Bl. II., S. 2.

86 Cartellieri, Tagebuch (9. August 1914).

87 Verhey, *Geist von 1914*, S. 69.

88 Damit weicht der Befund für Jena von der Einschätzung Verheys ab (*Geist von 1914*, S. 66), wonach die Provinzblätter in der Regel erst am 31. Juli und 1. August begannen, von solchen örtlichen Versammlungen zu berichten – in Jena stammen die Berichte vom 28. Juli 1914.

89 *Jenaische Zeitung*, 28. Juli 1914, S. 2.

90 Ebd.

91 *Jenaische Zeitung*, 28. Juli 1914, S. 2.

92 *Jenaer Volksblatt*, 28. Juli 1914, S. 3.

93 *Jenaische Zeitung*, 28. Juli 1914, S. 2.

94 *Jenaische Zeitung*, 30. Juli 1914, Bl. I., S. 3.

95 Geinitz, *Kriegsfurcht*, S. 66.

96 Zit. n. ebd., S. 66.

97 *Jenaer Volksblatt*, 28. Juli 1914, S. 3.

98 Cartellieri, Tagebuch (9. August 1914).

99 Steinbach, *Biograph*, S. 117.

100 *Jenaische Zeitung*, 1. August 1914, Bl. I., S. 3.

101 Art. »Die Wirkungen des Krieges«, in: *Jenaer Volksblatt*, 31. Juli 1914, S. 1.

102 Cartellieri, Tagebuch (9. August 1914).

103 Zit. n. Schulz, *Gegen Krieg*, S. 25 f.

104 Mommsen, »Deutschland«, S. 16.

105 Zit. n. Schulz, *Gegen Krieg*, S. 26.

106 Zweig, *Welt von Gestern*, S. 255 f.

107 *Bremer Bürger-Zeitung*, 11. Juli 1914, S. 7.

108 Ebd.

109 Vgl. für Mitte Juli die Ankündigungen in der Rubrik »Junge Garde«: *Bremer Bürger-Zeitung*, 15. Juli 1914, S. 5.

110 Vgl. Abbildung in Eildermann, *Jugend* (Bildteil).

111 Ebd., S. 51.

112 Ebd., S. 52–55.

113 Art. »Kriegswolken«, in: *Bremer Bürger-Zeitung*, 24. Juli 1914, S. 1.

114 Art. »Ein Anschlag gegen den Frieden«, in: *Bremer Bürger-Zeitung*, 25. Juli 1914, S. 1.

115 Art. »Aufruf!«, in: *Vorwärts*, 25. Juli 1914, S. 1.
116 Miller, *Burgfrieden und Klassenkampf*, S. 37.
117 Ebd., S. 40.
118 Verhey, *Geist von 1914*, S. 94.
119 Winkler, *Weg nach Westen*, Bd. 1, S. 330.
120 Verhey, *Geist von 1914*, S. 57.
121 Zit. n. ebd., S. 61. Der vollständige Beitrag stammt aus der *Calwerschen Korrespondenz* und wurde sowohl in der *Berliner Volkszeitung* als auch im *Hamburger Echo* abgedruckt.
122 Ebd., S. 63.
123 Zit. n. ebd., S. 81.
124 Ullrich, *Kriegsalltag*, S. 603.
125 Evans, *Kneipengespräche*, S. 415.
126 Verhey, *Geist von 1914*, S. 69.
127 In: Walter, *Endzeit Europa*, S. 19 f., hier S. 20.
128 Ullrich, *Nervöse Großmacht*,. S. 446 f.
129 Ebd., S. 449.
130 Winkler, *Weg nach Westen*, Bd. 1, S. 330.
131 Ullrich, *Nervöse Großmacht*, S. 447.
132 Kruse, »Welche Wendung«, S. 115 f.
133 Verhey, *Geist von 1914*, S. 96–98.
134 Zit. n. ebd., S. 98 f.
135 Ebd., S. 101.
136 Art. »Die proletarische Friedensdemonstration«, in: *Bremer Bürger-Zeitung*, 29. Juli 1914, Beilage, S. 1.
137 Ebd.
138 Eildermann, *Jugend*, S. 61.
139 Eppe, *Sozialistische Jugend*, S. 49.
140 Eildermann, *Jugend*, S. 58.
141 Art. »Die proletarische Friedensdemonstration«, in: *Bremer Bürger-Zeitung*, 29. Juli 1914, Beilage, S. 2.
142 Ebd.
143 Zit. n. Berliner Geschichtswerkstatt, August 1914, S. 105.
144 Miller, *Burgfrieden und Klassenkampf*, S. 41.
145 Winkler, *Weg nach Westen*, Bd. 1, S. 333.
146 Verhey, *Geist von 1914*, S. 101 f.
147 Miller, *Burgfrieden und Klassenkampf*, S. 43.
148 Lucas, *Sozialdemokratie in Bremen*, S. 22.
149 Art. »Gegen den Krieg«, in: *Bremer Bürger-Zeitung*, 28. Juli 1914, S. 3 f., hier S. 4.
150 Art. »Die proletarische Friedensdemonstration«, in: *Bremer Bürger-Zeitung*, 29. Juli 1914, Beilage, S. 2.
151 *Bremer Bürger-Zeitung*, 30. Juli 1914, S. 2.

152 Zit. n. Paulmann, *Die Sozialdemokratie*, S. 109.
153 Zit. n. ebd.
154 Chickering, *Freiburg*, S. 64.
155 *Bonner Zeitung*, 30. Juli 1914, S. 3.
156 Art. »Die russische Gefahr«, in: *Bremer Bürger-Zeitung*, 30. Juli 1914, S. 2 f., hier S. 3.
157 Zit. n. Ullrich, *Nervöse Großmacht*, S. 448.
158 *Verdener Anzeigenblatt*, 3. Juli 1914, S. 2.
159 *Verdener Anzeigenblatt*, 2. Juli 1914, S. 3.
160 *Verdener Anzeigenblatt*, 7. Juli 1914, S. 2.
161 *Verdener Anzeigenblatt*, 11. Juli 1914, S. 3.
162 *Verdener Anzeigenblatt*, 7. Juli 1914, S. 2.
163 Schädla, Tagebuch (15. Juli 1914), S. 28.
164 Ebd.
165 Ebd., S. 29.
166 Ebd.
167 Ebd., S. 30.
168 Ziemann, *Front und Heimat*, S. 40 f.
169 Schneider, Tagebuch (26. Juli 1914, 27. Juli 1914, 29. Juli 1914). Das Tagebuch der Henriette Schneider ist im Internet frei zugänglich (www.ostpreussen-tagebuch.de; letzter Zugriff 9. August 2013). Die Wiedergabe ist allerdings in gekürzter und wissenschaftlich derzeit nicht nachprüfbarer Weise erfolgt. Das Original des Tagebuchs befindet sich im Besitz des »Archivs des Lötzener Heimatmuseums« im schleswig-holsteinischen Neumünster; eine Freigabe für die wissenschaftliche Beschäftigung im Rahmen der allgemein üblichen Nutzungsbedingungen wird dort bislang nicht erteilt. Gleichwohl gibt die von diesem Archiv freigegebene Internetfassung einen interessanten Einblick in die Wahrnehmung der Vorgänge in Ostpreußen im Sommer 1914.
170 Schneider, Tagebuch (31. Juli 1914).
171 Ebd.
172 Verhey, *Geist von 1914*, S. 85.
173 Ziemann, *Front und Heimat*, S. 41.
174 Schädla, Tagebuch (19. August 1914), S. 40.
175 Ebd.
176 Ebd.
177 Ebd., S. 46.
178 Art. »Die Flucht aus den Bädern«, in: *Jenaer Volksblatt*, 31. Juli 1914, S. 3.
179 Ebd.
180 Ebd.
181 Schädla, Tagebuch (23. August 1914), S. 46 f.
182 Ebd., S. 47.
183 Art. »Die Kriegsgefahr«, in: *Verdener Anzeigenblatt*, 30. Juli 1914, S. 3.

184 Ebd.
185 Kruse, *Kriegsbegeisterung?*, S. 163.
186 *Verdener Anzeigenblatt*, 30. Juli 1914, S. 3.
187 *Verdener Anzeigenblatt*, 31. Juli 1914, S. 3.
188 Siemers, *Verden*, S. 40.
189 Ringelnatz, *Mein Leben bis zum Kriege*, S. 319.
190 Hurlebusch/Schneider, *Stadler*, S. 815.
191 Schneider, *Stadler*, S. 237.
192 Ebd., S. 238.
193 Ebd., S. 178.
194 Schreiben Stadler an Kurt Wolff vom 17. Juni 1914, in: Hurlebusch/Schneider, *Stadler*, S. 517.
195 Schreiben Stadler an Schickele im Juli 1914, in: ebd., S. 518 f., hier S. 518.
196 Ebd., S. 815.
197 Schneider, *Stadler*, S. 153 f.
198 Schreiben Stadler an Schickele im Juli 1914, in: Hurlebusch/Schneider, *Stadler*, S. 518 f., hier S. 519.
199 Ullrich, *Nervöse Großmacht*, S. 400.
200 Ebd.
201 *Bonner Zeitung*, 5. Juli 1914, S. 1.
202 Ebd.
203 Wiedner, »Soldatenmißhandlungen«, S. 160.
204 Zweig, *Welt von gestern*, S. 261.
205 Schneider, »Zweig«, S. 981.
206 Verhey, *Geist von 1914*, S. 83 f.
207 Vgl. die Erinnerungen von Kasimir Edschmid, in: Schneider, *Stadler*, S. 243.
208 So die Erinnerung von Fritz Bouchholtz, dem damaligen Direktor der studentischen Wanderbühne, zit. n. Schneider, *Stadler*, S. 243.
209 So die Erinnerung von Hans Naumann, zit. n. ebd., S. 243.
210 Hurlebusch/Schneider, *Stadler*, S. 139.
211 Schneider, *Die Dichtungen*, S. 865–867.
212 Schreiben Thomas Mann an seinen Bruder Heinrich vom 30. Juli 1914, in: Walther, *Endzeit Europa*, S. 22.
213 Schneider, *Stadler*, S. 246.
214 Ebd., S. 245.
215 Zit. n. ebd.
216 Dieses Kriegstagebuch ist abgedruckt in: Hurlebusch/Schneider, *Stadler*, S. 529–571. Im Folgenden wird es zitiert unter Stadler, Kriegstagebuch, zur zeitlichen Orientierung versehen mit dem Datum des Eintrags, ergänzt durch die Seitenzahl des gedruckten Exemplars.
217 Stadler, Kriegstagebuch (31. Juli 1914), S. 529.
218 Ebd.

219 Zit. n. Schneider, *Stadler*, S. 278.
220 Stadler, Kriegstagebuch (31. Juli 1914), S. 529.
221 Schneider, *Stadler*, S. 249.

August 1914 – Der Krieg beginnt

1 *Verdener Anzeigenblatt*, 4. August 1914, zit. n. Emigholz, *Tagebücher*, S. 38.
2 Tuchman, *August 1914*, S. 84.
3 Telegramm Wilhelm II. an Nikolaus II. (1. August 1914), in: Geiss, *Julikrise*, S. 570.
4 Mommsen, *Der Kaiser*, S. 221.
5 Obst, *Einer nur ist Herr im Reiche*, S. 348 f.
6 »Zweite »Balkonrede« zum Kriegsausbruch, Berlin, 1. August, in: ebd., S. 362 f.
7 Nach einem Privattelegramm der *Frankfurter Zeitung* vom 1. August, in Johann: *Reden des Kaisers*, S. 125 f., hier S. 126.
8 Ulrich/Ziemann, *Zur Erfahrungs- und Kulturgeschichte*, S. 163.
9 Zit. n. Walther, *Endzeit Europa*, S. 27.
10 Tuchman, *August 1914*, S. 86.
11 Ebd., S. 87.
12 Ebd.
13 Ebd., S. 88.
14 Clark, *Wilhelm II.*, S. 281 f.
15 Röhl, *Wilhelm II. (1900–1941)*, S. 1164.
16 Zit. n. ebd.
17 Ebd.
18 Ebd., S. 1171 f.
19 Verhey, *Geist von 1914*, S. 262.
20 Obst, *Einer nur ist Herr im Reiche*, S. 351.
21 Verhey, *Geist von 1914*, S. 262.
22 Obst, *Reden*, S. 365.
23 Krumeich, »Gott mit uns«?, S. 277.
24 Mühlhausen/Papke, *Kommunalpolitik*, S. 42.
25 Winkler, *Weg nach Westen*, Bd. 1, S. 332 f.
26 Weber, *Hitlers erster Krieg*, S. 29–31.
27 Clark, *Wilhelm II.*, S. 290.
28 Ebd.
29 Röhl, *Wilhelm II. (1900–1941)*, S. 1184.
30 Clark, *Wilhelm II.*, S. 291.
31 Cornelissen, Schlieffen-Plan, S. 819.
32 Ebd.
33 Ullrich, *Nervöse Großmacht*, S. 408.

34 Cornelissen, »Schlieffen-Plan«, S. 819.
35 So der bayerische Gesandte Graf Lerchenfeld, zit. n. Röhl, *Wilhelm II.*
   (1900–1941), S. 1200.
36 Zit. n. ebd., S. 1200f.
37 Ebd., S. 1201.
38 Zit. n. ebd., S. 1179.
39 Ebd., S. 1180.
40 Clark, *Wilhelm II.*, S. 292.
41 Mühlhausen/Papke, *Kommunalpolitik*, S. 44.
42 Vgl. Ulrich, »Nerven«.
43 Ullrich, *Nervöse Großmacht.*
44 Ulrich/Ziemann, »Das soldatische Kriegserlebnis«, S. 135.
45 Röhl, *Wilhelm II. (1900–1941)*, S. 1181.
46 Müller, *Kaiser*, S. 50.
47 Liulevicius, »Ostpreußen«, S. 765.
48 Zit. n. ebd., S. 766.
49 Werth, »Tannenberg«, S. 920.
50 »Eine Ansprache des Kaisers«, in: *Jenaische Zeitung*, 28. August 1914, Bl. I,
   S. 2.
51 Röhl, *Wilhelm II. (1900–1941)*, S. 1184.
52 Müller, *Kaiser*, S. 53.
53 *Jenaische Zeitung*, 2. August 1914, Bl. I, S. 2.
54 Cartellieri, Tagebuch (9. August 1914).
55 *Traditionen – Brüche – Wandlungen*, S. 250f.
56 *Jenaische Zeitung*, 4. August 1914, Bl. I, S. 2.
57 *Traditionen – Brüche – Wandlungen*, S. 251.
58 *Jenaer Volksblatt*, B. I, 6. August 1914, S. 2.
59 Mommsen, »Die nationalgeschichtliche Umdeutung«, S. 250
60 Max Planck: »Rektoratsrede am 3. August zum Stiftungsfest der Berliner
   Universität«, in: *Deutsche Hochschulstimmen*, Nr. 33 (1914), zit. n. Fölsing,
   Einstein, S. 390.
61 Schreiben Edmund an Heinrich Husserl vom 8. August 1914, in: Walther,
   Endzeit Europa, S. 42.
62 Zit. n. Walther, *Endzeit Europa*, S. 43.
63 Cartellieri, Tagebuch (9. August 1914).
64 Fölsing, *Einstein*, S. 390.
65 Fuchs, »Die katholischen Verbände«, S. 208f.
66 *Jenaische Zeitung*, 9. August 1914, Bl. I., S. 2.
67 Cartellieri, Tagebuch (9. August 1914).
68 Ebd.
69 Ebd.
70 Ebd.
71 Ebd.

72 Art. »Abschiedsfeiern«, in: *Jenaer Volksblatt*, 5. August 1914, S. 2.

73 Cartellieri, Tagebuch (9. August 1914).

74 *Jenaer Volksblatt*, 6. August 1914, S. 2.

75 *Jenaer Volksblatt*, 7. August 1914, S. 3.

76 Art. »Kriegsgericht in Jena«, in: *Jenaer Volksblatt*, 5. August 1914, S. 2.

77 Zit. n. Ulrich/Ziemann, *Frontalltag, Lesebuch*, S. 19.

78 Zit. n. ebd.

79 Zit. n. Walther, *Endzeit Europa*, S. 30.

80 Mihaly, *Wiedersehn*, S. 19 f.

81 Mühlhausen/Papke, *Kommunalpolitik*, S. 44.

82 Zit. n. Walther, *Endzeit Europa*, S. 46.

83 Müller, *Die Nation*, S. 67 f.

84 Zit. n. Walther, *Endzeit Europa*, S. 47.

85 Müller, *Die Nation*, S. 69 f.

86 Ungern-Sternberg, »Wissenschaftler«, S. 173.

87 Eucken, *Die sittlichen Kräfte des Krieges*, S. 3.

88 Ebd., S. 8.

89 Flasch, *Geistige Mobilmachung*, S. 18.

90 Dathe, »Der Philosoph«, S. 49.

91 So die Bezeichnung ebd.

92 Steinbach, »Die Welt Cartellieris«, S. 269.

93 Cartellieri, Tagebuch (23. August 1914).

94 Ebd.

95 Ebd. (28. August 1914).

96 Ebd. (23. August 1914).

97 Ebd. (28. August 1914).

98 Ebd.

99 Ebd. (6. September 1914).

100 Ebd. (23. August 1914).

101 Ebd.

102 Ebd.

103 Art. »Lüttich-Namur-Longwy«, in: *Jenaische Zeitung*, 28. August 1914, Bl. I, S. 1.

104 Art. »Deutsche Siege von der Nordsee bis an die Alpen«, in: *Jenaische Zeitung*, 29. August 1914, Bl. I, S. 1.

105 Cartellieri, Tagebuch (28. August 1914).

106 Ebd. (29. August 1914).

107 Ebd. (23. August 1914).

108 Kramer, »Löwen«, S. 682 f.

109 Ebd., S. 683.

110 »Schmerzliche Erzählung«, in: Heym, *Ich aber ging über die Grenze*, S. 14 f.

111 Eildermann, *Jugend*, S. 61 f.

112 Ebd., S. 62.

113 Zit. n. Berliner Geschichtswerkstatt, *August 1914*, S. 105.

114 Ullrich, *Fünf Schüsse*, S. 105 f.

115 Zit. n. Ullrich, *Kriegsalltag Hamburg*. S. 13.

116 Eildermann, *Jugend*, S. 63.

117 Mihaly, *Wiedersehn*, S. 15.

118 Zit. n. Obst, *Einer nur ist Herr*, S. 358.

119 Winkler, *Weg nach Westen*, Bd. 1, S. 333 f.

120 Mühlhausen,»Die Sozialdemokratie«, S. 651.

121 Verhey, *Geist von 1914*, S. 263 f.

122 Miller, *Burgfrieden und Klassenkampf*, S. 59.

123 Protokolle Reichstag 1914/18,1, S. 9.

124 Verhey, *Geist von 1914*, S. 265.

125 Mühlhausen,»Die Sozialdemokratie«, S. 649.

126 Miller, *Burgfrieden und Klassenkampf*, S. 69 f.

127 Ebd., S. 71 f.

128 Mühlhausen,»Die Sozialdemokratie«, S. 650.

129 Mühlhausen/Papke, *Kommunalpolitik*, S. 44.

130 Schreiben Seiter an Eildermann vom 30. August 1914, in: Eildermann, *Jugend*, S. 64–69, hier S. 67.

131 Engel, *Johann Knief*, S. 188.

132 Eildermann, *Jugend*, S. 61.

133 Ebd., S. 60 f.

134 Winkler, *Weg nach Westen*, Bd. 1, S. 334.

135 Kruse,»Kriegsbegeisterung?«, S. 164.

136 So der Bericht des örtlichen Pfarrers, zit. n. Verhey, *Geist von 1914*, S. 91 f.

137 Engel, *Johann Knief*, S. 191 f.

138 Art.»Kriegserklärung an Frankreich und Rußland«, in: *Bremer Bürger-Zeitung*, 4. August 1914, S. 1.

139 Engel, *Johann Knief*, S. 192.

140 Art.»Weltbrand«, in: *Bremer Bürger-Zeitung*, 8. August 1914, S. 1.

141 Ebd.

142 Art.»Zeitgemäße Betrachtungen. In eigener Sache!«, in: *Bremer Bürger-Zeitung*, 10. August 1914, S. 1.

143 Art.»Parteinachrichten. ›Ich verzeihe ihnen‹«, in: *Bremer Bürger-Zeitung*, 11. August 1914, S. 8.

144 Ullrich, *Kriegsalltag*, S. 604.

145 Zit. n. ebd.

146 Kruse,»Kriegsbegeisterung?«, S. 165.

147 Rouette,»Frauenarbeit«, S. 100.

148 Art.»Unverantwortliches Zurückhalten des Bargeldes«, in: *Jenaische Zeitung*, 6. August 1914, S. 1.

149 Art.»Soziale Fürsorge im Kriege«, in: *Bremer Bürger-Zeitung*, 8. August 1914, S. 3.

150 Mühlhausen/Papke, *Kommunalpolitik*, S. 47.
151 Ullrich, *Nervöse Großmacht*, S. 404.
152 Schreiben Seiter an Eildermann vom 30. August 1914, in: Eildermann, *Jugend*, S. 64–69, hier S. 65.
153 Ebd., hier S. 67.
154 Eildermann, *Jugend*, S. 63 f.
155 Ebd., S. 63.
156 Haffner, *Geschichte eines Deutschen*, S. 15 f.
157 Schädla, Tagebuch (25. August 1914), S. 47.
158 Ebd.
159 Siemers, *Verden*, S. 40.
160 *Verdener Anzeigenblatt*, 1. August 1914, S. 2.
161 Schädla, Tagebuch (25. August 1914), S. 47.
162 *Verdener Anzeigenblatt*, 1. August 1914, S. 2.
163 Schädla, Tagebuch (25. August 1914), S. 48.
164 Ebd.
165 Ebd.
166 Brakelmann, »Kriegsprotestantismus«, S. 103.
167 Ebd., S. 105 f.
168 Greschat, »Begleitung und Deutung«, S. 502.
169 Zur Entwicklung der Abendmahlsbeteiligung in der Landeskirche Hannover: Hölscher, *Datenatlas*, Bd. 1, S. 101.
170 Greschat, »Begleitung und Deutung«, S. 500 f.
171 Mommsen, »Die nationalgeschichtliche Umdeutung«, S. 250–252.
172 Brakelmann, »Kriegsprotestantismus«, S. 110. Günter Brakelmann ist bei aller Klarheit und Deutlichkeit im Urteil zugleich die wichtige Einsicht zu verdanken, dass es zu Beginn und im Verlauf des Weltkrieges auch Theologen gegeben hat, die anders geglaubt und gedacht haben – doch »sie sind eine Minderheit auf Kanzeln und Kathedern gewesen«, ebd., S. 114.
173 Ebd., S. 106.
174 Schädla, Tagebuch (26. August 1914), S. 48.
175 Ebd.
176 Zit. n. Ulrich/Ziemann, *Fronttalltag, Lesebuch*, S. 20.
177 Schädla, Tagebuch (26. August 1914), S. 48.
178 Zit. n. Emigholz, *Tagebücher*, S. 39.
179 Art. »Pfadfinder als Helfer bei der Ernte im Kriegsfalle«, in: *Jenaische Zeitung*, 2. August 1914, Bl. 1, S. 2.
180 *Verdener Anzeigenblatt*, 4. August 1914.
181 Duby, *Geschichte der Frauen*, Bd. 5, S. 39.
182 Rouette, »Frauenarbeit«, S. 98.
183 Eggebrecht, *Der halbe Weg*, S. 42.
184 Vgl. für das Großherzogtum Sachsen-Weimar-Eisenach: *Jenaer Volkblatt*, 8. August 1914, S. 2.

185 Schädla, Tagebuch (19. August 1914).
186 Kruse, »Kriegsbegeisterung?«, S. 163.
187 Mihaly, *Wiedersehn*, S. 16f.
188 *Verdener Anzeigenblatt*, 14. Oktober 1914, S. 3.
189 Ullrich, *Nervöse Großmacht*, S. 473.
190 Art. »Schulfrei bei Siegesnachrichten«, in: *Verdener Anzeigenblatt*, 1. September 1914, S. 2.
191 Mihaly, *Wiedersehn*, S. 17.
192 Ebd., S. 18.
193 Schädla, Tagebuch (19. August 1914), S. 39.
194 Ebd., S. 39f.
195 Ebd.
196 Ebd. (28. August 1914), S. 55.
197 Ebd., S. 54f.
198 Ebd. (26. August 1914), S. 49.
199 Ebd.
200 Ebd. (28. August 1914), S. 55.
201 Ebd. (30. August 1914), S. 56.
202 Ebd.
203 Ebd. (31. August 1914), S. 58.
204 Ebd., (28. August 1914), S. 55.
205 Ebd. (31. August 1914), S. 57.
206 Ebd.
207 Zit. n. Schädla, Tagebuch, S. 66.
208 Ebd. (30. August 1914), S. 56.
209 Ebd. (31. August 1914), S. 58.
210 Zit. n. Walther, *Endzeit Europa*, S. 30.
211 Witkop, *Kriegsbriefe*, S. 19.
212 Strachan, *Der Erste Weltkrieg*, S. 90f.
213 Zit. n. einem entsprechenden Tagebucheintrag in: Walther, *Endzeit Europa*, S. 45f.
214 Schwilk, *Jünger*, S. 92.
215 Schädla, Tagebuch (25. August 1914), S. 47.
216 Weber, *Hitlers erster Krieg*, S. 29.
217 Mommsen, *Der Erste Weltkrieg*, S. 139.
218 Zit. n. Ulrich/Ziemann, *Frontalltag, Lesebuch*, S. 20.
219 Ulrich/Ziemann, »Das soldatische Kriegserlebnis«, S. 131f.
220 Ebd., S. 133f.
221 Mühlhausen/Papke, *Kommunalpolitik*, S. 44.
222 Tuchman, *August 1914*, S. 82.
223 Zit. n. Walther, *Endzeit Europa*, S. 40f.
224 Stadler, Kriegstagebuch (1./2. August 1914), S. 529f.
225 Ebd., S. 530.

226 Ebd. (3. August 1914), S. 530 f.
227 Ebd., S. 531.
228 Ebd. (4. August 1914), S. 532 f.
229 Ebd. (5. August 1914), S. 533 f.
230 Ebd. (6. August 1914), S. 534 f.
231 Ebd. (10. August 1914), S. 537.
232 Ebd., S. 537 f.
233 Ebd., S. 538 f.
234 Ebd., S. 539.
235 Ebd. (16. August 1914), S. 541 f.
236 Zit. n. Walther, *Endzeit Europa*, S. 42.
237 Fries, »Deutsche Schriftsteller«, S. 828 f.
238 Boschert, »Eine Utopie«, S. 128.
239 Zit. n. ebd., S. 129.
240 Ebd., S. 128.
241 Fries, »Deutsche Schriftsteller«, S. 827 f.
242 Stadler, Kriegstagebuch (22. August 1914), S. 545.
243 Zit. n. Ulrich/Ziemann, *Frontalltag*, S. 42.
244 Vgl. ebd., S. 43.
245 Zit. n. ebd., S. 34.
246 Remarque, *Im Westen nichts Neues*, S. 28.
247 Stadler, Kriegstagebuch (26. August 1914), S. 546.
248 Ebd. (27 August 1914), S. 546.
249 Ebd. (28. August 1914), S. 547.
250 Ebd. (25. August 1914), S. 546.
251 Ebd. (30. August 1914), S. 547.

September 1914 – Die Zweifel wachsen

1 *Amtliche Kriegs-Depeschen*, Bd. 1, S. 87.
2 Zit. n. Ulrich/Ziemann, *Frontalltag, Lesebuch*, S. 19 f.
3 Pulzer, »Der Erste Weltkrieg«, S. 358 f.
4 Ebd., S. 360.
5 Sieg, »Antisemitismus«, S. 335.
6 Röhl, »Wilhelm II.« (Enzyklopädie), S. 970.
7 Müller, *Kaiser*, S. 54.
8 Ebd., S. 55.
9 Ebd.
10 Tuchman, *August 1914*, S. 440.
11 Ebd.
12 Becker, »Marne«, S. 697.
13 Tuchman, *August 1914*, S. 441.

14 Röhl, *Wilhelm II. (1900–1941)*, S. 1182.
15 Tuchman, *August 1914*, S. 440.
16 Vgl. dazu Fischer, *Griff nach der Weltmacht*, S. 95–101.
17 Zit. n. ebd., S. 99.
18 Ebd., S. 100.
19 Van Laak, *Über alles*, S. 98, S. 95.
20 Röhl, *Wilhelm II. (1900–1941)*, S. 1195.
21 Becker,»Marne«, S. 699.
22 *Amtliche Kriegs-Depeschen*, Bd. 1, S. 85.
23 Mann, *Deutsche Geschichte*, S. 598.
24 Hopman, *Wilhelminers*, S. 437.
25 Tuchman, *August 1914*, S. 442.
26 Zit. n. Röhl, *Wilhelm II. (1900–1941)*, S. 1182.
27 Ebd.
28 Müller, *Kaiser*, S. 57.
29 Zit. n. Ullrich, *Nervöse Großmacht*, S. 409 f.
30 Müller, *Kaiser*, S. 59.
31 Röhl, *Wilhelm II. (1900–1941)*, S. 1183.
32 Afflerbach, *Falkenhayn*, S. 189.
33 *Amtliche Kriegs-Depeschen*, Bd. 1, S. 184.
34 Zit. n. Afflerbach, *Falkenhayn*, S. 189.
35 Vgl. Tagebuchaufzeichnung von Plessen (23. September 1914), in: Afflerbach, *Kaiser Wilhelm II.*, S. 668.
36 Clark, *Wilhelm II.*, S. 294.
37 Hopman, *Wilhelminers*, S. 433.
38 Ebd., S. 434 f.
39 Hopman, *Wilhelminers*, S. 435.
40 Schreiben Hopman an Eduard von Capelle vom 16. September 1914, in: ebd., S. 437 f.
41 Ebd., S. 439.
42 Ebd., S. 440.
43 Zeidler, *Die deutsche Kriegsfinanzierung*, S. 424.
44 Zilch,»Kriegsanleihen«, S. 628.
45 Zeidler, *Die deutsche Kriegsfinanzierung*, S. 425.
46 *Amtliche Kriegs-Depeschen*, Bd. 1, S. 80 f.
47 Vgl.»Mitteilungen des Reichskanzlers an die Vertretungen der amerikanischen Presse in Berlin«, in: *Schulthess' Geschichtskalender 1914*, S. 397 f., hier S. 397.
48 Zit. n. *Amtliche Kriegs-Depeschen*, Bd. 1, S. 141.
49 Walther, *Endzeit Europa*, S. 72.
50 Tagebuchaufzeichnung von Plessen (23. September 1914), in: Afflerbach, *Kaiser Wilhelm I.*, S. 668.
51 *Jenaische Zeitung*, 4. September 1914, Bl. I, S. 3.

52 Cartellieri, Tagebuch (5. September 1914).
53 Ebd. (6. September 1914).
54 Ebd. (5. September 1914).
55 Ebd. (6. September 1914).
56 Ebd. (29. September 1914).
57 In: *Jenaische Zeitung*, 3. September 1914, Bl. II., S. 1.
58 Dathe, »Der Philosoph«, S. 49–51.
59 Wehler, *Gesellschaftsgeschichte*, Bd. 4, S. 18.
60 Dathe, »Der Philosoph«, S. 51.
61 *Schulthess' Geschichtskalender* 1914, S. 398.
62 Cartellieri, Tagebuch (13. September 1914).
63 Ebd. (20. September 1914).
64 Ebd.
65 Ebd. (29. September 1914).
66 *Jenaische Zeitung*, 3. September 1914, Bl. I., S. 3.
67 Cartellieri, Tagebuch (6. September 1914).
68 Ebd. (13. September 1914).
69 Ebd.
70 Ebd. (20. September 1914).
71 Ebd.
72 Ebd. (13. September 1914).
73 Ebd. (20. September 1914).
74 Ebd. (19. September 1914).
75 Ebd. (13. September 1914).
76 Flasch, *Mobilmachung*, S. 231.
77 Art. »Prof. Karl Lamprecht über die heutige Lage«, in: *Jenaische Zeitung*, 29. August 1914, Bl. II, S. 2.
78 Kramer, »Franktireur«.
79 Flasch, *Mobilmachung*, S. 87.
80 Mihaly, *Wiedersehn*, S. 60.
81 Cartellieri, Tagebuch (29. September 1914).
82 Ebd.
83 *Jenaische Zeitung*, 2. September 1914, II. Bl., S. 2.
84 Steinbach, *Biograph*, S. 130.
85 Art. »Theaterbesuch in Kriegszeiten«, in: *Jenaische Zeitung*, 2. September 1914, Bl. I., S. 3.
86 Cartellieri, Tagebuch (20. September 1914).
87 Ebd.
88 Ebd. (29. September 1914).
89 Art. »Zurzeit kein Bedarf an Freiwilligen«, in: *Bremer Bürger-Zeitung*, 1. September 1914, S. 1.
90 Schreiben Seiter an Eildermann vom 5. September 1914, in: Eildermann, *Jugend*, S. 70–79, hier S. 71.

91 Ebd.
92 Zit. n. Vogel, *Ein Stück von uns*, S. 376.
93 Art. »Ludwig Frank †«, in: *Bremer Bürger-Zeitung*, 9. September 1914, S. 1.
94 Eildermann, *Jugend*, S. 85.
95 Ebd., S. 83.
96 Schreiben Gustav Seiter an Wilhelm Eildermann vom 5. September 1914,
    in: Eildermann, *Jugend*, S. 70–79, hier S. 72.
97 Ebd., S. 77.
98 Art. »Unsere Verlustlisten«, in: *Bremer Bürger-Zeitung*, 3. September 1914,
    S. 5.
99 Engel, *Johann Knief*, S. 191. Vgl. einen entsprechenden Aufruf der Redaktion
    beispielsweise in: *Bremer Bürger-Zeitung*, 4. August 1914, 1. Beilage, S. 1.
100 Engel, *Johann Knief*, S. 194.
101 Ebd., S. 195.
102 Ebd., S. 196 f.
103 Lucas, *Sozialdemokratie in Bremen*, S. 25–27.
104 Ullrich, *Nervöse Großmacht*, S. 452.
105 Eildermann, *Jugend*, S. 94.
106 Ebd., S. 84.
107 Ebd., S. 80.
108 Zit. n. *Schulthess' Geschichtskalender 1914*, S. 398 c.
109 Zum Verband: Nipperdey, *Deutsche Geschichte 1866–1918*, Bd. 2, S. 606.
110 *Schulthess' Geschichtskalender 1914*, S. 396.
111 Ullrich, *Kriegsalltag Hamburg*, S. 32–35.
112 Art. »Jugend-Aufruf«, in: *Bremer Bürger-Zeitung*, 2. September 1914, S. 8.
113 Art. »Der Wille zum Siege«, in: *Bremer Bürger-Zeitung*, 3. September 1914,
    S. 5.
114 Art. »Der Krieg unser Zeuge!«, in: *Bremer Bürger-Zeitung*, 9. September
    1914, S. 1.
115 Mühlhausen/Papke, *Kommunalpolitik*, S. 99.
116 Ullrich, *Nervöse Großmacht*, S. 452.
117 Mühlhausen/Papke, *Kommunalpolitik*, S. 99 f.
118 Ullrich, *Nervöse Großmacht*, S. 452.
119 Schädla, Tagebuch (7. September 1914), S. 67.
120 Ebd. (1. September 1914), S. 58.
121 Latzel, »Feldpost«, S. 474.
122 Ebd., S. 473 f.
123 Schädla, Tagebuch (10. September 1914), S. 69.
124 *Verdener Anzeigenblatt*, 25. September 1914, S. 3
125 Art. »Die Feldpost«, in: *Verdener Anzeigenblatt*, 26. September 1914, S. 2.
126 *Verdener Anzeigenblatt*, 3. September 1914, S. 2.
127 Schädla, Tagebuch (3. September 1914), S. 61.
128 Ebd.

129 Zit. n. ebd.
130 Ebd.
131 Ebd. (5. September 1914), S. 65.
132 Fries, »Deutsche Schriftsteller«, S. 827.
133 Zit. n. Schädla, Tagebuch (3. September 1914), S. 62.
134 Ebd. (5. September 1914), S. 65.
135 Zit. n. ebd. (7. September 1914), S. 66.
136 Ebd. (12. Oktober 1914), S. 92.
137 Ebd. (10. September 1914), S. 69.
138 Ebd. (19. September 1914), S. 75.
139 Ebd. (23. September 1914), S. 78.
140 Art. »Vom richtigen Flaggen«, in: *Verdener Anzeigenblatt*, 9. September 1914, S. 2.
141 Vgl. Extrablatt zum *Verdener Kreisblatt* vom 20. September, in: Schädla, Tagebuch, S. 75.
142 Albes, »Zensur«, S. 975.
143 Mühlhausen/Papke, *Kommunalpolitik*, S. 98.
144 Zit. n. Schädla, Tagebuch, S. 64.
145 Ullrich, *Nervöse Großmacht*, S. 410.
146 Schädla, Tagebuch (7. September 1914), S. 67.
147 Ebd. (13. September 1914), S. 71.
148 Ebd.
149 Ebd.
150 Ebd. (17. September 1914), S. 74.
151 Zit. n. *Amtliche Kriegs-Depeschen*, Bd. 1, S. 101.
152 Der Aufruf wurde mehrfach veröffentlicht, vor allem in protestantischen Blättern. Hier wird zitiert nach dem Artikel »An die evangelischen Christen im Auslande«, in: *Jenaische Zeitung*, 1. September 1914, S. 2.
153 Brakelmann, »Kriegsprotestantismus«, S. 114.
154 Schädla, Tagebuch (19. September 1914), S. 75.
155 Art. »Pulswärmer«, in: *Verdener Anzeigenblatt*, 1. Oktober 1914, S. 2.
156 *Verdener Anzeigenblatt*, 9. Oktober 1914, S. 3.
157 Vgl. Art. »Falschmeldungen über Tod und Verwundungen«, in: *Verdener Anzeigenblatt*, 30. September 1914, S. 2.
158 *Verdener Anzeigenblatt*, 1. September 1914, S. 2.
159 Ebd., 17. September 1914, S. 3.
160 Ebd., 20. September 1914, S. 3.
161 Schädla, Tagebuch (6. Oktober 1914), S. 85 f.
162 Ebd., S. 86.
163 *Amtliche Kriegs-Depeschen*, Bd. 1, S. 74.
164 Schädla, Tagebuch (10. September 1914), S. 69.
165 Ebd. (6. Oktober 1914), S. 86.
166 Ebd.

167 Stadler, Kriegstagebuch (2. September 1914), S. 548.
168 Ebd. (3. September 1914), S. 549.
169 Ebd., S. 548.
170 Ziemann, »Soldaten«, S. 157.
171 Ebd., S. 156–158.
172 Sofsky, *Zeiten des Schreckens*, S. 135 f.
173 Stadler, Kriegstagebuch (5. September 1914), S. 549.
174 Vgl. zum Hexensabbat: Roper, *Hexenwahn*, S. 148–173.
175 Hestermann, »Kriegstagebuch«, S. 801.
176 Stadler, Kriegstagebuch (8. September 1914), S. 550.
177 Ebd. (9. September 1914), S. 551.
178 Ebd.
179 Ebd. (11. September 1914), S. 552.
180 Ebd. (14. September 1914), S. 554.
181 *Amtliche Kriegs-Depeschen*, Bd. 1, S. 81 f.
182 Hestermann, »Kriegstagebuch«, S. 801 f.
183 Stadler, Kriegstagebuch (23. September 1914), S. 557 f.
184 Ebd. (18. und 19. September 1914), S. 556.
185 Becker, »Marne«, S. 697.
186 Strachan, *Der Erste Weltkrieg*, S. 203.
187 Jandl, *Gedichte*, S. 18.
188 Ulrich/Ziemann, *Frontalltag*, S. 54.
189 Zit. n. ebd., S. 55.
190 Ullrich, *Kriegsalltag*, S. 605.
191 Stadler, Kriegstagebuch (26. September 1914), S. 559.
192 Ebd. (29. September 1914), S. 561.
193 Ebd. (28. September 1914), S. 561.
194 Ebd. (30. September 1914), S. 562.
195 Ebd. (29. September 1914), S. 562.
196 Ebd.
197 Zit. n. Rollmann, »Die Berufung«, S. 112.
198 Ziemann, »Soldaten«, S. 156.

Oktober 1914 – Immer mehr Tote müssen betrauert werden

1 Schreiben Lyncker an seine Ehefrau vom 20. Oktober 1914, in: Afflerbach, *Kaiser Wilhelm II.*, S. 180 f., hier S. 181.
2 Müller, *Kaiser*, S. 63 f.
3 Tagebuchaufzeichnung von Plessen (10. Oktober 1914), in: Afflerbach, *Kaiser Wilhelm II.*, S. 677.
4 Vgl. Michael Epkenhans, in: Hopman, *Wilhelminers*, S. 48 f.
5 Müller, *Kaiser*, S. 68.

6 Röhl, *Wilhelm II. (1900–1941)*, S. 1193.
7 Ebd., S. 1192.
8 Müller, *Kaiser*, S. 57.
9 Michael Epkenhans, in: Hopman, *Wilhelminers*, S. 50 f.
10 Müller, *Kaiser*, S. 64.
11 Ebd., S. 65.
12 Ebd., S. 64 f.
13 Schreiben Hopman an Kapitän z.S. Adolf von Trotha am 10. Oktober 1914, in: Hopman, *Wilhelminers*, S. 457–461, hier S. 461.
14 Kaiser Wilhelm II., *Ereignisse und Gestalten*, S. 222.
15 Van Ypersele, »Antwerpen«, S. 336 f.
16 *Amtliche Kriegs-Depeschen*, Bd. 1, S. 162.
17 In: Afflerbach, *Kaiser Wilhelm II.*, S. 681.
18 Tagebuchaufzeichnung von Plessen (27. Oktober 1914), in: ebd., S. 685.
19 Tagebuchaufzeichnung von Plessen (23. Oktober 1914), in: ebd., S. 683.
20 *Schulthess' Geschichtskalender 1914*, S. 414.
21 Zu den gedächtnispolitischen Konstruktionen der Figur Friedrichs des Großen vgl. Bendikowski, *Friedrich der Große*, 2011.
22 Vgl. »Verabschiedung vom 1. Garderegiment z.F., 11. August 1914«, in: Obst, *Reden*, S. 366.
23 »An das Grenadierregiment Prinz Karl von Preußen (2. Brandenburgisches) Nr. 12, Pinon, 26. Oktober 1914«, in: ebd., S. 367.
24 Tagebuchaufzeichnung von Plessen (21. Oktober 1914), in: Afflerbach, *Kaiser Wilhelm II.*, S. 682.
25 Tagebuchaufzeichnung von Plessen (22. Oktober 1914), in: ebd., S. 683.
26 Schreiben Hopman an Kapitän z. S. Adolf von Trotha am 10. Oktober 1914, in: Hopman, *Wilhelminers*, S. 457–461, hier S. 461.
27 Schreiben Lyncker an seine Ehefrau vom 16. Oktober 1914, in: Afflerbach, *Kaiser Wilhelm II.*, S. 179.
28 Hopman, *Wilhelminers*, S. 452 f.
29 Ebd., S. 450.
30 Epkenhans, »Die kaiserliche Marine«, S. 324.
31 »An das Grenadierregiment Prinz Karl von Preußen (2. Brandenburgisches) Nr. 12, Pinon, 26. Oktober 1914«, in: Obst, *Reden*, S. 367.
32 Müller, *Kaiser*, S. 66 f.
33 Ebd., S. 67.
34 Ebd., S. 66.
35 Vgl. beispielsweise die Tagebucheinträge von Plessen vom 19. sowie 20. Oktober 1914, in: Afflerbach, *Kaiser Wilhelm II.*, S. 681 f.
36 *Amtliche Kriegs-Depeschen*, Bd. 1, S. 184.
37 Müller, *Kaiser*, S. 67.
38 Tagebuchaufzeichnung von Plessen (26. Oktober 1914), in: Afflerbach, *Kaiser Wilhelm II.*, S. 685.

39 So Afflerbach, *Kaiser Wilhelm II.*, S. 18.
40 Müller, *Kaiser*, S. 65.
41 Hopman, *Wilhelminers*, S. 469.
42 Ebd.
43 Ebd.
44 *Schulthess' Geschichtskalender 1914*, S. 419.
45 Tagebuchaufzeichnung von Plessen (27. Oktober 1914), in: Afflerbach, *Kaiser Wilhelm II.*, S. 685.
46 Müller, *Kaiser*, S. 67.
47 Cartellieri, Tagebuch (4. Oktober 1914).
48 Ebd.
49 Ebd.
50 Steinbach, »Leidtragender des Krieges«, S. 27.
51 Hoeres, »Publizistische Mobilmachung«.
52 Hankel, »Deutsche Kriegsverbrechen«, S. 86.
53 Dathe, »Der Philosoph«, S. 49.
54 Greschat, »Begleitung und Deutung«, S. 500.
55 Fölsing, *Albert Einstein*, S. 390.
56 Kellermann, *Krieg der Geister*, S. 66
57 *Schulthess' Geschichtskalender 1914*, S. 403.
58 Dathe, »Der Philosoph«, S. 51.
59 Fölsing, *Albert Einstein*, S. 392.
60 John/Ulbricht, *Jena*, S. 65.
61 Art. »Offener Brief an Monsieur Ferdinand Hodler«, in: *Jenaer Volksblatt*, 17. Oktober 1914, Bl. 2, S. 2.
62 Ebd.
63 Bálint, *Auszug*, S. 133.
64 *Fall Hodler*, S. 76.
65 Steinbach, »Die Welt Cartellieris«, S. 262.
66 Zit. n. *Fall Hodler*, S. 77.
67 Gerber, »Universität Jena«, S. 243.
68 Zit. n. Paletschek, »Tübinger Hochschullehrer«, S. 91.
69 Ebd.
70 Steinbach, »Die Welt Cartellieris«, S. 262 f.
71 *Jenaische Zeitung*, 9. Oktober 1914, Bl. I, S. 2.
72 Art. »Unsere Hochschule im Kriegsjahr 1914/15«, in: *Jenaer Volksblatt*, 31. Oktober 1914, Bl. 2, S. 1.
73 Steinbach, »Leidtragender des Krieges«, S. 29.
74 Art. »Unsere Hochschule im Kriegsjahr 1914/15«, in: *Jenaer Volksblatt*, 31. Oktober 1914, Bl. 2, S. 1.
75 Gerber, »Universität Jena«, S. 245.
76 Zit. n. Steinbach, »Leidtragender des Krieges«, S. 30.
77 Cartellieri, Tagebuch (11. Oktober 1914).

78 Ebd. (18. Oktober 1914).
79 Ebd. (25. Oktober 1914).
80 Ebd. (18. Oktober 1914).
81 Ebd.
82 Art. »Im Schützengraben an der Weichsel«, in: *Jenaische Zeitung*, 31. Oktober 1914, Bl. II, S. 2.
83 Cartellieri, Tagebuch (1. November 1914).
84 Ebd.
85 Art. »Der Krieg und die wissenschaftliche Arbeit. Rede S. Magnifizenz des Prorektors Geh. Hofrats Prof. Dr. Cartellieri, gehalten in der Studentenversammlung am 31. Oktober 1914«, in: *Jenaische Zeitung*, 4. November 1914, Bl. II, S. 3.
86 Art. »Der Krieg und die wissenschaftliche Arbeit. Rede S. Magnifizenz des Prorektors Geh. Hofrats Prof. Dr. Cartellieri, gehalten in der Studentenversammlung am 31. Oktober 1914 (Schluß)«, in: *Jenaische Zeitung*, 5. November 1914, Bl. II, S. 3.
87 Ebd.
88 Cartellieri, Tagebuch (25. Oktober 1914).
89 Art. »Eine zweischneidige Waffe«, in: *Bremer Bürger-Zeitung*, 2. Oktober 1914, S. 1.
90 Zit. n. Berliner Geschichtswerkstatt, *August 1914*, S. 124.
91 Art. »Was soll das werden?«, in: *Bremer Bürger-Zeitung*, 26. Oktober 1914, S. 1.
92 Chickering, *Freiburg*, S. 158 f.
93 Art. »Die bremischen Gewerkschaften und der Krieg«, in: *Bremer Bürger-Zeitung*, 28. Oktober 1914, S. 1.
94 Eildermann, *Jugend*, S. 82.
95 Ebd, S. 84 f.
96 Engel, *Johann Knief*, S. 202. Einige Beobachter – wahrscheinlich auch Wilhelm Eildermann – vermuten, Knief habe simuliert, um als dienstuntauglich in die Heimat zurückzukommen. Doch diese Beurteilung (die aus Sicht der Bremer Genossen ja keine Schande, sondern vielmehr ein gelungener Akt des Widerstands gewesen wäre) lässt sich nicht bestätigen; vgl. dazu Engel, *Johann Knief*, S. 200 f.
97 Eildermann, *Jugend*, S. 69.
98 Ebd, S. 81.
99 Ebd, S. 81 f.
100 Wilhelm Eildermann: Tagebuchaufzeichnungen / Heft VI, Bl. 40 f; BA Berlin, NY 4251/5.
101 Eildermann, *Jugend*, S. 83.
102 Ebd, S. 84.
103 Ebd, S. 82.
104 Ebd, S. 98 f.

105 Wilhelm Eildermann: Tagebuchaufzeichnungen / Heft VI, Bl. 39; BA Berlin, NY 4251/5. Diese Passage fehlt in der Druckfassung des Tagebuches von 1972.

106 Ebd.

107 Eildermann, *Jugend*, S. 87.

108 Ebd., S. 89.

109 Ebd., S. 89–93.

110 Ebd., S. 93.

111 Art. »Bayerische Gemeindewahlen 1914. Der gestörte ›Burgfrieden‹«, in: *Bremer Bürger-Zeitung*, 29. Oktober 1914, S. 1.

112 Der Brief vom 18. Oktober 1914 ist in Eildermann, *Jugend* (S. 86 f.) nur gekürzt wiedergegeben.

113 Schreiben Luise an Wilhelm Eildermann vom 18. Oktober 1914, in: Wilhelm Eildermann: Tagebuchaufzeichnungen; BA Berlin, NY 4251/62.

114 Eildermann, *Jugend*, S. 83.

115 Ebd., S. 85.

116 Ebd.

117 Schädla, Tagebuch (6. Oktober 1914), S. 86.

118 Vgl. Extrablatt zum *Verdener Anzeigenblatt* vom 21. September 1914 (morgens), in: Schädla, Tagebuch, S. 76.

119 Horne, »Reims«, S. 790.

120 Extrablatt zum *Verdener Anzeigenblatt* vom 1. Oktober 1914 (morgens), in: Schädla, Tagebuch, S. 83.

121 Zit. n. Schädla, Tagebuch (6. Oktober 1914), S. 87.

122 Ebd. (8. Oktober 1914), S. 89 f.

123 Zit. n. ebd. (6. Oktober 1914), S. 87. Das vollständige Gedicht findet sich in: *Verdener Anzeigenblatt*, 30. September 1914, S. 3.

124 Schädla, Tagebuch (8. Oktober 1914), S. 89 f.

125 Ebd. (12. Oktober 1914), S. 92.

126 Ebd.

127 Sofsky, *Zeiten des Schreckens*, S. 115.

128 Behrenbeck, »Soldatenfriedhöfe«, S. 845.

129 Schädla, Tagebuch (21. November 1914), S. 110.

130 Ebd. (12. Oktober 1914), S. 92.

131 Ebd. (14. November 1914), S. 107.

132 Ebd. (6. Oktober 1914), S. 86.

133 Zit. n. Ulrich/Ziemann, *Frontalltag*, S. 43.

134 *Verdener Anzeigenblatt*, 21. Oktober 1914, S. 3.

135 Schreiben Johanna Boldt an ihren Ehemann Julius am 31. August 1914, zit. n.: Hagener, *Es lief sich so sicher*, S. 44. Vgl. ebenfalls: Ullrich, *Kriegsalltag*, Hamburg, S. 22–24.

136 *Verdener Anzeigenblatt*, 14. Oktober, S. 3.

137 Vgl. etwa für Bayern: Ziemann, *Front und Heimat*, S. 45.

138 Schädla, Tagebuch (12. Oktober 1914), S. 92 f.
139 Ulrich/Ziemann, *Frontalltag*, S. 57.
140 Art. »Verdens erster Verwundeten-Transport«, in: *Verdener Anzeigenblatt*, 13. Oktober 1914, S. 3.
141 Art. »Begräbnis«, in: ebd., 25. Oktober 1914, S. 2.
142 Art. »Verwundete«, in: ebd., 15. Oktober 1914, S. 3.
143 Ebd., 16. Oktober 1914, S. 2.
144 Art. »Verwundete«, in: ebd., 15. Oktober 1914, S. 3.
145 Schädla, Tagebuch (22. Oktober 1914), S. 99.
146 Ebd.
147 Ebd. (12. Oktober 1914), S. 93.
148 Ebd. (22. Oktober 1914), S. 99.
149 Brakelmann, »Kriegsprotestantismus«, S. 107.
150 Schädla, Tagebuch (22. Oktober 1914), S. 99.
151 Ebd. (4. November 1914), S. 103.
152 *Verdener Anzeigenblatt*, 15. Oktober 1914, S. 4.
153 Schädla, Tagebuch (4. November 1914), S. 103.
154 Stadler, Kriegstagebuch (2. Oktober 1914), S. 563.
155 Ebd. (1. Oktober 1914), S. 562.
156 Ebd., S. 563.
157 Schreiben Stadler an Hans Koch vom 7. Oktober 1914, in: Hurlebusch/Schneider, *Stadler*, S. 522.
158 Stadler, Kriegstagebuch (3. Oktober 1914), S. 563.
159 Ebd. (4. Oktober 1914), S. 563.
160 Ebd. (5. Oktober 1914), S. 563.
161 Ebd. (6. Oktober 1914), S. 564.
162 Schreiben Ernst Stadler an Marta Stadler vom 1. September 1914 und vom 3. Oktober 1914, in: Hurlebusch/Schneider, *Stadler*, S. 519 und 521.
163 »Stadler an Thea Sternheim nach Bad Harzburg (Bruchstück)«, in: Hurlebusch/Schneider, *Stadler*, S. 520.
164 Thea Sternheim: Tagebucheintrag vom 9. Oktober 1914, zit. n. Schneider, *Stadler*, S. 257 f.
165 Vgl. dazu das Schreiben Stefan Zweigs an Émile Verhaeren vom 11. November 1914, in: ebd., S. 276 f., hier S. 277.
166 Ullrich, *Nervöse Großmacht*, S. 487.
167 Schreiben Ernst Stadler an Marta Stadler vom 7. Oktober 1914, in: Hurlebusch/Schneider: *Stadler*, S. 522 f., hier S. 522.
168 Schreiben Ernst Stadler an Marta Stadler vom 7. Oktober 1914, in: ebd.
169 Stadler, Kriegstagebuch (12. Oktober 1914), S. 565.
170 Ebd., S. 566.
171 Ebd., S. 565.
172 Ebd. (13. Oktober 1914), S. 568.
173 Ebd. (12. Oktober 1914), S. 566 f.

174 Ebd., S. 567.
175 Ebd. (17. Oktober 1914), S. 569.
176 Ebd.
177 Ulrich, »Kriegsneurosen«, S. 654.
178 Ebd., S. 655.
179 Ulrich, »Nerven und Krieg«, S. 178.
180 Ebd., S. 177.
181 Müller, *Kaiser*, S. 50.
182 Stadler, Kriegstagebuch (19. Oktober 1914), S. 570.
183 Ebd., S. 570 f.
184 Ebd. (21. Oktober 1914), S. 571.
185 Ebd. (22. Oktober 1914), S. 571.
186 Ebd.
187 *Amtliche Kriegs-Depeschen*, Bd. 1, S. 181.
188 Bourne, »Flandern«, S. 489 f.
189 *Amtliche Kriegs-Depeschen*, Bd. 1, S. 185.
190 Schneider, *Stadler*, S. 264.
191 Zit. n. ebd.
192 Ebd., S. 263.
193 Zit. n. ebd., S. 265.
194 *Amtliche Kriegs-Depeschen*, Bd. 1, S. 189.
195 Hurlebusch/Schneider, *Stadler*, S. 800.
196 Schneider, *Stadler*, S. 268 f.
197 Zit. n. ebd., S. 271.
198 Overmans, »Kriegsverluste«.
199 Zit. n. Clark, *Wilhelm II.*, S. 333.
200 Kaiser Wilhelm II., *Ereignisse und Gestalten*, S. 290.
201 Clark, *Wilhelm II.*, S. 332.
202 Cartellieri, *Grundzüge*, S. V.
203 Steinbach, »Die Welt Cartellieris«, S. 265 f.
204 Cartellieri, *Grundzüge*, S. VI.
205 Steinbach, *Biograph*, S. 226–259, Zitat S. 259.
206 Kienast, »Nekrolog«.
207 Die Bemühungen in den jüngsten Jahren, namentlich von Matthias Stein-
    bach, der nun auch die Tagebuchaufzeichnungen Cartellieris bearbeitet
    und veröffentlicht hat, könnten indes dazu führen, dass dieser Gelehrte –
    in seinen typischen wie untypischen Verhaltensweisen eines deutschen
    Professors des 20. Jahrhunderts – stärker in den Blick der Forschung gerät.
208 Eildermann, *Jugend*, S. 371.
209 Vgl. Art. »Wilhelm Eildermann 90 Jahre«, S. 628.
210 Schädla, Tagebuch (11. November 1918), S. 316.
211 Emigholz, »Die Tagebücher«, Teil 2, S. 314 und S. 311.
212 Emigholz, »Die Tagebücher«, Teil 1, S. 263.

Literatur

Afflerbach, Holger: *Falkenhayn. Politisches Denken und Handeln im Kaiserreich* (Beiträge zur Militärgeschichte, hg. vom Militärgeschichtlichen Forschungsamt, Bd. 42), München 1994.

Afflerbach, Holger (Bearb.): *Kaiser Wilhelm II. als Oberster Kriegsherr im Ersten Weltkrieg. Quellen aus der militärischen Umgebung des Kaisers 1914–1918* (Deutsche Geschichtsquellen des 19. und 20. Jahrhunderts, hg. von der Historischen Kommission bei der Bayerischen Akademie der Wissenschaften, Bd. 64), München 2005.

Amtliche Kriegs-Depeschen. Nach Berichten des Wolff'schen Telegr.-Bureaus, 1. Band (1. August 1914 bis 31. Januar 1915), Berlin 1915.

Albes, Jens: Art. »Zensur«, in: Hirschfeld u.a.: *Enzyklopädie Erster Weltkrieg*, S. 974 f.

Bálint, Anna: *Auszug deutscher Studenten in den Freiheitskrieg von 1813 (1908 bis 1909). Ferdinand Hodlers Jenaer Historiengemälde. Auftragsgeschichte, Werkgenese, Nachleben* (Europäische Hochschulschriften, Reihe XXVIII, Kunstgeschichte, Bd. 340), Frankfurt a.M. u.a. 1999.

Bavendamm, Gundula: Art. »Spionage«, in: Hirschfeld u.a., *Enzyklopädie Erster Weltkrieg*, S. 861 f.

Becker, Jean-Jacques: Art. »Marne«, in: Hirschfeld u.a., *Enzyklopädie Erster Weltkrieg*, S. 697–699.

Behrenbeck, Sabine: Art. »Soldatenfriedhöfe«, in: Hirschfeld u.a., *Enzyklopädie Erster Weltkrieg*, S. 843–845.

Behrens, Heidi: »›Mehr wissen – mehr können‹. Bildungsanstrengungen der sozialdemokratischen Jugend in der Weimarer Republik und ihre Wirkungen«, in: Eppe, Heinrich/Herrmann, Ulrich (Hgg.): *Sozialistische Jugend im 20. Jahrhundert* (Studien zur Entwicklung und politischen Praxis der Arbeiterjugendbewegung in Deutschland), Weinheim/München 2008, S. 69–84.

Bendikowski, Tillmann: *Friedrich der Große*, München 2011.

Bendikowski, Tillmann: »Öffentliches Singen als politisches Ereignis. Die Herausforderung einer historischen Quelle für die Geschichtswissenschaft«, in: Bendikowski, Tillmann/Gillmann, Sabine/Jansen, Christian/Leniger, Markus/Pöppmann, Dirk (Hgg.): *Die Macht der Töne. Musik als Mittel politischer Identitätsstiftung im 20. Jahrhundert*, Münster 2003, S. 23–37.

Berliner Geschichtswerkstatt (Hg.): *August 1914: Ein Volk zieht in den Krieg*, Berlin 1989.

Biastoch, Martin: »Studenten und Universitäten im Kaiserreich – Ein Überblick«, in: Zirlewagen, Marc (Hg.): »*Wir siegen oder fallen.*« *Deutsche Studenten im Ersten Weltkrieg* (Abhandlungen zum Studenten- und Hochschulwesen, Bd. 17), Köln 2008, S. 11–22.

Boschert, Bernhard: »Eine Utopie des Unglücks stieg auf.‹ Zum literarischen und publizistischen Engagement deutscher Schriftsteller für den Ersten Weltkrieg«, in: Berliner Geschichtswerkstatt, *August 1914*, S. 127–135.

Bourne, John M.: Art. »Flandern«, in: Hirschfeld u.a.: *Enzyklopädie Erster Weltkrieg*, S. 489–494.

Brakelmann, Günter: »Kriegsprotestantismus 1870/71 und 1914–1918. Einige Anmerkungen«, in: Gailus, Manfred/Lehmann, Hartmut (Hgg.): *Nationalprotestantische Mentalitäten. Konturen, Entwicklungslinien und Umbrüche eines Weltbildes* (Veröffentlichungen des Max-Planck-Instituts für Geschichte, Bd. 214), Göttingen 2003, S. 103–114.

Cartellieri, Alexander: Tagebuch (Manuskript). Druckfasssung in: Steinbach/ Dathe, *Alexander Cartellieri*.

Cartellieri, Alexander: »Deutschland und Frankreich im Wandel der Jahrhunderte«. Rede, gehalten zur Feier der akademischen Preisverleihung in Jena am 20. Juni 1914, Jena 1914.

Cartellieri, Alexander: *Grundzüge der Weltgeschichte*, Leipzig 1922.

Cartellieri, Alexander: »Weimar und Jena in der Zeit der deutschen Not und Erhebung 1806–1813«. Rede, gehalten zur Jahrhundertfeier der deutschen Erhebung am 8. November 1913, Jena 1913.

Chickering, Roger: *Freiburg im Ersten Weltkrieg. Totaler Krieg und städtischer Alltag 1914–1918*, Paderborn/München/Wien/Zürich 2009.

Clark, Christopher: *Wilhelm II. Die Herrschaft des letzten deutschen Kaisers*, München 2008.

Clark, Christopher: *Die Schlafwandler*, München 2013.

Conert, Hansgeorg: *Reformismus und Radikalismus in der bremischen Sozialdemokratie vor 1914. Die Herausbildung der »Bremer Linken« zwischen 1904 und 1914* (Bremer Beiträge zur Arbeiterbildung), Bremen 1985.

Cornelissen, Christoph: Art. »Schlieffen-Plan«, in: Hirschfeld u.a.: *Enzyklopädie Erster Weltkrieg*, S. 819 f.

Deutscher Reichstag, Verhandlungen (Protokolle des Reichstags und seiner Vorläufer, Parlamentsalmanache, Reichstagshandbücher 1867–1938), Bayerische Staatsbibliothek, Münchener Digitalisierungszentrum/Referat Digitale Bibliothek, http://www.reichstagsprotokolle.de

Dathe, Uwe: »Der Philosoph bestreitet den Krieg. Rudolf Euckens politische Publizistik während des Ersten Weltkriegs«, in: Gottwald, Herbert/Steinbach, Matthias (Hgg.): *Zwischen Wissenschaft und Politik. Studien zur Jenaer Universität im 20. Jahrhundert*, Jena 2000, S. 47–64.

Die deutschen Dokumente zum Kriegsausbruch, hg. im Auftrage des Auswärtigen Amtes, Bd. 1: *Vom Attentat in Sarajewo bis zum Eintreffen der serbischen Antwortnote in Berlin nebst einigen Dokumenten aus den vorhergehenden Wochen,* Berlin 1919.

Die deutschen Dokumente zum Kriegsausbruch, hg. im Auftrage des Auswärtigen Amtes, Bd. 2: *Vom Eintreffen der serbischen Antwortnote in Berlin bis zum Bekanntwerden der russischen allgemeinen Mobilmachung,* Berlin 1919.

Duby, Georges/Perrot, Michelle (Hgg.): *Geschichte der Frauen,* Bd. 5: *20. Jahrhundert* (hg. v. Françoise Thébaud), Frankfurt a.M. 1994.

Eggebrecht, Axel: *Der halbe Weg. Zwischenbilanz einer Epoche,* Reinbek 1981.

Eildermann, Wilhelm: Tagebuchaufzeichnungen, Bundesarchiv Berlin, NY 4251/5.

Eildermann, Wilhelm: *Jugend im Ersten Weltkrieg.* Tagebücher, Briefe, Erinnerungen, Berlin 1972.

Emigholz, Björn: »*Und zwischendurch tobt unentwegt der schreckliche Krieg weiter«. Die Tagebücher der Gertrud Schädla 1914–1918,* Verden 2000.

Emigholz, Björn: »Die Tagebücher der Gertrud Schädla II«, Teil 1: 1919 bis 16. Sept. 1920, in: *Heimatkalender für den Landkreis Verden 2008,* S. 263–276.

Emigholz, Björn: »Die Tagebücher der Gertrud Schädla II«, Teil 2 und Schluss, in: *Heimatkalender für den Landkreis Verden 2009,* S. 310–314.

Engel, Gerhard: *Johann Knief – ein unvollendetes Leben* (Geschichte des Kommunismus und Linkssozialismus, Bd. XV), Berlin 2011.

Englund, Peter: *Schönheit und Schrecken. Eine Geschichte des Ersten Weltkriegs, erzählt in neunzehn Schicksalen,* Berlin 2011.

Epkenhans, Michael: »Die kaiserliche Marine im Ersten Weltkrieg: Weltmacht oder Untergang?« in: Michalka, *Der Erste Weltkrieg,* S. 319–340.

Eppe, Heinrich: »100 Jahre Sozialistische Jugend in Deutschland im Überblick«, in: Eppe, Heinrich/Herrmann, Ulrich (Hgg.): *Sozialistische Jugend im 20. Jahrhundert* (Studien zur Entwicklung und politischen Praxis der Arbeiterjugendbewegung in Deutschland), Weinheim/München 2008, S. 43–68.

Eucken, Rudolf: *Die sittlichen Kräfte des Krieges,* Leipzig 1914.

Evans, Richard J. (Hg.): *Kneipengespräche im Kaiserreich. Stimmungsberichte der Hamburger Politischen Polizei 1892–1914,* Reinbek 1989.

»*Fall Hodler«. Jena 1914–1919. Der Kampf um ein Gemälde,* im Auftrag der Friedrich-Schiller-Universität zusammengestellt und erarbeitet von Günter Steiger (Jenaer Reden und Schriften), Jena 1970.

Fischer, Fritz: *Griff nach der Weltmacht. Die Kriegszielpolitik des kaiserlichen Deutschland 1914/18,* Düsseldorf 2009 (Erstveröffentlichung Düsseldorf 1961).

Flasch, Kurt: *Die geistige Mobilmachung. Die deutschen Intellektuellen und der Erste Weltkrieg. Ein Versuch,* Berlin 2000.

Fölsing, Albrecht: *Albert Einstein. Eine Biographie,* Frankfurt a.M. 1999.

Förster, Stig: Art. »Vom europäischen Krieg zum Weltkrieg«, in: Hirschfeld u.a., *Enzyklopädie Erster Weltkrieg,* S. 242–248.

Fries, Helmut: »Deutsche Schriftsteller im Ersten Weltkrieg«, in: Michalka (Hg.), *Der Erste Weltkrieg*, S. 825–848.

Fromkin, David: *Europas letzter Sommer. Die scheinbar friedlichen Wochen vor dem Ersten Weltkrieg*, München 2005.

Fuchs, Stefan: »Die katholischen Verbände im Ersten Weltkrieg«, in: Zirlewagen, Marc (Hg.): »*Wir siegen oder fallen*«. *Deutsche Studenten im Ersten Weltkrieg* (Abhandlungen zum Studenten- und Hochschulwesen, Bd. 17), Köln 2008, S. 205–221.

Geinitz, Christian: *Kriegsfurcht und Kampfbereitschaft. Das Augusterlebnis in Freiburg. Eine Studie zum Kriegsbeginn 1914* (Schriften der Bibliothek für Zeitgeschichte – Neue Folge, Bd. 7), Essen 1998.

Geiss, Imanuel (Bearb.): *Julikrise und Kriegsausbruch 1914. Eine Dokumentensammlung*, 2 Bde., Hannover 1963/64.

Gerber, Stefan: »Die Universität Jena 1850–1918«, in: *Traditionen – Brüche – Wandlungen*, S. 23–269.

Geschichte der Universität Jena 1548/58–1958, Festgabe zum vierhundertjährigen Universitätsjubiläum, im Auftrag von Rektorat und Senat verfasst und herausgegeben von einem Kollektiv des Historischen Instituts der Friedrich-Schiller-Universität Jena unter Leitung von Max Steinmetz, Bd. I: *Darstellung*, Jena 1958.

Greschat, Martin: »Begleitung und Deutung der beiden Weltkriege durch evangelische Theologen«, in: Thoß, Bruno/Volkmann, Hans-Erich (Hgg. im Auftrag des Militärgeschichtlichen Forschungsamtes): *Erster Weltkrieg, Zweiter Weltkrieg. Krieg, Kriegserlebnis, Kriegserfahrung in Deutschland*, Paderborn/München/Wien/Zürich 2002, S. 497–518.

Haffner, Sebastian: *Geschichte eines Deutschen*, München 2000.

Hagener, Edith: »*Es lief sich so sicher an Deinem Arm.*« *Briefe einer Soldatenfrau 1914*, Weinheim/Basel 1986.

Hankel, Gerd: »Deutsche Kriegsverbrechen des Weltkrieges 1914–18 vor deutschen Gerichten«, in: Wette, Wolfram/Ueberschär, Gerd R. (Hgg.): *Kriegsverbrechen im 20. Jahrhundert*, Darmstadt 2001, S. 85–98.

Hestermann, Ottheinrich: »Zu Ernst Stadlers Kriegstagebuch«, in: Hurlebusch/Schneider, *Stadler*, S. 801–809.

Heym, Stefan: *Ich aber ging über die Grenze. Frühe Gedichte.* Ausgewählt und herausgegeben von Inge Heym, München 2013

Hirschfeld, Gerhard/Krumeich, Gerd/Renz, Ina (hg. in Verbindung mit Markus Pöhlmann): *Enzyklopädie Erster Weltkrieg*, Paderborn/München/Wien/Zürich 2003.

Hölscher, Lucian (Hg.): *Datenatlas zur religiösen Geographie im protestantischen Deutschland. Von der Mitte des 19. Jahrhunderts bis zum Zweiten Weltkrieg*, Bd. 1: *Norden*, Berlin/New York 2001.

Hölscher, Lucian: *Neue Annalistik. Umrisse einer Theorie der Geschichte* (Göttinger Gespräche zur Geschichtswissenschaft, Bd. 17), Göttingen 2003.

Hoeres, Peter: »Publizistische Mobilmachung. Britische Intellektuelle für den Krieg 1914«, in: Themenportal Europäische Geschichte (2008), http://www.europa.clio-online.de/2008/Article=315 (letzter Zugriff 24. April 2013).

Hopman, Albert: *Das ereignisreiche Leben eines »Wilhelminers«. Tagebücher, Briefe, Aufzeichnungen 1901 bis 1920*, hg. von Michael Epkenhans (Beiträge zur Militärgeschichte, Bd. 62), München 2004.

Horne, John: Art. »Reims«, in: Hirschfeld u.a., *Enzyklopädie Erster Weltkrieg*, S. 790 f.

Hurlebusch, Klaus/Schneider, Karl Ludwig (Hgg.): *Ernst Stadler. Dichtungen, Schriften, Briefe*. Kritische Ausgabe, München 1983.

Jagow, Kurt: Art. »Schicksalstag 1914«, in: *Weiße Blätter. Monatsschrift für Geschichte, Tradition und Staat* (Mai/Juni 1939), S. 129–134.

Jandl, Ernst: *einer raus, einer rein. Gedichte*. Ausgewählt von Klaus Wagenbach, Berlin 2009.

Johann, Ernst (Hg.): *Reden des Kaisers. Ansprachen, Predigten und Trinksprüche Wilhelms II.*, München 1966.

John, Jürgen/Ulbricht, Justus H. (Hgg.): *Jena. Ein nationaler Erinnerungsort?* Köln/Weimar/Wien 2007.

Kaiser Wilhelm II.: *Ereignisse und Gestalten aus den Jahren 1878–1918*, Leipzig/Berlin 1922.

Kellermann, Hermann (Hg.): *Der Krieg der Geister. Eine Auslese deutscher und ausländischer Stimmen zum Weltkriege 1914*, Dresden 1915.

Kienast, Walther: »Nekrolog auf Alexander Cartellieri«, in: *Historische Zeitschrift* 179 (1955), S. 663.

Kramer, Alan: Art. »Franktireur«, in: Hirschfeld u.a., *Enzyklopädie Erster Weltkrieg*, S. 500 f.

Kramer, Alan: Art. »Löwen«, in: Hirschfeld u.a., *Enzyklopädie Erster Weltkrieg*, S. 682 f.

Krockow, Christian Graf von: *»Unser Kaiser«. Glanz und Sturz der Monarchie*, Braunschweig 1993.

Krumeich, Gerd: »›Gott mit uns‹? Der Erste Weltkrieg als Religionskrieg«, in: Krumeich, Gerd/Lehmann, Hartmut (Hgg.): *»Gott mit uns«. Nation, Religion und Gewalt im 19. und frühen 20. Jahrhundert* (Veröffentlichungen des Max-Planck-Instituts für Geschichte, Bd. 162), Göttingen 2000, S. 273 bis 283.

Kruse, Wolfgang: »›Welche Wendung durch des Weltkriegs Schickung‹. Die SPD und der Beginn des Ersten Weltkriegs«, in: Berliner Geschichtswerkstatt: *August 1914*, Berlin 1989, S. 115–126.

Kruse, Wolfgang: *Krieg und nationale Integration. Eine Neuinterpretation des sozialdemokratischen Burgfriedensschlusses 1914/15*, Essen 1993.

Kruse, Wolfgang: »Kriegsbegeisterung? Zur Massenstimmung bei Kriegsbeginn«, in: Ders. (Hg.): *Eine Welt von Feinden. Der Große Krieg 1914–1918*, Frankfurt a.M. 1997, S. 159–166.

Large, David Clay: *Berlin. Biographie einer Stadt*, München 2002.

Latzel, Klaus: Art. »Feldpost«, in: Hirschfeld u.a., *Enzyklopädie Erster Weltkrieg*, S. 473–475.

Liulevicius, Vejas Gabriel: Art. »Ostpreußen«, in: Hirschfeld u.a., *Enzyklopädie Erster Weltkrieg*, S. 764–766.

Lucas, Erhard: *Die Sozialdemokratie in Bremen während des Ersten Weltkriegs* (Bremer Veröffentlichungen zur Zeitgeschichte, H. 3), Bremen 1969.

Malinowski, Stephan: *Vom König zum Führer. Deutscher Adel und Nationalsozialismus*, Frankfurt a.M. 22004.

Mann, Golo: *Deutsche Geschichte des 19. und 20. Jahrhunderts*, Frankfurt a.M. 1992.

Marschall, Birgit: *Reisen und Regieren. Die Nordlandfahrten Kaiser Wilhelms II.* (Schriften des Deutschen Schiffahrtsmuseums, Bd. 27), Hamburg 1991.

Michalka, Wolfgang (Hg.): *Der Erste Weltkrieg. Wirkung, Wahrnehmung, Analyse* (im Auftrag des Militärgeschichtlichen Forschungsamtes), München 1994.

Mihaly, Jo: *… da gibt's ein Wiedersehn! Kriegstagebuch eines Mädchens 1914–1918*, Freiburg/Heidelberg 1982.

Miller, Susanne: *Burgfrieden und Klassenkampf. Die deutsche Sozialdemokratie im Ersten Weltkrieg* (Beiträge zur Geschichte des Parlamentarismus und der politischen Parteien, Bd. 53, hg. von der Kommission für Geschichte des Parlamentarismus und der politischen Parteien), Düsseldorf 1974.

Mommsen, Wolfgang J.: »Die nationalgeschichtliche Umdeutung der christlichen Botschaft im Ersten Weltkrieg«, in: Krumeich, Gerd/Lehmann, Hartmut (Hgg.): »Gott mit uns«. Nation, Religion und Gewalt im 19. und frühen 20. Jahrhundert (Veröffentlichungen des Max-Planck-Instituts für Geschichte, Bd. 162), Göttingen 2000, S. 249–261.

Mommsen, Wolfgang J.: *War der Kaiser an allem schuld? Wilhelm II. und die preußisch-deutschen Machteliten*, München 2002.

Mommsen, Wolfgang J.: Art. »Deutschland«, in: Hirschfeld u.a., *Enzyklopädie Erster Weltkrieg*, S. 15–30.

Mommsen, Wolfgang J.: *Der Erste Weltkrieg. Anfang vom Ende des bürgerlichen Zeitalters*, Frankfurt a.M. 2004.

Moring, Karl-Ernst: *Die Sozialdemokratische Partei in Bremen 1890–1914. Reformismus und Radikalismus in der Sozialdemokratischen Partei Bremens* (Schriftenreihe des Forschungsinstituts der Friedrich-Ebert-Stiftung, B. Historisch-politische Schriften), Hannover 1968.

Mühlhausen, Walter: »Die Sozialdemokratie am Scheideweg – Burgfrieden, Parteikrise und Spaltung im Ersten Weltkrieg«, in: Michalka, *Der Erste Weltkrieg*, S. 649–671.

Mühlhausen, Walter/Papke, Gerhard (Hgg.): *Kommunalpolitik im Ersten Weltkrieg. Die Tagebücher Erich Koch-Wesers 1914 bis 1918* (Schriftenreihe der Stiftung Reichspräsident-Friedrich-Ebert-Gedenkstätte, Bd. 6), München 1999.

Müller, Georg Alexander von: *Regierte der Kaiser? Kriegstagebücher, Aufzeichnungen und Briefe des Chefs des Marine-Kabinetts 1914–1918*, hg. von Walter Görlitz, Berlin/Frankfurt a.M. 1959.

Müller, Heribert:»Aber das menschliche Herz bleibt, und darum können wir historisch kongenial verstehen.‹ Anmerkungen zu einer Biographie des Jenaer Historikers Alexander Cartellieri«, in: *Zeitschrift des Vereins für Thüringische Geschichte*, Bd. 55 (2001), S. 337–352.

Müller, Sven Oliver: *Die Nation als Waffe und Vorstellung. Nationalismus in Deutschland und Großbritannien im Ersten Weltkrieg* (Kritische Studien zur Geschichtswissenschaft, Bd. 158), Göttingen 2002.

Nerger, Karl: *Geschichte der Stadt Verden bis in die Anfänge des 20. Jahrhunderts*, Verden 1992.

Nipperdey, Thomas: *Deutsche Geschichte 1866–1918*, Bd. 2: *Machtstaat vor der Demokratie*, München 1992.

Noss, Peter: Art.»Stadler, Ernst Maria Richard«, in: *Biographisch-Bibliographisches Kirchenlexikon*, Bd. X, Herzberg 1995, Sp. 1090–1106.

o.A.: Art.»Wilhelm Eildermann 90 Jahre« (H. Sch.), in: *Zeitschrift für Geschichtswissenschaft*, H. 7 (1987), S. 627 f.

o.A.: Art.»Wilhelm Eildermann zum Gedenken« (D. H.), in: *Zeitschrift für Geschichtswissenschaft*, 37. Jg (1989), H. 1, S. 158 f.

o.A.: Art.»Hilligenlei« und »Jörn Uhl«, in: *Kindlers Neues Literatur Lexikon*, hg. Von Walter Jens. Bd. 5, München 1996, S. 803 f. und 804 f.

o.A.: Art.»Ernst Stadler. Der Aufbruch«, in: *Kindlers Neues Literatur Lexikon*, hg. von Walter Jens. Bd. 15, München 1996, S. 859–861.

Obst, Michael A.: *Die politischen Reden Kaiser Wilhelms II. Eine Auswahl* (Otto-von-Bismarck-Stiftung, wissenschaftliche Reihe, Bd. 15), Paderborn/München/Wien/Zürich 2011.

Obst, Michael A.:»*Einer nur ist Herr im Reiche.*« *Kaiser Wilhelm II. als politischer Redner* (Otto-von-Bismarck-Stiftung, wissenschaftliche Reihe, Bd. 14), Paderborn/München/Wien/Zürich 2010.

Overmans, Rüdiger: Art.»Kriegsverluste«, in: Hirschfeld u.a., *Enzyklopädie Erster Weltkrieg*, S. 663–666.

Paletschek, Sylvia:»Tübinger Hochschullehrer im Ersten Weltkrieg: Kriegserfahrungen an der ›Heimatfront‹ Universität und im Feld«, in: Hirschfeld, Gerhard/Krumeich, Gerd/Langewiesche, Dieter/Ullmann, Hans-Peter (Hgg.): *Kriegserfahrungen. Studien zur Sozial- und Mentalitätsgeschichte des Ersten Weltkriegs*, Essen 1997, S. 83–106.

Paulmann, Christian: *Die Sozialdemokratie in Bremen 1864–1964*, Bremen 1964.

Pester, Thomas: *Im Schutze der Minerva. Kleine illustrierte Geschichte der Universität Jena*, Jena 1996.

Piper, Ernst:»Das kulturelle Leben im Kaiserreich«, in: Heidenreich, Bernd/Neitzel, Sönke (Hgg.): *Das deutsche Kaiserreich 1890–1914*, Paderborn/München/Wien/Zürich 2011, S. 75–96.

Pulzer, Peter: »Der Erste Weltkrieg«, in: Lowenstein, Steven M./Mendes-Flohr, Paul/ Pulzer, Peter/Richarz, Monika (Hgg.): *Deutsch-jüdische Geschichte in der Neuzeit*, Band III: *Umstrittene Integration 1871–1918*, München 2000, S. 356–380.

Remarque, Erich Maria: *Im Westen nichts Neues*, Berlin 1929.

Ringelnatz, Joachim: *Als Mariner im Krieg* (Das Gesamtwerk in sieben Bänden, hg. von Walter Pape), Bd. 7, Zürich 1994.

Ringelnatz, Joachim: *Mein Leben bis zum Kriege* (Das Gesamtwerk in sieben Bänden, hg. von Walter Pape), Bd. 6, Zürich 1994.

Ritter, Gerhard: *Der Schlieffenplan*, München 1956.

Ritter, Malte: *Die Bremer und ihr Vaterland. Deutscher Nationalismus in der Freien Hansestadt (1859–1913)*, Berlin 2004.

Röhl, John C. G.: Art. »Wilhelm II.«, in: Hirschfeld u.a., *Enzyklopädie Erster Weltkrieg*, S. 968–971.

Röhl, John C. G.: *Wilhelm II. Die Jugend des Kaisers 1859–1888*, München 1993.

Röhl, John C. G.: *Wilhelm II. Der Weg in den Abgrund 1900–1941*, München 2009.

Röhl, John C. G.: *Wilhelm II., Der Aufbau der Persönlichen Monarchie 1888–1900*. München 2001.

Rollmann, Hans: »Die Berufung Ernst Stadlers an die Universität Toronto: Eine Dokumentation«, in: *Seminar. A Journal of Germanic Studies*, 1982, H. 2, S. 79–113.

Roper, Lyndal: *Hexenwahn. Geschichte einer Verfolgung*, München 2007.

Rouette, Susanne: »Frauenarbeit, Geschlechterverhältnisse und staatliche Politik«, in: Kruse, Wolfgang (Hg.): *Eine Welt von Feinden. Der Große Krieg 1914 bis 1918*, Frankfurt a.M. 1997, S. 92–126.

Rürup, Ingeborg: »Es entspricht nicht dem Ernste der Zeit, daß die Jugend müßig gehe.‹ Kriegsbegeisterung, Schulalltag und Bürokratie in den höheren Lehranstalten Preußens 1914«, in: Berliner Geschichtswerkstatt, *August 1914*, S. 181–193.

Salewski, Michael: »Kieler Woche: Ohne Marine undenkbar«, in: Ders.: *Die Deutschen und die See. Studien zur deutschen Marinegeschichte des 19. und 20. Jahrhunderts*, Teil II (Historische Mitteilungen im Auftrag der Ranke-Gesellschaft, Beiheft 45), Stuttgart 2002, S. 228–233.

Salewski, Michael: *Der Erste Weltkrieg*, Paderborn 2003.

Schädla, Gertrud: Vgl. Emigholz, Björn: »Und zwischendurch tobt unentwegt der schreckliche Krieg weiter«.

Schneider, Henriette: »Ein Ostpreußisches Tagebuch«. Auszugsweise wiedergegeben und inhaltlich zusammengefasst von Bernhard Pietrass (www.ostpreussen-tagebuch.de), zuletzt abgerufen am 11.7.2013

Schneider, Karl Ludwig: »Die Dichtungen Ernst Stadlers«, in: Hurlebusch/ Schneider (Hgg.), *Ernst Stadler*, S. 849–889.

Schneider, Nina (Hg.): *Ernst Stadler und seine Freundeskreise. Geistiges Europäertum zu Beginn des zwanzigsten Jahrhunderts*, Hamburg 1993.

448

Schneider, Thomas F.: Art. »Zweig, Arnold«, in: Hirschfeld u.a., *Enzyklopädie Erster Weltkrieg*, S. 981 f.

Schulthess' Europäischer Geschichtskalender, Neue Folge, 30. Jahrgang 1914, hg. von Wilhelm Stahl, München 1917.

Schulz, Eberhart: *Gegen Krieg, Monarchie und Militarismus. Der Weg in die Revolutionstage 1918/19 in Jena* (Bausteine zur Jenaer Stadtgeschichte, Bd. 12), Jena 2008.

Schwilk, Heimo: *Ernst Jünger. Ein Jahrhundertleben. Die Biografie*, München/ Zürich 2007.

Sieg, Ulrich: Art. »Antisemitismus«, in: Hirschfeld u.a., *Enzyklopädie Erster Weltkrieg*, S. 335 f.

Siemers, Jürgen: *Die Stadt Verden. Eine Garnisonsstadt mit Tradition* (Geschichte der Stadt Verden [Aller] in Einzeldarstellungen, Bd. 9), Verden 1985.

Siemers, Jürgen: *Verden. Die Chronologie einer (Klein-)Stadt in Preußen vom 3. Oktober 1866 bis 17. April 1945* (Geschichte der Stadt Verden [Aller] in Einzeldarstellungen, Bd. 14), Verden 1986.

Simplicissimus, Jg. 15, Heft 47, 20. Februar 1911.

Sofsky, Wolfgang: *Zeiten des Schreckens. Amok, Terror, Krieg*, Frankfurt a.M. 2002.

Sombart, Nicolaus: *Wilhelm II. Sündenbock und Herr der Mitte*, Berlin 1996.

Sommer, Karl-Ludwig: »Die SPD-Fraktion in der bremischen Bürgerschaft von 1906–1921«, in: Kuckuk, Peter (Red.): *Beiträge zur Geschichte der Bremer Arbeiterbewegung (1906–1959)*, Bremen 1985, S. 1–29.

Stadler, Ernst: *Kriegstagebuch*, in: Hurlebusch/Schneider, *Stadler*, S. 529–571.

Steinbach, Matthias: »›Die Welt Cartellieris.‹ Von einem Jenaer Geschichtsprofessor und seinen Büchern«, in: *Zeitschrift des Vereins für Thüringische Geschichte*, Bd. 52 (1998), S. 247–269.

Steinbach, Matthias: »›Ich bin wirklich ein Leidtragender des Krieges ...‹ Die Universität Jena und der Zusammenbruch der internationalen Gelehrtenwelt 1914–1918 unter besonderer Berücksichtigung des Historikers Alexander Cartellieri«, in: Gottwald, Herbert/Steinbach, Matthias (Hgg.): *Zwischen Wissenschaft und Politik. Studien zur Jenaer Universität im 20. Jahrhundert*, Jena 2000, S. 25–46.

Steinbach, Matthias: *Des Königs Biograph. Alexander Cartellieri (1867–1955). Historiker zwischen Frankreich und Deutschland* (Jenaer Beiträge zur Geschichte, hg. von Helmut G. Walther, Bd. 2), Frankfurt a.M. u.a. 2001.

Steinbach, Matthias/Dathe, Uwe: *Alexander Cartellieri. Tagebücher eines deutschen Historikers. Vom Kaiserreich bis in die Zweistaatlichkeit (1899–1953)*, München 2014.

Strachan, Hew: *Der Erste Weltkrieg. Eine neue illustrierte Geschichte*, München 2004.

Sundhaussen, Holm: *Geschichte Serbiens, 19.–21. Jahrhundert*, Wien/Köln/Weimar 2007.

Traditionen – Brüche – Wandlungen. Die Universität Jena 1850–1995, hg. von der

Senatskommission zur Aufarbeitung der Jenaer Universitätsgeschichte im 20. Jahrhundert, Köln/Weimar/Wien 2009.

Tuchman, Barbara: *August 1914*, Frankfurt a.M. 2001.

Ullrich, Volker: *Kriegsalltag. Hamburg im Ersten Weltkrieg*, Köln 1982.

Ullrich, Volker:»Kriegsalltag. Zur inneren Revolutionierung der Wilhelminischen Gesellschaft«, in: Michalka, *Der Erste Weltkrieg*, S. 603–621.

Ullrich, Volker: *Fünf Schüsse auf Bismarck. Historische Reportagen 1789–1945*, München 2002.

Ullrich, Volker: Art.»Kriegsbegeisterung«, in: Hirschfeld u.a., *Enzyklopädie Erster Weltkrieg*, S. 630f.

Ullrich, Volker: *Die nervöse Großmacht. Aufstieg und Untergang des deutschen Kaiserreichs 1871–1918*, Frankfurt a.M. 2010.

Ulrich, Bernd:»Nerven und Krieg. Skizzierung einer Beziehung«, in: Loewenstein, Bedrich (Hg.): *Geschichte und Psychologie. Annäherungsversuche* (Geschichte und Psychologie, Bd. 4), Pfaffenweiler 1992, S. 163–191.

Ulrich, Bernd: Art.»Kriegsneurosen«, in: Hirschfeld u.a., *Enzyklopädie Erster Weltkrieg*, S. 654–656.

Ulrich, Bernd: Art.»Nerven«, in: Hirschfeld u.a., *Enzyklopädie Erster Weltkrieg*, S. 735.

Ulrich, Bernd/Ziemann, Benjamin (Hgg.): *Frontalltag im Ersten Weltkrieg. Wahn und Wirklichkeit. Quellen und Dokumente*, Frankfurt a.M. 1994.

Ulrich, Bernd/Ziemann, Benjamin:»Das soldatische Kriegserlebnis«, in: Kruse, Wolfgang (Hg.): *Eine Welt von Feinden. Der Große Krieg 1914–1918*, Frankfurt a.M. 1997, S. 127–158.

Ulrich, Bernd/Ziemann, Benjamin (Hgg.): *Frontalltag im Ersten Weltkrieg. Ein Historisches Lesebuch*, Essen 2008.

Ungern-Sternberg, Jürgen von: Art.»Wissenschaftler«, in: Hirschfeld u.a., *Enzyklopädie Erster Weltkrieg*, S. 169–176.

Van Laak, Dirk: *Über alles in der Welt. Deutscher Imperialismus im 19. und 20. Jahrhundert*, München 2005.

Van Ypersele, Laurance: Art.»Antwerpen«, in: Hirschfeld u.a., *Enzyklopädie Erster Weltkrieg*, S. 336f.

Verhey, Jeffrey: *Der »Geist von 1914« und die Erfindung der Volksgemeinschaft*, Hamburg 2000.

Vogel, Rolf: *Ein Stück von uns. Deutsche Juden in deutschen Armeen 1813–1976. Eine Dokumentation*, Mainz 1977.

Wachinger, Lorenz: *Joseph Bernhart. Leben und Werk in Selbstzeugnissen*, Weißenhorn 1981.

Walther, Peter (Hg.): *Endzeit Europa. Ein kollektives Tagebuch deutschsprachiger Schriftsteller, Künstler, Gelehrter im Ersten Weltkrieg*, Göttingen 2008.

Weber, Thomas: *Hitlers erster Krieg. Der Gefreite Hitler im Weltkrieg – Mythos und Wahrheit*, Bonn 2012.

Wehler, Hans-Ulrich: *Deutsche Gesellschaftsgeschichte*. Bd. 3: *Von der »Deutschen*

Doppelrevolution« *bis zum Beginn des Ersten Weltkrieges 1849–1914,* München 1995.

Wehler, Hans-Ulrich: *Deutsche Gesellschaftsgeschichte.* Bd. 4: *Vom Beginn des Ersten Weltkriegs bis zur Gründung der beiden deutschen Staaten 1914–1949,* München 2003.

Werth, German: Art. »Tannenberg«, in: Hirschfeld u.a., *Enzyklopädie Erster Weltkrieg,* S. 919 f.

Wiedner, Hartmut: »Soldatenmißhandlungen im Wilhelmischen Kaiserreich (1890–1914)«, in: *Archiv für Sozialgeschichte,* Bd. 22 (1982), S. 159–199.

Winkler, Heinrich August: *Der lange Weg nach Westen.* Bd. 1: *Deutsche Geschichte vom Ende des Alten Reiches bis zum Untergang der Weimarer Republik,* München 2000.

Witkop, Philipp (Hg.): *Kriegsbriefe gefallener Studenten,* München 1928.

Zeidler, Manfred: »Die deutsche Kriegsfinanzierung 1914 bis 1918 und ihre Folgen«, in: Michalka, *Der Erste Weltkrieg,* S. 415–433.

Ziemann, Benjamin: *Front und Heimat. Ländliche Kriegserfahrungen im südlichen Bayern 1914–1923* (Veröffentlichungen des Instituts zur Erforschung der europäischen Arbeitergeschichte, Schriftenreihe A: Darstellungen, Bd. 8), Essen 1997.

Ziemann, Benjamin: Art. »Soldaten«, in: Hirschfeld u.a., *Enzyklopädie Erster Weltkrieg,* S. 155–168.

Zilch, Reinhold: Art. »Kriegsanleihen«, in: Hirschfeld u.a., *Enzyklopädie Erster Weltkrieg,* S. 627 f.

Zweig, Stefan: *Die Welt von gestern. Erinnerungen eines Europäers,* Frankfurt a.M. 1994.

Zeitungen

- *Bonner Zeitung*
- *Bremer Bürger-Zeitung*
- *Coburger Zeitung*
- *Jenaer Volksblatt*
- *Jenaische Zeitung*
- *Verdener Anzeigenblatt*
- *Verdener Kreisblatt*
- *Vorwärts*
- *Wiener Zeitung*

Personenregister

Orts- und Sachregister

Bildnachweis